Solidarität im Arbeitsrecht

Schriften zum deutschen und europäischen Recht der Arbeit und der Sozialen Sicherheit

Herausgegeben von Stefan Greiner, Gregor Thüsing und Raimund Waltermann

Band 22

PETER LANG

Henrike Seifert

Solidarität im Arbeitsrecht

Inhalt und Bedeutung von Solidarität als rechtlich wirkende Verpflichtung

PETER LANG

Bibliografische Information der Deutschen Nationalbibliothek
Die Deutsche Nationalbibliothek verzeichnet diese Publikation in der Deutschen Nationalbibliografie; detaillierte bibliografische Daten sind im Internet über http://dnb.d-nb.de abrufbar.

Zugl.: Bonn, Univ., Diss., 2018

D 5
ISBN: 978-3-631-76447-3 (Print)
ISBN: 978-3-631-76520-3 (E-PDF)
ISBN: 978-3-631-76521-0 (EPUB)
ISBN: 978-3-631-76522-7 (MOBI)
DOI 10.3726/b14550

Peter Lang – Berlin · Bern · Bruxelles · New York · Oxford · Warszawa · Wien

Diese Publikation wurde begutachtet.

www.peterlang.com

Vorwort

Die Arbeit wurde im Wintersemester 2017/2018 von der Rechts- und Staatswissenschaftlichen Fakultät der Rheinischen Friedrich-Wilhelms-Universität Bonn als Dissertation angenommen. Rechtsprechung und Literatur entsprechen diesem Stand.

Getreu den Worten des amerikanischen Professors und Autors Halford E. Luccock *"no one can whistle a symphony – it takes an orchestra to play it"* danke ich den Menschen, die mir auf dem Weg von meinem Entschluss zur Promotion über die Idee bis zur fertigen Abgabe der Dissertation zur Seite gestanden haben.

Zuvorderst gilt mein besonderer Dank meinem Doktorvater Prof. Dr. Gregor Thüsing, LL.M (Harvard), der das Thema angeregt, die Arbeit betreut und mir während des Verfassens der Arbeit stets Raum für das eigene Vorwärtskommen gelassen hat. Für das zügige Verfassen des Zweitgutachtens gilt mein herzlicher Dank Herrn Prof. Dr. Raimund Waltermann. An dieser Stelle möchte ich mich auch bei den Mitarbeiterinnen und Mitarbeitern der Universität Bonn für die Unterstützung in administrativen Fragen bedanken. Ich freue mich sehr, dass die Arbeit in die „*Schriften zum deutschen und europäischen Recht der Arbeit und der Sozialen Sicherheit*" aufgenommen wurde.

Ebenso gilt mein ausdrücklicher Dank Frau Prof. Dr. Anja Mengel, LL.M. (Columbia), die mir nach dem zweiten Staatsexamen ermöglicht hat, neben meinem Berufseinstieg als Rechtsanwältin flexibel an meiner Dissertation arbeiten zu können.

Für die immerwährende Unterstützung und ihren stetigen Zuspruch schulde ich meinem Ehemann Christian, meinen Eltern Gerhard und Martina Huth sowie meinen Schwiegereltern Wolfgang und Petra Seifert besonderen Dank.

Frankfurt am Main, im Juni 2018 *Henrike Seifert*

Inhaltsübersicht

Inhaltsverzeichnis

Abkürzungsverzeichnis

a. A.	anderer Ansicht
a. E.	am Ende
a. F.	alte Fassung
Abs.	Absatz
AcP	Archiv für die civilistische Praxis (Zeitschrift)
AEntG	Gesetz über zwingende Arbeitsbedingungen für grenzüberschreitend entsandte und für regelmäßig im Inland beschäftigte Arbeitnehmer und Arbeitnehmerinnen (Arbeitnehmer-Entsendegesetz) vom 20.04.2009 (BGBl. I S. 799)
AEUV	Vertrag über die Arbeitsweise der Europäischen Union, in der Fassung der Bekanntmachung vom 09.05.2008
AFG	Arbeitsförderungsgesetz vom 25.06.1969 (BGBl. I S. 582)
AP	Arbeitsrechtliche Praxis (Nachschlagewerk des Bundesarbeitsgerichts)
ArbG	Arbeitsgericht
ArbGG	Arbeitsgerichtsgesetz, in der Fassung der Bekanntmachung vom 02.07.1979 (BGBl. I S. 853)
ArbSchG	Gesetz über die Durchführung von Maßnahmen des Arbeitsschutzes zur Verbesserung der Sicherheit und des Gesundheitsschutzes der Beschäftigten bei der Arbeit (Arbeitsschutzgesetz) vom 07.08.1996 (BGBl. I S. 1246)
Art.	Artikel
AÜG	Gesetz zur Regelung der Arbeitnehmerüberlassung (Arbeitnehmerüberlassungsgesetz), in der Fassung der Bekanntmachung vom 03.02.1995 (BGBl. I S. 158)
AuR	Arbeit und Recht (Zeitschrift)
BAG	Bundesarbeitsgericht
Bau Saar	Arbeitgeberverband der Bauwirtschaft des Saarlandes e. V.
BayObLG	Bayerisches Oberstes Landesgericht

BayObLGZ	Entscheidungen des Bayerischen Obersten Landesgerichts in Zivilsachen
BB	Betriebs-Berater (Zeitschrift)
BBiG	Berufsbildungsgesetz vom 23.03.2005 (BGBl. I S. 931)
Bd.	Band
BDSG	Bundesdatenschutzgesetz, in der Fassung der Bekanntmachung vom 14.01.2003 (BGBl. I S. 66)
Beil.	Beilage
Bergmanns VersorgScheinG NRW	Gesetz über einen Bergmannsversorgungsschein im Land Nordrhein-Westfalen (Bergmannsversorgungsscheingesetz) vom 20.12.1983 (GV. NRW. S. 635)
BetrAVG	Gesetz zur Verbesserung der betrieblichen Altersversorgung (Betriebsrentengesetz) vom 19.12.1974 (BGBl. I S. 3610)
BetrVG	Betriebsverfassungsgesetz, in der Fassung der Bekanntmachung vom 25.09.2001 (BGBl. I S. 2518)
BGB	Bürgerliches Gesetzbuch, in der Fassung der Bekanntmachung vom 02.01.2002 (BGBl. I S. 42, berichtigt S. 2909 und 2003 I S. 738)
BGBl.	Bundesgesetzblatt (1950; danach zerfallend in Teile)
BGBl. I	Bundesgesetzblatt, Teil I (1951 ff.)
BGBl. II	Bundesgesetzblatt, Teil II (1951 ff.)
BGH	Bundesgerichtshof
BGHZ	Entscheidungen des Bundesgerichtshofs in Zivilsachen
BRD	Bundesrepublik Deutschland
BT-Drs.	Drucksache des Deutschen Bundestages
BVerfG	Bundesverfassungsgericht
BVerfGE	Entscheidungen des Bundesverfassungsgerichts
CGM	Christliche Gewerkschaft Metall
Chemie Nord	Arbeitgeberverband für die Chemische Industrie in Norddeutschland e. V.
DB	Der Betrieb (Zeitschrift)
DDR	Deutsche Demokratische Republik
Ders.	Derselbe
DGB	Deutscher Gewerkschaftsbund

DuD	Datenschutz und Datensicherheit (Zeitschrift)
EGMR	Europäischer Gerichtshof für Menschenrechte
EG-Vertrag	Vertrag zur Gründung der Europäischen Gemeinschaft vom 25.03.1957 (BGBl. II S. 766)
Einl.	Einleitung
EMRK	Konvention zum Schutz der Menschenrechte und Grundfreiheiten, in der Fassung der Bekanntmachung vom 22.10.2010 (BGBl. II S. 1198)
et. al.	et alii/ et aliae/ et alia (und andere)
EU	Europäische Union
EuG	Gericht erster Instanz der Europäischen Union
EuGH	Gerichtshof der Europäischen Union
EVG	Eisenbahn- und Verkehrsgewerkschaft
f.	folgende (Seite)
FAZ	Frankfurter Allgemeine Zeitung
ff.	folgende Seiten
FS	Festschrift
GdF	Gewerkschaft der Flugsicherung e. V.
GDL	Gewerkschaft Deutscher Lokomotivführer
GdP	Gewerkschaft der Polizei
Gesamtmetall	Gesamtverband der Arbeitgeberverbände der Metall- und Elektro-Industrie e. V.
GEW	Gewerkschaft Erziehung und Wissenschaft
GG	Grundgesetz für die Bundesrepublik Deutschland vom 23. Mai 1949 (BGBl. S. 1)
Grundl.	Grundlagen
GS	Großer Senat
GVG	Gerichtsverfassungsgesetz, in der Fassung der Bekanntmachung vom 09.05.1975 (BGBl. I S. 1077)
GWB	Gesetz gegen Wettbewerbsbeschränkungen, in der Fassung der Bekanntmachung vom 26.06.2013 (BGBl. I S. 1750, berichtigt S. 3245)
h. M.	herrschende Meinung
HAG	Heimarbeitsgesetz vom 14.03.1951 (BGBl. I S. 191)
HGB	Handelsgesetzbuch vom 10. Mai 1897 (RGBl. S. 219)
i.V.m.	in Verbindung mit
IG BAU	Industriegewerkschaft Bauen-Agrar-Umwelt
IG BCE	Industriegewerkschaft Bergbau, Chemie, Energie

IG Metall	Industriegewerkschaft Metall
InsO	Insolvenzordnung vom 05.10.1994 (BGBl. I S. 2866)
JuS	Juristische Schulung (Zeitschrift)
Kap.	Kapitel
KAV	Kommunaler Arbeitgeberverband
KSchG	Kündigungsschutzgesetz, in der Fassung der Bekanntmachung vom 25.08.1969 (BGBl. I S. 1317)
LAG	Landesarbeitsgericht
LAGE	Entscheidungen der Landesarbeitsgerichte
lit.	littera (Buchstabe)
Ls.	Leitsatz
m.w.N.	mit weiteren Nachweisen
Marburger Bund	Marburger Bund – Verband der angestellten und beamteten Ärztinnen und Ärzte Deutschlands e. V.
MedR	Medizinrecht (Zeitschrift)
MiLoG	Gesetz zur Regelung eines allgemeinen Mindestlohns vom 11.08.2014 (BGBl. I S. 1348)
MMR	Multimedia und Recht (Zeitschrift)
n. F.	neue Fassung
NachwG	Gesetz über den Nachweis der für ein Arbeitsverhältnis geltenden wesentlichen Bedingungen (Nachweisgesetz) vom 20.07.1995 (BGBl. I S. 946)
NGG	Gewerkschaft Nahrung-Genuss-Gaststätten
NJW	Neue Juristische Wochenschrift
NJW-RR	Neue Juristische Wochenschrift Rechtsprechungs-Report Zivilrecht
Nordostchemie	Arbeitgeberverband Nordostchemie e. V.
Nr.	Nummer
NZA	Neue Zeitschrift für Arbeitsrecht
NZA-RR	Neue Zeitschrift für Arbeitsrecht Rechtsprechungs-Report
OLG	Oberlandesgericht
OT	ohne Tarifbindung
RAG	Reichsarbeitsgericht
RAGE	Amtliche Sammlung der Entscheidungen des Reichsarbeitsgerichts
RdA	Recht der Arbeit (Zeitschrift)
RDV	Recht der Datenverarbeitung (Zeitschrift)
RG	Reichsgericht

RGBl.	Reichsgesetzblatt (1871-1921; dann aufgeteilt in Teil I und II)
RGBl. I	Reichsgesetzblatt, Teil I (1922-1945)
RGZ	Entscheidungen des Reichsgerichts in Zivilsachen
Rn.	Randnummer
Rspr.	Rechtsprechung
RVO	Reichsversicherungsordnung, in der Fassung der Bekanntmachung vom 15.12.1924 (RGBl. I S. 779)
S.	Seite
SAE	Sammlung Arbeitsrechtlicher Entscheidungen
SANG	Sächsischer Arbeitgeberverband Nahrung und Genuss e. V.
SGB II	Sozialgesetzbuch (SGB) Zweites Buch (II) – Grundsicherung für Arbeitsuchende – in der Fassung der Bekanntmachung vom 13.05.2011 (BGBl. I S. 850, berichtigt S. 2094)
SGB III	Sozialgesetzbuch (SGB) Drittes Buch (III) – Arbeitsförderung – vom 24.03.1997 (BGBl. I S. 594)
SGB VII	Sozialgesetzbuch (SGB) Siebtes Buch (VII) – Gesetzliche Unfallversicherung – vom 07.08.1996 (BGBl. I S. 1254)
Slg.	Sammlung der Rechtsprechung des Gerichtshofes und des Gerichts Erster Instanz
sog.	so genannt
SPD	Sozialdemokratische Partei Deutschlands
StGB	Strafgesetzbuch, in der Fassung der Bekanntmachung vom 13.11.1998 (BGBl. I S. 3322)
StPO	Strafprozessordnung, in der Fassung der Bekanntmachung vom 07.04.1987 (BGBl. I S. 1074, berichtigt S. 1319)
StV	Strafverteidiger (Zeitschrift)
TVG	Tarifvertragsgesetz, in der Fassung der Bekanntmachung vom 25.08.1969 (BGBl. I S. 1323)
TzBfG	Gesetz über Teilzeitarbeit und befristete Arbeitsverträge (Teilzeit- und Befristungsgesetz) vom 21.12.2000 (BGBl. I S. 1966)
u. a.	1) unter anderem / 2) und andere
UFO	Unabhängige Flugbegleiter Organisation e. V.

UmwG	Umwandlungsgesetz vom 28.10.1994 (BGBl. I S. 3210, berichtigt 1995 I S. 428)
UWG	Gesetz gegen den unlauteren Wettbewerb, in der Fassung der Bekanntmachung vom 03.03.2010 (BGBl. I S. 254)
vbm	Verband der bayerischen Metall- und Elektro-Industrie e. V.
VDEW	Verband der Ernährungswirtschaft e. V.
ver.di	Vereinte Dienstleistungsgewerkschaft
vgl.	vergleiche
VMET	Verband der Metall- und Elektro-Industrie in Thüringen e. V.
Vorb.	Vorbemerkung
WM	Wertpapier-Mitteilungen – Zeitschrift für Wirtschafts- und Bankrecht
WSI- Mitteilungen	Zeitschrift des Wirtschafts- und Sozialwissenschaftlichen Instituts der Hans-Böckler-Stiftung
ZD	Zeitschrift für Datenschutz
ZfA	Zeitschrift für Arbeitsrecht
ZG	Zeitschrift für Gesetzgebung
ZHR	Zeitschrift für das gesamte Handelsrecht und Wirtschaftsrecht
Ziff.	Ziffer
ZIP	Zeitschrift für Wirtschaftsrecht
ZPO	Zivilprozessordnung, in der Fassung der Bekanntmachung vom 05.12.2005 (BGBl. I S. 3202, berichtigt 2006 I S. 431 und 2007 I S. 1781)
ZRG RA	Zeitschrift der Savigny-Stiftung für Rechtsgeschichte, Romanistische Abteilung
ZTR	Zeitschrift für Tarifrecht

Einführung

A. Problemstellung und Relevanz

Eine Verknüpfung zwischen Arbeitsrecht und Solidarität zu leugnen ist nahezu unmöglich. Seit Beginn der Industrialisierung im 19. Jahrhundert ging der Solidaritätsbegriff mit der entstandenen Arbeiter- und Gewerkschaftsbewegung Hand in Hand und seine Bedeutung setzte sich im 20. Jahrhundert fort. Auch heute, lange nach Ende der politisch geprägten Arbeiterbewegung,[1] hat Solidarität in der Arbeit der Gewerkschaften als ideeller Wert tragende Bedeutung. Ihre Tradition und ihr Selbstverständnis formuliert ver.di unter anderem mit den Worten: *„Solidarität ist die Macht der Vielen. Gewerkschaft ist fühlbare und praktische Solidarität“.*[2] Aktuelle arbeitsrechtliche Beispiele liefern der zweiwöchige Tarif- und Solidaritätsstreik der hessischen Bus- und Straßenbahnfahrer im Januar 2017[3] oder die wiederkehrenden Streiks der Lokführer und Piloten.

Diese arbeitskampfrechtlichen Themen sind es auch, die bisher im Fokus der Solidaritätsfrage standen. Arbeitsrechtliche Rechtsprechung und Literatur beschäftigen sich bis heute nahezu ausschließlich mit der Frage einer Solidarität unter Arbeitnehmern.

Die Rechtsprechung lässt dabei keine klare Kontur erkennen. Der Schwerpunkt der Solidaritätsrechtsprechung ist in den 1950er und 1960er Jahren zu finden. Während das BAG in seinen Anfängen eine allseitige Solidarität der Arbeitnehmerschaft proklamierte,[4] finden sich derart deutliche Hervorhebungen nach Abkehr von der so genannten Sphärentheorie heute

---

1 Das Ende der politischen Arbeiterbewegung wird für die BRD im Wandel der SPD von einer Arbeiter- zur Volkspartei durch das Godesberger Programm 1959 gesehen, für die DDR in der Niederschlagung der Arbeiterrevolte 1953 (vgl. *Kuhn*, Arbeiterbewegung, S. 11 f., 211 f.).

2 Homepage der Gewerkschaft ver.di, abrufbar unter https://www.verdi.de/ueber-uns/idee-tradition (zuletzt abgerufen am 17.06.2017, 10:07 Uhr).

3 Vgl. Artikel der FAZ vom 11.01.2017, abrufbar unter http://www.faz.net/aktuell/rhein-main/hessische-busfahrer-streiken-auch-am-donnerstag-14620602.html sowie vom 17.01.2017, abrufbar unter http://www.faz.net/aktuell/rhein-main/frankfurt/tarifstreit-der-busfahrer-in-hessen-14672121.html (zuletzt abgerufen am 17.06.2017, 10:11 Uhr).

4 BAG vom 08.02.1957, AP Nr. 2 zu § 615 BGB Betriebsrisiko; BAG vom 25.07.1957, AP Nr. 3 zu § 615 BGB Betriebsrisiko.

nicht mehr. Auch die Annahme einer Solidarität der im selben Betrieb beschäftigten Arbeitnehmer untereinander[5] zieht die Rechtsprechung nicht mehr zur Begründung rechtlicher Verpflichtungen heran. Erneute Aktualität hat das Solidaritätsthema erhalten, als der Erste Senat des BAG[6] im Juni 2007 den gemeinhin auch als Solidaritätsstreik bezeichneten Unterstützungsarbeitskampf für zulässig erklärte.[7] Weniger ins Auge gestochen ist dagegen sicherlich die Feststellung desselben Senats in einer Entscheidung aus dem April 2007 zur Zulässigkeit von Streiks um einen Tarifsozialplan, dass die Solidarität der Koalitionsmitglieder Teil der für das Arbeitskampfrecht maßgeblichen Kampfparität sei.[8] Dogmatische Erklärungen und rechtliche Anknüpfungspunkte für das Solidaritätsargument sucht man in sämtlichen Entscheidungen vergebens.

Die Literatur geht zumeist ebenfalls darüber hinweg, dass Solidarität rechtliche Wirkung nicht aus sich heraus entfalten kann. Rechtliche Verpflichtung bedarf einer rechtlichen Form und Grundlage. Der erforderlichen Trennung zwischen soziologischen Feststellungen, ethischen Grundsätzen und rechtlicher Verpflichtungswirkung wird regelmäßig kaum Aufmerksamkeit geschenkt. Eine Verankerung der Arbeitnehmersolidarität in rechtlichen Vorschriften lassen die meisten Ausführungen ebenso vermissen wie eine tragfähige Konkretisierung von Inhalt und Grenzen einer Solidarität unter Arbeitnehmern.

Andere Wechselbeziehungen arbeitsrechtlicher Akteure sind dagegen kaum auf solidarische Verpflichtungen untersucht worden. Während sich *Küchenhoff* und *Völker* noch rudimentär mit einer Solidarität im Betriebsverfassungsrecht auseinandergesetzt haben,[9] ist das Verhältnis unter Arbeitgebern sowie das zwischen den Arbeitsvertragsparteien im Hinblick auf solidarische Pflichten bisher gänzlich unbeachtet geblieben. Die Untersuchung soll einen Beitrag dazu leisten, diese Lücken zu schließen.

---

5 BAG vom 25.09.1957, AP Nr. 4 zu §§ 898, 899 RVO, unter III. 3. c.; BAG vom 18.12.1964, AP Nr. 51 zu § 611 BGB Gratifikation, unter I. 2.

6 Soweit im weiteren Verlauf der Untersuchung auf eine Bezeichnung des Gerichts verzichtet wird, ist jeweils der betreffende Senat des BAG gemeint.

7 BAG vom 19.06.2007, AP Nr. 173 zu Art. 9 GG Arbeitskampf.

8 BAG vom 24.04.2007, AP Nr. 2 zu § 1 TVG Sozialplan, unter B. I. 2.

9 *Küchenhoff*, DB 1963, 799 ff.; *Völker*, Solidarität, S. 75 f.

B. Methode und Gang der Untersuchung

Damit ist auch die zentrale Forschungsfrage angesprochen. Die Dissertation soll klären, ob Solidarität – verstanden als rechtlich wirkende Verpflichtung – im Arbeitsrecht nachweisbar ist.

Die Antwort soll anhand mehrerer Leitfragen gefunden werden. Es gilt zu prüfen, ob normative Grundlagen zur Verfügung stehen, um rechtliche Solidaritätspflichten zu erzeugen. Andernfalls kann Solidarität maximal moralischer Programmsatz ohne rechtliche Wirkung sein. Wenn ja, ist zu klären welchen Inhalt die solidarische Verbindung der jeweiligen Akteure hat und wo ihre Grenzen liegen. Dies führt zu einem weiteren Problembereich und der Frage, ob die gefundenen solidarischen Pflichten durchsetzbar und Verstöße sanktionsfähig sind. Diese Leitfragen sollen es ermöglichen, arbeitsrechtliche Solidaritätspflichten in ihrer gesamten Dimension zu erfassen.

Der erste Teil der Untersuchung wird die dogmatische Basis für diese arbeitsrechtliche Analyse schaffen. Es ist die grundlegende Frage zu klären, wie Solidarität begrifflich zu erfassen ist. Dies betrifft die Herleitung, Abgrenzung und Kategorisierung des Begriffs. Die Untersuchung soll auch aufzeigen, welche unterschiedlichen Erscheinungsformen Solidarität annehmen kann. Ist es immer die *„Macht der Vielen"*, wie ver.di es formuliert, die Solidarität prägt oder kann sie auch zwischen einzelnen Individuen wirken? Geht es stets um Interessendurchsetzung oder kann auch die Harmonisierung von Interessen im Mittelpunkt stehen? Anschließend ist der Zusammenhang zwischen Moral und Recht zu beleuchten und zu klären, unter welchen Voraussetzungen Solidarität zu einer rechtlich wirkenden Verpflichtung erwachsen kann.

Auf dieser Grundlage soll die systematische Analyse des Arbeitsrechts erfolgen. Die Untersuchung richtet sich an dem arbeitsrechtlichen Beziehungsgeflecht aus, um aufzuzeigen, inwieweit die im Arbeitsrecht maßgeblichen Akteure Solidaritätspflichten unterliegen.

Der zweite Teil wird zunächst die Beziehung zwischen Arbeitnehmern analysieren. Die immer wieder beschworene Solidarität der Arbeitnehmerschaft ist eingehend auf ihren rechtsdogmatischen Gehalt zu untersuchen. Ebenso ist zu klären, ob Arbeitnehmer als Gewerkschaftsmitglieder oder als Angehörige desselben Betriebs gegenseitige solidarische Pflichten treffen.

Der anschließende dritte Teil wird Aufschluss darüber geben, ob Arbeitgeber untereinander solidarischen Verpflichtungen unterliegen. Im Mittelpunkt steht die Frage nach einer solidarischen Verbindung der Mitglieder innerhalb von Arbeitgeberverbänden.

Sodann soll sich der Fokus im vierten Teil auf die Beziehung zwischen Arbeitgeber und Arbeitnehmer als Parteien des Arbeitsverhältnisses richten. Als Dreh- und Angelpunkt einer möglichen Solidaritätsbeziehung sind die arbeitsvertraglichen Nebenpflichten eingehend zu untersuchen.

Der fünfte und letzte Teil der Untersuchung ist schließlich dem Verhältnis zwischen Arbeitgeber und Betriebsrat gewidmet. Die Ausführungen sollen insbesondere aufzeigen, mit welcher Wirkungskraft der Grundsatz vertrauensvoller Zusammenarbeit die betriebsverfassungsrechtliche Beziehung zwischen Arbeitgeber und Betriebsrat prägt.

Teil 1 Grundlagen der Solidarität in Soziologie, Ethik und Recht

Die folgenden Ausführungen sollen zunächst Begriff, Grundlagen und Erscheinungsformen von Solidarität klären (dazu im Folgenden unter A.). Anschließend ist aufzuzeigen, unter welchen Voraussetzungen Solidarität rechtliche Wirkung erlangt (dazu im Folgenden unter B.).

A. Solidarität – Begriff, Grundbedingungen und Erscheinungsformen

Das Begriffsverständnis von Solidarität unterscheidet sich bis heute nach Lebensbereichen und wissenschaftlichen Disziplinen. Eine einheitliche Definition fehlt und macht eine Analyse der unterschiedlichen Begriffsdeutungen erforderlich. Diese muss sich ebenso dem Begriffsursprung im Römischen Recht (dazu im Folgenden unter I.) wie dem unterschiedlichen Begriffsverständnis in Soziologie, Philosophie und Christlicher Soziallehre (dazu im Folgenden unter II.) widmen. Es ist zu klären, ob Solidarität von bestimmten Grundbedingungen abhängig ist (dazu im Folgenden unter III.) und welche Erscheinungsformen sie annehmen kann (dazu im Folgenden unter IV.).

I. Begriffsursprung: Die obligatio in solidum des Römischen Privatrechts

Seinen philologischen Ursprung findet der Begriff Solidarität im Römischen Privatrecht. Ihm entstammt das Institut der so genannten *obligatio in solidum.*[10] Teilweise wird der Begriffsursprung von Solidarität sogar bis zu dem lateinischen Wortstamm *solidare* beziehungsweise *solidus* zurückverfolgt; diese Herleitung ist vornehmlich in der Soziologie zu finden.[11]

Das Römische Privatrecht beschrieb mit der obligatio in solidum eine Solidarhaftung; konkret eine gemeinsame Haftung mehrerer Schuldner gegenüber einem Gläubiger.[12] Sie setzte voraus, dass von einer Personenmehrheit auf

---

10 Zu finden auch als Verbform *„in solidum obligare"* (vgl. *Fistetti*, in: Sandkühler, Enzyklopädie Philosophie, S. 2484; *Zoll*, Solidarität, S. 17).

11 Wörtlich übersetzt: *„fest machen/ fest/ dauerhaft"* (vgl. *Hillmann*, Wörterbuch Soziologie, S. 805; *Kopp/Schäfers*, Grundbegriffe Soziologie, S. 255).

12 *Hausmaninger/Selb*, Römisches Privatrecht, S. 299.

Schuldnerseite jeder dasselbe schuldete (*idem debitum*)[13]. Kennzeichnend für die obligatio in solidum war, dass der Gläubiger von jedem der Schuldner die Erfüllung der gesamten Forderung (*solidum*) verlangen konnte, die Leistung aber insgesamt nur einmal erhalten sollte.[14] Die Erfüllung der Forderung (*solutio*) durch einen der Schuldner hatte daher für alle Schuldner befreiende Wirkung.[15]

Die obligatio in solidum entstand vornehmlich im Wege der *stipulatio*, einem Verbalkontrakt als bedeutendste Vertragsart des Römischen Privatrechts.[16] Er ermöglichte die Verpflichtung mehrerer Schuldner gegenüber einem Gläubiger durch den Ausspruch spezieller Frage- und Antwortformeln. Der Gläubiger befragte die Schuldner nacheinander mit der Formel „*spondesne?*" oder alle Schuldnern gleichzeitig mit der Formel „*spondetisne?*", ob sie die in Rede stehende Leistung versprächen.[17] Die Schuldner antworteten hierauf getrennt oder gemeinsam mit der Formel „*spondeo*" beziehungsweise „*spondemus*".[18] Die festen Sprechformeln verschränkten die Leistungsversprechen der einzelnen Schuldner miteinander. Auf diese Weise begründete das Römische Privatrecht bereits eine gewisse Verbindung auch zwischen den Schuldnern.[19]

Für eine Anerkennung von Rückgriffsansprüchen der Schuldner untereinander entwickelten sich im Römischen Recht hingegen nur erste Ansätze. Da die obligatio in solidum selbst nur das Außenverhältnis zwischen den Schuldnern und dem Gläubiger betraf, wurden Rückgriffsansprüche des leistenden Schuldners im Römischen Privatrecht nur anerkannt, wenn zwischen den Schuldnern ein davon unabhängiges Innenverhältnis bestand; so etwa zwischen Gesellschaftern, Miterben oder auf vertraglicher Grundlage.[20] Aus der gemeinsamen Schuldnerstellung als solcher leitete man noch keine Rückgriffs- oder Regressansprüche ab.[21]

---

13 *Finkenauer*, ZRG RA 130 (2013), 164 (167); *Schmieder*, Duo Rei, S. 36.

14 *Hausmaninger/Selb*, Römisches Privatrecht, S. 299; *Kaser*, Römisches Privatrecht, S. 335.

15 *Finkenauer*, ZRG RA 130 (2013), 164 (167); *Schmieder*, Duo rei, S. 80.

16 *Bürge*, Römisches Privatrecht, S. 116.

17 Wörtlich übersetzt: „*Versprichst du*" bzw. „*Versprecht ihr*" (vgl. *Bürge*, Römisches Privatrecht, S. 116; *Meier*, Gesamtschulden, S. 7).

18 Wörtlich übersetzt: „*Ich verspreche*" bzw. „*Wir versprechen*" (vgl. *Bürge*, Römisches Privatrecht, S. 116; *Meier*, Gesamtschulden, S. 7).

19 *Meier*, Gesamtschulden, S. 7; *Schmieder*, Duo Rei, S. 35, 54.

20 *Kaser*, Römisches Privatrecht, S. 336; *Meier*, Gesamtschulden, S. 263 ff.

21 *Hausmaninger/Selb*, Römisches Privatrecht, S. 299.

Unverkennbar ist die weitgehende Übereinstimmung der obligatio in solidum mit der heute in § 421 BGB geregelten Gesamtschuld, hat diese doch unter abweichender Bezeichnung die Regelung einer gemeinsamen Haftung mehrerer Schuldner gegenüber einem Gläubiger übernommen.[22] Auch für das Institut der Gesamtschuld ist eine Personenmehrheit auf Schuldnerseite kennzeichnend, die der gleichstufigen Haftung für ein identisches Leistungsinteresse unterworfen ist.[23] Unterschiede begründet das in § 426 BGB geregelte Innenverhältnis zwischen den Schuldnern. Es entsteht aus dem Gesamtschuldverhältnis als solchem und sieht sowohl Rückgriffsansprüche (§ 426 Abs. 1 BGB) als auch den Übergang der Gläubigerforderung (cessio legis) auf den leistenden Schuldner (§ 426 Abs. 2 BGB) vor.

Der philologische Begriffsursprung liefert keine Definition, gibt jedoch Anhaltspunkte für die inhaltliche und begriffliche Einordnung. Kerninhalt der obligatio in solidum war die Mitverantwortung des einzelnen Schuldners für die Gruppe der Schuldner und dessen Verpflichtung, zur Leistung des Geschuldeten beizutragen.

II. Begriffsverständnis in Soziologie, Philosophie und Christlicher Soziallehre

Die geisteswissenschaftlichen Disziplinen der Soziologie (dazu im Folgenden unter 1.), Philosophie und Christlichen Soziallehre (dazu jeweils im Folgenden unter 2.) befassen sich auf unterschiedliche Weise mit dem Thema Solidarität. Bedingt durch die sich unterscheidenden Forschungsmethoden und Zielsetzungen existiert bis heute ein voneinander abweichendes Begriffsverständnis.

1. Der Solidaritätsbegriff in der Soziologie

Soziologie bezeichnet die Wissenschaft, die sich mit der Gesellschaft, verstanden als dem zwischenmenschlichen Zusammenleben, beschäftigt (dazu im Folgenden unter a)).[24] Es sind daher bisweilen auch die Begriffe *Gesellschaftswissenschaft* oder *Gesellschaftslehre* anzutreffen.[25] Der Soziologe *Émile Durkheim* hat

---

22 Für das Gesamtschuldverhältnis des Bürgerlichen Rechts ist aus diesem Grund auch teilweise die Bezeichnung „*Solidarschuld*" zu finden (vgl. *Bydlinski*, in: MüKo BGB, § 421 Rn. 1).

23 *Schwedhelm*, Gesamtschuldverhältnis, S. 27 f., 34 f.; zum Erfordernis der gleichstufigen Haftung vgl. BGH vom 28.11.2006, NJW 2007, 1208 (1210); *Grüneberg*, in: Palandt, BGB, § 421 Rn. 6 f.

24 *Fürstenberg*, Soziologie, S. 10; *von Wiese*, Soziologie, S. 5 f., 135.

25 *Simmel*, Soziologie, S. 6; *von Wiese*, Soziologie, S. 14, 135.

Solidarität als entscheidenden Faktor zwischenmenschlichen Zusammenlebens geprägt (dazu im Folgenden unter b)). Trotz Weiterentwicklungs- und Differenzierungstendenzen hat das Thema Solidarität seine Relevanz im soziologischen Diskurs bis heute nicht verloren (dazu im Folgenden unter c)).

a) Empirische Gesellschaftsforschung

Soziologie untersucht das Verhalten von Menschen gegen Menschen und die daraus resultierenden Bindungen und gesellschaftlichen Gebilde.[26] Sie geht von der Grundannahme aus, dass das Verhältnis zwischen Individuen von stetigen Wechselwirkungen geprägt ist.[27] Diese seien bedingt durch die Interessen der Einzelpersonen beruhend auf ihren Neigungen, Trieben und den von ihnen verfolgten Zwecken.[28] Die Wechselwirkungen gestalten nach der Soziologie das isolierte Nebeneinander der Individuen zu Formen des Miteinander und des Füreinander; sie verbinden die Individuen auf diese Weise zu einer Einheit, einer Gesellschaft.[29]

Gegenstand der Soziologie als empirische Wissenschaft ist die systematische Beobachtung, Beschreibung und Darstellung dieses zwischenmenschlichen Geschehens.[30] Mit den Worten *Max Webers* ist sie die wissenschaftliche Disziplin, die *„soziales Handeln deutend verstehen und dadurch in seinem Ablauf und in seinen Wirkungen ursächlich erklären will“*[31]. Soziologie untersucht die Wechselwirkungen zwischen Individuen anhand äußerer und innerer Erfahrung.[32] Sie beschränkt sich auf die rationale Erklärung des menschlichen Handelns, ohne dieses zu bewerten, zu verurteilen oder es einzufordern.[33] Damit liefert die Soziologie nachprüfbare Analysen, lässt die tiefergehende Sinnfrage gesellschaftlicher Bindungen und Gebilde aber offen.[34] Sie beantwortet die Frage, was Gesellschaft *ist*; nicht was Gesellschaft *sein kann* oder *sein soll*.[35]

---

26 *Von Wiese*, Soziologie, S. 135, 142; danach sind unter sozialen Gebilden alle Arten von Kollektivität zu verstehen (Paar, Gruppe, Masse, Staat, Volk, Nation, Klasse etc.).

27 *Simmel*, Soziologie, S. 48 f.

28 *Simmel*, Soziologie, S. 48 f.

29 *Simmel*, Soziologie, S. 13 f., 48.

30 *Von Wiese*, Soziologie, S. 137 f.

31 Zu dieser Begriffsdefinition des Soziologen Max Weber vgl. *Esser*, Soziologie, S. 3.

32 *Simmel*, Soziologie, S. 27; *von Wiese*, Soziologie, S. 23, 137.

33 Vgl. *von Wiese*, Soziologie, S. 8; auch *Esser*, Soziologie, S. 3 f. macht deutlich, dass Soziologie nicht auf die Bildung moralischer Urteile abzielt.

34 *Von Wiese*, Soziologie, S. 13, 23; zur Ausrichtung auf empirisch nachprüfbare Aussagen auch *Fürstenberg*, Soziologie, S. 11 f.

35 *Fürstenberg*, Soziologie, S. 9.

b) *Die Bedeutung der Lehre Durkheims*

Im Kontext des Miteinander von Individuen steht auch der Begriff Solidarität. Er stellt in der Soziologie einen unverzichtbaren gesellschaftlichen Wert dar, den er vornehmlich der Lehre *Émile Durkheims* verdankt. Ausgangspunkt der Untersuchung *Durkheims* war die Frage, welche Bindungskräfte die Individuen in ihren gegenseitigen Wechselwirkungen zusammenhalten, was das „*lien social*", also das „*soziale Band*" der Gesellschaft ist.[36] Die Antwort auf diese Frage fand er in einer Verbindung der Individuen durch Solidarität, verstanden als sozialen Zusammenhalt innerhalb der Gesellschaft.[37]

Diese für das Miteinander entscheidende Solidarität ist nach Auffassung *Durkheims* vom Grad gesellschaftlicher Fortentwicklung abhängig und verändert sich mit zunehmender sozialer Arbeitsteilung. Je einfacher strukturiert eine Gesellschaft sei, desto mehr erzeuge die weitgehende Ähnlichkeit ihrer Mitglieder soziale Solidarität.[38] Durkheim ging davon aus, dass übereinstimmende Traditionen, Riten und Denkweisen in primitiven Gesellschaften maßgeblich für den Zusammenhalt der Individuen sind.[39] *Durkheim* bezeichnete diese Solidarität als *mechanische Solidarität*.[40] Er sah sie gekennzeichnet durch eine nahezu vollständige Unterordnung des Individuums unter die Gesellschaft.[41]

Modern entwickelte, arbeitsteilig geprägte Gesellschaften seien hingegen durch eine deutlich stärkere Individualisierung des Einzelnen innerhalb der Gesellschaft geprägt.[42] Dieser Umstand führt nach *Durkheim* gleichwohl nicht zum Verfall, sondern lediglich zu einer Veränderung der sozialen Solidarität. Diese finde ihre Grundlage in modernen Gesellschaften vermehrt nicht in der Ähnlichkeit, sondern gerade in der Ungleichheit ihrer Mitglieder.[43] Wo Arbeitsteilung und Individualisierung Raum gegeben werde, steige gleichzeitig der

36 *Durkheim*, Soziale Arbeitsteilung, S. 111; vgl. auch *Delitz*, Durkheim, S. 101.

37 *Durkheim*, Soziale Arbeitsteilung, S. 181 ff.

38 *Durkheim*, Soziale Arbeitsteilung, S. 156 f., 185.

39 *Durkheim*, Soziale Arbeitsteilung, S. 128, 156.

40 Die Charakterisierung als „*mechanische*" Solidarität beruht auf der Annahme Durkheims, diese Form der Solidarität sei dadurch gekennzeichnet, dass sich die Individuen wie anorganische Körper gleichgerichtet in einer Art Kohäsion bewegen (*Durkheim*, Soziale Arbeitsteilung, S. 182).

41 Dieser Gesellschaftstyp billigt dem Einzelnen entsprechend keinerlei Individualität oder eigene Persönlichkeit zu; das Individuum ist ausschließlich Gegenstand und Verfügungsobjekt der Gesellschaft (*Durkheim*, Soziale Arbeitsteilung, S. 181 f.).

42 *Durkheim*, Soziale Arbeitsteilung, S. 183.

43 *Durkheim*, Soziale Arbeitsteilung, S. 183, 190.

Grad gegenseitigen Aufeinander-Angewiesen-Seins.[44] *Durkheim* schreibt der Arbeitsteilung in allen Bereichen des gesellschaftlichen Lebens damit nicht nur ökonomische, sondern auch sozial-integrierende Bedeutung zu.[45] Für diese Form des sozialen Zusammenhalts wählte *Durkheim* die Bezeichnung *organische Solidarität.*[46]

Die Differenzierung darf nicht dahin falsch verstanden werden, dass diesen unterschiedlichen Formen von Solidarität Ausschließlichkeitswirkung zukäme. *Durkheim* ging davon aus, dass seine skizzierten Gesellschaftstypen regelmäßig nicht in Reinform bestünden. Die fortschreitende Entwicklung der Gesellschaften führt nach *Durkheim* lediglich zu einer immer weiteren Verdrängung der mechanischen und Verstärkung der organischen Solidarität.[47] Nach seinen Annahmen sind regelmäßig beide Formen der Solidarität innerhalb einer Gesellschaft existent und in ihrem jeweiligen Umfang vom Grad der funktionalen Differenzierung der Gesellschaft abhängig.[48]

c) Weiterentwicklungstendenzen

Die von *Durkheim* aufgestellten Thesen wirken bis heute fort. Auch in der modernen Soziologie dient Solidarität zur Charakterisierung einer sozialen Einheit,[49] verstanden als eine Form von *Zusammengehörigkeit(sgefühl)* oder auch *Gemeinschaftsbewusstsein.*[50] Anerkannt ist ebenso, dass diese Solidarität unterschiedlichen Quellen entspringen kann. Unter Anlehnung an *Durkheim* unterscheiden Soziologen zwischen Formen der Solidarität, die durch Ähnlichkeit bedingt sind und solchen, die auf Verschiedenheit der Individuen basieren.[51] Diese Differenzierung ist heute losgelöst von bestimmten Gesellschaftstypen, wie *Durkheim* sie in den Mittelpunkt seiner Überlegungen gestellt hatte. Als soziologisches Erbe

---

44 *Durkheim*, Soziale Arbeitsteilung, S. 183.

45 Vgl. *Delitz*, Durkheim, S. 108 f.

46 *Durkheim* wählte die Bezeichnung *„organisch"*, da er in dieser Form der Solidarität eine Ähnlichkeit zu dem Organismus höherer Tiere sah (*Durkheim*, Soziale Arbeitsteilung, S. 183).

47 *Durkheim*, Soziale Arbeitsteilung, S. 228.

48 *Delitz*, Durkheim, S. 113. *Durkheim* spricht davon, dass es sich um *„zwei Gesichter ein und derselben Wirklichkeit"* handele (*Durkheim*, Soziale Arbeitsteilung, S. 181).

49 *Hillmann*, Wörterbuch Soziologie, S. 805.

50 *Fuchs-Heinritz et. al.*, Lexikon Soziologie, S. 619; *Hillmann*, Wörterbuch Soziologie, S. 805; *Kopp/Schäfers*, Grundbegriffe Soziologie, S. 255 f.

51 Vgl. *Zoll*, Solidarität, S. 32 f.

Durkheims bleibt die Unterscheidung zweier *Grundtypen* von Solidarität: der Solidarität durch Ähnlichkeit und der Solidarität durch Verschiedenheit.[52]

Die moderne Soziologie differenziert diese Grundformen der Solidarität weiter aus. So stellt beispielsweise *Zoll* fest, dass sich der Übergang von der mechanischen zur organischen Solidarität noch im Anfangsstadium befinde.[53] Er weist darauf hin, dass nicht nur die heutige Gesellschaft pluralisiert sei, sondern auch der Begriff Solidarität selbst eine immer weitere Pluralisierung erfahre und so innerhalb der Grundtypen neue Formen und Inhalte von Solidarität entstünden.[54]

Eine exakte Definition für den Begriff Solidarität liefern Soziologen demnach auch heute nicht. Entscheidend für die Gesellschaftslehre ist und bleibt der mehr oder weniger enge Gegenseitigkeitsbezug im Sinne einer Zusammengehörigkeit von Individuen.

2. *Begriffsausprägungen in der Ethik*

Solidarität ist zugleich ein ethisch anerkannter Wert für menschliches Handeln.

Ethik ist im engsten Sinne mit dem Begriff Moralphilosophie gleichzusetzen, als interdisziplinäre Wissenschaft aber insbesondere auch Bestandteil der Theologie.[55] Gegenstand der Ethik in ihrem allgemeinsten Verständnis ist die richtige Normierung menschlichen Handelns (dazu im Folgenden unter a)).[56] Unterschiede zwischen den Einzeldisziplinen liegen in dem Blickwinkel, aus dem das menschliche Verhalten beurteilt wird. Insoweit muss zwischen dem Solidaritätsverständnis der philosophischen Ethik (dazu im Folgenden unter b)) und der christlichen Ethik (dazu im Folgenden unter c)) differenziert werden.

a) Moral und Ethik

Ethik bezeichnet allgemein die *Lehre von der Moral*[57]. Kerninhalt ist die Frage nach einer guten Moral; einer Moral *„nach der wir gut leben, gerecht handeln und vernünftig über unser Handeln und Leben entscheiden oder urteilen können“*[58].

---

52 In diese Richtung auch *Zoll*, Solidarität, S. 32.
53 *Zoll*, Solidarität, S. 168.
54 *Zoll*, Solidarität, S. 169.
55 Zu den Begrifflichkeiten und der Interdisziplinarität der Ethik vgl. *Anzenbacher*, Christliche Sozialethik, S. 13; *Birnbacher*, Ethik, S. 2; *Düwell/Hübenthal/Werner*, Ethik, S. 20.
56 *Anzenbacher*, Christliche Sozialethik, S. 13.
57 *Mittelstraß*, Enzyklopädie Philosophie, S. 404.
58 *Mittelstraß*, Enzyklopädie Philosophie, S. 404.

Ethik und Moral sind begrifflich nicht miteinander gleichzusetzen, werden jedoch trotz ihrer unterschiedlichen Bedeutung fälschlicherweise immer wieder synonym verwendet.[59]

Moral erfasst die Gesamtheit an kollektiven, individuellen und gruppenspezifischen Überzeugungen über richtiges Handeln, zu deren Befolgung das Individuum innerlich verpflichtet ist.[60] Sie bewertet menschliches Handeln als positiv oder negativ, billigt oder missbilligt es.[61] Auf Grundlage dieser Bewertung fordert die Moral entweder eine bestimmte Handlungsweise ein oder verlangt deren Unterlassen.[62] Sie begründet in diesem Sinne ein *Sollen* oder ein *Nicht-Sollen* für das jeweilige Handeln.[63] Die so entwickelten Normen und Handlungsregeln beanspruchen Allgemeingeltung über das Individuum hinaus.[64]

Damit stellt Moral eine primäre Normordnung für das menschliche Verhalten dar.[65] Sie steht mit der Ethik insoweit in enger Beziehung, als sie deren Untersuchungsgegenstand bildet.[66] Ethik kann als die *„methodische Prüfung und Begründung von Moral"*[67] bezeichnet werden. Als deskriptive Ethik beschreibt und erklärt sie die Moral als normative Ordnung; als normative Ethik bewertet, kritisiert und rechtfertigt sie die Moral.[68] Während die Moral Normierungscharakter hat, kommt der Ethik Beschreibungs- und Begründungscharakter zu.[69] Insofern wirken Ethik und Moral auf unterschiedlichen Ebenen, die sich aufeinander beziehen. Die Ethik untersucht und reflektiert die Moral, kann aber nicht selbst eine Moral begründen oder mit Moral gleichgesetzt werden.[70]

Für die weitere Untersuchung soll daher von dem Begriffsverständnis ausgegangen werden, dass Moral eine primäre Normordnung und Ethik deren sekundäre Beschreibung und Begründung darstellt.

---

59 Die uneinheitliche Verwendung des Begriffs Moral beschränkt sich nicht auf die synonyme Verwendung der Begrifflichkeiten Moral und Ethik (vgl. *Birnbacher*, Ethik, S. 1). Vielfach wird der Terminus Moral auch gleichgesetzt mit Konventionen, Sitten und Gebräuchen (vgl. nur *von der Pfordten*, Rechtsethik, S. 82 ff.).

60 *Birnbacher*, Ethik, S. 2; *Kervegan*, in: Sandkühler, Enzyklopädie Philosophie, S. 1663.

61 Vgl. *Birnbacher*, Ethik, S. 12, 33.

62 Vgl. *Birnbacher*, Ethik, S. 14.

63 *Birnbacher*, Ethik, S. 14.

64 *Birnbacher*, Ethik, S. 24.

65 *Von der Pfordten*, Normative Ethik, S. 6.

66 *Birnbacher*, Ethik, S. 2.

67 *Reinalter*, in: Ders./Brenner, Geisteswissenschaften, S. 168.

68 Vgl. *Düwell/Hübenthal/Werner*, Ethik, S. 2; *von der Pfordten*, Ethik, S. 8 f.

69 *Von der Pfordten*, Normative Ethik, S. 4.

70 Vgl. *Reinalter*, in: Ders./Brenner, Geisteswissenschaften, S. 168.

b) Der Solidaritätsbegriff in der philosophischen Ethik

Die philosophische Ethik oder Moralphilosophie verortet Solidarität vornehmlich im Bereich der Sozialethik. Im Gegensatz zur Individualethik, die sich mit dem moralisch richtigen Handeln des Einzelnen befasst, untersucht die Sozialethik die Grundsätze für ein moralisches Zusammenleben in der Gesellschaft.[71] Als Ausgangsbasis nutzt die Moralphilosophie dafür vielfach die empirischen Erkenntnisse der Soziologie über das zwischenmenschliche Verhalten.[72] *Von Wiese* sieht es insofern sogar als Ziel der Soziologie an, der Ethik die Kenntnis des Tatsächlichen zu vermitteln.[73]

Aus der soziologisch als Zusammengehörigkeitsgefühl beschriebenen Solidarität leitet die philosophische Ethik eine moralische Handlungsverpflichtung des Individuums ab.[74] Die Handlungsverpflichtung liegt in der wechselseitigen Verantwortung von Menschen füreinander begründet, die dazu führt, dass jeder Einzelne den anderen gegenüber Solidarität schuldet.[75] Diese Begriffseinordnung bleibt denkbar unklar, hebt sie doch lediglich den Charakter des *Sich-verpflichtet-Fühlens* bzw. der Mitverantwortung des Einzelnen hervor, ohne im eigentlichen Sinne eine Definition zu enthalten. Für die solidarische Verantwortung von Individuen füreinander werden unterschiedliche Begründungen angeführt.[76] Die Meinungen unterscheiden teils zwischen Kampf- und Gemeinschaftssolidarität, gemeint ist zwischen einer Unterstützung anderer bei der Durchsetzung von Rechten und einer Verbundenheit innerhalb von Gemeinschaftsbeziehungen.[77] Bisweilen wird auch erwogen zwischen vertikal und horizontal wirkender Solidarität, also einer Verantwortung der Stärkeren für die Schwächeren und einer gegenseitigen Hilfe innerhalb von Gemeinschaften, zu differenzieren.[78] Es fehlt damit auch in der Moralphilosophie an einer exakten Definition für Solidarität.

---

71 Zu dieser Differenzierung *Mieth*, in: Düwell/Hübenthal/Werner, Ethik, S. 518.
72 *Von Wiese*, Soziologie, S. 9.
73 Vgl. *von Wiese*, Soziologie, S. 9.
74 Vgl. *Krings/Baumgartner/Wild*, Philosophische Grundbegriffe, S. 2027.
75 Vgl. *Brugger/Schöndorf*, Philosophisches Wörterbuch, S. 448.
76 *Krings/Baumgartner/Wild*, Philosophische Grundbegriffe, S. 2028.
77 So insbesondere *Bayertz* in: Ders., Solidarität, S. 48 f.
78 Vgl. *Krings/Baumgartner/Wild*, Philosophische Grundbegriffe, S. 2031 f.

c) Der Solidaritätsbegriff in der Christlichen Ethik

Die Christliche Soziallehre als Teilbereich der Theologie beschäftigt sich ebenfalls mit der Gestaltung des menschlichen Soziallebens.[79] Kerninhalt ist die Frage, welchen Anspruch der christliche Glaube an die moralische Lebensführung und das Zusammenleben der Menschen stellt.[80] Die Christliche Soziallehre bewertet das menschliche Handeln unter dem Anspruch der christlichen Offenbarung und formuliert eine Christliche Sozialethik, die auf der Heiligen Schrift als maßgeblicher Erkenntnisquelle basiert.[81] Sie fußt auf den Sozialprinzipien der *Personalität*, *Solidarität* und *Subsidiarität*.[82]

Ausgangspunkt ist die im so genannten *Personalitätsprinzip* formulierte Würde und der Rechtsanspruch jedes Menschen aufgrund seiner Gottebenbildlichkeit.[83] Sie fordert eine zwingende Gleichheit aller Menschen trotz deren realer Ungleichheit.[84] Diese Annahme bildet die Basis für das *Solidaritätsprinzip*, das in seiner sozialethischen Dimension auf soziale Kooperation gerichtet ist, um den Rechtsanspruch jedes Individuums in der Gesellschaft zur Geltung zu bringen.[85] Als solches bezieht sich das Solidaritätsprinzip sowohl auf die Beziehung zwischen Individuum und Gesellschaft als auch auf das Verhältnis der Individuen untereinander.[86] Es geht davon aus, dass der Mensch als soziales Wesen auf die Interaktion mit anderen zwingend angewiesen ist und nur im Mit-Sein mit anderen Menschen seine Personalität voll entfalten kann.[87] Im übertragenen Sinne sieht es alle Menschen *„im selben Boot"*.[88]

Eine Darstellung und Definition des Begriffs findet sich in der *Enzyklika Sollicitudo rei socialis* von *Papst Johannes Paul II.*, der Solidarität beschreibt als *„feste und beständige Entschlossenheit, sich für das Gemeinwohl einzusetzen, das heißt*

79 *Stegmann/Langhorst* in: Grebing, Soziale Ideen, S. 604, zur Abgrenzung ggü. dem Oberbegriff der Theologischen Ethik *Mieth*, in: Düwell/Hübenthal/Werner, Ethik, S. 520.

80 Vgl. *Anzenbacher*, Christliche Sozialethik, S. 29.

81 Vgl. *Anzenbacher*, Christliche Sozialethik, S. 19; *Stegmann/Langhorst* in: Grebing, Soziale Ideen, S. 605.

82 *Anzenbacher*, Christliche Sozialethik, S. 178 ff.

83 *Stegmann/Langhorst* in: Grebing, Soziale Ideen, S. 606; detailliert *Anzenbacher*, Christliche Sozialethik, S. 180 ff.

84 *Krings/Baumgartner/Wild*, Philosophische Grundbegriffe, S. 2033.

85 *Anzenbacher*, Christliche Sozialethik, S. 197.

86 *Langner*, Sozialethik, S. 41.

87 *Langner*, Sozialethik, S. 419; *von Nell-Breuning*, Gesellschaft, S. 25.

88 *Anzenbacher*, in: Große Kracht/Karcher/Spieß, Solidarismus, S. 164.

für das Wohl aller und eines jeden, weil wir alle für alle verantwortlich sind"[89]. Damit ist auch der ethische Charakter des christlichen Solidaritätsprinzips angesprochen. Die gegenseitige Abhängigkeit und Beeinflussung der Individuen fordert, dass der Einzelne seine Kräfte in den Dienst der Gesellschaft stellt.[90] Alle Individuen haften für das Gemeinwohl als Gesamtschuldner.[91] *Papst Johannes Paul II.* formulierte dies mit den Worten *„wenn die gegenseitige Abhängigkeit in diesem Sinne anerkannt wird, ist die ihr entsprechende Antwort als moralisches und soziales Verhalten, als "Tugend" also, die Solidarität"*[92]. Die katholische Soziallehre postuliert Solidarität dadurch als universellen Auftrag an alle Menschen.[93]

Der konkrete Inhalt des Begriffs Solidarität bleibt auch in der Christlichen Sozialethik vage; im Vordergrund steht ähnlich der Moralphilosophie das Sich-verantwortlich-Fühlen des Einzelnen. So formuliert es auch *Joseph Kardinal Höffner*, der konstatiert, dass Solidarität *„wechselseitiges Verbundensein und Verpflichtetsein"*[94] bedeute und damit ebenfalls die moralische Verantwortlichkeit im Sinne einer Gemeinhaftung hervorhebt.

3. Schlussfolgerungen

Die Analyse des Begriffs Solidarität lässt für die weitere Bearbeitung mehrere Schlussfolgerungen zu.

Die obligatio in solidum als begrifflicher Ursprung des Wortes Solidarität charakterisiert eine besondere Form der Verbindlichkeit, konkret eine Mitverpflichtung des Einzelnen innerhalb einer Gesamtheit mehrerer Individuen. Dieser Verpflichtungscharakter ist in der philosophischen und christlichen Ethik erhalten geblieben, die Solidarität jeweils als ein Verpflichtet-Sein des Einzelnen verstehen, während die Soziologie eine tatsächliche Verbundenheit von Individuen als maßgeblich erachtet. Eine interdisziplinär einheitliche Begriffsdefinition kann schon insoweit nicht existieren, als die Einzelwissenschaften verschiedene Aspekte desselben Begriffs untersuchen. Während soziologische

---

89 *Johannes Paul II.*, Enzyklika Sollicitudo rei socialis, S. 47. In Übereinstimmung mit der philosophischen Ethik betont damit auch Papst Johannes Paul II. das Bestehen eines gegenseitigen Verantwortungsverhältnisses zwischen den Individuen, das er als allumfassend versteht.

90 *Stegmann/Langhorst* in: Grebing, Soziale Ideen, S. 610.

91 *Von Nell-Breuning*, Gesellschaft, S. 16; ähnlich auch *Höffner*, Christliche Gesellschaftslehre, S. 47.

92 *Johannes Paul II.*, Enzyklika Sollicitudo rei socialis, S. 46 f.

93 *Schweiger*, in: Sedmak, Solidarität, S. 241 f.

94 *Höffner*, Christliche Gesellschaftslehre, S. 47.

Untersuchungen Solidarität auf der Basis der tatsächlichen Gegebenheiten ermitteln, fragt die philosophische und theologische Ethik nach normativen Handlungsvorgaben, kurz gesagt danach *„was getan werden soll“*[95].

Die Auswertung des soziologischen und ethischen Begriffsverständnisses zeigt, dass Solidarität zwei Dimensionen aufweist, die vereinfacht als Ist-Ebene und als Sollens-Ebene bezeichnet werden können. Solidarität enthält ein tatsächliches Fundament, auf dessen Basis eine Sollens-Vorgabe für das Handeln des Individuums entsteht. Basis für die folgenden Ausführungen ist daher ein zweidimensionales Begriffsverständnis, das sowohl das ethische als auch das soziologische Element berücksichtigt.

Solidarität soll als eine auf tatsächlicher Verbundenheit beruhende und als ethische Verpflichtung formulierte Verantwortungsübernahme für andere verstanden werden.

III. Grundbedingungen für Solidarität?

Die begriffliche Analyse führt zu der Frage, unter welchen Voraussetzungen oder Umfeldbedingungen Solidarität entsteht. Mit den Zusammenhängen zwischen den Werten Solidarität und Gleichheit (dazu im Folgenden unter 1.) sowie Solidarität und Gemeinschaft (dazu im Folgenden unter 2.) sollen sich daher die folgenden Ausführungen beschäftigen.

1. Solidarität und Gleichheit

Solidarität setzt keine (soziale) Gleichheit der betreffenden Individuen voraus, sondern ist auch in Beziehungen möglich, die maßgeblich durch Verschiedenheit geprägt sind.

Die Soziologie sieht soziale Gleichheit oder Ähnlichkeit zwar als geeignete Grundlage für Solidarität, bindet Solidarität aber nicht an ein zwingendes Gleichheitserfordernis. Bereits die Untersuchungen *Durkheims* beruhen auf der Annahme, dass Solidarität auch dort möglich ist, wo sich die Gleichheit faktisch auf das Menschsein beschränkt und die Individuen sich in ihrer tatsächlichen sozialen Stellung erheblich unterscheiden. Neben der mechanischen Solidarität als Grundform der gleichheitsbasierten Solidarität formulierte *Durkheim* daher die organische Solidarität als Grundform einer verschiedenheitsbasierten Solidarität. Soziologische Untersuchungen halten bis heute an diesen

95 *Düwell/Hübenthal/Werner*, Ethik, S. 2.

Grundannahmen fest und erkennen sowohl durch Ähnlichkeit als auch durch Verschiedenheit geprägte Solidaritätsformen an.[96]

Der Schwerpunkt der Solidaritätsforschung in der philosophischen Ethik liegt auf der normativen Dimension des Solidaritätsbegriffs; die deskriptiven Grundlagen gewinnt die Moralphilosophie überwiegend aus den Erkenntnissen der Soziologie.[97] Die soziologische Differenzierung zwischen Solidarität aufgrund Gleichheit und solcher aufgrund Verschiedenheit hat die philosophische Ethik weder infrage gestellt noch abweichende Annahmen begründet.

Ebenso wenig geht auch die Christliche Soziallehre von einer Ausschließlichkeit gleichheitsbasierter Solidarität aus. Das Personalitätsprinzip formuliert zwar die gottesebenbildliche Gleichheit aller Menschen. Dieses Grundprinzip darf gleichwohl nicht dahin missverstanden werden, dass alle Menschen tatsächlich gleich und damit auch nur eine Solidarität unter Gleichen möglich wäre. Die Christliche Soziallehre spricht vielmehr von einer aus der Gottesebenbildlichkeit folgenden Gleichheit aller Menschen bei deren gleichzeitig realer Ungleichheit.[98] Alleine der grundsätzliche Geltungsanspruch aller Individuen ist aufgrund ihrer Gottesebenbildlichkeit gleich, nicht aber ihre tatsächliche soziale Stellung innerhalb der Gesellschaft. *Papst Johannes Paul II.* hat insoweit betont *„diejenigen, die am meisten Einfluß haben, weil sie über eine größere Anzahl von Gütern und Dienstleistungen verfügen, sollen sich verantwortlich für die Schwächsten fühlen“*[99]. Nach der christlichen Soziallehre ist Solidarität damit nicht nur möglich, sondern geradezu erforderlich auch zwischen Individuen, die zwar auf Grundlage der christlichen Offenbarung einen Gleichheitsanspruch genießen, sich jedoch in ihrer weltlich-sozialen Stellung grundlegend unterscheiden.

2. *Solidarität und Gemeinschaft*

Solidarität ist in zwischenmenschlichen Beziehungen unabhängig davon möglich, ob das betreffende Beziehungsverhältnis als Gemeinschaft zu qualifizieren ist.

Der Begriff *Gemeinschaft* ist im Wesentlichen auf *Ferdinand Tönnies* zurückzuführen und soll den folgenden Überlegungen zugrunde liegen. *Tönnies* beschreibt Gemeinschaften als Gruppen von Individuen, die durch bestimmte Gemeinsamkeiten miteinander verbunden sind und einander bejahen.[100] Als

96 Dazu bereits A. II. 1., S. 37-41.

97 Zu diesem Verhältnis zwischen Philosophie und Soziologie A. II. 2. b), S. 43.

98 Zum Personalitätsprinzip der christlichen Soziallehre A. II. 2. c), 44.

99 *Johannes Paul II.*, Enzyklika Sollicitudo rei socialis, S. 47.

100 Vgl. *Tönnies*, Gemeinschaft, S. 16 f.

Grundformen der Gemeinschaft unterscheidet er zwischen der Gemeinschaft des Blutes, der Gemeinschaft des Ortes und der Gemeinschaft des Geistes, mit denen er die Beziehungsgeflechte der Verwandtschaft, Nachbarschaft und Freundschaft meint.[101] Nach Auffassung *Tönnies* entstehen Gemeinschaften durch einen einheitlichen Willen und werden maßgeblich durch den besonderen *sozialen Trieb* – die Solidarität der Individuen – zusammengehalten.[102]

Dennoch sind Solidarität und Gemeinschaft keine untrennbar miteinander verbundenen gesellschaftlichen Erscheinungen. Zwar geht die Ethik davon aus, dass ein als Solidarität verstandenes Verpflichtungsgefühl aus der Mitverantwortung für andere entspringt.[103] Diese Mitverantwortung erfordert einen Zusammenhang zwischen den betreffenden Individuen, der geeignet ist, ein Sich-verpflichtet-Fühlen des Einzelnen auch zu erzeugen. Dies kann eine bereits vorhandene Gemeinschaft sein, in der Solidarität aus den Gemeinsamkeiten der Mitglieder erwächst.

Nach zutreffendem Begriffsverständnis formuliert Solidarität gleichwohl selbst eine Zusammengehörigkeit von Individuen, aus der eine ethische Forderung resultiert.[104] Der Verbundenheitsaspekt ist Inhalt der Solidarität und keine Voraussetzung für ihr Entstehen. Solidarität knüpft nicht an eine bereits existente *Grundverbundenheit* in Gestalt einer Gemeinschaft an. Ebenso führt umgekehrt das Bestehen einer Gemeinschaft nicht zwingend zur Solidarität ihrer Mitglieder;[105] deren Fehlen allerdings dürfte den Bestand der Gemeinschaft erheblich gefährden. Letztlich sind Gemeinschaften mit einem überschaubaren, konstanten Personenkreis und einer Grundverbundenheit unter den Beteiligten ein guter Nährboden für solidarische Verhaltensweisen, Solidarität aber dennoch nicht auf Gemeinschaftsverhältnisse beschränkt.[106] Sowohl einzelne Individuen als auch große Personengruppen können einander solidarisch verpflichtet sein.[107]

---

101 *Tönnies*, Gemeinschaft, S. 16 f.

102 *Bertschi*, Individuum, S. 269; *Tönnies*, Gemeinschaft, S. 22 f.

103 Dies gilt unabhängig davon, ob man die Mitverantwortung in der Moralphilosophie mit Gründen der Vernunft oder in der Christlichen Soziallehre mit der christlichen Offenbarung begründet, vgl. bereits A. II. 2., S. 41-45.

104 Dazu bereits A. II. 3., S. 45-46.

105 *Kaufmann*, in: Münkler/Fischer, Gemeinwohl, S. 40.

106 Vgl. *Schweiger*, in: Sedmak, Solidarität, S. 245; ähnlich *Bayertz* in: Ders., Solidarität, S. 49, der für Solidaritätsformen, die er als *Kampf-Solidarität* bezeichnet, ausdrücklich auf die Entbehrlichkeit einer Gemeinschaft hinweist.

107 So zu Recht auch *Kopp/Schäfers*, Grundbegriffe Soziologie, S. 255.

IV. Erscheinungsformen von Solidarität

Der Solidaritätsbegriff vereint stets eine soziologische und eine ethische Komponente.[108] Eine so definierte Solidarität kann verschiedene Erscheinungsformen annehmen.

1. Typologie der Solidarität

Ausgestaltungen der Solidarität sind Altruismus, erweiterte Reziprozität, kollektivitätsorientierte Solidarität und Loyalität.[109] Diese Typologie soll Grundlage der weiteren Untersuchung sein.

a) Altruismus

Solidarität in Form von Altruismus stellt eine uneigennützige Hilfe oder Unterstützung dar. Sie erfolgt nicht nur tatsächlich ohne Gegenleistung, sondern auch ohne, dass der Handelnde einen eigenen Vorteil überhaupt erwarten würde.[110] Beispiele sind insbesondere Spendenleistungen in ihren unterschiedlichsten Ausprägungen.

Da reziproke Verhaltensweisen des Handlungsadressaten vollständig fehlen,[111] handelt es sich bei Altruismus um eine einseitig ausgerichtete Form der Solidarität. Das Einstehen für andere geschieht ausschließlich in eine Richtung.

b) Erweiterte Reziprozität

Erweiterte Reziprozität (Gegenseitigkeit) knüpft im Unterschied zu Altruismus an eine wechselseitige Beziehung und Abhängigkeit von Individuen an, getreu dem Motto „*Wir sitzen alle im selben Boot*"[112]. Der Verzicht auf eigennütziges Verhalten beruht darauf, dass die Individuen in einem Abhängigkeitsverhältnis stehen und wechselseitig aufeinander angewiesen sind.[113] Dieser Umstand fordert von jedem Einzelnen, seine Individualabsichten dem kollektiven Gemeinschaftsinteresse unterzuordnen.

Soweit die philosophische Ethik von Gemeinschaftssolidarität spricht,[114] ist diese im Bereich der reziproken Solidarität zu verorten. Nichts anderes gilt für

---

108 Zur Zweidimensionalität des Solidaritätsbegriffs A. II. 3. 45-46.

109 Vgl. *Kaufmann*, in: Münkler/Fischer, Gemeinwohl, S. 41 ff., im Anschluss daran auch *Anzenbacher*, in: Große Kracht/Karcher/Spieß, Solidarismus, S. 162 f.

110 Vgl. *Anzenbacher*, in: Große Kracht/Karcher/Spieß, Solidarismus, S. 162.

111 *Kaufmann*, in: Münkler/Fischer, Gemeinwohl, S. 42.

112 *Anzenbacher*, in: Große Kracht/Karcher/Spieß, Solidarismus, S. 162.

113 *Kaufmann*, in: Münkler/Fischer, Gemeinwohl, S. 43.

114 Zum moralphilosophischen Verständnis des Solidaritätsbegriffs A. II. 2. b), 43.

das Solidaritätsverständnis der Christlichen Soziallehre, die von einer wechselseitigen Verantwortung aller Individuen füreinander ausgeht.[115] Charakteristisch für Solidarität im Sinne erweiterter Reziprozität ist daher eine ausschließlich auf das Innenverhältnis gerichtete Wirkung.

c) Kollektivitätsorientierte Solidarität

Kollektivitätsorientierte Solidarität steht unter der Prämisse *„Einer für Alle, Alle für Einen"*. Sie äußert sich in einem kollektiven Einsatz für gemeinsame Interessen und strebt die Durchsetzung bisher unzureichend verwirklichter Rechte an.[116]

Kennzeichnend für diese Solidaritätsform sind die Fokussierung auf ein geteiltes Kollektivinteresse und ein ausgeprägter Dritt- bzw. Gegnerbezug.[117] Kollektivitätsorientierte Solidarität setzt damit ebenfalls im Innenverhältnis an, ist aber in ihrer Wirkung auf das Außenverhältnis gegenüber einem als Gegner empfundenen Dritten gerichtet.

d) Loyalität

Loyalität meint im Gegensatz dazu eine rein auf die Erfüllung von Regeln und berechtigten Erwartungen gerichtete Solidarität, die inhaltlich auf die Anerkennung und Beachtung bestehender Ordnungen zielt.[118]

Solidarität in dieser Ausprägung ist gekennzeichnet durch ein dreipoliges Verhältnis. Als Loyalität verlangt sie Parteilichkeit und Widerstandsfähigkeit gegenüber Dritten, die in potentieller Konkurrenz zu der Person oder Gruppe stehen, der Solidarität geschuldet ist.[119] Dies geht im Wesentlichen mit der ethischen Forderung einher, sämtliche Handlungen zu unterlassen, die der loyalitätsberechtigten Person oder Gruppe schaden würden.[120] Loyalität sichert das Beziehungsverhältnis demnach gegen von innen heraus drohende Gefährdungen und Schädigungen ab. Im Gegensatz zu reziproker und kollektivitätsorientierter Solidarität hat sie eine passive Ausrichtung. Loyalität ist nicht auf handelnden Einsatz, sondern auf unterlassenden Verzicht gerichtet.

---

115 Zum Begriffsverständnis der Christlichen Soziallehre A. II. 2. c), S. 44-45 sowie *Anzenbacher*, in: Große Kracht/Karcher/Spieß, Solidarismus, S. 165.

116 *Anzenbacher*, in: Große Kracht/Karcher/Spieß, Solidarismus, S. 163.

117 Vgl. *Kaufmann*, in: Münkler/Fischer, Gemeinwohl, S. 43.

118 *Kaufmann*, in: Münkler/Fischer, Gemeinwohl, S. 41.

119 *Fletcher*, Loyalität, S. 21 f.

120 *Fletcher*, Loyalität, S. 22 bezeichnet schädigende Handlungen insoweit als *„Verrat"*.

2. *Insbesondere: Solidarität als Kampfbegriff der Arbeiterbewegung*

Besondere Bedeutung hat kollektivitätsorientierte Solidarität in der Arbeiter- und Gewerkschaftsbewegung des 19. und 20. Jahrhunderts gewonnen. Sie wurde dort zum Merkmal des gemeinsamen Kampfes für bessere Arbeitsbedingungen und genießt bis heute bedeutenden Stellenwert im Wertekanon der Gewerkschaften.[121]

Kennzeichnend für die Arbeitersolidarität als Erscheinung kollektivitätsorientierter Solidarität ist der starke Bezug auf einen sozialen Gegenspieler. Im Mittelpunkt steht die Bedrohung der eigenen Interessen und die daraus folgende Kampfreaktion zur Überwindung des wahrgenommenen Widerstands.[122] Dies bewirkt eine so starke Interessenbündelung unter den Gruppenmitgliedern, dass von einer *gemeinsamen Sache*[123] gesprochen werden kann, für die sich jeder Einzelne einzusetzen hat und die zu einer starken Gemeinschaftlichkeit führt.[124] *Bayertz* spricht insoweit von einer *„Zweipoligkeit"* mit positivem Bezug auf gemeinsame Interessen und negativem Bezug auf einen sozialen Gegenspieler.[125] Der Gegnerbezug bewirkt dabei eine so starke Fokussierung, dass er zugleich eine Begrenzung der Solidarität in sich selbst darstellt.[126]

Die ethisch-normative Dimension der Arbeitersolidarität hat gerade wegen der konträren Interessen des Arbeitnehmer- und Arbeitgeberlagers besondere Bedeutung. Die moralische Verpflichtung, sich für die Gruppenziele einzusetzen, resultiert daraus, dass die Verweigerung des persönlichen Einsatzes nicht nur die eigenen Gruppeninteressen schwächt. Gleichzeitig führt fehlender Einsatz nahezu zwangsläufig zu einer Stärkung der Gegenseite.[127] Der moralisch-verpflichtende Charakter ist Resultat dieses drohenden Doppelnachteils.

In der heute mehr denn je differenzierten Arbeitswelt erscheint es allerdings kritisch, wenn *Zoll* konstatiert, dass die Arbeitersolidarität soziologisch lediglich ein Anwendungsfall mechanischer Solidarität sei.[128] Im Ausgangspunkt mag ihm

---

121 Vgl. nur die Satzung der Gewerkschaft ver.di (Stand Sep. 2015), die das einzelne Mitglied unter § 10 Ziff. 2. lit. b) ausdrücklich verpflichtet *„gegenüber allen Mitgliedern der ver.di und der anderen im DGB zusammengeschlossenen Gewerkschaften Solidarität zu üben"*.

122 *Bayertz* in: Ders., Solidarität, S. 41.

123 Vgl. *Bayertz* in: Ders., Solidarität, S. 43.

124 *Zoll*, Solidarität, S. 67.

125 *Bayertz* in: Ders., Solidarität, S. 41.

126 *Zoll*, Solidarität, S. 67.

127 *Bayertz* in: Ders., Solidarität, S. 43.

128 *Zoll*, Solidarität, S. 120.

zwar Recht zu geben sein. In ihrer theoretischen Konzeption lag der Arbeitersolidarität als tragendes Element unzweifelhaft der Gleichheitsgedanke zugrunde; verstanden als Gleichheit der sozialen Lage und daraus resultierenden ähnlichen Interessen der Arbeitnehmer.[129] Heute scheint eine tatsächliche Gleichheit unter Arbeitnehmern nur noch abstrakt vorhanden oder alleine auf den übereinstimmenden Arbeitnehmerstatus beschränkt. Die mit Arbeitskämpfen verfolgten Zielsetzungen stimmen dagegen, insbesondere im Hinblick auf finanzielle Forderungen, weiterhin vielfach überein im Sinne eines gemeinsamen Kollektivinteresses. Soweit eine zumindest weitgehende soziale Gleichstellung der einzelnen Arbeitnehmer in ihrer beruflichen Situation hinzutritt, ist *Zoll* zuzustimmen. Überwiegen indes die Unterschiede in der sozialen Stellung, liegt eine soziologische Zuordnung im Bereich der organischen Solidarität deutlich näher.

V. Ergebnis zu A.

Der weiteren Untersuchung ist ein zweidimensionales Verständnis des Solidaritätsbegriffs zugrunde zu legen: Solidarität ist tatsächliche Verbundenheit, die zu ethischer Verantwortungsübernahme verpflichtet. Ihr Entstehen ist von der sozialen Gleichheit oder Verschiedenheit der Individuen unabhängig und nicht an das Vorhandensein einer Gemeinschaft im soziologischen Sinne gebunden.

Solidarität knüpft überwiegend an die Gegenseitigkeit der zwischenmenschlichen Beziehung an; lediglich in der Erscheinungsform des Altruismus bleibt sie einseitig ausgerichtet. Im Kontext wechselseitiger Beziehungen bewahrt Solidarität vor Schädigungen und Regelverstößen (Loyalität), ordnet Individualinteressen im Innenverhältnis auf ein Gemeinschaftsinteresse hin (erweiterte Reziprozität) oder verbindet Individuen im Inneren zum Zwecke der Interessendurchsetzung im Außenverhältnis (kollektivitätsorientierte Solidarität).

B. Normierung von Solidarität durch Moral und Recht

Handlungsverpflichtungen des Individuums resultieren im Wesentlichen aus Moral und Recht. Die Ausführungen des vorigen Kapitels haben gezeigt, dass Solidarität in ihrer ethischen Dimension eine moralische Verpflichtung des Individuums erzeugt. Solidarität verbleibt damit nicht auf der Ebene persönlicher Empfindungen, sondern zeigt sich im tatsächlichen Handeln des Individuums, das der ethischen Forderung entspricht.[130] Im Folgenden soll untersucht werden,

---

129 Vgl. *Pfarr/ Kittner*, RdA 1974, 284 (287 f.); *Zoll*, Solidarität, S. 67.

130 *Kaufmann*, in: Münkler/Fischer, Gemeinwohl, S. 40.

auf welche Weise Moral und Recht ethische Forderungen normieren, in welchem Verhältnis Moral und Recht zueinander stehen und unter welchen Voraussetzungen Solidarität zur Rechtspflicht wird.

I. Moral und Recht als Normenkomplexe

Moral und Recht dienen gleichermaßen dem Ziel, menschliches Verhalten anzuleiten.[131] Sie entfalten präskriptive, das heißt vorschreibende Wirkung für das menschliche Handeln.[132] Die gewünschte Verhaltenssteuerung erfolgt jeweils durch Normen, so dass Moral und Recht Normenkomplexe darstellen.[133] Beide Systeme haben Regelungscharakter (dazu im Folgenden unter 1.), weisen aber auch Unterscheidungsmerkmale auf (dazu im Folgenden unter 2.).

1. Regelungscharakter

Der Begriff Norm ist als Verhaltensregel oder Handlungsanweisung zu verstehen, die einen mehr oder weniger starken Generalisierungsgrad aufweist.[134] Sowohl moralische als auch rechtliche Normen sind darauf gerichtet, mit Hilfe der Modalitäten Gebot, Verbot und Erlaubnis ein „*Sollen*" zu begründen.[135] Sie formulieren dadurch eine bestimmte Erwartungshaltung an das Verhalten des Individuums.[136] Ein Handeln soll entweder erfolgen, unterbleiben oder es steht dem Einzelnen frei, sich für oder gegen die betreffende Handlung zu entscheiden. Eine Norm versucht das Verhalten des Individuums genau genommen in doppelter Hinsicht zu prognostizieren. Sie geht nicht davon aus, dass jeder Einzelne sein Handeln der Verhaltensvorgabe anpassen wird,[137] sondern enthält zugleich die Miterwartung des Gegenteils, des unerwünschten normwidrigen

---

131 Vgl. *Geddert*, Recht und Moral, S. 49 f.; *Kühl*, in: Düwell/Hübenthal/Werner, Ethik, S. 486.

132 Vgl. *Geddert*, Recht und Moral, S. 49 f.; *Kühl*, in: Düwell/Hübenthal/Werner, Ethik, S. 486; zur Ablehnung eines rein deskriptiven Normbegriffs, wie er in der radikalbehavioristischen Verhaltenswissenschaft zu finden ist *Geddert*, Recht und Moral, S. 79 f.

133 Vgl. *Luhmann*, Kontingenz, S. 141; *von der Pfordten*, Normative Ethik, S. 10.

134 *Ott*, in: Düwell/Hübenthal/Werner, Ethik, S. 474.

135 *Erny*, in: Reinalter/Brenner, Geisteswissenschaften, S. 593 f.; für Rechtsnormen im Speziellen *Röhl/Röhl*, Allgemeine Rechtslehre, S. 191; *Schilling*, Normen, S. 14.

136 Vgl. *Ott*, in: Düwell/Hübenthal/Werner, Ethik, S. 475.

137 *Kelsen*, Normen, S. 45.

Verhaltens.[138] Abweichendes Verhalten kann sie sanktionieren, aber nicht als solches ausschließen.[139] Sanktionen können das Sollen stets nur durchsetzen; die Handlungsvorgabe selbst besteht unabhängig von einer Sanktionsandrohung.[140]

Für das Normsystem der Moral gelten diese Grundsätze uneingeschränkt, innerhalb des rechtlichen Normsystems nur für die so genannten vollständigen Rechtssätze. Gegenstand des Rechts sind daneben auch unvollständige Rechtssätze oder Rechtsnormen im weiteren Sinne, die selbst keine Sollensvorgabe enthalten.[141] Mit dem Begriff *Norm* sollen daher im Folgenden ausschließlich Rechtsnormen im engeren Sinne gemeint sein, die als vollständige Rechtssätze eine Erwartungshaltung an das Individuum formulieren.

2. *Differenzierung zwischen moralischen und rechtlichen Normen*

Für die Abgrenzung zwischen moralischen und rechtlichen Normen kommen diverse Unterscheidungsmerkmale in Betracht. Im Mittelpunkt stehen die Kriterien Ursprung, Allgemeingültigkeit, Normakzeptanz, Normanspruch und Sanktionsmodalitäten.

a) Ursprung und Allgemeingültigkeitsfrage

Erste Unterschiede liegen in dem Ursprung der Normsysteme. Moralische Normen verpflichten zur Beachtung eines bestimmten Moralsystems.[142] Quelle dieses Moralsystems können ebenso die Vernunft wie auch die Überzeugungen einer bestimmten Religion sein.[143] Dadurch können innerhalb einer Gesellschaft mehrere Moralsysteme nebeneinander bestehen; sie schließen einander nicht aus.[144] Rechtliche Normen verpflichten zur Beachtung einer Rechtsordnung. Sie beruhen auf den Überzeugungen der jeweiligen Gesellschaft als Rechtsgemeinschaft und sind dem Prinzip der Einheit der Rechtsordnung unterworfen.[145]

---

138 Für Rechtsnormen *Luhmann*, Kontingenz, S. 72, der diesen Umstand als *„Erwartungskombination"* bezeichnet. Für moralische Normen kann insoweit nichts Abweichendes gelten.

139 Es muss stets ein der Norm entsprechendes als auch ein der Norm widersprechendes Sein möglich sein (*Kelsen*, Normen, S. 45).

140 *Mahlmann*, Rechtsphilosophie, S. 303.

141 *Pacic*, Rechtsfindung, S. 91 f.; *Röhl/Röhl*, Allgemeine Rechtslehre, S. 190.

142 *Brieskorn*, in: Düwell/Hübenthal/Werner, Ethik, S. 497.

143 Zu Moralphilosophie und Christlicher Soziallehre A. II. 2., S. 41-45.

144 *Von der Pfordten*, Normative Ethik, S. 316 f.

145 Vgl. *Brieskorn*, in: Düwell/Hübenthal/Werner, Ethik, S. 497; *von der Pfordten*, Normative Ethik, S. 317.

Im Gegensatz zu moralischen Normen müssen rechtliche Normen daher einen Alleingeltungsanspruch innerhalb der Rechtsgemeinschaft und in diesem Sinne Ausschließlichkeitscharakter haben. Dagegen meint die Unterscheidung nach dem Ursprung der Normen keine Unterscheidung zwischen gesetzten und nicht gesetzten Normen. Betrachtet man *Setzung* eng als verfahrensgebundene Normerzeugung, würde Gewohnheitsrecht diesem Begriffsverständnis nicht gerecht werden.[146] Versteht man unter Setzung dagegen weit gefasst alle durch menschliche Aktivität erzeugten Normen, müssten sowohl rechtliche als auch moralische Normen als gesetzt gelten.[147]

Zu Unrecht wird die Abgrenzung teilweise auch mit einer ausschließlichen Allgemeingültigkeit moralischer Normen begründet. Die Auffassung basiert auf dem Argument, dass rechtliche Normen nur innerhalb einer bestimmten Rechtsgemeinschaft und oftmals lediglich für eine begrenzte Geltungsdauer anwendbar sind, so dass es ihnen an Allgemeingültigkeit fehle.[148] Dieser Ansatz übersieht, dass auch moralische Normen in ihrem Wirkungskreis begrenzt sind. Beachtung finden sie nur unter den Individuen, welche die entsprechende Moralvorstellung teilen. Konsequenter erscheint eine Differenzierung nach der Änderbarkeit der Normen. Während Rechtsnormen grundsätzlich willentlich geändert oder außer Kraft gesetzt werden können, unterliegen moralische Normen ausschließlich dem Wandel gesellschaftlicher und sozialer Auffassungen.[149] Auch Normen der Moral verändern sich hierdurch im Laufe der Zeit oder verlieren an Bedeutung, allerdings nicht im Sinne einer kurzfristigen Änderung oder gänzlichen Abschaffung.

b) Normakzeptanz und Normanspruch

Eine weitere Abgrenzung ergibt sich aus der Akzeptanz der Normen und dem Anspruch, den moralische und rechtliche Normen an das Individuum stellen.

Aus dem Blickwinkel der Normakzeptanz kann Moral als *Innensteuerung*, Recht als *Außensteuerung* verstanden werden.[150] Die moralische Norm *„Du sollst nicht töten"* ist an den Verstand gerichtet; sie appelliert an die Einsicht des Einzelnen.[151] Das Individuum befolgt die Norm, weil es die Regelung innerlich als

146 *Geddert*, Recht und Moral, S. 92.
147 *Geddert*, Recht und Moral, S. 94; a. A. *Birnbacher*, Ethik, S. 53.
148 *Erny*, in: Reinalter/Brenner, Geisteswissenschaften, S. 594.
149 *Birnbacher*, Ethik, S. 53.
150 *Braun*, JuS 1994, 727 (727 f.).
151 *Birnbacher*, Ethik, S. 55.

eigene Norm für sich anerkennt.[152] Die Geltung eines bestimmten Moralsystems bedarf in diesem Sinne stets einer Art selbstbestimmten Eigenverpflichtung. Dagegen stellt die rechtliche Norm in § 212 Abs. 1 StGB *„Wer einen Menschen tötet [...], wird als Totschläger mit Freiheitsstrafe nicht unter fünf Jahren bestraft"* ihre Befolgung weniger durch einen Appell an Einsicht und Rechtsbewusstsein sicher als vielmehr durch Androhung einer negativen Sanktion.[153] Moralische und rechtliche Normen wirken dadurch in unterschiedlicher Weise auf das Individuum ein.

Die unterschiedliche Wirkungsweise spiegelt sich auch in dem Anspruch wieder, den die Normen an das Individuum stellen. Moralische Normen setzen voraus, dass der Einzelne innerlich die entsprechende Gesinnung einnimmt oder sich diese zumindest als persönliches Handlungsziel setzt.[154] Rechtliche Normen verhalten sich dagegen unabhängig von der inneren Einstellung des Einzelnen.[155] Sie verlangen ein äußerlich normkonformes Verhalten; die tatsächliche Triebfeder, aus der heraus der Einzelne die Norm befolgt, ist irrelevant.[156] Mehr noch, an die nur abweichende Gesinnung des Individuums darf keine rechtliche Sanktion geknüpft werden.[157] Das bedeutet nicht, dass nicht auch rechtliche Normen aus einer rein moralischen Motivation des Einzelnen heraus befolgt werden könnten.[158] Das Recht behält auch in diesem Fall seinen Außensteuerungscharakter, die äußere Einwirkung wird für die konkrete Normbefolgung jedoch nicht ursächlich.[159]

c) Sanktionsmodalitäten

Die Funktion der Innen- beziehungsweise Außensteuerung ist für die Art der Sanktionen relevant, die auf einen Normverstoß folgen und eine weitere Abgrenzung zwischen Moral und Recht aufzeigen.

---

152 *Braun*, JuS 1994, 727 (728).

153 *Birnbacher*, Ethik, S. 55.

154 *Kühl*, in: Düwell/Hübenthal/Werner, Ethik, S. 490; vgl. auch *Geddert*, Recht und Moral, S. 132 ff., der Moralnormen insoweit als Handlungsziele versteht und die äußere Handlung im Recht als Mittel, in der Moral dagegen als Ziel qualifiziert.

155 *Kühl*, in: Düwell/Hübenthal/Werner, Ethik, S. 490.

156 *Braun*, JuS 1994, 727 (728).

157 Zu diesem strafrechtlich unter dem Stichwort *„Gesinnungsstrafrecht"* diskutierten Problem *Joecks*, in: MüKo StGB, Einl. Rn. 45 f.

158 *Braun*, JuS 1994, 727 (728).

159 *Braun*, JuS 1994, 727 (728).

Spiegelbildlich zu ihrer innerlichen Verpflichtungswirkung greifen moralische Normen vorwiegend auf innere Sanktionsmittel wie beispielsweise Schuldgefühle zurück.[160] Reaktionen von außen wie Missbilligung und Empörung sind lediglich von untergeordneter Bedeutung, soweit sie überhaupt Sanktionscharakter haben.[161] Umgekehrte Vorzeichen gelten für rechtliche Normverstöße, die in erster Linie äußere Sanktionen und als solche insbesondere Bestrafungen zur Folge haben.[162] Zwar kann gegebenenfalls auch die Rechtsgesinnung des Einzelnen als zusätzliche innere Sanktionsinstanz bemüht werden; von ausschlaggebender Bedeutung sind aber stets äußere Sanktionen.[163]

II. Moral und Recht als Sozialnormen

Moralische und rechtliche Vorschriften zählen zu den Sozialnormen. Darunter sind all solche Normen zu verstehen, die das menschliche Zusammenleben zum Wohle aller regeln und ordnen.[164] Die Beachtung von Sozialnormen ist daher langfristig für sämtliche oder jedenfalls für die meisten Individuen von Vorteil.[165] Sozialnormen können gesellschaftlich soziale Dilemma-Strukturen auflösen (dazu im Folgenden unter 1.) und in dieser Funktion auch erforderlich sein, um Solidarität einzufordern (dazu im Folgenden unter 2.).

1. Notwendigkeit von Sozialnormen nach den Erkenntnissen der Spieltheorie

Das Erfordernis sozialer Normen resultiert aus der Erkenntnis, dass der Einzelne grundsätzlich entsprechend seinen eigennützigen Interessen und Präferenzen handelt.[166] Hat er mehrere Handlungsalternativen, wird er rational betrachtet diejenige wählen, die ihm den größtmöglichen Nutzen bringt.[167] Problematisch wird dieser Umstand dann, wenn die rational eigennützigen Entscheidungen Einzelner sich gegenseitig beeinflussen und zu einem gesellschaftlich

---

160 *Birnbacher*, Ethik, S. 54.

161 *Birnbacher*, Ethik, S. 54; a. A. *Erny*, in: Reinalter/Brenner, Geisteswissenschaften, S. 594, die Verstöße gegen moralische Normen ausschließlich mit inneren Sanktionen belegt sieht.

162 *Birnbacher*, Ethik, S. 54.

163 *Birnbacher*, Ethik, S. 54 f.

164 *Koller* in: FS Krawietz, S. 265.

165 *Koller* in: FS Krawietz, S. 265.

166 Sog. „*Rationalitätsannahme*" (vgl. *Amann*, Wirtschaftsdienst 2015, 298).

167 *Koller* in: FS Krawietz, S. 265 (267); vgl. auch *Luce/Raiffa*, Games and Decisions, S. 1.

unerwünschten Resultat führen. Eine Erklärung und Analyse dieser Situation liefern die Erkenntnisse aus der Spieltheorie.

a) Das Gefangenendilemma

Die Spieltheorie beschäftigt sich mit Entscheidungssituationen, in denen der Einzelne keine vollständige Kontrolle über das weitere Geschehen hat, weil andere Individuen ebenfalls handeln und dadurch das Resultat der eigenen Entscheidung beeinflussen.[168] Das Handlungsergebnis ist dann nicht mehr alleine das Werk einer Person, sondern hängt gleichzeitig davon ab, was die jeweils anderen entweder in Reaktion auf deren Handeln oder in dessen Erwartung tun.[169]

Als Modell hierfür dient in der Spieltheorie die fiktive Situation zweier Straftäter, die eine Tat gemeinsam begangen haben. Im Verhältnis zu ihrer Tat bestehen für beide Täter folgende Alternativen: Gesteht einer der beiden, wird der Geständige als Zeuge der Anklage freigelassen, während der andere eine zehnjährige Haftstrafe erhält. Gestehen beide Täter, erhalten sie jeweils eine Haftstrafe von fünf Jahren. Schweigen beide zu den Tatvorwürfen, erhalten sie jeweils eine Haftstrafe von einem Jahr wegen unerlaubten Waffenbesitzes.[170]

Dieses so genannte „*Gefangenendilemma*" ist dadurch gekennzeichnet, dass das eigennützige Verhalten jedes Einzelnen zu einem insgesamt nachteiligeren Ergebnis führt als ein kooperatives Verhalten aller es tun würde.[171] Wenn sämtliche Beteiligte kooperieren, kann das für die Gesamtheit bestmögliche Resultat erzielt werden, im Gefangenen-Modell eine einjährige Haftstrafe für beide Täter.[172] Dieses optimale Gesamtergebnis ist für jeden Einzelnen grundsätzlich erstrebenswert. Isoliert betrachtet erreicht der Einzelne das für sich individuell beste Resultat gleichwohl, wenn er selbst unkooperativ ist, während alle anderen kooperieren.[173] Im Gefangenen-Modell wird der geständige und damit gegenüber seinem Komplizen unkooperative Täter freigelassen, wenn sich zugleich der andere Täter kooperativ verhält und schweigt. Individuelle und kollektive Rationalität fallen in Gefangenen-Dilemma-Situationen damit auseinander.[174]

Für die Beteiligten resultiert daraus ein sozialer Konflikt. Jeder Einzelne muss entscheiden, ob er sich kooperativ verhält im Vertrauen darauf, dass alle anderen

---

168 *Luce/Raiffa*, Games and Decisions, S. 1 f.

169 *Homann*, Sollen und Können, S. 73.

170 Zum Ganzen: *Davis*, Spieltheorie, S. 105.

171 *Koller* in: FS Krawietz, S. 265 (274).

172 Vgl. *Davis*, Spieltheorie, S. 106.

173 *Davis*, Spieltheorie, S. 106; *Luce/Raiffa*, Games and Decisions, S. 96.

174 *Amann*, Wirtschaftsdienst 2015, 298.

dasselbe tun werden. Gleichzeitig hat jeder Beteiligte einen starken Anreiz, zu seinem eigenen Vorteil unkooperativ zu handeln, in den Worten der Spieltheorie zu *„defektieren"*[175]. Der Einzelne kann sich daher des kooperativen Verhaltens der anderen nicht sicher sein; jeder kann die Kooperationsbereitschaft der übrigen Beteiligten missbrauchen. Er verhindert dadurch zwar, dass ein für alle erstrebenswertes Resultat erreicht wird, kann ein kooperatives Verhalten der anderen aber unter Umständen zu seinem individuellen Vorteil ausnutzen.[176]

b) Auflösung durch Sozialnormen

Spieltheoretische Untersuchungen kommen zu dem Ergebnis, dass der Einzelne die Interaktionsprobleme einer Gefangenendilemma-Situation logisch betrachtet nicht alleine lösen kann.[177] Der Anreiz zu einem defektiven Verhalten, um sich einen individuellen Vorteil zu sichern oder zumindest nicht von den anderen ausgenutzt zu werden, ist zu groß.[178] Der Einzelne wird sich rational betrachtet stets für ein unkooperatives Handeln entscheiden.[179] *Homann* konstatiert aus diesem Grund, dass Gefangenendilemma-Situationen die *„Grenze der Individualmoral"*[180] markieren.

Sozialnormen moralischer und rechtlicher Natur können eingesetzt werden, um derartige Gefangenendilemma-Situationen aufzulösen. Sie zielen darauf ab, das kooperative Handeln aller sicherzustellen und dadurch defektives Verhalten zu verhindern.[181] Man kann soziale Normen dieser Art daher auch als *„Kooperationsnormen"*[182] bezeichnen. Sie sollen den Einzelnen dazu veranlassen, entgegen seiner individuellen Präferenzen im Interesse der Gesamtheit zu handeln.[183]

Damit Kooperationsnormen dieses Ziel erreichen können, müssen sie die in Gefangenendilemma-Situationen bestehenden Defektionsanreize ausgleichen und durch Anreize zu kooperativem Handeln überlagern.[184] Dies ist möglich, indem soziale Normen kooperatives Verhalten entweder durch Androhung negativer Sanktionen oder durch In-Aussicht-Stellen positiver Sanktionen

---

175 *Homann*, Sollen und Können, S. 74.
176 Vgl. *Homann*, Sollen und Können, S. 74.
177 *Luce/Raiffa*, Games and Decisions, S. 96 f.
178 *Homann*, Sollen und Können, S. 102.
179 *Homann*, Sollen und Können, S. 87, 102.
180 *Homann*, Sollen und Können, S. 93, 106.
181 Vgl. *Diekmann/Voss* in: FS Opp, S. 83 (83 f.); *Koller* in: FS Krawietz, S. 265 (269).
182 *Koller* in: FS Krawietz, S. 265 (269).
183 *Koller* in: FS Krawietz, S. 265 (284).
184 *Homann*, Sollen und Können, S. 86 f.

vorteilhafter erscheinen lassen als ein defektives Handeln.[185] Die Sanktionen müssen wirksam sein, indem sie geeignet sind, die erwarteten Vorteile unkooperativen Verhaltens zu zerstören.[186] Kooperationsnormen verfolgen somit das Ziel, für den Einzelnen eine extrinsische Motivation zu kooperativem Handeln zu begründen. Dadurch können sie Individualinteressen einem Gemeinschaftsinteresse unterstellen und auf dieses ausrichten.

2. Sicherstellung von Solidarität durch Sozialnormen

Solidarität fordert Mitverantwortung für andere und ist kooperatives Handeln im spieltheoretischen Sinne.[187] Der Einzelne ist daher umso mehr aus eigenem Antrieb zu solidarischem Verhalten motiviert, als sich dessen Resultat mit seinen eigennützigen Interessen deckt. Ist dies nicht der Fall, werden Sozialnormen erforderlich, um Solidarität sicherzustellen.

a) Erfordernis nach spieltheoretischen Grundsätzen

In welchem Maße moralische und rechtliche Sozialnormen solidarisches Verhalten gewährleisten müssen, divergiert nach den unterschiedlichen Erscheinungsformen von Solidarität.

Die eigene intrinsische Motivation zu Solidarität ist am größten, wenn das solidarische Handeln als *Eigenleistung* sicher zu einem solidarischen Handeln der anderen führt und diese zu erwartende *Fremdleistung* die Eigenleistung unter Umständen sogar übersteigt.[188] Denkbar scheint das allenfalls bei Loyalität oder erweiterter Reziprozität und auch nur dann, wenn loyales Verhalten zwingend an eine loyale Reaktion des Gegenparts geknüpft oder die wechselseitige Abhängigkeit so stark ausgeprägt ist, dass sie einen funktionierenden Mechanismus gegenseitiger Solidarität bewirkt.[189]

Das Gegenteil gilt, wenn die Eigenleistung sicher nicht zur Solidarität anderer führt. Unter diesen Umständen fehlt jede rationale Eigenmotivation des Einzelnen, sich solidarisch zu verhalten.[190] Solidarität in Form von Altruismus beruht

---

185 *Diekmann/Voss* in: FS Opp, S. 83 (84).
186 *Koller* in: FS Krawietz, S. 265 (292).
187 *Kaufmann*, in: Münkler/Fischer, Gemeinwohl, S. 41.
188 *Baurmann* in: Bayertz, Solidarität, S. 358.
189 *Baurmann* in: Bayertz, Solidarität, S. 358 bezeichnet die zweitgenannte Konstellation als funktionierenden „*Reziprozitätsmechanismus*" auf der Grundlage rationaler Nutzen-maximierung.
190 *Baurmann* in: Bayertz, Solidarität, S. 361.

aus diesem Grund nie auf allgemein rationalen Erwägungen, sondern auf individuell-persönlichen Motiven des Handelnden wie Mitleid oder ideellen Werten.

Dazwischen liegen all die Sachverhalte, in denen sich eigene und fremde Solidarität voneinander unabhängig verhalten. Diese Situation besteht regelmäßig in Fällen erweiterter Reziprozität oder kollektivitätsorientierter Solidarität. Die Fremdleistung ist ebenso ohne Eigenleistung möglich wie sie umgekehrt auch trotz Eigenleistung ausbleiben kann.[191] Der Einzelne müsste auf das solidarische Verhalten der anderen vertrauen, ohne sich dessen sicher sein zu können. Das damit einhergehende Ausnutzungs- und Missbrauchsrisiko entspricht der Situation eines klassischen Gefangenendilemmas.[192] Verhalten sich alle Beteiligten solidarisch, können sie kollektiv das beste Ergebnis erzielen. Der Einzelne aber fährt isoliert betrachtet am besten, wenn er nur die fremde Unterstützung in Anspruch nimmt oder die Durchsetzung der gemeinsamen Interessen den anderen überlässt, ohne eine Eigenleistung zu erbringen. Der Anreiz, sich solidarisch zu verhalten, ist dadurch erheblich vermindert.

Die Situation des Arbeitnehmers im Arbeitskampf soll die Problematik verdeutlichen. Je mehr Arbeitnehmer sich an einem Streik beteiligen, desto schlagkräftiger ist die Gewerkschaft, um das für die Arbeitnehmerseite bestmögliche Tarifergebnis zu erzielen. Der einzelne Arbeitnehmer profitiert als Gewerkschaftsmitglied oder über eine arbeitsvertragliche Bezugnahme aber unter Umständen auch dann von dem gewerkschaftlichen Tariferfolg, wenn er sich nicht an dem Arbeitskampf beteiligt. Den individuell größten Vorteil erzielt der Arbeitnehmer daher theoretisch, wenn er selbst am Arbeitskampf nicht teilnimmt, dadurch einen Lohnausfall für sich gegebenenfalls vermeidet und dennoch die Möglichkeit hat, von den erstrittenen Tarifansprüchen zu profitieren.[193]

In all diesen Konstellationen, in denen die Solidarität des Einzelnen nicht durch ausreichende Eigenmotivation gesichert ist, geht es darum, die betroffenen Individuen zu einem Verhalten zu veranlassen, das seinem größtmöglichen individuellen Vorteil widerspricht. Mangels intrinsischer Motivation müssen moralische und rechtliche Sozialnormen die notwendige extrinsische Motivation für die erwünschte Solidarität des Einzelnen vermitteln.

---

191 *Baurmann* in: Bayertz, Solidarität, S. 359.

192 Vgl. *Baurmann* in: Bayertz, Solidarität, S. 360; *Luce/Raiffa*, Games and Decisions, S. 94 ff.

193 Zur rechtlichen Bewertung und Solidarität zwischen Arbeitnehmern im Folgenden unter Teil 2, S. 69-162.

b) Risiko des naturalistischen Fehlschlusses

Sozialnormen moralischer und rechtlicher Natur können nicht aus rein tatsächlichen Umständen abgeleitet werden. Da beschreibende Aussagen noch keine normbegründende Wertung enthalten, ist es unzulässig, aus einer Sachaussage unmittelbar auf eine Verpflichtung oder Handlungsanweisung zu schließen.[194] Sozialnormen bedürfen stets der ethischen Begründung und Rechtfertigung.[195]

Dies gilt auch für Sozialnormen, die das Individuum zu einem solidarischen Handeln verpflichten sollen. Solidaritätspflichten alleine aus der soziologischen Ist-Ebene abzuleiten, wäre als so genannter *„naturalistischer Fehlschluss"* oder auch *„Sein-Sollen-Fehlschluss"* unzulässig.[196] Die tatsächliche Verbundenheit oder Zugehörigkeit von Individuen zu einer Personengruppe vermag für sich noch keine Pflicht zu solidarischem Verhalten zu begründen.[197] Nur, wenn es ethisch gerechtfertigt ist dem Einzelnen eine Mitverantwortung für die Gruppe abzuverlangen, kann eine Sozialnorm solidarisches Verhalten verbindlich vorschreiben.[198]

Die ethische Rechtfertigung erfolgt für moralische Normen in der Moralphilosophie, für rechtliche Normen in der Rechtsethik.[199] Gegenstand der Sozialnorm ist die aus der tatsächlichen Verbundenheit abgeleitete ethische Forderung zu einem Einsatz für andere. Diese ethische Forderung wird auf der normativen Ebene von Moral und Recht durch die deontischen Operatoren Gebot oder Verbot in eine bestimmte Verhaltenserwartung *übersetzt*.

Bezogen auf das Beispiel des Arbeitnehmers im Arbeitskampf ist die gemeinsame Eigenschaft der Betroffenen als Arbeitnehmer oder Gewerkschaftsmitglieder maßgeblich. Entscheidend ist, ob die tatsächliche Zugehörigkeit zu diesen Gruppen eine solidarische Mitverantwortung ethisch rechtfertigen kann. Nur in diesem Fall wäre es möglich, den Arbeitnehmer durch eine entsprechende Sozialnorm zur Streikbeteiligung zu verpflichten und defektives Verhalten dadurch zu verhindern.[200]

---

194 *Kelsen*, Normen, S. 44; *Nida-Rümelin*, in: *Zichy/Grimm*, Ethik, S. 28.

195 Vgl. *von der Pfordten*, Rechtsethik, S. 63, 83.

196 *Bobbert*, in: Große Kracht/Karcher/Spieß, Solidarismus, S. 118. Zur Zweidimensionalität des Solidaritätsbegriffs A. II. 3., 45-46.

197 *Bobbert*, in: Große Kracht/Karcher/Spieß, Solidarismus, S. 118.

198 Vgl. *Bobbert*, in: Große Kracht/Karcher/Spieß, Solidarismus, S. 118 f.

199 Vgl. *von der Pfordten*, Normative Ethik, S. 7; *von der Pfordten*, Rechtsethik, S. 64.

200 Zu der hierfür maßgeblichen Frage der Solidarität zwischen Arbeitnehmern insgesamt und zwischen Gewerkschaftsmitgliedern im Folgenden Teil 2 A. und B., S. 69-136.

III. Regelungszusammenhang zwischen Moral und Recht?

Solidarität in ihrer ethischen Dimension fordert eine Verantwortungsübernahme des Einzelnen auf moralischer Ebene. Diese moralische Norm hat weder rechtliche Wirkung (dazu im Folgenden unter 1.) noch besteht ein Rechtfertigungszusammenhang zwischen Moral und Recht (dazu im Folgenden unter 2.).

1. Fehlende rechtliche Wirkung moralischer Normen

Moralische Gebote und Verbote können keine rechtlichen Verpflichtungen erzeugen.

Bereits das Reichsgericht hatte es ausdrücklich abgelehnt, aus moralischen Geboten rechtliche Wirkungen abzuleiten. In der als *Edelmannfall* bekannten Entscheidung hatte der Beklagte unter Hinweis auf die Bedeutung seines Edelmannswortes wiederholt mündlich die Übereignung eines Grundstücks zugesagt, ohne dass je eine formwirksame Auflassung erfolgte.[201] Das Reichsgericht wies die auf Übereignung des Grundstücks gerichtete Klage mit der Begründung ab, dass der formlosen Erklärung des Beklagten auch bei besonderer Bekräftigung als Wort eines Edelmannes keine Rechtswirkung und insbesondere keine Formvorschriften ersetzende Wirkung zukomme.[202]

Zweifellos mag der Beklagte mit dem Bruch seines Versprechens gegen die moralische Verpflichtung verstoßen haben, nicht lügen zu sollen. Rechtliche Vorschriften hatte der Beklagte gleichwohl nicht missachtet und alleine dies war aus juristischer Sicht entscheidend. Moral und Recht sind als zu unterscheidende Normsysteme auf ihren jeweiligen Regelungsbereich begrenzt. Beide Arten der Sozialnormen bedürfen einer ethischen Rechtfertigung, um ein bestimmtes Verhalten einzufordern und dessen Nichtbefolgung zu sanktionieren. Die Moralphilosophie rechtfertigt ausschließlich eine moralische Verpflichtung, die Rechtsethik eine rechtliche Verpflichtung. Moralische und rechtliche Normen können daher keine Wirkungen im jeweils anderen Normsystem entfalten.

2. Kein Rechtfertigungszusammenhang

Der Zusammenhang zwischen Moral und Recht ist bis heute nicht abschließend geklärt. Die Gründe dafür sind vielschichtig; im Wesentlichen liegen sie auch im Streit um den Rechtsbegriff als solchem und der uneinheitlichen Verwendung

---

201 Vgl. RG vom 21.05.1927, RGZ 117, 121 (122 f.).

202 RG vom 21.05.1927, RGZ 117, 121 (126).

des Terminus Moral begründet.[203] Die Problematik betrifft insbesondere die Frage nach der Verpflichtung solchem Recht Folge zu leisten, dem es an einer moralethischen Rechtfertigung fehlt.[204] Für die weiteren Ausführungen ist alleine die spezifischer formulierte Frage relevant, ob es zwischen Moral und Recht, konkreter zwischen den Normen dieser Regelungssysteme, einen Rechtfertigungszusammenhang geben kann. Im Falle eines Rechtfertigungszusammenhangs könnte eine rechtliche Norm unmittelbar mit dem Bestehen einer moralischen Norm begründet werden und umgekehrt. Bestünde eine moralische Norm, wäre es stets gerechtfertigt auch eine gleichlautende rechtliche Norm zu formulieren.[205]

Ein solcher Rechtfertigungszusammenhang zwischen Moral und Recht ist jedoch abzulehnen. Er wäre mit dem Ausschließlichkeitsanspruch des Rechts nicht vereinbar. Während mehrere Moralsysteme berechtigt nebeneinander bestehen können, unterliegen rechtliche Normen der Einheit der Rechtsordnung.[206] Es entstünde das Problem, wie sich das Recht zu einander widersprechenden Moralauffassungen in der Gesellschaft verhalten sollte. Käme jeder moralischen Norm Rechtfertigungswirkung zu, entstünden unter Umständen berechtigte Forderungen nach voneinander abweichenden Rechtsnormen.

Gegen eine wechselseitige Rechtfertigung spricht zudem, dass es sich bei Moral und Recht um unterschiedliche Normordnungen handelt, die *jeweils* der ethischen Rechtfertigung bedürfen.[207] Aufgrund des unterschiedlichen Normcharakters steht die ethische Rechtfertigung nicht zwingend unter denselben Vorzeichen, selbst wenn moralische und rechtliche Norm sich im konkreten Fall inhaltlich entsprechen.[208] Ein Verhalten, das moralisch geboten ist, muss nicht auch zwingend rechtlich geboten sein.[209] So mag beispielsweise das moralische Gebot „*Du sollst nicht Ehe brechen*" durchaus moralethisch gerechtfertigt sein. Dennoch wäre eine sanktionsbewehrte Rechtsnorm desselben Inhalts rechtsethisch wohl nicht zu begründen.

---

203 Zum streitigen Begriff des „*Rechts*" vgl. nur *Dreier*, NJW 1986, 890 ff.; *Mahlmann*, Rechtsphilosophie, S. 279 ff. Zur uneinheitlichen Verwendung des Terminus „*Moral*" A. II. 2. a), S. 41-42.

204 Vgl. nur Dreier, Recht, S. 181 ff.

205 Vgl. *von der Pfordten*, Rechtsethik, S. 88.

206 Zu Ursprung und Allgemeingültigkeit von Moral und Recht B. I. 2. a), S. 54-55.

207 *Von der Pfordten*, Rechtsethik, S. 63 f. sowie B. II. 2. b), S. 62.

208 Zur Differenzierung zwischen moralischen und rechtlichen Normen B. I. 2., S. 54-57.

209 *Von der Pfordten*, Rechtsethik, S. 88.

Die Gleichstufigkeit von Moral und Recht steht einem Rechtfertigungszusammenhang ebenfalls entgegen. Beide Normsysteme existieren nebeneinander und werden ethisch bewertet und gerechtfertigt. Die Ethik mit ihren Teildisziplinen Moralphilosophie und Rechtsethik ist beiden Normsystemen insoweit übergeordnet. Die erforderliche ethische Rechtfertigung kann nicht dadurch ersetzt werden, dass eine Norm in dem jeweils anderen gleichrangigen Normsystem besteht.[210]

IV. Normierung rechtlicher Verpflichtungen im Arbeitsrecht

Rechtliche Verpflichtungen können nach dem zuvor Festgestellten weder Inhalt moralischer Normen sein noch werden sie durch moralische Gebote und Verbote gerechtfertigt.

Eine rechtliche Pflicht entsteht erst dann, wenn eine Rechtsnorm diese Verhaltenserwartung begründet (dazu im Folgenden unter 1.). Fehlen konkrete Rechtsnormen, kann die Rechtsprechung im Wege richterlicher Rechtsfortbildung rechtliche Verpflichtungen formulieren (dazu im Folgenden unter 2.).

1. Rechtsnormen

Rechtliche Gebote und Verbote können insbesondere Inhalt von Verfassungsgesetzen, einfachen Gesetzen, Rechtsverordnungen und Satzungen sein.[211] Der normative Teil von Tarifverträgen ist nach §§ 1 Abs. 1, 4 Abs. 1 TVG ebenfalls Gesetzgebung im materiellen Sinne, die Rechtsnormen erzeugt.[212] Dasselbe gilt gemäß § 77 Abs. 4 S. 1 BetrVG für normative Regelungen in Betriebsvereinbarungen.[213]

Besonderheiten gelten für die Satzungen von Gewerkschaften und Arbeitgeberverbänden als privatrechtliche Vereine. Im Gegensatz zu Tarifverträgen und Betriebsvereinbarungen fehlt es an einer den §§ 1 Abs. 1, 4 Abs. 1 TVG, § 77 Abs. 4 S. 1 BetrVG entsprechenden gesetzlichen Regelung, die Rechtsnormqualität anordnet. Nach der herrschenden modifizierten Normentheorie stellen Satzungen privatrechtlicher Vereine ab Entstehen des Vereins zwar eine partielle

---

210 Vgl. *von der Pfordten*, Rechtsethik, S. 89.

211 Zu den maßgeblichen Rechtsquellen des Arbeitsrechts *Müller-Glöge*, in: MüKo BGB, § 611 Rn. 260 ff.

212 BVerfG vom 24.05.1977, AP Nr. 15 zu § 5 TVG, unter B. II. 1.

213 Vgl. BAG vom 20.02.2001, AP Nr. 84 zu § 77 BetrVG 1972, unter B. II und B. III. 2.

Rechtsordnung für die gegenwärtigen und zukünftigen Vereinsmitglieder dar.[214] Dennoch handelt es sich nicht um Rechtsnormen im strengen Sinne; Vereinssatzungen entsprechen in ihrer Rechtsqualität nicht staatlichen Gesetzen.[215]

Die Vereinssatzung beruht, ebenso wie Tarifverträge und Betriebsvereinbarungen, auf privatautonomer Rechtsetzung, mit dem Unterschied, dass der Gesetzgeber ihr nicht durch gesetzliche Regelung zu Rechtsnormwirkung verhilft.[216] Die Vereinssatzung verbleibt dadurch auf der Ebene privatautonomer Normierung, ohne staatliche Rechtsnormqualität zu erlangen. Für die Satzungen von Gewerkschaften, die im Gegensatz zu Arbeitgeberverbänden regelmäßig als nichtrechtsfähige Vereine organisiert sind, gilt nichts anderes; die entsprechende Anwendung der für den rechtsfähigen Verein maßgeblichen Grundsätze ist in Rechtsprechung und Literatur anerkannt.[217]

Im rechtlichen Umgang bestehen indes keine wesentlichen Unterschiede zwischen Rechtsnormen und Satzungsnormen. Die Rechtsprechung behandelt privatautonom erzeugte Satzungsnormen vergleichbar zu Rechtsnormen und hat mehrfach betont, dass Vereinssatzungen wie Rechtsnormen auszulegen und in gleicher Weise revisibel sind.[218] Vereinssatzungen können daher Verpflichtungen begründen, die in ihrer Wirkung Rechtsnormen jedenfalls gleichstehen.

2. *Die Bedeutung richterlicher Rechtsfortbildung*

Es verbleiben Situationen, in denen eine Rechtsnorm fehlt, um die rechtliche Verpflichtung zu begründen. Dieser Zustand ist besonders im Arbeitskampfrecht vorzufinden und eröffnet die Möglichkeit richterlicher Rechtsfortbildung.[219] Sie besteht darin, dass ein Gericht die rechtliche Verpflichtung für den Einzelfall erstmals formuliert.

---

214 BGH vom 04.10.1956, BGHZ 21, 370 (373); BGH vom 06.03.1967, BGHZ 47, 172 (179 f.); *Reichert*, Verbandsrecht, S. 89; *Reuter*, in: MüKo BGB, § 25 Rn. 17; *Waldner/Wörle-Himmel*, in: Sauter/Schweyer/Waldner, Verein, Rn. 36.

215 BayObLG vom 14.01.1977, BayObLGZ 1977, 6 (9 f.); *Waldner/Wörle-Himmel*, in: Sauter/Schweyer/Waldner, Verein, Rn. 39.

216 *Stöber/Otto*, Vereinsrecht, S. 30.

217 Vgl. nur BGH vom 02.04.1979, NJW 1979, 2304 (2305); *Reichert*, Verbandsrecht, S. 873, 883; *Stöber/Otto*, Vereinsrecht, S. 659.

218 BGH vom 29.09.1982, WM 1982, 1249 (1250); BGH vom 22.04.1996, NJW-RR 1996, 866 (867).

219 BVerfG vom14.02.1973, BVerfGE 34, 269 (287); BVerfG vom 26.06.1991, AP Nr. 117 zu Art. 9 GG Arbeitskampf, unter C. I. 2; BAG vom 10.06.1980, AP Nr. 64/ Nr. 65 zu Art. 9 GG Arbeitskampf, unter A. II. 4.

Dies ist in rechtsstaatlicher Hinsicht eine Besonderheit. Grundsätzlich wendet die Rechtsprechung rechtliche Normen an und ist dabei nach Art. 20 Abs. 3 GG an bestehendes Gesetz und Recht gebunden.[220] Das Ergebnis richterlicher Rechtsfortbildung ist trotz fehlender Rechtsnormqualität der Einzelfallentscheidung Recht im Sinne der geltenden Rechtsordnung, so genanntes *„Richterrecht"*.[221] Wird der rechtsfortbildende Aspekt durch dasselbe Gericht oder andere Gerichte in späteren Entscheidungen berücksichtigt, erlangt er Bedeutung über den entschiedenen Einzelfall hinaus, wenngleich Richterrecht dadurch noch keine rechtsnormartige Geltung erlangt.[222] Andere Gerichte können den rechtsfortbildenden Aspekt ebenfalls nur einzelfallbezogen anwenden und selbst, wenn sich eine gefestigte Rechtsprechung entwickelt hat, von dieser abweichen.[223]

Eine mit Rechtsnormen vergleichbare Verbindlichkeit erhält Richterrecht nur dann, wenn es als Gewohnheitsrecht anerkannt ist.[224] Dazu muss die betreffende Rechtsprechung in die allgemeine Rechtsauffassung übergegangen und erhebliche Zeit tatsächlich als Recht beachtet worden sein.[225] Diese Anforderungen sind hoch und entsprechend selten erfüllt.[226] Daneben besteht die Möglichkeit, dass ein formelles Gesetz den rechtsfortbildenden Aspekt übernimmt und ihm dadurch Rechtsnormqualität verleiht.[227]

V. Ergebnis zu B.

Moral und Recht sind Normenkomplexe, die das menschliche Handeln auf unterschiedliche Weise anleiten. Ihre Vorschriften haben als Sozialnormen gesellschaftliche Regelungsbedeutung und sind geeignet, soziale Dilemma-Strukturen aufzulösen wie sie auch den meisten Solidaritätssachverhalten zugrunde liegen. In ihrer Wirkung verhalten sich moralische und rechtliche Normen voneinander unabhängig; insbesondere können sie sich nicht gegenseitig rechtfertigen.

---

220 *Meys*, Rechtsfortbildung, S. 17.

221 BAG vom 10.06.1980, AP Nr. 64/ Nr. 65 zu Art. 9 GG Arbeitskampf, unter A. II. 4.; *Larenz*, Methodenlehre, S. 369.

222 BVerfG vom 26.06.1991, AP Nr. 117 zu Art. 9 GG Arbeitskampf, unter C. I. 2.

223 BVerfG vom 26.06.1991, AP Nr. 117 zu Art. 9 GG Arbeitskampf, unter C. I. 2.; *Söllner*, ZG 1995, 1 (13).

224 BAG vom 10.06.1980, AP Nr. 64/ Nr. 65 zu Art. 9 GG Arbeitskampf, unter A. II. 4.

225 BAG vom 10.06.1980, AP Nr. 64/ Nr. 65 zu Art. 9 GG Arbeitskampf, unter A. II. 4.; *von Hoyningen-Huene*, BB 1986, 2133 (2135).

226 Für die Arbeitskampfrechtsprechung ablehnend BAG vom 10.06.1980, AP Nr. 64/ Nr. 65 zu Art. 9 GG Arbeitskampf, unter A. II. 4.

227 *Von Hoyningen-Huene*, BB 1986, 2133 (2135).

Rechtlich verbindliche Verhaltenspflichten entstehen, wenn eine Rechtsnorm diese formuliert oder sie im Wege richterlicher Rechtsfortbildung entwickelt werden.

C. Zusammenfassung zu Teil 1

Solidarität beschreibt im Ausgangspunkt eine tatsächliche, soziologisch feststellbare Verbundenheit von Personen oder Personengruppen, unabhängig davon, ob der Einzelne diese Zusammengehörigkeit als solche empfindet. Diese soziologische Verbundenheit begründet eine ethische Verhaltenserwartung an die betreffenden Individuen, Verantwortung füreinander zu übernehmen.

Die Sozialnormen der Moral und des Rechts können diese ethische Forderung durch Verbote, Gebote und Erlaubnisse verbindlich regeln. Gebote und Verbote haben insbesondere dort Relevanz, wo sie unter Androhung geeigneter Sanktionen zur Überwindung sozialer Dilemma-Strukturen eingesetzt werden. Die Normierung in beiden Normsystemen erfolgt voneinander unabhängig mit unterschiedlichem Anspruch an das Individuum. Rechtlich verbindliche Pflichten können ausschließlich auf Rechtsnormen oder richterlicher Rechtsfortbildung basieren.

Teil 2 Solidarität zwischen Arbeitnehmern

Nach dem bisher Festgestellten kann Solidarität dann arbeitsrechtliche Relevanz erhalten, wenn Rechtsnormen oder rechtsfortbildendes Richterrecht die ethische Forderung in rechtliche Handlungserwartungen transformieren.

Teil 2 der Untersuchung soll der Frage nachgehen, ob eine rechtlich wirkende Arbeitnehmersolidarität als Solidarität aller Arbeitnehmer (dazu im Folgenden unter A.), als Solidarität von Gewerkschaftsmitgliedern (dazu im Folgenden unter B.) oder als innerbetriebliche Solidarität (dazu im Folgenden unter C.) anzuerkennen ist.

A. Solidarität der Arbeitnehmerschaft

Solidarische Handlungspflichten innerhalb der Arbeitnehmerschaft würden jeden Arbeitnehmer verpflichten, unter den normierten Voraussetzungen unternehmens- und konzernübergreifend für andere Arbeitnehmer einzutreten.

I. Solidarität als Rechtsprinzip des Arbeitsrechts

Die Rechtsprechung hat Arbeitnehmersolidarität auf der Basis richterlicher Rechtsfortbildung lange Zeit als ein Rechtsprinzip des Arbeitsrechts behandelt.

1. Ausgangspunkt: Die Sphärentheorie von Reichsgericht und Reichsarbeitsgericht

Ausgangspunkt für die Entwicklung dieses Rechtsprinzips waren Entscheidungen des Reichsgerichts und des Reichsarbeitsgerichts zur Verteilung des Betriebsrisikos bei Arbeitsausfällen infolge von Arbeitskämpfen.

Das Reichsgericht hatte sich bereits im Jahr 1923 mit der Frage zu befassen, welche Folgen der Streik von Arbeitnehmern eines städtischen Elektrizitätswerks für die Mitarbeiter der Kieler Straßenbahn hatte, die wegen dieses Stromausfalls nicht beschäftigt werden konnten. Es gelangte zu der Einschätzung, dass weder § 615 BGB noch § 323 BGB (in der damaligen Fassung)[228] eine zufriedenstellende Lösung ermöglichten.[229] Auf Grundlage dieser Beurteilung entwickelte

---

228 § 323 BGB regelte in seiner damaligen Fassung die Auswirkungen der Unmöglichkeit der Leistung auf den Gegenleistungsanspruch (vgl. RG vom 06.02.1923, RGZ 106, 272 (274)).

229 RG vom 06.02.1923, RGZ 106, 272–277 („*Kieler Straßenbahnfall*“).

das Reichsgericht folgende, von den Regelungen des Bürgerlichen Gesetzbuchs losgelöste Prämissen für die Zuweisung des Lohnrisikos:

Keine der Arbeitsvertragsparteien habe das durch den Stromausfall bedingte Entfallen der Beschäftigungsmöglichkeit zu vertreten. Für solche Situationen, in denen die Unmöglichkeit der Beschäftigung von keiner Partei zu vertreten ist, trage grundsätzlich der Arbeitgeber das Betriebsrisiko. Anders liege es aufgrund der Betriebsgemeinschaft zwischen Arbeitgeber und Arbeitnehmer jedoch bei den Auswirkungen eines Streiks. Die Erwirtschaftung der Erträge des Betriebs gemeinsam durch den Arbeitgeber und die Arbeitnehmer sei Grundlage für die Lohnzahlungsansprüche der Arbeitnehmer. Hinter diesen Aussagen des Reichsgerichts stand die Wertung, dass die Arbeitnehmer als Teil der Betriebsgemeinschaft auch einen Teil des Betriebsrisikos tragen müssten. Der Streik löse die Betriebsgemeinschaft als Grundlage der Lohnzahlungspflicht auf, so dass zu Gunsten des Arbeitgebers § 323 BGB Anwendung finde und zum Entfallen der Lohnzahlungsansprüche führe.[230]

Das Reichsarbeitsgericht entwickelte aus dieser Wertung des Reichsgerichts im Jahr 1928 die als „*Sphärentheorie*" bekannt gewordenen Grundsätze[231]:

Es ging ebenfalls von der Grundannahme aus, dass sich die Problematik der Fernwirkungen von Streiks durch die Regelungen der §§ 323, 615 BGB nicht adäquat lösen lasse. Gleichzeitig entwickelte es die Rechtsprechung des Reichsgerichts weiter, indem es das Lohnrisiko stets der Partei zuwies, aus deren „*Gefahrenkreis*" die zum Wegfall der Beschäftigungsmöglichkeit führende Störung stamme. Jede Partei habe nicht nur ihr Verschulden zu vertreten, sondern sämtliche Ursachen, die ihrem Gefahrenkreis zuzuordnen seien. Der Streik stelle eine Störung dar, die auf dem Verhalten der Arbeitnehmerschaft beruhe und nicht nur die unternehmerische Führung, sondern den Bestand des Betriebs betreffe. Diese aus der kollektiven Sphäre der Arbeitnehmer resultierende Störung verlagere das Lohnrisiko auf die Arbeitnehmerschaft.[232]

Die Begründung für die Auferlegung des Lohnrisikos sah das Reichsarbeitsgericht in der Verbundenheit der Arbeitnehmerschaft. Diese Verbundenheit führe dazu, dass auch von Fernwirkungen eines Streiks betroffene arbeitswillige Arbeitnehmer ihren Lohnzahlungsanspruch verlieren. Dies gelte unabhängig von einem Verschulden und unabhängig davon, ob der einzelne Arbeitnehmer tatsächlich von den Erfolgen des Arbeitskampfes profitiere.[233]

---

230 Zum Ganzen: RG vom 06.02.1923, RGZ 106, 272 (275 f.).

231 RAG vom 20.06.1928, RAGE 2, 74–80.

232 Zum Ganzen: RAG vom 20.06.1928, RAGE 2, 74 (78 f.).

233 Zum Ganzen: RAG vom 20.06.1928, RAGE 2, 74 (79 f.).

Das Reichsarbeitsgericht formulierte mit diesen Grundsätzen eine kollektive Risikosphäre, innerhalb derer alle Arbeitnehmer Belastungen gemeinsam und solidarisch zu tragen hatten. Es erachtete diese Risikosphäre als geeignete Grundlage, um daraus den Verlust des Lohnzahlungsanspruchs der Arbeitnehmer als konkrete Rechtsfolge abzuleiten.[234]

2. *Weiterentwicklung in der Arbeitskampfrisikorechtsprechung des Bundesarbeitsgerichts*

Der für das Arbeitskampfrecht zuständige Erste Senat des BAG thematisierte insbesondere in seiner Judikatur der 1950er Jahre wiederholt eine betriebs- und unternehmensübergreifende Solidarität der Arbeitnehmerschaft. Gegenstand der Entscheidungen waren ebenfalls arbeitskampfrechtliche Streitigkeiten, die sich im Wesentlichen um die Fernwirkungen von Arbeitskämpfen und die Frage nach den Lohnansprüchen arbeitswilliger Mitarbeiter drehten.[235]

Der Erste Senat übernahm die Sphärentheorie mit Urteil vom 8. Februar 1957 in seine Arbeitskampfrechtsprechung und entwickelte sie weiter. Er bekräftigte die Aussage des Reichsarbeitsgerichts, dass ein Streik stets der Sphäre und dem Verantwortungsbereich der Arbeitnehmerschaft zuzuordnen sei. Folglich müssten alle, auch arbeitswillige Arbeitnehmer, aufgrund ihrer untereinander bestehenden Solidarität die Auswirkungen solcher Streiks tragen. Das Bestehen von Gewerkschaften zeige, dass die Solidarität zwischen Arbeitnehmern unternehmensübergreifend sei.[236]

In einer wenig später am 25. Juli 1957 ergangenen Entscheidung ging der Erste Senat noch einen Schritt weiter. Er konstatierte, dass die allseitige Solidarität innerhalb der Arbeitnehmerschaft nicht nur soziologisches Phänomen sei, sondern ein verwertbares Rechtsprinzip darstelle. Jeder Arbeitnehmer sei aus diesem Grund auch dazu berechtigt, direkte Streikarbeit zu verweigern. Den einzelnen Arbeitnehmer treffe eine Pflicht zur Wahrung der Solidarität unter den Arbeitnehmern, die es ihm unzumutbar mache, den streikenden Arbeitnehmern *„in den Rücken zu fallen“*.[237]

---

234 Vgl. RAG vom 20.06.1928, RAGE 2, 74 (79 f.).

235 BAG vom 08.02.1957, AP Nr. 2 zu § 615 BGB Betriebsrisiko; BAG vom 25.07.1957, AP Nr. 3 zu § 615 BGB Betriebsrisiko; BAG vom 24.01.1958, AP Nr. 4 zu § 615 BGB Betriebsrisiko.

236 Zum Ganzen: BAG vom 08.02.1957, AP Nr. 2 zu § 615 BGB Betriebsrisiko.

237 Zum Ganzen: BAG vom 25.07.1957, AP Nr. 3 zu § 615 BGB Betriebsrisiko.

Der Erste Senat ließ in beiden Entscheidungen offen, wie er den Begriff Solidarität zwischen Arbeitnehmern verstanden wissen möchte. Der entwickelte Solidaritätsgrundsatz war auf die gemeinsame Interessendurchsetzung und Verantwortungsübernahme für die Folgen des Streiks gerichtet. Prägend war der Drittbezug auf den sozialen Gegenspieler. Die so formulierte Solidaritätspflicht ist dem Bereich der kollektivitätsorientierten Solidarität zuzuordnen. Anklänge an das Begriffsverständnis der Arbeiterbewegung sind nicht von der Hand zu weisen, obgleich der Erste Senat seine Argumentation nicht klassenbezogen formulierte. Der Arbeitnehmerstatus als solcher sollte zu einer Solidaritätsverpflichtung führen, unabhängig davon, ob der Einzelne die Zusammengehörigkeit mit anderen Arbeitnehmern selbst als solche empfindet oder nicht.[238]

In der Literatur fanden die Entscheidungen des Ersten Senats zahlreiche Unterstützer, die bekräftigen, dass die Verlagerung des Lohnrisikos Teilaspekt einer generellen Arbeitnehmersolidarität sei.[239] Das BAG verbinde die Arbeitnehmer im Arbeitskampfrecht wirksam zu einer (Haftungs-)Einheit.[240] Vielfach wurde die Rechtsprechung auch mit dem Argument befürwortet, dem arbeitswilligen Arbeitnehmer werde ein berechtigtes Opfer für die Funktionsfähigkeit der Tarifautonomie abverlangt.[241] Forderungen nach gruppenbezogenen Einschränkungen des Solidaritätsgedankens wies beispielsweise *Rüthers* energisch zurück unter Verweis auf eine regionalübergreifend geprägte Arbeitnehmersolidarität und die internationale Verflechtung der Wirtschaft.[242]

Ein Teil der Literatur erhob gleichwohl auch massive Bedenken gegen eine umfassende Solidarität der Arbeitnehmerschaft. Die Kritik richtete sich insbesondere gegen die Annahme einer Solidarität aller Arbeitnehmer als solcher und sah darin klassenkämpferische Motive verwirklicht.[243] Auch die dogmatische Herleitung einer die gesamte Arbeitnehmerschaft umfassenden Solidarität wurde schnell Zielobjekt der Kritik. So wiesen insbesondere *Biedenkopf* und

238 So auch *Fischer*, Arbeitnehmersolidarität, S. 100.

239 *Fischer*, Arbeitnehmersolidarität, S. 103; *Gamillscheg*, in: FS Fechner, S. 135 (151); *Kauffmann*, DB 1966, 33; *Rüthers*, ZfA 1972, 403 (415); *Völker*, Solidarität, S. 38 ff.

240 *Fischer*, Arbeitnehmersolidarität, S. 103.

241 *Gamillscheg*, in: FS Fechner, S. 135 (151); *Völker*, Solidarität, S. 40.

242 *Rüthers*, ZfA 1972, 403 (415).

243 *Biedenkopf*, Betriebsrisikolehre, S. 18 f.; *Kalb*, Betriebsrisikolehre, S. 71, 73; a. A. *Röhsler*, in: Müller, JArbR Bd. 12 (1974), S. 107 (110) unter Verweis darauf, dass die Arbeitnehmerschaft für das BAG keine Klasse, sondern nur soziologische Gruppierung sei, die sich durch eine natürliche Interessensolidarität ihrer Einzelmitglieder auszeichne.

Pfarr/Kittner darauf hin, dass es einer derartigen Zwangssolidarisierung der Arbeitnehmer an jeglicher Rechtsgrundlage fehle.[244]

3. *Zulässigkeit der Rechtsfortbildung*

Die Formulierung von Solidarität der Arbeitnehmerschaft als ein Rechtsprinzip des Arbeitsrechts muss den Anforderungen an die richterliche Rechtsfortbildungskompetenz entsprechen.

a) Anforderungen an richterliche Rechtsfortbildung

Richterliche Rechtsfortbildung, bei der das Gericht von der Ebene der Rechtsanwendung auf die Ebene der Rechtsetzung wechselt, ist als gesetzesergänzende Rechtsentwicklung (*praeter legem*) oder gesetzesersetzende Rechtsentwicklung (*extra legem*) möglich; ihre Ergebnisse gelten jeweils als Richterrecht.[245]

Rechtsfortbildung praeter legem dient dazu, Lücken innerhalb unvollständiger Gesetzesregelungen zu schließen und ist als solche gesetzesimmanent.[246] Das Gesetz bietet eine Ausgangsbasis, auf Grundlage derer die Problemlösung insbesondere mit den Instituten der Analogie und der teleologischen Reduktion gefunden werden kann.[247] In diesem Sinne dient Rechtsfortbildung praeter legem dazu, den im Wortlaut nicht vollständig zum Ausdruck gekommenen Willen des Gesetzgebers zu verwirklichen.[248]

Rechtsfortbildung extra legem geht darüber hinaus, indem sie gesetzlich nicht erfasste Problemstellungen betrifft.[249] Es fehlt an einer gesetzgeberischen Wertentscheidung für den konkreten Fall, an die im Rahmen der Rechtsfortbildung angeknüpft werden könnte.[250] Das Schließen rechtlicher Lücken durch Rechtsfortbildung extra legem bedeutet daher eine Rechtsneuschöpfung durch das erkennende Gericht.[251] Dieser Unterschied zwingt dazu, Rechtsfortbildung extra legem erhöhten Anforderungs- und Rechtmäßigkeitsmaßstäben zu unterwerfen.[252] Im Gegensatz zu Rechtsfortbildung praeter legem muss sich

---

244 *Biedenkopf*, Betriebsrisikolehre, S. 19; *Pfarr/ Kittner*, RdA 1974, 284 (292).

245 *Von Hoyningen-Huene*, BB 1986, 2133 (2134); *Wiedemann*, NJW 2014, 2407 (2410).

246 *Larenz*, Methodenlehre, S. 366; *von Hoyningen-Huene*, BB 1986, 2133 (2134).

247 Vgl. zu den Methoden der gesetzesergänzenden Rechtsfortbildung *Larenz*, Methodenlehre, S. 381–397.

248 *Meys*, Rechtsfortbildung, S. 8.

249 *Von Hoyningen-Huene*, BB 1986, 2133 (2134); *Larenz*, Methodenlehre, S. 413.

250 *Looschelders/Roth*, Methodik, S. 299.

251 *Wiedemann*, NJW 2014, 2407 (2411 f.).

252 *Meys*, Rechtsfortbildung, S. 49.

Rechtsfortbildung extra legem nicht nur an dem jeweils konkreten Gesetz orientieren. Sie ist nach den Prinzipien der Gesamtrechtsordnung zu begründen und zu rechtfertigen, muss sich stets „*intra ius*“ bewegen.[253]

Gleichzeitig steht die gesetzesübersteigende Rechtsfortbildung in einem verfassungsrechtlichen Spannungsverhältnis, insbesondere zu dem in Art. 20 Abs. 3 GG verankerten Rechtsstaatsprinzip.[254] Während die Rechtsprechung als rechtsanwendende Gewalt grundsätzlich der Bindung an Gesetz und Recht unterliegt, vollzieht sie durch Rechtsfortbildung extra legem eine bewusste Loslösung von der rechtlichen Konzeption des Gesetzgebers.[255] Dies lässt sich nur dadurch rechtfertigen, dass die Rechtsprechung einem Rechtsschutzverweigerungsverbot unterliegt, das sie zwingt, jeden vor sie gebrachten Rechtsstreit zu entscheiden.[256] Dieser Entscheidungszwang entfällt auch nicht bei fehlender Gesetzesregelung und kann nur aufrechterhalten werden, wenn der Richter die Befugnis hat, das bestehende Recht in diesen Fällen fortzubilden.[257] Dieser Auffassung ist auch das BVerfG und erkennt grundsätzlich an, dass die Gerichte das materielle Recht bei unzureichenden gesetzlichen Regelungen aus den allgemeinen Rechtsgrundlagen abzuleiten haben.[258]

Die Rechtsprechung bewegt sich dabei innerhalb der Grenzen von Art. 20 Abs. 3 GG, wenn sie für die Rechtsfortbildung an vorhandene gesetzliche Wertungen anknüpft.[259] Dagegen sind die Vorgaben des Rechtsstaatsprinzips verletzt, wenn das Gericht seine Entscheidung ergebnisorientiert an eigenen, von gesetzlichen Regelungen losgelösten Wertvorstellungen ausrichtet.[260] Das befasste Gericht darf im Wege der Rechtsprechung nicht seinen eigenen rechtspolitischen Willen zur Geltung bringen.[261] Es muss sich in der Weise

---

253 *Von Hoyningen-Huene*, BB 1986, 2133 (2134); *Larenz*, Methodenlehre, S. 414; *Looschelders/Roth*, Methodik, S. 299.

254 *Adomeit*, in: FS Schaub, S. 1 (2). Zu den ebenfalls berührten verfassungsrechtlichen Grundsätzen des Demokratie- und Gewaltenteilungsprinzips vgl. *Meys*, Rechtsfortbildung, S. 14–16.

255 *Adomeit*, in: FS Schaub, S. 1 (2).

256 *Kirchhof*, FS Universität Heidelberg, S. 11 (30); *Looschelders/Roth*, Methodik, S 287.

257 *Kirchhof*, FS Universität Heidelberg, S. 11 (30); *Söllner*, ZG 1995, 1 (8).

258 BVerfG vom 26.06.1991, AP Nr. 117 zu Art. 9 GG Arbeitskampf, unter C. I. 2. Vgl. zur Anerkennung richterlicher Rechtsfortbildung durch das BVerfG auch BVerfG vom 14.02.1973, BVerfGE 34, 269 (287 f.); BVerfG vom 19.02.1975, AP Nr. 50 zu Art. 9 GG Arbeitskampf, unter B. II.; BVerfG vom 24.02.2015, BVerfGE 138, 377 (391 f.).

259 BVerfG vom 19.02.1975, AP Nr. 50 zu Art. 9 GG Arbeitskampf, unter B. II 2.

260 BVerfG vom 19.02.1975, AP Nr. 50 zu Art. 9 GG Arbeitskampf, unter B. II. 2.

261 BVerfG vom 14.02.1973, BVerfGE 34, 269 (292).

an gesetzlichen Grundwertungen orientieren, dass sich die richterliche Rechtsfortbildung letztlich bruchlos in die Gesamtrechtsordnung einfügt.[262]

In methodischer Hinsicht hat die Rechtsprechung ein dreistufiges Vorgehen einzuhalten. Die Gerichte haben zunächst alle Möglichkeiten der Gesetzesauslegung zu ergreifen.[263] Scheitert die Auslegung, ist eine Rechtsfortbildung primär gesetzesimmanent zu vollziehen.[264] Erst wenn auch diese Möglichkeiten erschöpft sind, darf die Rechtsprechung zu einer gesetzesübersteigenden Rechtsfortbildung übergehen.[265]

b) Stellungnahme: Rechtsprinzip der Solidarität als unzulässige Rechtsfortbildung extra legem

Unter diesen Anforderungen erweist sich die Begründung eines Rechtsprinzips der Solidarität als unzulässige Rechtsfortbildung.

Während das Reichsgericht seine Annahmen noch von den Regelungen des Bürgerlichen Gesetzbuchs ausgehend entwickelte, löste sich die spätere Rechtsprechung von Reichsarbeitsgericht und BAG von den gesetzlichen Vorschriften. Zwar formulierte auch das Reichsgericht, dass die Lösung jenseits der gesetzlichen Vorschriften des bürgerlichen Rechts zu suchen sei. Es meinte damit aber lediglich die Loslösung von dem eigentlichen Anwendungsbereich der Norm. Im Ergebnis gelangte das Reichsgericht zu einer Anwendung von § 323 BGB (in seiner damaligen Fassung) zu Gunsten des Arbeitgebers, obwohl die eigentlichen Voraussetzungen der Vorschrift nicht vorlagen.[266] Dieses Vorgehen entspricht methodisch einer analogen Anwendung der Norm und stellt damit eine Lückenfüllung durch Rechtsfortbildung praeter legem dar.

Die eigentliche Sphärentheorie entfernte sich im Gegensatz dazu gänzlich von den Regelungen des Bürgerlichen Gesetzbuchs. Der Erste Senat begründete das Lohnzahlungsrisiko auf Seiten der Arbeitnehmer durch ein neuartiges rechtsethisches Prinzip, die Solidarität der Arbeitnehmerschaft.[267] Die Entwicklung dieses Rechtsprinzips stellt dogmatisch eine Rechtsfortbildung extra legem dar.

---

262 *Von Hoyningen-Huene*, BB 1986, 2133 (2137); *Looschelders/Roth*, Methodik, S. 300.

263 *Wank*, Rechtsfortbildung, S. 111.

264 *Larenz*, Methodenlehre, S. 426.

265 *Larenz*, Methodenlehre, S. 426. Die darüber hinausgehenden detaillierten Anforderungen an die Begründung einer richterlichen Rechtsfortbildung können für die vorliegende Untersuchung dahinstehen.

266 Vgl. RG vom 06.02.1923, RGZ 106, 272 (275 f.).

267 BAG vom 25.07.1957, AP Nr. 3 zu § 615 BGB Betriebsrisiko.

Die Überprüfung der hieran zu stellenden verfassungsrechtlichen und methodischen Anforderungen zeigt deren Unzulässigkeit:

Der Rechtsfortbildung fehlt es bereits an der erforderlichen Anknüpfung an gesetzliche Grundwertungen.[268] An keiner Stelle hat der Erste Senat seine Rechtsauffassung auf eine gesetzlich geregelte Verbindung aller Arbeitnehmer als Basis für eine unternehmensübergreifende Arbeitnehmersolidarität gestützt. Der Umstand, dass der Erste Senat das Rechtsprinzip der Solidarität gänzlich losgelöst von gesetzlichen Vorschriften begründet hat, lässt eine wirksame Rechtsfortbildung scheitern, unabhängig davon, ob gesetzliche Wertungen für eine Arbeitnehmersolidarität tatsächlich zur Verfügung gestanden hätten oder nicht. Insofern steht bereits der Rechtsfortbildungsprozess des Ersten Senats in Widerspruch zu den verfassungsrechtlichen Anforderungen. Denn auch im Übrigen begründete der Senat in seiner Entscheidung vom 25. Juli 1957 nicht, woraus er eine rechtlich relevante Solidarität der Arbeitnehmer ableitete. Er setzte diese Solidarität schlicht voraus und sprach ihr ohne weitere dogmatische Begründung rechtliche Wirkung zu. Dadurch verließ der Erste Senat streng genommen den Bereich rechtlicher Lösungsfindung. Die Entscheidung zeigt, dass der Senat seine Auffassung letztlich auf eigene gesellschaftspolitische Wertvorstellungen gestützt hatte. Die Rechtsschöpfung verstieß dadurch gegen die, auch dem BAG durch Art. 20 Abs. 3 GG auferlegte, Bindung an Gesetz und Recht. Diese Missachtung rechtsstaatlicher Grenzen führt zur Unzulässigkeit der Rechtsfortbildung.

Darüber hinaus bestehen auch in methodischer Hinsicht erhebliche Bedenken. Während das Reichsgericht dasselbe rechtliche Ergebnis noch über einen Analogieschluss erreichen konnte, bedurften Reichsarbeitsgericht und BAG einer gesetzesübersteigenden Rechtsschöpfung. Es muss daher jedenfalls bezweifelt werden, ob die Mittel gesetzesimmanenter Rechtsfortbildung tatsächlich erschöpft waren und dieser Umstand die Rechtsprechung dazu berechtigte, in gesetzesübersteigender Weise rechtsfortbildend tätig zu werden.

4. *Abkehr der Rechtsprechung von einem Rechtsprinzip der Solidarität*

Das BAG ist von dieser Rechtsfortbildung letztlich selbst wieder abgerückt. Den Ausgangspunkt für die Rechtsprechungsänderung markierte eine Entscheidung des Fünften Senats vom 7. November 1975. Dieser ließ deutliche Zweifel an der Rechtsprechung des Ersten Senats verlauten im Hinblick auf die Frage, ob das Entfallen von Vergütungsansprüchen bei Fernwirkungen eines Arbeitskampfes

---

268 So auch *Biedenkopf*, Betriebsrisikolehre, S. 19 f.

tatsächlich auf eine übergreifende Solidarität der Arbeitnehmerschaft gestützt werden könne.[269]

Erst mit Beschluss vom 22. Dezember 1980 erklärte der Erste Senat schließlich seine Abkehr von der Annahme, dass eine umfassende Solidarität der Arbeitnehmerschaft als Rechtsprinzip bestehe.[270] Solidarität zwischen Arbeitnehmern sei allenfalls insoweit möglich, als klar nachweisbare Gruppeninteressen bestünden; darüber hinaus laufe sie auf eine reine Fiktion hinaus.[271] Gleichzeitig gab der Erste Senat für die Problematik der Fernwirkung von Arbeitskämpfen auch die Lösung über die Sphärentheorie als solche auf. Das spezifische Arbeitskampfrisiko ist seither kein Anwendungsfall der Betriebsrisikolehre mehr. Stattdessen formulierte der Erste Senat mit dem Merkmal der Arbeitskampfparität eine aus Art. 9 Abs. 3 GG abgeleitete, rein arbeitskampfrechtliche Begründung für das Entfallen der Lohnansprüche: Die Lohnzahlungsverpflichtung des Arbeitgebers könne bei gleichzeitig erforderlicher Einstellung des Betriebs zu einer nicht hinnehmbaren Gefährdung des Kräftegleichgewichts führen.[272]

Die Argumentation mit dem Grundsatz der Arbeitskampfparität setzt primär bei der Verteilung der finanziellen Belastungen des Arbeitskampfes an. Maßgeblich ist, ob die Fernwirkungen des Streiks die Verhandlungsstärke der Tarifparteien beeinflussen. Damit ist klargestellt, dass nicht für jeden Arbeitsausfall, der auf einem Streik beruht, das Risiko den Arbeitnehmern zugewiesen werden kann.[273] Erhebliche Bedeutung für die Kampfparität haben Fernwirkungen von Streiks nach Auffassung des Ersten Senats insbesondere, wenn konzerninterne wirtschaftliche Abhängigkeiten oder koalitionspolitische Verbindungen zwischen den betroffenen Arbeitgebern bestehen.[274] Der Arbeitgeber, der seinen Betrieb einstellen, zugleich jedoch arbeitswillige Mitarbeiter entlohnen müsste, würde in diesen Fällen erheblichen Druck auf die unmittelbar kampfbetroffenen Arbeitgeber ausüben, den Arbeitskampf zu beenden. Gleichzeitig würde er dazu gezwungen, der streikführenden Gewerkschaft zu einer erheblichen Breitenwirkung des Streiks ohne gleichzeitige Lohneinbuße zu verhelfen.[275]

---

269 BAG vom 07.11.1975, AP Nr. 30 zu § 615 BGB Betriebsrisiko, unter 3., im Ergebnis hatte der Fünfte Senat die Frage jedoch offengelassen.

270 BAG vom 22.12.1980, AP Nr. 70 zu Art. 9 GG Arbeitskampf, unter C. I. 2.

271 BAG vom 22.12.1980, AP Nr. 70 zu Art. 9 GG Arbeitskampf, unter C. I. 2.

272 BAG vom 22.12.1980, AP Nr. 70 zu Art. 9 GG Arbeitskampf, unter C. I. 2.

273 Bestätigend *Kalb*, RdA 2015, 226. Anderenfalls würde unter dem „*Deckmantel der Kampfparität*" wieder eine verschärfte Sphärentheorie und damit einhergehende Zwangssolidarisierung der Arbeitnehmer begründet.

274 BAG vom 22.12.1980, AP Nr. 70 zu Art. 9 GG Arbeitskampf, unter C. I. 2.

275 *Gamillscheg*, Koll. ArbR I, S. 1253 (sog. „*Minimax-Strategie*").

Dieses Ungleichgewicht in der Verteilung von Kosten und Lasten kann über den Grundsatz der Arbeitskampfparität aufgefangen werden, ohne dass es der Sphärentheorie und eines Solidaritätsarguments bedarf.

Die Begründung der Rechtsprechungsänderung bestätigt, dass es sich bei dem vormals angenommenen Rechtsprinzip der Solidarität um eine im Rahmen richterlicher Rechtsfortbildung unzulässige eigene gesellschaftspolitische Wertung des Senats gehandelt hatte. Es besteht kein Rechtsprinzip des Arbeitsrechts, aus dem Rechtspflichten der Arbeitnehmer mit solidarischem Charakter abgeleitet werden könnten.

5. *Zwischenergebnis*

Die Bewertung von Arbeitnehmersolidarität als allgemeines Rechtsprinzip des Arbeitsrechts ist überholt. Ein derartiges Prinzip wird den Anforderungen an eine zulässige richterliche Rechtsfortbildung extra legem nicht gerecht. Folgerichtig hat der Erste Senat an dieser Rechtsprechung nicht festgehalten. Eine Berechtigung oder Verpflichtung der Arbeitnehmer zu gegenseitiger Solidarität kann daher nur auf Grundlage konkreter Rechtsnormen bestehen.

II. Solidarität als Bestandteil der Koalitionsfreiheit aus Art. 9 Abs. 3 GG

Alle Arbeitnehmer sind auf Grundlage ihrer individuellen Koalitionsfreiheit berechtigt eine Gewerkschaft zu gründen, einer Gewerkschaft beizutreten und sich in ihr zu betätigen, umgekehrt einer Gewerkschaft fernzubleiben oder aus ihr auszutreten.[276] Jeder Arbeitnehmer ist daher zumindest *potentielles* Gewerkschaftsmitglied und kann auch als Außenseiter von tariflichen Belangen betroffen werden.

Die negative Koalitionsfreiheit verschafft dem Einzelnen nach der Rechtsprechung von BVerfG und BAG keinen Anspruch darauf, von einer Tarifgeltung vollumfänglich verschont zu bleiben.[277] Die Wirkung tarifvertraglicher Regelungen kann unter bestimmten Voraussetzungen auch die nicht gewerkschaftsangehörigen Arbeitnehmer erfassen (dazu im Folgenden unter 1.). Ebenso erfasst das Arbeitskampfrecht als Annexgewährleistung der Koalitionsfreiheit auch nicht und anders organisierte Arbeitnehmer (dazu im Folgenden unter 2.).

---

276 *Scholz*, in: Maunz/Dürig, GG, Art. 9 Rn. 169.

277 BVerfG vom 11.07.2006, AP Nr. 129 zu Art. 9 GG, unter B. II. 1.; BAG vom 29.07.2009, AP Nr. 7 zu § 3 BetrVG 1972, unter B. II. 3.

Die folgenden Ausführungen sollen sich vor diesem Hintergrund mit der Frage befassen, ob Art. 9 Abs. 3 GG als solidarische Zusammenfassung aller Arbeitnehmer in ihrer Stellung als potentielle Gewerkschaftsmitglieder zu verstehen ist.

1. Stellung der Gewerkschaften und Umfang der Tarifgeltung

Die kollektive Koalitionsfreiheit schützt den Bestand und das koalitionsspezifische Betätigungsfeld der Gewerkschaften und Arbeitgeberverbände, dessen wesentlichen Gegenstand die Tarifautonomie formuliert.[278] Die Tarifautonomie beschreibt das Recht der Koalitionen, die Arbeits- und Wirtschaftsbedingungen in einem von staatlicher Rechtsetzung freigelassenen Raum autonom zu regeln.[279] Sie ist darauf gerichtet, die strukturelle Unterlegenheit der einzelnen Arbeitnehmer bei Abschluss von Arbeitsverträgen auszugleichen.[280] Mit ihrer Hilfe sollen Arbeitgeber- und Arbeitnehmerseite auf Augenhöhe verhandeln können.[281] Dennoch ist die Tarifautonomie kein ausschließliches „*Verteidigungsinstitut*" der Arbeitnehmerseite.[282] Gewerkschaften und Arbeitgeberverbände sind im Rahmen von Art. 9 Abs. 3 GG gleichgestellt.[283]

Zur Verwirklichung der Tarifautonomie dient insbesondere der Abschluss von Tarifverträgen. Die Koalitionen werden dabei als Mandatsträger im Interesse ihrer Mitglieder tätig.[284] Obgleich ihre Tarifmacht dadurch inhaltlich beschränkt ist (dazu im Folgenden unter a)), ist auf gesetzlicher und individualvertraglicher Grundlage eine Geltung der tarifvertraglichen Regelungen auch für nicht organisierte Arbeitnehmer möglich (dazu im Folgenden unter b)).

a) Umfang der Tarifmacht

Die Tarifmacht der Koalitionen ist auf die im Verband organisierten Arbeitgeber und Arbeitnehmer begrenzt. Weder repräsentieren die Koalitionen virtuell auch

278 BVerfG vom 02.03.1993, AP Nr. 126 zu Art. 9 GG Arbeitskampf, unter C. II. 1.; BVerfG vom 11.07.2006, AP Nr. 129 zu Art. 9 GG, unter B. II. 1.

279 BVerfG vom 24.05.1977, AP Nr. 15 zu § 5 TVG, unter B. II. 1.; BVerfG vom 10.09.2004, AP Nr. 167 zu Art. 9 GG Arbeitskampf, unter B. II. 1.; BAG vom 18.11.2014, AP Nr. 150 zu Art. 9 GG, unter A. II. 2.

280 BVerfG vom 04.07.1995, AP Nr. 4 zu § 116 AFG, unter C. I. 1.

281 *Bayreuther*, Tarifautonomie, S. 92.

282 *Müller*, Tarifautonomie, S. 144.

283 *Boldt*, RdA 1971, 257 (259); *Müller*, Tarifautonomie, S. 144; a. A. *Hensche*, RdA 1971, 9 (12).

284 *Bayreuther*, Tarifautonomie, S. 91.

Außenseiter (dazu im Folgenden unter aa)) noch haben sie einen umfassenden Regelungsauftrag, der sich auch auf nicht organisierte Arbeitgeber und Arbeitnehmer erstrecken und ihre Tarifmacht auf diese Personen erweitern würde (dazu im Folgenden unter bb)).

aa) Keine umfassende Tarifmacht aufgrund virtueller Repräsentation

Vereinzelt ist der Versuch unternommen worden, eine Tarifmacht der Koalitionen für nicht und anders Organisierte über ein repräsentatives Verständnis der Tarifautonomie zu konstruieren. Dem liegt der Gedanke zugrunde, dass die Koalitionen Vertreter der gesamten Arbeitnehmer- beziehungsweise Arbeitgeberschaft seien.[285]

Anknüpfungspunkt ist, dass es dem einzelnen Arbeitnehmer und Arbeitgeber jederzeit freisteht dem Verband beizutreten.[286] *Däubler* vergleicht diesen Umstand mit dem Vorgang staatlicher Willensbildung. Ebenso wenig wie ein Bürger, der seine als Wahlrecht ausgestaltete Mitwirkungsmöglichkeit nicht wahrnimmt und dennoch der staatlichen Rechtsetzung unterworfen ist, könne sich auch der Außenseiter nicht durch Fernbleiben oder Austritt aus dem Verband der Tarifmacht der Koalitionen entziehen.[287] Jeder Arbeitnehmer und Arbeitgeber wird nach dieser Auffassung als zumindest potentielles Verbandsmitglied durch die Koalition vertreten. Eine umfassende Repräsentation der Arbeitnehmer- und Arbeitgeberschaft in diesem Sinne leidet jedoch zwangsläufig an einem schwerwiegenden Legitimationsdefizit.

Es fehlt die Rückbindung an den Willen der Außenseiter, um eine Rechtsetzung ihnen gegenüber zu legitimieren.[288] Denn im Gegensatz zum Staatsgefüge, das dem Einzelnen die Eigenschaft als Staatsbürger unabhängig von seiner Mitwirkung zuspricht, sind die Außenseiter gerade keine Mitglieder in den Gewerkschaften und Arbeitgeberverbänden als freiwillige Vereinigungen.[289] Der Vergleich zum Staatsbürger, der sein Wahlrecht als potentielle Möglichkeit der Einflussnahme nicht ausübt, ist daher schon im Ausgangspunkt ungeeignet.[290]

Die Tarifautonomie ist nach überwiegender und zutreffender Auffassung kollektiv ausgeübte Privatautonomie.[291] Eine virtuelle Repräsentation müsste daher

---

285 Vgl. *Gamillscheg*, Koll. ArbR I, S. 292, 474; *Wiedemann*, RdA 1969, 321 (329 f.).

286 Vgl. *Giesen*, Tarifvertragliche Rechtsgestaltung, S. 193.

287 *Däubler*, Mitbestimmung, S. 283 f.

288 Vgl. *Bayreuther*, Tarifautonomie, S. 101; *Schwarze*, RdA 2001, 208 (216 f.).

289 *Schubert*, RdA 2001, 199 (206).

290 *Bayreuther*, Tarifautonomie, S. 102.

291 So die inzwischen herrschende Auffassung, vgl. BAG vom 30.08.2000, AP Nr. 25 zu § 4 TVG Geltungsbereich, unter I. 2. b); BAG vom 31.07.2002, AP Nr. 14 zu § 1 TVG

geeignet sein, die Rechtsetzung gegenüber Nichtmitgliedern *privatautonom zu rechtfertigen*. Mit den Grundsätzen des Verbandsrechts steht das aus mehreren Gründen in Konflikt.

Zum einen setzt mitgliedschaftliche Legitimation die tatsächliche Vertretung durch den Verband voraus. Virtuelle Repräsentation auf Grundlage einer alleine potentiell möglichen Mitgliedschaft kann kein privatautonomes Mandat erzeugen und Rechtsgrund für die Normgeltung sein.[292] Es darf nicht missachtet werden, dass der Einzelne sich durch sein Fernbleiben gerade von der Normsetzung des Verbands ausschließen möchte. Ohne freiwilligen Beitrittsakt kann eine Rechtsetzungsbefugnis der Koalition nicht entstehen.

Dafür sprechen auch die Grenzen der Satzungsautonomie. Koalitionen unterliegen insoweit denselben Grundsätzen wie andere Verbände. Lediglich für die eigenen Mitglieder können sie satzungsmäßige Berechtigungen und Verpflichtungen begründen.[293] Die Verbandssatzung ist partielle Rechtsordnung für alle gegenwärtigen und zukünftigen Vereinsmitglieder.[294] Zukünftige Mitglieder werden ab dem Zeitpunkt ihres Beitritts von den Satzungsregelungen erfasst; mit dem Austritt aus dem Verband endet die Wirkung der Vereinssatzung für den Einzelnen.[295] Alleine für den Zeitraum der Mitgliedschaft kann der Verband also im Rahmen seiner Satzungsautonomie auf das Individuum zugreifen. Es ist nicht einzusehen, warum die Koalitionen berechtigt sein sollten Außenseiter tariflich zu verpflichten, die sie gleichzeitig nicht ihren Satzungsregelungen unterwerfen könnten. Trotz der Tatsache, dass Koalitionen sicherlich nicht auf eine Stellung als schlichte Vereine reduziert werden dürfen, wäre es widersinnig, Satzungsgewalt und tarifliche Normsetzungsbefugnis derart auseinanderfallen zu lassen. Im Gegensatz zum Staat steht die Normsetzungsbefugnis nicht von vornherein der Koalition zu, sondern ist von den Mitgliedern abgeleitete Rechtsmacht.[296]

Tarifverträge: Luftfahrt, unter B. I. 1.; BAG vom 07.06.2006, AP Nr. 15 zu § 611 BGB Hausmeister, unter II. 2. b) cc); BAG vom 23.03.2011, AP Nr. 147 zu Art. 9 GG, unter B. III. 3.; *Bayreuther*, Tarifautonomie, S. 59; *Giesen*, Tarifvertragliche Rechtsgestaltung, S. 175; *Thüsing*, in: Ders./Braun, Tarifrecht, 1. Kap. Rn. 3.

292 *Bayreuther*, Tarifautonomie, S. 102; *Giesen*, Tarifvertragliche Rechtsgestaltung, S. 194.

293 *Reichert*, Verbandsrecht, S. 82, 92.

294 *Reichert*, Verbandsrecht, S. 89; *Waldner/Wörle-Himmel*, in: Sauter/Schweyer/Waldner, Verein, Rn. 36.

295 *Reichert*, Verbandsrecht, S. 101.

296 *Picker*, in: 50 Jahre BAG, S. 795 (802); *Schubert*, RdA 2001, 199 (206).

Hält man eine virtuelle Repräsentation der Außenseiter für zulässig, wären die Koalitionen überdies bloße Zwangsrepräsentanten von Arbeitnehmerschaft und Arbeitgeberschaft.[297] Auch dies widerspricht der Stellung der Koalitionen grundlegend. Als freiwillige privatrechtliche Verbände obliegt ihnen die Entscheidung, für welche Personen sie tätig werden. Maßgeblich ist, dass das Individuum sich selbstbestimmt der Vereinsgewalt unterwirft; erst der Beitrittsakt entfaltet Bindungswirkung.[298]

Ein repräsentatives Verständnis der Tarifautonomie ist aus diesen Gründen abzulehnen. Die bloße Möglichkeit einer Mitgliedschaft kann eine Normsetzungsbefugnis der Koalition für Außenseiter nicht rechtfertigen.

bb) Kein Regelungsauftrag für den gesamten Arbeitsmarkt

BVerfG und BAG haben stets betont, dass die Regelung der Arbeits- und Wirtschaftsbedingungen durch die Tarifparteien eine *„im öffentlichen Interesse“* liegende Aufgabe darstelle.[299] Der Vierte Senat des BAG ist in einer Entscheidung aus dem Jahr 2009 noch darüber hinausgegangen. Er hat festgehalten, dass erhebliche Anhaltspunkte für eine *„umfassende Regelungsaufgabe der Tarifvertragsparteien“* bestünden, die sich auf die Arbeitsbedingungen aller im Zuständigkeitsbereich tätigen Arbeitgeber und Arbeitnehmer beziehe.[300]

Dass die Rechtsprechung der tarifautonomen Regelung von Arbeits- und Wirtschaftsbedingungen öffentliches Interesse beimisst, begründet für sich kein Mandat, die Arbeits- und Wirtschaftsbedingungen für die gesamte Arbeitgeber- und Arbeitnehmerschaft zu ordnen.[301] Der Vierte Senat hat Anhaltspunkte für einen umfassenden Regelungsauftrag der Koalitionen aus § 5 TVG, § 310 Abs. 4 BGB und der Existenz gesetzlicher Tariföffnungsklauseln abgeleitet. Die Vorschriften ließen erkennen, dass der Gesetzgeber davon ausgehe, Tarifverträge könnten auch die Arbeitsverhältnisse von Außenseitern angemessen regeln.[302] Diese Annahme ist als solche sicherlich zutreffend. Wie *Kamanabrou*

297 *Bayreuther*, Tarifautonomie, S. 102.

298 Vgl. *Picker*, in: 50 Jahre BAG, S. 795 (826).

299 BVerfG vom 06.05.1964, AP Nr. 15 zu § 2 TVG, unter B. II. 1.; BVerfG vom 01.12.2010, AP Nr. 146 zu Art. 9 GG, unter II. 1. b); BAG vom 09.07.1968, AP Nr. 25 zu § 2 TVG, unter II. 2.

300 BAG vom 18.03.2009, AP Nr. 41 zu § 3 TVG, unter II. 4. c). Der Senat konnte die Entscheidung der Frage jedoch offenlassen, da er die streitige einfache Differenzierungsklausel unabhängig davon als wirksam erachtete.

301 Vgl. BVerfG vom 24.05.1977, AP Nr. 15 zu § 5 TVG, unter B. II. 1.; vgl. auch *Bayreuther*, Tarifautonomie, S. 59 f.

302 BAG vom 18.03.2009, AP Nr. 41 zu § 3 TVG, unter II. 4. c).

zu Recht klarstellt, werden die Interessen der nicht organisierten Arbeitnehmer mit denen der organisierten Arbeitnehmer oftmals deckungsgleich sein.[303] Aufgabe der Tarifautonomie ist es, die voneinander abweichenden Interessen der Arbeitgeber- und Arbeitnehmerseite in Einklang zu bringen. Der Tarifvertrag enthält regelmäßig einen sachlichen Ausgleich, der den Bedürfnissen beider Seiten gerecht wird. Dadurch sind tarifvertragliche Regelungen grundsätzlich ebenso *geeignet* die Arbeitsverhältnisse organisierter wie auch nicht organisierter Arbeitnehmer angemessen zu regeln.

Die prinzipielle Eignung tariflicher Regelungen zur Ordnung der Arbeitsverhältnisse nicht organisierter Arbeitnehmer begründet gleichwohl keinen umfassenden Regelungsauftrag. Die Koalitionen haben im Rahmen von Art. 9 Abs. 3 GG nicht die Aufgabe, das Arbeitsleben insgesamt zu ordnen.[304] Die Tarifautonomie soll nach der Rechtsprechung des BVerfG eine Ordnung der Arbeits- und Wirtschaftsbedingungen durch die Koalitionen als unmittelbar *Betroffene* ermöglichen.[305] Betroffene sind die Arbeitgeber- und Arbeitnehmerverbände aber nur insoweit als es um die Interessen ihrer Mitglieder geht. Ausschließlich zur Vertretung dieser Personen sind sie berufen. Ihre Tarifmacht folgt alleine aus dem Charakter der Tarifautonomie als kollektiv ausgeübte Privatautonomie, nicht aus einem davon unabhängigen Regelungsauftrag für das gesamte Arbeitsleben.[306]

Doch selbst bei Annahme einer umfassenden Regelungsaufgabe der Koalitionen wäre eine absolute, auch Außenseiter erfassende Tarifmacht nicht zu rechtfertigen. Aus der Aufgabenstellung als solche ließe sie sich nicht ableiten.[307] Im Wege der privatautonomen Legitimation bleibt die Normsetzungsbefugnis der Tarifvertragsparteien daher auf ihren Mitgliederbereich beschränkt.[308] Der Tarifvertrag entfaltet seine ordnende Wirkung alleine für die organisierten Arbeitnehmer und Arbeitgeber. Eine Erweiterung der Tarifmacht hat auch der Vierte Senat in seiner Entscheidung aus dem Jahr 2009 nicht angenommen.[309]

---

303 *Kamanabrou*, Anmerkung zu BAG vom 18.03.2009, AP Nr. 41 zu § 3 TVG.

304 *Giesen*, Tarifvertragliche Rechtsgestaltung, S. 201; *Löwisch/Rieble*, TVG, Grundl. Rn. 55.

305 BVerfG vom 27.02.1973, AP Nr. 7 zu § 19 HAG, unter B. II. 4.

306 *Krause*, in: JKOS, Tarifvertragsrecht, § 1 Rn. 28.

307 Vgl. *Schwarze*, RdA 2001, 208 (209).

308 BVerfG vom 24.05.1977, AP Nr. 15 zu § 5 TVG, unter B. II. 1.; BVerfG vom 15.07.1980, AP Nr. 17 zu § 5 TVG; BVerfG vom 11.07.2006, AP Nr. 129 zu Art. 9 GG, unter B. II. 1.; *Franzen*, in: ErfK, § 1 TVG Rn. 3; *Krause*, in: JKOS, Tarifvertragsrecht § 1 Rn. 51; *Löwisch/Rieble*, in: MüArbR, § 168 Rn. 1.

309 BAG vom 18.03.2009, AP Nr. 41 zu § 3 TVG, unter II. 4. c).

Die Koalitionen könnten einen umfassenden Regelungsauftrag demnach nur unter staatlicher Mitwirkung umsetzen. Die Erstreckung tariflicher Regelungen auf nicht und anders Organisierte liegt ausschließlich in der Macht des Staates.[310]

b) Tarifgeltung für Außenseiter auf gesetzlicher und individualvertraglicher Grundlage

Tarifliche Regelungen finden in der Praxis keineswegs nur auf Gewerkschaftsmitglieder Anwendung. Die Koalitionen haben kein Ausschließlichkeits- oder Urheberrecht an ihren Normen.[311]

Das Gesetz sieht mit der Allgemeinverbindlicherklärung nach § 5 TVG und der Rechtsverordnung nach dem AEntG unterschiedliche Rechtsinstitute zur Erstreckung der Tarifwirkung auf Außenseiter vor (dazu im Folgenden unter aa)). Über diese gesetzlichen Erstreckungsmöglichkeiten hinaus sorgen Bezugnahmeklauseln vielfach dafür, dass Tarifverträge auch die Arbeitsverhältnisse nicht organisierter Arbeitnehmer erfassen (dazu im Folgenden unter bb)). Dies könnte dafür sprechen, dass die Tarifautonomie jedenfalls im sozialpolitischen Interesse allen Arbeitnehmern dienen soll und die gewerkschaftliche Interessenwahrnehmung die Arbeitnehmer insoweit zu einer solidarischen Einheit verbindet. Maßgeblich für die Beantwortung dieser Frage ist, welche Funktion der Erstreckung von Tarifrecht im Hinblick auf die Tarifautonomie zukommt.

aa) Gesetzliche Erstreckung von Tarifrecht

Der Gesetzgeber hält mehrere Möglichkeiten bereit, um tarifliche Regelungen auf nicht (und anders) organisierte Arbeitgeber und Arbeitnehmer zu erstrecken.

(1) Allgemeinverbindlicherklärung und Rechtsverordnung

§ 5 TVG ermöglicht die Ausdehnung des Tarifvertrags durch Allgemeinverbindlicherklärung. Die Allgemeinverbindlicherklärung ersetzt die mangels Mitgliedschaft fehlende Tarifgebundenheit nach § 3 TVG und führt dazu, dass die Rechtsnormen des Tarifvertrags gemäß § 5 Abs. 4 S. 1 TVG für sämtliche Arbeitsverhältnisse im Geltungsbereich des Tarifvertrags unmittelbar und zwingend gelten.[312] Sinn ist die Gleichstellung organisierter und nicht organisierter Arbeitnehmer auf Grundlage des allgemeinverbindlichen Tarifvertrags, wobei

---

310 *Bayreuther*, Tarifautonomie, S. 114.

311 *Löwisch/Rieble*, TVG, § 3 Rn. 531.

312 *Lakies*, in: Däubler, TVG, § 5 Rn. 189.

§ 5 TVG keine Besserstellung der Außenseiter verbietet.[313] Da allgemeinverbindliche Tarifverträge nach § 5 Abs. 4 S. 2 TVG ohne Vorrangwirkung parallel neben autonomen Tarifverträgen im Betrieb zur Anwendung kommen, kann die Auflösung von Tarifkonkurrenzen eine gesetzlich zulässige Benachteiligung der organisierten Arbeitnehmer zur Folge haben.[314] Dies betrifft insbesondere Firmensanierungstarifverträge, die sich für die Arbeitsverhältnisse der Gewerkschaftsmitglieder als speziellere Tarifregelung gegenüber dem allgemeinverbindlichen Tarifwerk durchsetzen.[315] Die Außenseiter bleiben durch das Günstigkeitsprinzip selbst im Falle einer arbeitsvertragliche Bezugnahme von dem nachteiligen Sanierungstarif verschont.[316]

Eine weitere Möglichkeit zur Erstreckung von Tarifrecht sind Rechtsverordnungen nach §§ 7, 7a AEntG. Die Rechtsverordnung dehnt nicht alle Rechtsnormen des Tarifvertrags auf Außenseiter aus, sondern ausschließlich die in § 5 AEntG aufgeführten Beschäftigungsbedingungen.[317] In dogmatischer Hinsicht bringt die Rechtsverordnung zwischen den bisher nicht Tarifgebundenen nicht den eigentlichen Tarifvertrag zur Anwendung, sondern transformiert dessen Vorschriften in staatliches Recht.[318] Im Gegensatz zu allgemeinverbindlichen Tarifverträgen hat die Rechtsverordnung nach § 8 Abs. 2 AEntG zudem Vorrangwirkung gegenüber allen ungünstigeren Tarifverträgen.[319]

(2) Abgrenzung zu mitgliedschaftlich legitimierter Tarifgeltung

Allgemeinverbindlicherklärung und Rechtsverordnung nach dem AEntG bewirken eine normative Tarifunterwerfung der Außenseiter durch staatliche Mitwirkung. Die gesetzliche Erstreckung des Tarifrechts führt dazu, dass die nicht tarifgebundenen Arbeitnehmer und Arbeitgeber wie tarifgebundene zu behandeln sind.[320] Trotz dieser Wirkung bestehen zwischen mitgliedschaftlicher Tarifgeltung und der gesetzlichen Erstreckung von Tarifrecht entscheidende Unterschiede.

---

313 BAG vom 23.03.2005, AP Nr. 29 zu § 4 TVG Tarifkonkurrenz, unter I. 1. b); *Krets*, RdA 2011, 294 (299); a. A. *Sittard*, Tarifnormerstreckung, S. 123 f.

314 *Sittard*, RdA 2013, 301 (302).

315 Vgl. *Löwisch/Rieble*, TVG, § 4a Rn. 355 ff.

316 *Beck*, Sanierungstarifvertrag, S. 222; a. A. *Bepler*, AuR 2010, 234 (236 f.), der sich in diesem Fall für eine teleologische Reduktion von § 5 Abs. 4 TVG ausspricht.

317 *Braun*, in: Thüsing/Braun, Tarifrecht, 6. Kap. Rn. 162.

318 BAG vom 20.04.2011, AP Nr. 28 zu § 1 AEntG, unter II. 1. b); *Bayreuther*, in: Thüsing, MiLoG/AEntG, § 8 AEntG Rn. 1; a. A. *Sittard*, RdA 2013, 301 (303).

319 Vgl. *Löwisch/Rieble*, TVG, § 5 Rn. 331, 334.

320 Für § 5 Abs. 4 TVG *Oetker*, in: JKOS, Tarifvertragsrecht, § 6 Rn. 116.

Die gesetzliche Ausdehnung von Tarifverträgen auf nicht (und anders) organisierte Arbeitgeber und Arbeitnehmer stellt einen Ausnahmefall dar, der stets besonderer Rechtfertigung bedarf.[321] Die Koalitionen sind Außenseitern gegenüber nicht durch privatautonome Mitgliedschaft zur Rechtsetzung legitimiert. Die Rechtfertigung für eine Erstreckung tariflicher Regelungen durch Allgemeinverbindlicherklärung oder Rechtsverordnung liegt primär in einem zielgerichteten Arbeitnehmerschutz, der Beschäftigung zu untertariflichen Bedingungen ausschließen soll.[322] Nur soweit hierzu die Anwendung des Tarifrechts auf Außenseiter im öffentlichen Interesse erforderlich erscheint, ist nach § 5 Abs. 1 TVG, §§ 7 Abs. 1, 7a Abs. 1 AEntG die Ausdehnung durch Allgemeinverbindlicherklärung oder Rechtsverordnung möglich. Im Anwendungsbereich des AEntG stellt die Vermeidung von Verdrängungswettbewerb über die Lohnkosten einen weiteren Rechtfertigungsfaktor dar.[323]

Die staatlich gelenkte Erstreckung von Tarifrecht ist daher auch keine Tarifautonomie im eigentlichen Sinne. Die *tarifautonome Regelung* der Arbeits- und Wirtschaftsbedingungen ist gekennzeichnet durch die private Rechtsetzung der Tarifvertragsparteien als Ausdruck von Selbstbestimmung.[324] Kernelement ist der Gedanke kollektiver Selbstorganisation und Regelungsfindung durch die Koalitionen.[325] Bei der Ausdehnung von Tarifverträgen liegt dies anders. Allgemeinverbindlicherklärung und Rechtsverordnung sind kein unmittelbares Ergebnis des Zusammenwirkens der Tarifpartner; sie beruhen nicht auf deren alleinigem Willen.[326] Beide Erstreckungsinstitute knüpfen an mitgliedschaftlich legitimiertes Tarifrecht an und erweitern lediglich den Wirkungsbereich bereits bestehender Tarifverträge.[327] Die Tarifbindung wird auf diese Weise von staatlicher Seite als dritte Kraft fremdbestimmt erzeugt. Zwar haben die Tarifvertragsparteien

321 BVerfG vom 24.05.1977, AP Nr. 15 zu § 5 TVG, unter B. II. 2.

322 Zu § 5 TVG vgl. BVerfG vom 24.05.1977, AP Nr. 15 zu § 5 TVG, unter B. II. 1.; BAG vom 23.03.2005, AP Nr. 29 zu § 4 TVG Tarifkonkurrenz, unter I. 1. b); zur gesetzlichen Zielsetzung des AEntG vgl. § 1 AEntG sowie BVerfG vom 20.03.2007, NZA 2007, 609 (611).

323 BVerfG vom 20.03.2007, NZA 2007, 609 (611).

324 *Krause*, in: JKOS, Tarifvertragsrecht, § 1 Rn. 24.

325 Vgl. *Waltermann*, RdA 2014, 86 (90).

326 *Schwarze*, ZfA 2011, 867 (890).

327 BVerfG vom 24.05.1977, AP Nr. 15 zu § 5 TVG, unter B. II. 1.; für § 5 TVG auch zutreffend *Leydecker*, Tarifvertrag, S. 237; a. A. für § 5 TVG *Herschel*, in: FS Bogs, S. 125 (135 f.), der die Allgemeinverbindlicherklärung als eine Konzession versteht, die zusätzliche Tarifmacht verleiht.

nach § 5 Abs. 1 TVG und §§ 7 Abs. 1, 7a Abs. 1 AEntG das Initiativrecht, ein Verfahren zur Allgemeinverbindlicherklärung oder Tariferstreckung durch Rechtsverordnung einzuleiten.[328] Erst die staatliche Anerkennung des Tarifvertrags führt jedoch in beiden Fällen zur normativen Bindung der Außenseiter.[329]

Die Ausdehnung von Tarifrecht hat auch keine vollständige Gleichstellung der nicht organisierten Arbeitnehmer mit den Gewerkschaftsmitgliedern zur Folge. Zwar verhält sich die Allgemeinverbindlicherklärung akzessorisch zur Geltung des erstreckten Tarifvertrags.[330] Tarifkonkurrenzen können jedoch dazu führen, dass die Arbeitsverhältnisse von organisierten und nicht organisierten Arbeitnehmern trotz Allgemeinverbindlicherklärung verschiedenen Tarifverträgen unterfallen.[331] Rechtsverordnungen nach dem AEntG beschränken sich auf die in § 5 AEntG genannten Arbeitsbedingungen und verhalten sich hinsichtlich ihrer Geltungsdauer unabhängig vom Fortbestehen des Tarifvertrags. Sie enden mit Aufhebung durch den Verordnungsgeber oder durch Zeitablauf bei einer befristeten Rechtsverordnung.[332] Erstrecktes Tarifrecht steht der mitgliedschaftlichen Tarifgeltung aus diesen Gründen nicht gleich.

bb) Privatautonome Anwendung von Tarifrecht über Bezugnahmeklauseln

Den Arbeitsvertragsparteien steht es frei, Tarifverträge einvernehmlich für ihr Arbeitsverhältnis anzuwenden. Da der Arbeitgeber regelmäßig nicht weiß, welche Arbeitnehmer gewerkschaftlich organisiert sind, ermöglicht dieses Vorgehen tarifgebundenen Arbeitgebern eine Angleichung der innerbetrieblichen Arbeitsbedingungen.[333] Nicht organisierte Arbeitgeber profitieren davon kein umfassendes Vertragswerk vereinbaren zu müssen und bleiben im Wettbewerb um Arbeitskräfte mit tarifgebundenen Arbeitgebern gleichauf.[334]

---

328 Aus diesem Grund wertet *Hartmann*, Negative Tarifvertragsfreiheit, S. 193 die Allgemeinverbindlicherklärung als *„Verschränkung von staatlich-demokratischer und privatautonom-mandatarischer Legitimation"*. Das BVerfG bezeichnet sie als *„Rechtsetzungsakt eigener Art zwischen autonomer Regelung und staatlicher Rechtsetzung"* (vgl. nur BVerfG vom 24.05.1977, AP Nr. 15 zu § 5 TVG, unter B. II. 1.).

329 Zu § 5 TVG BVerfG vom 24.05.1977, AP Nr. 15 zu § 5 TVG, unter B. II. 1.

330 *Löwisch/Rieble*, TVG, § 5 Rn. 131.

331 Vgl. soeben A. II. 1. b) aa) (1), S. 84-85.

332 BAG vom 20.04.2011, AP Nr. 28 zu § 1 AEntG, unter II. 1. b); *Bayreuther*, in: Thüsing, MiLoG/AEntG, §§ 7, 7a AEntG Rn. 29 m.w.N.

333 *Oetker*, in: JKOS, Tarifvertragsrecht, § 6 Rn. 193.

334 *Franzen*, in: ErfK, § 3 TVG, Rn. 29.

(1) Inhalt und Grenzen der Inbezugnahme

Die Bezugnahme auf Tarifrecht kann den gesamten Tarifvertrag oder auch nur einzelne seiner Regelungen erfassen.[335] Allgemeine Bezugnahmeklauseln, die sämtliche Regelungen des Tarifwerks zur Anwendung bringen sollen, sind als statische oder dynamische Verweisungen möglich. Die statische Bezugnahme verweist auf einen konkreten Tarifvertrag ausschließlich in seiner zum Zeitpunkt der Bezugnahme geltenden Fassung; Änderungen des Tarifvertrags sind nicht umfasst.[336] Kleine dynamische Bezugnahmeklauseln gehen darüber hinaus, indem sie einen konkreten Tarifvertrag in seiner jeweils geltenden Fassung in Bezug nehmen und dadurch eine zeitliche Dynamik enthalten.[337] Sie führen zu einer automatischen Anpassung der Arbeitsbedingungen entsprechend der Tarifentwicklung. Große dynamische Bezugnahmeklauseln wirken nicht nur in zeitlicher, sondern auch in inhaltlicher Hinsicht dynamisch, indem sie auf die für den Betrieb oder das Unternehmen einschlägigen Tarifverträge in ihrer jeweils geltenden Fassung verweisen und auf diese Weise auch Tarifwechsel abbilden.[338]

Üblich ist die ausdrückliche Einbeziehung der tariflichen Regelungen im Arbeitsvertrag. Dennoch ist die Vereinbarung einer Bezugnahmeklausel nicht formgebunden.[339] Weitaus seltener, aber ebenso zulässig sind daher auch Inbezugnahmen durch Gesamtzusage oder betriebliche Übung.[340] Während der Gesamtzusage ein allgemein gehaltenes Angebot zugrunde liegt, resultiert der Anspruch des Arbeitnehmers bei einer betrieblichen Übung aus dem tatsächlichen, wiederkehrenden und gleichförmigen Verhalten des Arbeitgebers.[341]

---

335 BAG vom 19.01.1999, AP Nr. 9 zu § 1 TVG Bezugnahme auf Tarifvertrag, unter III. 2.; *Löwisch/Rieble*, TVG, § 3 Rn. 676.

336 *Franzen*, in: ErfK, § 3 TVG, Rn. 36; zur Auslegung einer arbeitsvertraglichen Vereinbarung als statische Bezugnahme BAG vom 19.09.2007, AP Nr. 54 zu § 133 BGB, unter II. 1.

337 BAG vom 22.10.2008, AP Nr. 66 zu § 1 TVG Bezugnahme auf Tarifvertrag, unter II. 2. b).

338 BAG vom 22.10.2008, AP Nr. 66 zu § 1 TVG Bezugnahme auf Tarifvertrag, unter II. 2. b); *Oetker*. in: JKOS, Tarifvertragsrecht, § 6 Rn. 191, 251.

339 BAG vom 19.01.1999, AP Nr. 9 zu § 1 TVG Bezugnahme auf Tarifvertrag, unter III. 1. Zwar ist die Inbezugnahme von Tarifrecht nach § 2 Abs. 1 Satz 2 Nr. 10 NachwG nachweispflichtig, ein Verstoß jedoch ohne Auswirkung für die Wirksamkeit der Bezugnahmeklausel (*Löwisch/Rieble*, TVG, § 3 Rn. 675).

340 BAG vom 19.01.1999, AP Nr. 9 zu § 1 TVG Bezugnahme auf Tarifvertrag, Ls. 1 sowie unter III. 1.

341 Vgl. zu den Möglichkeiten der Bezugnahme durch Gesamtzusage und betriebliche Übung im Einzelnen *Reufels*, in: Thüsing/Braun, Tarifrecht, 8. Kap. Rn. 10 f.; *Oetker*. in: JKOS, Tarifvertragsrecht, § 6 Rn. 217 f.

(2) Abgrenzung zu mitgliedschaftlich legitimierter Tarifgeltung

Die Inbezugnahme von Tarifverträgen weist gegenüber der mitgliedschaftlichen Tarifgeltung ebenfalls wesentliche Unterschiede auf.

Der Abschluss von Tarifverträgen beruht auf kollektiv ausgeübter Privatautonomie, die durch eine Bündelung von Mitgliederinteressen erreicht wird. Gewerkschaften und Arbeitgeberverbände handeln für ihre Mitglieder und erzeugen durch ihr Zusammenwirken Tarifnormen. Im Unterschied dazu ist die Bezugnahme auf ein Tarifwerk Gegenstand der individuellen Vertragsfreiheit der Arbeitsvertragsparteien.[342] Die Vertragspartner knüpfen an bestehendes mitgliedschaftlich legitimiertes Tarifrecht an und bringen dieses für ihr individuelles Arbeitsverhältnis zur Anwendung. Die Geltung der in Bezug genommenen Tarifnormen basiert damit ebenso wie gesetzlich erstrecktes Tarifrecht nicht mehr unmittelbar auf dem Zusammenwirken der Tarifpartner.

Die Inbezugnahme von Tarifrecht stellt die nicht organisierten Arbeitnehmer auch keineswegs vollumfänglich den Gewerkschaftsmitgliedern gleich. Bezugnahmeklauseln bewirken keine Tarifgebundenheit des Außenseiters.[343] Sie transformieren die tariflichen Vorschriften lediglich in die individualvertragliche Abrede.[344] Die tarifvertraglichen Regelungen werden Inhalt des Arbeitsvertrages, ohne dass es einer ausdrücklichen Wiederholung der jeweiligen Regelungsbereiche bedarf.[345] Sie wirken auf diese Weise lediglich schuldrechtlich,[346] so dass einvernehmliche Abweichungen auch zu Lasten des Arbeitnehmers möglich sind.[347] Die Anwendung der tarifvertraglichen Regelungen bleibt dadurch für die Arbeitsvertragsparteien in beide Richtungen disponibel, während ein nach § 3 Abs. 1 TVG normativ geltender Tarifvertrag Änderungen nur auf Grundlage des Günstigkeitsprinzips zum Vorteil des Arbeitnehmers zulässt.[348] Eine

---

342 Vgl. BAG vom 17.01.2006, AP Nr. 40 zu § 1 TVG Bezugnahme auf Tarifvertrag, unter A. III. 2.; BAG vom 22.02.2012, AP Nr. 109 zu § 1 TVG Bezugnahme auf Tarifvertrag, unter II. 2. a).

343 *Oetker*, in: JKOS, Tarifvertragsrecht, § 6 Rn. 206.

344 *Löwisch/Rieble*, TVG, § 3 Rn. 576.

345 *Reufels*, in: Thüsing/Braun, Tarifrecht, 8. Kap. Rn. 2.

346 BAG vom 07.12.1977, AP Nr. 9 zu § 4 TVG Nachwirkung; BAG vom 24.11.2004, AP Nr. 70 zu § 242 BGB Betriebliche Übung, unter II. 3. c); BAG vom 22.02.2012, AP Nr. 109 zu § 1 TVG Bezugnahme auf Tarifvertrag, unter II. 2. a).

347 BAG vom 24.11.2004, AP Nr. 70 zu § 242 BGB Betriebliche Übung, unter II. 3. c); *Oetker*. in: JKOS, Tarifvertragsrecht, § 6 Rn. 265.

348 BAG vom 22.10.2008, AP Nr. 66 zu § 1 TVG Bezugnahme auf Tarifvertrag, unter II. 3. c).

normative Wirkung tariflicher Vorschriften, wie sie im Falle mitgliedschaftlicher Tarifbindung eintritt, kann über Bezugnahmeklauseln nicht hergestellt werden.

Unterschiedliche Arbeitsbedingungen entstehen insbesondere auch dann, wenn der Arbeitsvertrag auf einen anderen als den im Betrieb normativ geltenden Tarifvertrag verweist. Während für die nicht organisierten Arbeitnehmer das in Bezug genommene Tarifrecht schuldrechtlich zur Anwendung gelangt, setzt sich für die Gewerkschaftsmitglieder der normativ anwendbare Tarifvertrag durch, soweit nicht das Günstigkeitsprinzip dem in Bezug genommenen Tarifvertrag Geltung verschafft.[349]

Bei zuvor verbandsangehörigen Arbeitgebern führt auch die Beendigung der Tarifbindung infolge des Verbandsaustritts oftmals zu einem Auseinanderentwickeln der Arbeitsbedingungen für organisierte und nicht organisierte Arbeitnehmer. Da ab dem Jahr 2002 vereinbarte dynamische Bezugnahmeklauseln grundsätzlich nicht mehr als Gleichstellungsabreden auszulegen sind, verlieren sie prinzipiell auch dann nicht ihre dynamisierende Wirkung, wenn die Tarifbindung des Arbeitgebers endet und der Tarifvertrag für die organisierten Arbeitnehmer nach Ablauf gemäß § 4 Abs. 5 TVG nur noch schuldrechtlich nachwirkt.[350] Etwas anderes gilt lediglich dann, wenn der Arbeitgeber seine Tarifgebundenheit ausdrücklich zur auflösenden Bedingung der Bezugnahme macht.[351]

c) Stellungnahme und Schlussfolgerungen

Die Normsetzungsbefugnis der Koalitionen ist eine mitgliedsbezogene Regelungsmacht. Aus diesem Grund bedarf die Tarifautonomie gerade in Zeiten abnehmenden Organisationsgrades der gesetzlichen und vertraglichen Hilfestellung. Gesetzliche Erstreckungsinstitute verleihen mitgliedschaftlich legitimierten Tarifverträgen größere Durchsetzungskraft,[352] indem sie deren tatsächlichen Geltungsbereich erweitern.[353] Auf diese Weise ermöglichen sie für nicht organisierte

---

349 Vgl. BAG vom 29. August 2007, AP Nr. 61 zu § 1 TVG Bezugnahme auf Tarifvertrag, unter I. 6.

350 BAG vom 14.12.2005, AP Nr. 39 zu § 1 TVG Bezugnahme auf Tarifvertrag, unter I. 2. c); BAG vom 18.04.2007, AP Nr. 53 zu § 1 TVG Bezugnahme auf Tarifvertrag, unter B. II. 2.; BAG vom 22.10.2008, AP Nr. 67 zu § 1 TVG Bezugnahme auf Tarifvertrag, unter I. 3. a).

351 BAG vom 22.10.2008, AP Nr. 67 zu § 1 TVG Bezugnahme auf Tarifvertrag, unter I. 3. a); BAG vom 22.04.2009, AP Nr. 38 zu § 99 BetrVG 1972 Eingruppierung, unter B. III. 2.

352 Für § 5 TVG zutreffend *Leydecker*, Tarifvertrag, S. 242.

353 BVerfG vom 24.05.1977, AP Nr. 15 zu § 5 TVG, unter B. II. 1.

Arbeitnehmer „*tarifgestützte Arbeitsbedingungen*".[354] Weder Allgemeinverbindlicherklärung noch Rechtsverordnung unterstellen die Außenseiter jedoch der Tarifmacht der Koalitionen.[355] Die Möglichkeiten zur Erstreckung von Tarifrecht vermitteln den Verbänden keine absolute Normsetzungsmacht; ihre Koalitionsautonomie wird nicht zu einer unbegrenzten Gesamtrepräsentation erweitert.[356] Die Erstreckung von Tarifrecht stärkt daher zwar das Tarifvertragssystem, nicht aber die Stellung der Koalitionen.[357] Sie negiert die Auswirkungen, die dadurch entstehen, dass ein Teil der Arbeitgeber und Arbeitnehmer von ihrer negativen Koalitionsfreiheit Gebrauch macht und den Koalitionen fernbleibt.[358]

Für die Inbezugnahme von Tarifrecht gilt im Ergebnis dasselbe. Die Arbeitsvertragsparteien entscheiden sich durch die Bezugnahme auf einen Tarifvertrag eigenständig dafür ihre Vertragsbeziehung an dessen Vorschriften zu orientieren. Dadurch schaffen sie im Rahmen ihrer Vertragsfreiheit ebenfalls *tarifgestützte Arbeitsbedingungen*, wenngleich diese ausschließlich das individuelle Arbeitsverhältnis betreffen.

Trotz dieser Möglichkeiten, Tarifverträge auf gesetzlicher und vertraglicher Grundlage auch auf Außenseiter anzuwenden, verbindet die Tarifautonomie die Arbeitnehmerschaft nicht zu einer Einheit, sondern rechtfertigt gerade deren *Unterteilung* in organisierte und nicht organisierte Arbeitnehmer. Das Tarifvertragsrecht geht von einer abweichenden Behandlung der Außenseiter bei der Teilhabe an tariflichen Leistungen aus.[359] Nicht organisierte Arbeitnehmer haben danach keinen Anspruch auf Gleichstellung mit tarifgebundenen Arbeitnehmern.[360]

Die partielle Angleichung der Außenseiter mit tarifgebundenen Arbeitnehmern findet ihren Grund weder in dem Verhältnis der Arbeitnehmer untereinander noch hat es auf dieses konkrete Auswirkungen. Die durch Erstreckungsinstitute bewirkte Angleichung der Arbeitnehmer erfolgt alleine aus sozialpolitischen

---

354 *Waltermann*, RdA 2014, 86 (90); vgl. auch den Regierungsentwurf des Tarifautonomiestärkungsgesetzes BT-Drs. 18/1558, S. 1, 58.

355 Für die Allgemeinverbindlicherklärung zu Recht *Höpfner*, Tarifgeltung, S. 480; *Müller*, Tarifautonomie, S. 187; *Zöllner*, RdA 1962, 453 (456).

356 So zu § 5 TVG *Hartmann*, Negative Tarifvertragsfreiheit, S. 194; *Höpfner*, Tarifgeltung, S. 480.

357 *Sittard*, Tarifnormerstreckung, S. 113 ff., 323 f.

358 Zu § 5 Abs. 1 S. 2 Nr. 2 TVG explizit *Forst*, RdA 2015, 25 (29).

359 *Henssler*, in: Ders./Moll/Bepler, Tarifvertrag, Teil 10 Rn. 129.

360 BAG vom 21.01.1987, AP Nr. 47 zu Art. 9 GG; BAG vom 18.03.2009, AP Nr. 41 zu § 3 TVG, unter II. 4. c).

Gründen. Sie hebt die Wirkung der im Rahmen der Tarifautonomie gerechtfertigten Teilung der Arbeitnehmerschaft auf, soweit dies im öffentlichen Interesse ausnahmsweise geboten ist. Die Erstreckung von Tarifrecht erweitert die tarifautonome Gestaltungsbefugnis der Koalitionen nicht, sondern greift in diese ein, indem sie die Anwendung tariflicher Regelungen durch staatlichen Geltungsbefehl ermöglicht.[361] Ebenso verfolgen Bezugnahmeklauseln das Ziel, die Teilung in organisierte und nicht organisierte Arbeitnehmer aufzuheben, um ein innerbetriebliches Auseinanderfallen der Arbeitsbedingungen zu verhindern.[362]

Die Tarifautonomie steht aus diesen Gründen nicht im Auftrag aller Arbeitnehmer. Sie verbindet die Arbeitnehmerschaft nicht zu einer Einheit und kann daher auch nicht Basis für konkrete solidarische Berechtigungen und Verpflichtungen der Arbeitnehmer sein.

2. *Arbeitskampf und Außenseiterbeteiligung*

Das Arbeitskampfrecht unterfällt als Annexgewährleistung insoweit der Koalitionsfreiheit als es erforderlich ist, um das Funktionieren der Tarifautonomie zu gewährleisten.[363] Die Tarifautonomie ist funktionsfähig, solange zwischen den Tarifparteien ein annäherndes Kräftegleichgewicht, so genannte Koalitionsparität besteht, im Arbeitskampf in der besonderen Ausprägung der Arbeitskampfparität.[364] Führen Arbeitskämpfe zu einem Ungleichgewicht der Kräfte, wird die Tarifautonomie erheblich beeinträchtigt.[365] Eine ausgeglichene Regelung der Arbeits- und Wirtschaftsbedingungen, die den Interessen der Mitglieder beider Tarifparteien gerecht wird, ist nur durch Verhandlung auf Augenhöhe erreichbar. Jeder Partei muss es daher möglich sein, durch wirkungsvollen Arbeitskampf Verhandlungsdruck auf den Tarifpartner auszuüben. *Raab* bezeichnet den Arbeitskampf aus diesem Grund treffend als *„Hilfsmittel"* der Tarifautonomie[366], die selbst wiederum Mittel zur Sicherstellung der Koalitionsfreiheit ist.[367]

---

361 In diese Richtung auch *Braun*, in: Thüsing/Braun, Tarifrecht, 6. Kap. Rn. 71.

362 *Reufels*, in: Thüsing/Braun, Tarifrecht, 8. Kap. Rn. 3.

363 Ständige Rspr., vgl. nur BVerfG vom 26.06.1991, AP Nr. 117 zu Art. 9 GG Arbeitskampf, unter C. I. 1.; BVerfG vom 02.03.1993, AP Nr. 126 zu Art. 9 GG Arbeitskampf, unter C. II. 1.; BVerfG vom 04.07.1995, AP Nr. 4 zu § 116 AFG, unter C. I. 1.; *Rüthers*, DB 1990, 113.

364 BVerfG vom 04.07.1995, AP Nr. 4 zu § 116 AFG, unter C. I. 1.

365 BVerfG vom 26.06.1991, AP Nr. 117 zu Art. 9 GG Arbeitskampf, unter C. I. 3.; *Scholz*, in: Maunz/ Dürig, GG, Art. 9 Rn. 287.

366 *Raab*, in: FS Otto, S. 405 (408 f.).

367 *Kentner*, Arbeitskampfmittel, S. 56.

Arbeitskämpfe sind heutzutage regelmäßig nicht auf organisierte Arbeitnehmer begrenzt. Außenseiter sind nach weit überwiegender Auffassung berechtigt, an einem gewerkschaftlich geführten Streik teilzunehmen (dazu im Folgenden unter a)).[368] Ebenso dürfen sie von dem kampfbetroffenen Arbeitgeber auch ausgesperrt werden (dazu im Folgenden unter b)).[369] Dies könnten Belege dafür sein, dass Art. 9 Abs. 3 GG die Arbeitnehmerschaft im Arbeitskampf zu einem solidarischen Zusammenwirken berechtigt und verpflichtet.

a) Streikrecht der Außenseiter

Für das Streikrecht der Außenseiter werden seit jeher unterschiedliche Rechtfertigungen angeführt. Begründungsansätze, die sich auf ein allgemeines Rechtsprinzip der Arbeitnehmersolidarität beziehen, sind mangels Existenz eines solchen Rechtsprinzips[370] abzulehnen.[371] Neben weiteren Begründungsansätzen, die sich insbesondere auf die Bildung einer ad-hoc-Koalition zwischen Gewerkschaftsmitgliedern und Außenseitern[372], eine Kombination der Grundrechtsgewährleistungen aus Art. 9 Abs. 3 GG und Art. 2 Abs. 1 GG[373] oder auf die Teilhabe der Außenseiter am Streikerfolg (so genannter Partizipationsgedanke)[374] stützen,

---

368 Ständige Rspr. seit BAG GS vom 28.01.1955, AP Nr. 1 zu Art. 9 GG Arbeitskampf; vgl. auch BAG GS vom 29.11.1967, AP Nr. 13 zu Art. 9 GG, unter IV. 5.; BAG vom 10.06.1980, AP Nr. 66 zu Art. 9 GG Arbeitskampf, unter A. I.; BAG vom 22.03.1994, AP Nr. 130 zu Art. 9 GG Arbeitskampf, unter II. 3. a); *Däubler*, in: Ders., Arbeitskampfrecht, § 12 Rn. 35; *Gamillscheg*, Koll. ArbR I, S. 994 f.; *Thüsing*, Außenseiter, S. 53, 59; a. A. *Lembke*, Arbeitskampfbeteiligung, S. 81.

369 BAG GS vom 29.11.1967, AP Nr. 13 zu Art. 9 GG, unter IV. 5.; BAG GS vom 21.04.1971, AP Nr. 43 zu Art. 9 GG Arbeitskampf, unter Teil III. B. 3.; BAG vom 10.06.1980, AP Nr. 66 zu Art. 9 GG Arbeitskampf, unter A. II.; *Kissel*, Arbeitskampfrecht, S. 542 f.; *Linsenmaier*, in: ErfK, Art. 9 GG Rn. 254; *Thüsing*, Außenseiter, S. 86, 92; a. A. *Lembke*, Arbeitskampfbeteiligung, S. 126.

370 Dazu bereits eingehend unter A. I. 3. und 4., S. 73-78.

371 In diese Richtung allerdings noch BAG GS vom 28.01.1955, AP Nr. 1 zu Art. 9 GG Arbeitskampf, unter I. 5. und 6.; BAG GS vom 21.04.1971, AP Nr. 43 zu Art. 9 GG Arbeitskampf, unter Teil III. B. 3.; ablehnend im Hinblick auf eine Arbeitnehmersolidarität hingegen zu Recht *Lembke*, Arbeitskampfbeteiligung, S. 60 f.; *Thüsing*, Außenseiter, S. 49.

372 *Däubler*, in: Ders., Arbeitskampfrecht, § 12 Rn. 35.

373 *Seiter*, Streikrecht, S. 92.

374 BAG vom 22.03.1994, AP Nr. 130 zu Art. 9 GG Arbeitskampf, unter II. 3. c); *Kissel*, Arbeitskampfrecht, S. 542.

wird auch die Funktionsfähigkeit der Tarifautonomie als Rechtfertigungskriterium angeführt.[375]

aa) Funktionsfähigkeit der Tarifautonomie

Die gegenwärtige Tarifsituation bestätigt, dass die Beteiligung der Außenseiter erforderlich ist, um die Funktionsfähigkeit der Tarifautonomie zu gewährleisten. Bei einem Organisationsgrad auf Arbeitnehmerseite von gerade einmal noch 15 % im Jahr 2014[376] ist ein wirkungsvoller Streik teils nur noch mit Hilfe einer ausgefeilten Arbeitskampftaktik möglich. Dies belegen auch die Entscheidungen von BAG und BVerfG zur Zulässigkeit von Flashmob-Aktionen[377] und Solidaritätsstreiks.[378] Die Offenheit der Rechtsprechung gegenüber der Beteiligung betriebsfremder Dritter am Arbeitskampf zeigt in prägnanter Weise, welche Schützenhilfe gewerkschaftliche Streiks bisweilen benötigen. Das gilt umso mehr, wenn die Mitarbeiter des bestreikten Betriebs in unterschiedlichen Gewerkschaften organisiert sind. Dies verringert den Kreis der im Betrieb unmittelbar gewerkschaftlich betroffenen Arbeitnehmer umso mehr. Um das Kräftegleichgewicht zwischen den Tarifpartnern zu sichern, kann die Tarifautonomie auf ein Beteiligungsrecht der Außenseiter daher nicht verzichten.[379]

Lembke betont hingegen, dass die Gewerkschaften ihrem Arbeitskampf durch spezielle Streikformen wie Minimax-Strategie, Neue Beweglichkeit und Nadelstichtaktik mehr Effektivität verleihen können.[380] Soweit er auf dieser Grundlage eine Außenseiterbeteiligung ablehnt, greift dieses Argument zu kurz. Die Verbände dürfen nur dann auf Sonderformen des Arbeitskampfes verwiesen werden, wenn diese auch in den unterschiedlichen Unternehmen und Branchen prinzipiell umsetzbar sind. Tatsächlich ist das nicht der Fall.

Mag die Minimax-Strategie im Sinne eines Streiks weniger Arbeitnehmer in Schlüsselpositionen[381] abstrakt betrachtet noch so wirkungsvoll sein, mangelt

---

375 *Gamillscheg*, Koll. ArbR I, S. 994 f., *Kentner*, Arbeitskampfmittel, S. 95; *Tamm*, Betriebsrisikolehre, S. 441; *Thüsing*, Außenseiter, S. 53, 59.

376 IW Gewerkschaftsspiegel Nr. 4/2016, abrufbar unter https://www.iwkoeln.de/studien/iw-gewerkschaftsspiegel/beitrag/gewerkschaften-hundert-jahre-anerkennung-309589 (zuletzt abgerufen am 17.06.2017, 10:16 Uhr).

377 BAG vom 22.09.2009, AP Nr. 174 zu Art. 9 GG Arbeitskampf, BVerfG vom 26.03.2014, NZA 2014, 493–496.

378 BAG vom 19.06.2007, AP Nr. 173 zu Art. 9 GG Arbeitskampf.

379 So auch *Tamm*, Betriebsrisikolehre, S. 441.

380 *Lembke*, Arbeitskampfbeteiligung, S. 64.

381 Zur sog. „*Minimax-Strategie*“ *Rüthers*, NZA 2010, 6 (8).

es in zahlreichen Branchen, die arm an echten Schlüsselpositionen sind, gleichwohl an deren Durchführbarkeit. Für Handwerksbetriebe mit überwiegender Terminarbeit beispielsweise hat der Erste Senat die Qualifikation als Schlüsselposition in einer Entscheidung aus dem Jahr 2010 ausdrücklich abgelehnt.[382] Der Beschluss legt eine restriktive Auslegung des Begriffs Schlüsselposition nahe, die in erster Linie Funktionseliten wie Lokführer und Piloten erfasst.[383] Das Streikgeschehen hat sich zudem gerade in den letzten Jahren auch erheblich auf den Dienstleistungssektor sowie den Erziehungs- und Bildungsbereich konzentriert. Damit seien nur zwei Branchen genannt, in denen Gewerkschaften kaum auf echte Spezialisten in Schlüsselpositionen zurückgreifen können.

Ähnliche Probleme gelten für wechselnde Streiks in ausgewählten Zulieferbetrieben oder an verschiedenen Unternehmensstandorten durch Strategien der Neuen Beweglichkeit und Nadelstichtaktik.[384] Auch diese Streikformen sind von spezifischen Umfeldbedingungen abhängig, die in zahlreichen Unternehmen und Branchen schlicht nicht vorhanden sind.

bb) Kein Widerspruch zum Mächtigkeitserfordernis

Das Beteiligungsrecht nicht und anders organisierter Arbeitnehmer widerspricht auch nicht dem Erfordernis sozialer Mächtigkeit von Gewerkschaften.

Lembke möchte einer Gewerkschaft, die ohne Außenseiterbeteiligung keinen wirksamen Arbeitskampf führen kann, die soziale Mächtigkeit und entsprechend deren Tariffähigkeit aberkennen.[385] Diese rechtliche Bewertung würde dazu führen, dass man die Tariffähigkeit diverser Gewerkschaften ernsthaft in Frage stellen müsste. Waren es ursprünglich die mitgliederarmen Spartengewerkschaften, die um die Anerkennung ihrer sozialen Mächtigkeit bangen mussten, wären es nun insbesondere die nach dem Industrieverbandsprinzip organisierten Gewerkschaften, die zum Teil kaum echte Schlüsselpositionen abdecken.[386]

---

382 BAG vom 05.10.2010, AP Nr. 7 zu § 2 TVG Tariffähigkeit, unter III. 6. e).

383 BAG vom 05.10.2010, AP Nr. 7 zu § 2 TVG Tariffähigkeit, unter III. 6. e).

384 Zur *„Neuen Beweglichkeit"* und *„Nadelstichtaktik"* BAG vom 12.09.1984, AP Nr. 81 zu Art. 9 GG Arbeitskampf; *Däubler*, in: Ders., Arbeitskampfrecht, § 7 Rn. 17 und § 17 Rn. 5; *Rüthers*, NZA 2010, 6 (10).

385 *Lembke*, Arbeitskampfbeteiligung, S. 65.

386 Die Rechtsprechung stellt für die Beurteilung der sozialen Mächtigkeit von Gewerkschaften, die eine geringe Mitgliederstärke und einen niedrigen Organisationsgrad aufweisen, entscheidend auf deren Stellung in *„Schlüsselpositionen"* ab, vgl. nur BAG vom 28.03.2006, AP Nr. 4 zu § 2 TVG Tariffähigkeit, unter III. 3. a); BAG vom 05.10.2010, AP Nr. 7 zu § 2 TVG Tariffähigkeit, unter III. 4. a).

Die Problematik eines abnehmenden Organisationsgrades kennzeichnet die gesamte Tariflandschaft. Erachtete man nur solche Gewerkschaften als sozial mächtig, die ohne Außenseiterbeteiligung wirksame Arbeitskämpfe führen können, würde man die soziale Mächtigkeit indirekt vom allgemeinen Organisationsgrad abhängig machen. Das widerspricht dem Zweck des Mächtigkeitserfordernisses, den das BAG vor Augen hatte.

Das Kriterium sozialer Mächtigkeit soll Arbeitnehmervereinigungen von der Tariffähigkeit ausschließen, die schon aufgrund ihrer Mitgliederzahl und Organisationsweise nicht in der Lage sind, zumindest so viel Druck auf die Gegenseite auszuüben, dass diese sich veranlasst sieht Verhandlungen einzugehen. Solche Verbände wären vom guten Willen der Arbeitgeberseite abhängig und nicht fähig, die Rolle eines auch nur annähernd gleichwertigen Verhandlungspartners einzunehmen.[387] Diese inneren Schwächen einer Koalition sind der Grund für ihre fehlende soziale Mächtigkeit und daraus folgend ihrer mangelnden Tariffähigkeit. Der insgesamt sinkende Organisationsgrad stellt kein derartiges Binnenproblem einzelner Koalitionen dar. Es handelt sich vielmehr um ein *übergreifendes Strukturproblem*, das mit dem Kriterium sozialer Mächtigkeit nicht adäquat zu erfassen ist.

b) Aussperrung von Außenseitern

Die Arbeitgeberseite ist zum Zwecke einer funktionsfähigen Tarifautonomie umgekehrt darauf angewiesen, auch nicht und anders organisierte Arbeitnehmer aussperren zu dürfen.[388]

Zielsetzung des Arbeitskampfmittels Aussperrung ist eine zeitliche Kampfverkürzung durch Kampfausweitung.[389] Könnte der bestreikte Arbeitgeber ausschließlich gewerkschaftsangehörige Arbeitnehmer aussperren, wäre ihm letztlich wenig geholfen. Haben sich im Betrieb sämtliche organisierte Arbeitnehmer dem Arbeitskampf angeschlossen, stünde der Arbeitgeber diesem Streik machtlos gegenüber, ohne durch das Recht zur Aussperrung irgendetwas ausrichten zu können. Streiken nicht alle gewerkschaftsangehörigen Arbeitnehmer

---

387 Zum Ganzen: BAG vom 05.10.2010, AP Nr. 7 zu § 2 TVG Tariffähigkeit, unter III. 2. b) und 3. a).

388 *Kissel*, Arbeitskampfrecht, S. 542; *Thüsing*, Außenseiter, S. 73, 92. Die Frage, inwieweit die Aussperrung anders organisierter Arbeitnehmers ggf. durch die Friedenspflicht eines anderen Tarifvertrags ausgeschlossen sein muss, kann im vorliegenden Kontext dahinstehen (vgl. dazu *Gamillscheg*, Koll. ArbR I, S. 1046, 1049; *Kentner*, Arbeitskampfmittel, S. 101; *Thüsing*, Außenseiter, S. 91).

389 *Thüsing*, Außenseiter, S. 72.

des Betriebs, könnte der Arbeitgeber durch Aussperrung der übrigen Verbandsmitglieder den Arbeitskampf zwar inhaltlich ausweiten. Dadurch verzeichnete er jedoch einen noch erheblicheren Arbeitskräfteausfall als durch den Streik ohnehin schon verursacht, ohne zugleich eine finanzielle Entlastung zu erreichen. Die Aussperrung der organisierten Mitarbeiter würde es ihm lediglich noch schwerer machen den Betrieb während des Arbeitskampfes aufrechtzuerhalten. Zur Entlohnung nicht und anders organisierter Arbeitnehmer bliebe er grundsätzlich weiterhin verpflichtet.

Entscheidend ist zudem, dass die Druckwirkung einer Aussperrung alleine von Gewerkschaftsmitgliedern, die Anspruch auf Leistungen aus der Streikkasse haben, zwingend gering sein muss.[390] Erst die Aussperrung nicht und anders organisierter Arbeitnehmer verringert die Lohnbelastung des Unternehmers im Arbeitskampf merklich. Da die Außenseiter keinen Anspruch auf Leistungen aus der Streikkasse haben, erzeugt die Aussperrung dieser Personengruppen einen nennenswerten Gegendruck auf die kampfführende Gewerkschaft.

Die Beteiligung von Außenseitern am Arbeitskampf ist nach alledem erforderlich, um die Kampfparität zu sichern und dadurch eine funktionsfähige Tarifautonomie zu gewährleisten.

c) Stellungnahme und Schlussfolgerungen

Das durch Art. 9 Abs. 3 GG gewährleistete Arbeitskampfrecht beschränkt sich nach den bisherigen Feststellungen nicht auf die Koalitionen und ihre Mitglieder, sondern bezieht auch Außenseiter ein. Dies betrifft die aktive Beteiligung an einem Streik ebenso wie die Aussperrung nicht organisierter Arbeitnehmer.

Die Rechtsposition der Außenseiter im Arbeitskampf beruht nicht unmittelbar auf Art. 9 Abs. 3 GG als Rechtsnorm, sondern auf grundrechtskonkretisierenden Aussagen richterlicher Rechtsfortbildung. Die Legitimation der dort entwickelten Außenseiterrechte liegt in ihrer dienenden Funktion für die Tarifautonomie. Das Recht zur Streikbeteiligung und als Pendant die Aussperrungsbefugnis des Arbeitgebers bezwecken alleine die Arbeitskampfparität zwischen Arbeitnehmer- und Arbeitgeberseite im Lot zu halten, um ausgeglichene Tarifregelungen zu ermöglichen.

Zwar werden Außenseiter berechtigt, ihre streikenden Arbeitskollegen zu unterstützen und zugleich verpflichtet, die nachteiligen Auswirkungen des Arbeitskampfes wie Lohnausfall und eine mögliche Aussperrung in Kauf zu nehmen. Dies ermöglicht eine gemeinsame Durchsetzung arbeitnehmerseitiger

---

390 *Kentner*, Arbeitskampfmittel, S. 95.

Grundinteressen durch organisierte und nicht organisierte Arbeitnehmer, wie sie grundsätzlich kollektivitätsorientierten Solidaritätsforderungen zugrunde liegt. Die Außenseiterbeteiligung findet ihren Grund jedoch nicht im Verhältnis aller Arbeitnehmer zueinander und wirkt sich rechtlich auch nicht auf dieses Verhältnis aus.

Dies belegt auch der Umstand, dass das Arbeitskampfrecht keine umfassende Gleichstellung der organisierten und nicht organisierten Arbeitnehmer bewirkt. Zwar führt die Streikbeteiligung auch für nicht organisierte Arbeitnehmer zur Suspendierung der arbeitsvertraglichen Pflichten.[391] Gleichwohl erhalten Außenseiter für ihren daraus resultierenden Lohnausfall keinen Ausgleich durch Leistungen aus der Streikkasse, die ausschließlich den Mitgliedern der kampfführenden Gewerkschaft vorbehalten sind. Umgekehrt unterliegen nicht organisierte Arbeitnehmer auch bei Beteiligung am Arbeitskampf keinem direkten Zugriff der Gewerkschaft. Der Verband ist nicht legitimiert, den Außenseiter in mitgliedschaftlicher Weise zu verpflichten. Die Gleichstellung organisierter und nicht organisierter Arbeitnehmer im Arbeitskampfrecht ist immer auf den Umfang begrenzt, den es zur Sicherung der Parität und Funktionsfähigkeit der Tarifautonomie bedarf. Dem Außenseiter steht es frei, sich am Arbeitskampf zu beteiligen oder dies zu unterlassen. Organisierte Arbeitnehmer können eine Beteiligung des Außenseiters weder verlangen noch erzwingen.

Art. 9 Abs. 3 GG bildet damit den verfassungsrechtlichen Rahmen, innerhalb dessen die Rechtsprechung das Arbeitskampfrecht als bedeutsames Hilfsmittel der Tarifautonomie ausgestaltet hat.[392] Alleine im Kontext dieser Hilfsfunktion steht die Einbeziehung von Außenseitern in das Arbeitskampfrecht. Die konkreten Gewährleistungen der Tarifautonomie und des Arbeitskampfrechts verfassen die Arbeitnehmerschaft dadurch nicht als eine untereinander solidarisch berechtigte und verpflichtete Einheit.

3. *Unzulässige Zwangssolidarisierung*

Art. 9 Abs. 3 GG kann auch im Übrigen nicht Rechtsgrundlage für eine umfassende Arbeitnehmersolidarität sein.[393] Eine derartige Arbeitnehmersolidarität

---

391 Zur uneinheitlichen Begründung für die Erstreckung der Suspendierungswirkung auf Außenseiter A. II. 2. a), S. 93-96.

392 Zum Arbeitskampfrecht als Grundrechtsausgestaltung auch *Engels*, Arbeitskampfrecht, S. 288 ff.

393 Zur Ablehnung eines allgemeinen Rechtsgrundsatzes der Solidarität *Biedenkopf*, Betriebsrisikolehre, S. 22; *Nicolai*, Streikarbeit, S. 68 f.

wäre ähnlich dem Konzept eines allgemeinen Solidaritätsprinzips zu konturlos, um konkrete Berechtigungen und Verpflichtungen zu formulieren (dazu im Folgenden unter a)). Als Zwangssolidarisierung aller Arbeitnehmer stünde sie zudem in Konflikt mit der Ausgestaltung von Art. 9 Abs. 3 GG als Freiheitsrecht und der Gewährleistung negativer Koalitionsfreiheit (dazu im Folgenden unter b)).

a) Fehlende Kontur einer umfassenden Arbeitnehmersolidarität

Die Berechtigung zur Streikteilnahme erweitert den Rechtskreis des Arbeitnehmers, ohne zugleich eine konkrete Verpflichtungssituation zu begründen. Würde Art. 9 Abs. 3 GG sämtliche Arbeitnehmer im Form kollektivitätsorientierter Solidarität auf ein geteiltes Kollektivinteresse verpflichten, ginge das erheblich über diese in der Arbeitskampfrechtsprechung entwickelte Gewährleistung hinaus. Eine aus der Koalitionsfreiheit abgeleitete Solidaritätsforderung hätte umfassenden Charakter. Solidarität in diesem Sinne könnte *keine reine Wahlfreiheit* des einzelnen Arbeitnehmers sein, sondern würde eine umfassende Mitverantwortung für die Durchsetzung der gemeinsamen Gruppeninteressen fordern. Übertragen auf das Arbeitskampfrecht wären sowohl organisierte Arbeitnehmer als auch Außenseiter zur Teilnahme am Arbeitskampf verpflichtet.

Eine allgemeine kollektivitätsorientierte Solidarität aller Arbeitnehmer im Rahmen der Koalitionsfreiheit würde damit einem allgemeinen Solidaritätsprinzip stark ähneln. Sie bliebe letztlich konturlos. Das Rechtssystem als Normordnung hat die Aufgabe, ethische Forderungen in konkrete Rechte und Pflichten zu transformieren. Eine umfassende Solidarität aller Arbeitnehmer bliebe hingegen unpräzise, würde weder Inhalt noch Grenzen beschreiben.

b) Freiheitsrecht und negative Koalitionsfreiheit

Eine allgemeine Arbeitnehmersolidarität wäre überdies mit der negativen Koalitionsfreiheit unvereinbar.[394] Das Grundgesetz hat die Koalitionsfreiheit als Freiheitsrecht ausgestaltet.[395] Art. 9 Abs. 3 GG berechtigt dazu, zur Förderung der Arbeits- und Wirtschaftsbedingungen Vereinigungen zu bilden. Der Einzelne

---

394 Es wird für die Ausführungen davon ausgegangen, dass die negative Koalitionsfreiheit ihre Grundlage ebenfalls in Art. 9 Abs. 3 GG findet (und nicht in Art. 2 Abs. 1 GG); vgl. dazu BAG vom 18.03.2009, AP Nr. 41 zu § 3 TVG, unter II. 4. b) m.w.N. auch zur Gegenauffassung.

395 BVerfG vom 01.03.1979, AP Nr. 1 zu § 1 MitbestG, unter C. IV. 1.; *Löwer*, in: von Münch, GG, Art. 9 GG Rn. 73; *Scholz*, in: Maunz/Dürig, GG, Art. 9 Rn. 158.

erhält dadurch einen Handlungsspielraum, der ihm zur eigenverantwortlichen Entscheidung offensteht.[396] Da die Koalitionsfreiheit ein Freiheitsrecht ist, kann die Anordnung einer obligatorischen Ausübung keinesfalls zulässig sein.[397] Das Entscheidungsrecht muss stets bei jedem Einzelnen verbleiben, um dessen freiheitliche Position zu wahren.

Zwar schützt die negative Koalitionsfreiheit nach ständiger Rechtsprechung von BVerfG und BAG nur den Außenseiterstatus des Einzelnen und verleiht ihm insoweit ein Fernbleiberecht.[398] Sie verschafft kein Recht darauf, von der Anwendung tarifrechtlicher Regelungen gänzlich unberührt zu bleiben.[399] Diese Grenzziehung ist Grundlage dafür, dass eine Erstreckung von Tarifrecht auf Außenseiter überhaupt stattfinden kann.[400]

Arbeitnehmersolidarität beträfe jedoch nicht die Erstreckung bestehenden Tarifrechts auf Außenseiter, sondern im Wesentlichen die Einbeziehung dieses Personenkreises in die Tarifauseinandersetzungen mit der Arbeitgeberseite. Kernelement einer kollektivitätsorientierten Solidarität wäre die Forderung nach *gegenseitiger Unterstützung*, um tariflich erstrebte Arbeitsbedingungen gemeinsam durchzusetzen. Dies würde bedeuten, dass sich auch Außenseiter aktiv für den Abschluss von Tarifverträgen im Kollektivinteresse einsetzen müssten. Der nicht oder anders organisierte Arbeitnehmer hat sich jedoch gerade entschieden, die Betätigung der jeweiligen Gewerkschaft nicht zu unterstützen. Hierzu würde er über ein Solidaritätserfordernis aber, quasi durch die Hintertür, verpflichtet werden.[401] Die mit der negativen Koalitionsfreiheit eingeräumte Entscheidungsfreiheit des Einzelnen wäre dadurch in erheblichem Maße entwertet.

Die Zulässigkeit von Einschränkungen der negativen Koalitionsfreiheit hängt davon ab, ob ein bloßer Anreiz zum Gewerkschaftsbeitritt oder ein *sozialinadäquater Beitrittsdruck* auf den Außenseiter erzeugt wird.[402] Von einem in

396 Vgl. BVerfG vom 01.03.1979, AP Nr. 1 zu § 1 MitbestG, unter IV. 1.

397 *Thüsing*, NZA 2015, 1478 (1479).

398 BVerfG vom 11.07.2006, AP Nr. 129 zu Art. 9 GG, unter B. II. 1; *Bayreuther*, Tarifautonomie, S. 127 m.w.N.

399 BVerfG vom 14.06.1983, AP Nr. 21 zu § 9 BergmannsVersorgScheinG NRW, unter B. I.; BVerfG vom 11.07.2006, AP Nr. 129 zu Art. 9 GG, unter B. II. 1.

400 Zur gesetzlichen Erstreckung von Tarifrecht A. II. 1. b) aa), S. 84-87.

401 In diese Richtung geht auch die Andeutung von *Lembke*, Arbeitskampfbeteiligung, S. 60, der Solidaritätsgedanke nivelliere die Entscheidung der Außenseiter, sich nicht oder anders zu organisieren.

402 BVerfG vom 11.07.2006, AP Nr. 129 zu Art. 9 GG, unter II. 1. a); BAG GS vom 29.11.1967, AP Nr. 13 zu Art. 9 GG, unter VIII. 5. e).

diesem Sinne sozial nicht hinnehmbaren Druck zum Gewerkschaftsbeitritt geht das BAG insbesondere dann aus, wenn der erzeugte Beitrittsdruck das Gerechtigkeitsempfinden verletzt.[403] Zu berücksichtigen ist, dass eine umfassende Arbeitnehmersolidarität Außenseiter verpflichten würde aktiv am Arbeitskampf zu partizipieren, ohne einen adäquaten Ausgleich dafür zu erhalten. Weder partizipiert der Außenseiter an der finanziellen Unterstützung aus der gewerkschaftlichen Streikkasse noch würde ihm ein erkämpfter Tariferfolg unmittelbar zugutekommen, sondern allenfalls im Wege der anerkannten Erstreckungsmöglichkeiten. Arbeitnehmersolidarität würde damit für Außenseiter in erster Linie eine Zwangsunterstützung der Gewerkschaft ohne greifbaren Ausgleich bedeuten.

Darüber hinaus konkurrieren innerbetrieblich unter Umständen mehrere Gewerkschaften miteinander. Denkt man die Idee einer umfassenden Arbeitnehmersolidarität konsequent zu Ende, müsste der Außenseiter zur Unterstützung aller Arbeitnehmergruppen verpflichtet sein mit dem Ergebnis, dass er gar in doppeltem Maße zur Streikbeteiligung herangezogen werden könnte. Dies würde die nachteilige Lage des Außenseiters potenzieren. Nicht organisierte Arbeitnehmer über eine Solidaritätsforderung in einem solchen Umfang zu verpflichten, ohne einen Ausgleich hierfür zu gewähren, kann mit dem allgemeinen Gerechtigkeitsempfinden nicht in Einklang stehen. Für organisierte Arbeitnehmer wäre die Frage zu klären, ob die Mitgliedschaft in dem gewählten Verband die Solidaritätspflicht gegenüber den in anderen Gewerkschaften organisierten Arbeitnehmern entfallen lässt.

4. *Zwischenergebnis*

Eine übergreifende Solidaritätsverpflichtung der Arbeitnehmerschaft auf Grundlage der Koalitionsfreiheit ist nach dem Festgestellten insgesamt nicht zu rechtfertigen.

III. Solidarität auf Grundlage der einfachgesetzlichen Wertungen in § 36 Abs. 3 SGB III und § 11 Abs. 5 AÜG

Als Grundlage für solidarische Rechte und Pflichten der Arbeitnehmer untereinander kommen einfachgesetzliche Regelungen in Betracht, die konkrete Tatbestände und Rechtsfolgen formulieren. Von besonderem Interesse sind die das

---

403 BAG GS vom 29.11.1967, AP Nr. 13 zu Art. 9 GG, unter VIII. 5. f).

Arbeitskampfrecht flankierenden Normen in § 36 Abs. 3 SGB III (dazu im Folgenden unter 1.) und § 11 Abs. 5 AÜG (dazu im Folgenden unter 2.).

1. Beschränkung der Arbeitsvermittlung an bestreikte Betriebe

§ 36 Abs. 3 SGB III enthält eine spezielle Vorschrift zum Verhältnis von Streik und staatlicher Arbeitsvermittlung. Die Agentur für Arbeit darf in einen unmittelbar kampfbetroffenen Betrieb nur dann vermitteln, wenn Arbeitsuchender und Arbeitgeber dies ausdrücklich und übereinstimmend verlangen. Damit ist für den Zeitraum von Arbeitskämpfen kein umfassendes Verbot staatlicher Arbeitsvermittlung begründet. Der Arbeitgeber wird einer Vermittlung in seinen Betrieb im Zweifelsfall positiv gegenüberstehen, um die Wirkungen des Streiks mit Hilfe zusätzlicher Arbeitskräfte aufzufangen. Die Arbeitsvermittlung ist daher im Wesentlichen von der Haltung des Arbeitsuchenden abhängig. Ihm steht es frei, ob er sich mit einer Tätigkeit in dem bestreikten Betrieb einverstanden erklärt oder die Vermittlung ablehnt.

Die durch § 36 Abs. 3 SGB III zugesprochene Entscheidungskompetenz stellt kein solidarisches Unterstützungsrecht des Arbeitnehmers dar. Die Beschränkung staatlicher Arbeitsvermittlung beruht nicht auf der Wertung, dass Arbeitnehmer zu gegenseitiger Solidarität im Arbeitskampf berechtigt wären und eine Arbeitsvermittlung aus diesem Grund im Streikfall unterbleiben müsste. Die Vorschrift regelt ein eingeschränktes Vermittlungsverbot ausschließlich zur Wahrung des Neutralitätsgrundsatzes, der dem Staat jedes aktive Eingreifen in das Arbeitskampfgeschehen verbietet.[404] Keinesfalls darf der Staat auf eine Weise tätig werden, die eine der Arbeitskampfparteien zu Lasten des Kampfgegners begünstigt.[405] Da die Vermittlung von Arbeitsuchenden in einen unmittelbar von Arbeitskampf betroffenen Betrieb die Wirkung des dortigen Streiks verringern kann, bindet die Vorschrift die staatliche Vermittlungstätigkeit an das Einverständnis des Arbeitsuchenden.

Soweit § 36 Abs. 3 SGB III dadurch zumindest sekundär ein Recht des Arbeitsuchenden begründet, die Vermittlung abzulehnen, steht auch diese Berechtigung alleine im Kontext der staatlichen Neutralitätspflicht und fußt nicht auf Solidaritätserwägungen. Das mittelbar begründete Weigerungsrecht ermöglicht

---

404 Vgl. BT-Drs. 18/5517, S. 3: „*Arbeitskampfneutralität der Bundesagentur für Arbeit bei der Vermittlung*"; *Peters-Lange*, in: Gagel, SGB II/ SGB III, § 36 SGB III Rn. 17; zur staatlichen Neutralitätspflicht allgemein *Scholz*, in: Maunz/Dürig, GG, Art. 9 Rn. 283 ff.

405 *Löwisch/Rieble*, TVG, Grundl. Rn. 554.

dem Arbeitsuchenden zwar den Streik der Arbeitnehmer im Vermittlungsbetrieb zu unterstützen, indem er seinen dortigen Einsatz ablehnt. Diese Unterstützungsmöglichkeit findet ihren Grund aber nicht in dem Verhältnis der Arbeitnehmer zueinander, sondern in der Rolle des Staates im Arbeitskampf. Die staatliche Neutralitätspflicht untersagt *autonome* Zugriffe des Staates auf das Arbeitskampfgeschehen. Sie ist daher nicht verletzt, wenn Arbeitgeber und Arbeitnehmer mit der Vermittlung ausdrücklich einverstanden sind.[406]

2. *Stellung von Leiharbeitnehmern im Arbeitskampf*

§ 11 Abs. 5 AÜG hat weder in seiner bisherigen noch in seiner seit 1. April 2017 geltenden Neufassung den Charakter einer Solidaritätsregelung.

a) Leistungsverweigerung nach § 11 Abs. 5 AÜG a. F.

§ 11 Abs. 5 AÜG gewährte dem Leiharbeitnehmer in seiner bisherigen, bis Ende März 2017 geltenden Fassung ein individuelles Leistungsverweigerungsrecht für den Einsatz in einem unmittelbar kampfbetroffenen Entleiherbetrieb.[407]

Die Stellung des Leiharbeitnehmers ist dadurch gekennzeichnet, dass er nicht die Möglichkeit hat, sich dem Streik im Entleiherbetrieb als Außenseiter anzuschließen.[408] Ein Streikrecht besteht für den Leiharbeitnehmer ausschließlich im Verleiherbetrieb.[409] Aus diesem Grund ist der Einsatz von Leiharbeitnehmern in den vergangenen Jahren vermehrt zu einem bedeutenden Kampfmittel auf Arbeitgeberseite geworden, um streikbedingte Arbeitsausfälle kurzfristig aufzufangen. Nach der Gesetzesbegründung sollte die Vorschrift in § 11 Abs. 5 AÜG a. F. daher verhindern, dass Leiharbeitnehmer gegen ihren Willen als Streikbrecher eingesetzt werden.[410] Problematisch ist der Rückgriff auf Leiharbeitnehmer insoweit, als er darauf abzielt dem Streik durch Einsatz externer Personen seine Wirkung zu nehmen. Ähnlich wie einen Arbeitsuchenden im Rahmen von § 36 Abs. 3 SGB III instrumentalisiert der bestreikte Arbeitgeber den Leiharbeitnehmer zur Abwehr des Streiks mit dem entscheidenden Unterschied, dass hier keine staatliche Vermittlungstätigkeit zwischengeschaltet ist.

---

406 *Peters-Lange*, in: Gagel, SGB II/ SGB III, § 36 SGB III Rn. 17.

407 *Boemke*, in: Ders./Lembke, AÜG, § 11 AÜG Rn. 129, 132.

408 *Mengel*, in: Thüsing, AÜG, § 11 AÜG Rn. 50; *Schüren*, in: Ders., AÜG, § 11 AÜG Rn. 123.

409 *Ulber*, in: Ders., AÜG, § 11 AÜG Rn. 128.

410 BT-Drs. VI/2303, S. 14; ebenso *Boemke*, in: Ders./Lembke, AÜG, § 11 AÜG Rn. 129; *Schüren*, in: Ders., AÜG, § 11 AÜG Rn. 123.

Eine Ausprägung von Arbeitnehmersolidarität stellt § 11 Abs. 5 AÜG a. F. nicht dar. Die Möglichkeit des Leiharbeitnehmers zur Leistungsverweigerung resultierte nicht aus einem Recht zu solidarischer Unterstützung der im Entleiherbetrieb streikenden Arbeitnehmer. Hinter dem vordergründigen Schutz des Leiharbeitnehmers steckt im weitesten Sinne der Paritätsgrundsatz. Das BAG versteht die Koalitionsparität als materiell-rechtlich wirkenden Grundsatz, der ein tatsächliches Kräftegleichgewicht der Tarifpartner fordert.[411] Maßgeblich für die Beurteilung der Parität ist eine generalisierende Sicht, die ausschließlich Kriterien erfasst, die einer typisierenden Betrachtung zugänglich sind und situationsbedingte Umstände unberücksichtigt lässt.[412]

Die Koalitionsparität in dieser Form wurzelt in der Tarifautonomie und steht mit ihr in einem inneren Zusammenhang.[413] Auf ihrer Grundlage kann es jedenfalls keiner Partei abverlangt werden, die Position der Gegenseite durch das eigene Verhalten zu unterstützen und zu stärken. Das Leistungsverweigerungsrecht nach § 11 Abs. 5 AÜG a. F. sollte in diesem Sinne verhindern, dass der Leiharbeitnehmer zur Stärkung der Arbeitgeberseite instrumentalisiert wird und gewerkschaftliche Streiks durch seinen Einsatz ins Leere laufen. Dieses Risiko besteht vornehmlich im Bereich einfachgelagerter Tätigkeiten, die einen kurzfristigen Austausch von Arbeitskräften ohne aufwändige Einarbeitung erlauben. Leiharbeitnehmer sollten daher nicht gegen ihren Willen als kostengünstige Streikbrecher herangezogen werden können. Sie durften im bestreikten Entleiherbetrieb tätig werden, lediglich verpflichtet waren sie dazu nicht. Das Leistungsverweigerungsrecht bewegte sich dadurch auf dem schmalen Grat zwischen Schutz des Paritätsgrundsatzes und Wahrung der negativen Koalitionsfreiheit des Leiharbeitnehmers.

b) Einsatzverbot des Leiharbeitnehmers als Streikbrecher nach § 11 Abs. 5 AÜG n. F.

Die seit 1. April 2017 geltende Neufassung der Vorschrift ergänzt das Leistungsverweigerungsrecht des Leiharbeitnehmers um ein gesetzliches Einsatzverbot. § 11 Abs. 5 S. 1 und 2 AÜG n. F. verbietet dem unmittelbar kampfbetroffenen Arbeitgeber, Leiharbeitnehmer für unmittelbare oder mittelbare

411 BAG vom 10.06.1980, AP Nr. 64 zu Art. 9 GG Arbeitskampf, unter A. IV. 1.

412 BAG vom 10.06.1980, AP Nr. 64 zu Art. 9 GG Arbeitskampf, unter A. IV. 1. und 2.; BAG vom 24.04.2007, AP Nr. 2 zu § 1 TVG, unter B. I. 2.

413 BAG vom 10.06.1980, AP Nr. 64 zu Art. 9 GG Arbeitskampf, unter A. IV. 3.; BAG vom 22.12.1980, AP Nr. 70 zu Art. 9 GG Arbeitskampf, unter C. I. 2.

Streikbrechertätigkeiten einzusetzen. Dieses Verbot greift unabhängig davon, ob der Leiharbeitnehmer schon zuvor im Betrieb tätig war oder der Entleiher ihn erst wegen und zur Abwehr des Arbeitskampfes einsetzt.[414] Soll der Leiharbeitnehmer keine Streikbrecherarbeiten übernehmen, hat er nach § 11 Abs. 5 S. 3 AÜG n. F. wie bisher die Möglichkeit zur Leistungsverweigerung.

Das in § 11 Abs. 5 S. 1 und 2 AÜG n. F. geregelte Einsatzverbot nimmt dem Leiharbeitnehmer sein bisheriges Letztentscheidungsrecht und zwingt ihn dazu, die im Entleiherbetrieb streikenden Arbeitnehmer zu unterstützen. Die damit einhergehende *Zwangssolidarisierung* von Leiharbeitnehmern mit den Arbeitnehmern des Entleiherbetriebs ist mit Art. 9 Abs. 3 GG nicht vereinbar.

Der als Freiheitsrecht ausgestalteten Koalitionsfreiheit steht jede Anordnung entgegen, die den Einzelnen zu einer obligatorischen Ausübung verpflichtet. Zum Schutz der negativen Koalitionsfreiheit muss das Entscheidungsrecht stets beim Grundrechtsträger verbleiben.[415] Zwar darf der Leiharbeitnehmer aus Gründen der Koalitionsparität nicht zur Unterstützung der Arbeitgeberbank gezwungen werden. Hiervor ist er durch das Leistungsverweigerungsrecht ausreichend geschützt. Umgekehrt steht seine negative Koalitionsfreiheit aber auch einer Zwangssolidarisierung mit den streikenden Arbeitnehmern entgegen.

Dies gilt für Leiharbeitnehmer umso mehr, als § 11 Abs. 5 S. 1 und 2 AÜG n. F. sie in größerem Umfang zum Arbeitskampf verpflichtet als die Arbeitnehmer des Entleiherbetriebs selbst. Während die dort tätigen Stammarbeitnehmer keiner Zwangssolidarisierung unterliegen[416] und die Freiheit haben, als Streikbrecher zu fungieren, soll dem Leiharbeitnehmer als extern eingesetzte Arbeitskraft diese Möglichkeit verschlossen sein. Das führt zu dem alleinigen Resultat, dass der Leiharbeitnehmer tatsächlich zum reinen Arbeitskampfinstrument wird, nun allerdings ausweglos und als Werkzeug der Gewerkschaften. Und das, obgleich die Arbeitskampfunterstützung für den Leiharbeitnehmer ohne jeglichen Ausgleich einhergeht. Ein für den Entleiherbetrieb erstreikter Tarifvertrag findet auf das Arbeitsverhältnis des Leiharbeitnehmers keine Anwendung. Die Durchsetzungsfähigkeit der Gewerkschaft im Betrieb auf Kosten der negativen Koalitionsfreiheit der Leiharbeitnehmer zu erhöhen, ist daher nicht zu rechtfertigen.[417]

---

414 *Lembke*, NZA 2017, 1 (11).

415 Dazu bereits A. II. 3. b), S. 99-101.

416 Dazu bereits A. II. 3. b), S. 99-101.

417 Zugleich bedeutet das Verbot, in einem Entleiherbetrieb Streikbrechertätigkeiten zu übernehmen, auch eine Verletzung der Berufsausübungsfreiheit des Leiharbeitnehmers aus Art. 12 Abs. 1 GG (vgl. *Bauer/Haußmann*, NZA 2016, 803 (805)).

Weder der Schutz des Leiharbeitnehmers noch die Kampfparität erfordern diese Zwangssolidarisierung zudem. Während die Gewerkschaften die Möglichkeit haben sollen, durch Flashmobs außenstehende Dritte für ihre Kampfziele zu instrumentalisieren,[418] soll der Arbeitgeberseite selbiges verwehrt sein. Dies missachtet das Recht der organisierten Entleiher, selbst die Wahl ihrer Arbeitskampfmittel zu treffen[419] und führt nicht zu einem Schutz, sondern im Gegenteil zur Verletzung des Paritätsgrundsatzes.[420] Die Kräfteverhältnisse werden in erheblichem Maße zu Gunsten der Arbeitnehmerseite verschoben, als dem Arbeitgeber letztlich kein adäquates Mittel verbleibt, um bei Streiks der Arbeitnehmerseite Gegendruck aufzubauen. Zu Recht weisen *Willemsen* und *Mehrens* darauf hin, dass Abwehraussperrung und suspendierende Betriebsstilllegung mehr als Theorem denn in der Praxis tauglich sind.[421] Schlägt man dem Arbeitgeber nun auch die Möglichkeit aus der Hand, streikbedingte Arbeitsausfälle mit Leiharbeitnehmern zu kompensieren, ist ernsthaft zu fragen, welches Arbeitskampfmittel der Arbeitgeberseite realistisch bleibt. § 11 Abs. 5 S. 1 und 2 AÜG n. F. ordnet letztlich unter dem Deckmantel einer Schutzvorschrift eine durch unzutreffende Paritätserwägungen getragene, verfassungswidrige Zwangssolidarisierung der Leiharbeitnehmer an.

3. Zwischenergebnis

Es besteht keine einfachgesetzliche Grundlage, die Basis für eine übergreifende Arbeitnehmersolidarität sein kann.

IV. Ergebnis zu A.

Eine mit Rechtswirkungen versehene Solidarität der gesamten Arbeitnehmerschaft ist abzulehnen. Umfassende Arbeitnehmersolidarität in diesem Sinne ist weder arbeitsrechtliches Rechtsprinzip noch Inhalt der Koalitionsfreiheit aus Art. 9 Abs. 3 GG. Ebenso wenig regeln die einfachgesetzlichen Vorschriften in § 36 Abs. 3 SGB III, § 11 Abs. 5 AÜG solidarische Berechtigungen oder Verpflichtungen des Arbeitnehmers, sondern beruhen auf der staatlichen Neutralitätspflicht im Arbeitskampf beziehungsweise dem Paritätsgrundsatz.

---

418 Vgl. BAG vom 22.09.2009, AP Nr. 174 zu Art. 9 GG Arbeitskampf, BVerfG vom 26.03.2014, NZA 2014, 493–496.

419 *Lembke*, NZA 2017, 1 (11); *Ubber/Löw*, BB 2015, 3125 (3126).

420 Zu Recht *Bauer/Haußmann*, NZA 2016, 803 (805); *Ubber/Löw*, BB 2015, 3125 (3127).

421 *Willemsen/Mehrens*, NZA 2015, 897 (901).

B. Solidarität auf Gewerkschaftsebene

Im Jahr 2003 hat sich das BAG erstmals ausdrücklich mit der Verbandssolidarität innerhalb von Gewerkschaften befasst. Anlass war die Frage, ob es zulässig sein könne, für den Abschluss eines Verbandstarifvertrags auch das Unternehmen eines Außenseiter-Arbeitgebers zu bestreiken. Der Senat hielt im Rahmen der Verhältnismäßigkeitsprüfung fest, dass die Solidaritätsbekundung der im Außenseiter-Unternehmen beschäftigten Arbeitnehmer geeignet sei den Verhandlungspartner zu beeinflussen. Dies habe zur Folge, dass auch Arbeitskampfmaßnahmen gegenüber einem nicht organisierten Außenseiter-Arbeitgeber zum Abschluss eines Verbandstarifvertrags geeignet seien.[422] Der Erste Senat qualifizierte die Solidaritätsbekundung rechtlich nicht, war aber jedenfalls der Auffassung, dass die Verbandssolidarität Auswirkungen auf den Gesamtarbeitskampf haben könne.

I. Koalitions- und vereinsrechtliche Grundlagen

Die Grundrechtsgewährleistung aus Art. 9 Abs. 3 GG (dazu im Folgenden unter 1.) und das Vereinsrecht (dazu im Folgenden unter 2.) stellen die rechtliche Grundlage dar, um Solidaritätspflichten der Gewerkschaftsmitglieder zu begründen.

1. Die Bedeutung verbandsinterner Geschlossenheit für die Verwirklichung des Koalitionszwecks

Art. 9 Abs. 3 GG erklärt die Wahrung und Förderung der Arbeits- und Wirtschaftsbedingungen zum verfassungsrechtlichen Zweck und Aufgabenbereich jeder Koalition. Der Begriff Arbeitsbedingungen umfasst sämtliche Voraussetzungen, unter denen abhängige Arbeit in Arbeitsverhältnissen geleistet wird.[423] Daneben sind die Koalitionen auch für all solche wirtschafts- und sozialpolitischen Fragen zuständig, die als Wirtschaftsbedingungen die übergreifende Ordnung des Arbeitslebens betreffen.[424] Ziel jeder Koalition ist es, Arbeits- und Wirtschaftsbedingungen zu verwirklichen, die dem Gemeinschaftsinteresse ihrer Mitglieder bestmöglich entsprechen.

Um die Arbeits- und Wirtschaftsbedingungen im Sinne der vertretenen Arbeitnehmer effektiv gestalten zu können, benötigen die Gewerkschaften

422 Zum Ganzen: BAG vom18.02.2003, AP Nr. 163 zu Art. 9 GG Arbeitskampf.

423 *Löwer*, in: von Münch, GG, Art. 9 Rn. 88.

424 Vgl. *Höfling* in: Sachs, GG, Art. 9 GG Rn. 57; *Löwer*, in: von Münch, GG, Art. 9 Rn. 88.

insbesondere Durchsetzungskraft gegenüber Arbeitgebern und Arbeitgeberverbänden. Die Durchsetzungsfähigkeit hat zum einen abstrakte Bedeutung; sie ist Voraussetzung für die Tariffähigkeit der Gewerkschaft. Nur eine Gewerkschaft, die nach Mitgliederzahl, Organisationsstärke oder Stellung in den Betrieben die Gewähr dafür bietet, von dem sozialen Gegenpart ernst genommen zu werden, ist sozial mächtig und dazu qualifiziert, Tarifverträge abzuschließen.[425] In ihrer konkreten Ausprägung ist die Durchsetzungskraft der Gewerkschaft im einzelnen Arbeitskampf entscheidend, um die Kampfparität sicherzustellen; nur eine schlagkräftige Gewerkschaft ist in der Lage, sich im Tarifkonflikt gegenüber der Arbeitgeberseite zu behaupten.[426]

Die Durchsetzungskraft der Gewerkschaft, sowohl in ihrer abstrakten als auch in ihrer konkreten Bedeutung, ist maßgeblich von ihrer inneren und äußeren Geschlossenheit abhängig. Der Verband kann inhaltliche Positionen nur dann wirkungsvoll nach außen vertreten und durchsetzen, wenn diese von einer möglichst breiten Mitgliederbasis unterstützt werden. Auch die Glaubwürdigkeit der Gewerkschaft ist damit in ganz entscheidender Weise davon abhängig, ob die Mitglieder inhaltliche Standpunkte durch ein geschlossenes Auftreten nach außen mittragen.

2. *Die vereinsrechtliche Förderpflicht*

Gewerkschaften haben nicht nur die Rolle der Tarifpartei in dem durch Art. 9 Abs. 3 GG gewährleisteten Freiheitsbereich. Sie sind zudem Vereine und unterfallen als solche dem Vereinsrecht des BGB. Die überwiegende Zahl der Gewerkschaften ist historisch als nicht eingetragener Verein organisiert; die Rechtsform des eingetragenen Vereins wird inzwischen aber ebenfalls gewählt. Da Rechtsprechung und Literatur die Übertragung der für den rechtsfähigen Verein geltenden Grundsätze auf den nicht rechtsfähigen Verein anerkennen, hat die Rechtsformwahl heute nur noch geringe Bedeutung.[427]

Die Stellung der Vereinsmitglieder ist entscheidend durch die so genannte „*Förderpflicht*“[428] geprägt. Sie unterwirft jedes Mitglied dem gemeinsamen

---

425 Ständige Rspr., vgl. nur BAG vom 14.12.2004, AP Nr. 1 zu § 2 TVG Tariffähigkeit, unter B. III. 2.; BAG vom 5.10.2010, AP Nr. 7 zu § 2 TVG Tariffähigkeit, unter B. III. 3.

426 BAG vom 24. April 2007, AP Nr. 2 zu § 1 TVG Sozialplan, unter I. 2. c).

427 Zu dem für nicht eingetragene Vereine anwendbaren Recht *Stöber/Otto*, Vereinsrecht, S. 659.

428 *Dütz*, in: FS Hilger/Stumpf, S. 99 (101).

Vereinszweck (dazu im Folgenden unter a)) und formuliert für diese sowohl aktive als auch passive Verpflichtungen (dazu im Folgenden unter b)).

a) Charakter der allgemeinen mitgliedschaftlichen Förderpflicht

Die Zugehörigkeit des Einzelnen wird durch Mitgliedschaft im Verein begründet. Die Mitgliedschaft bildet die Summe der Rechte ab, die einer Person als Mitglied des Vereins zustehen und der Pflichten, die es als Vereinsmitglied treffen.[429] Der Einzelne unterwirft sich durch Beitrittsvertrag den mitgliedschaftlichen Pflichten, die insbesondere in der Satzung niedergelegt sind; zugleich erwirbt er sämtliche mitgliedschaftlichen Rechte.[430]

Die Mitgliedschaft des Vereinsmitglieds steht im Kontext einer rechtlichen Rahmenordnung, die auf die Verwirklichung des Vereinszwecks ausgerichtet ist.[431] Der Beitritt zum Verein enthält das Versprechen, den Vereinszweck mitzutragen und mit den anderen Vereinsmitgliedern gemeinsam zu verfolgen. Diese Pflicht zur Förderung der verbandlichen Zwecksetzung wird als allgemeine Förderpflicht des Mitglieds bezeichnet; sie gründet nach überwiegender Auffassung als Hauptpflicht in der Mitgliedschaft.[432] Soweit teilweise auch die Bezeichnung „*Treuepflicht*" synonym verwendet wird, ist dies insofern unklar, als die allgemeine Förderpflicht über die Grenzen von § 242 BGB inhaltlich hinausgeht.[433]

Die Förderpflicht des Mitglieds folgt aus der gemeinsamen Zweckverfolgung im Verein und besteht auch ohne Normierung durch eine Satzungsregelung.[434] In Anbetracht der unterschiedlichen Verbandszwecke und Strukturen von Vereinen ist vielfach auch gar nicht absehbar, welche Verhaltensweisen zur Förderung des Vereins zukünftig erforderlich sein werden. Regelmäßig nehmen Vereine aber zumindest einen Teil der Förderpflichten ausdrücklich in ihre Satzung auf. Die Förderung des Vereinszwecks verpflichtet das Mitglied sowohl gegenüber dem Verein als auch im Verhältnis zu den anderen

429 *Lutter*, AcP 180 (1980), 84 (86).

430 *Lutter*, AcP 180 (1980), 84 (97).

431 *Lutter*, AcP 180 (1980), 84 (92).

432 *Dütz*, in: FS Hilger/Stumpf, S. 99 (101); *Lutter*, AcP 180 (1980), 84 (104, 117); *Reichert*, Verbandsrecht, S. 190; a. A. wohl *Arnold*, in: MüKo BGB, § 38 Rn. 39, der von „*sekundären Pflichten*" spricht.

433 Vgl. *Lutter*, AcP 180 (1980), 84 (103). Es wird für die Bearbeitung daher einheitlich die Bezeichnung „*Förderpflicht*" verwendet.

434 *Schmiegel*, Koalitionssatzungen, S. 84.

Vereinsmitgliedern, deren vereinsbezogene Interessen das Mitglied ebenfalls zu wahren hat.[435]

Der Umfang der allgemeinen Förderpflicht des Mitglieds ist von unterschiedlichen Faktoren abhängig, insbesondere von der Rechtsform und Realstruktur des Verbands als auch der Art des Vereinszwecks.[436] Entscheidend sind weiter die mehr oder weniger starke persönliche Mitgliederbindung sowie die Art und Dauer der Mitgliedschaft.[437] So kann insbesondere von Funktionsträgern eine höhere Identifikation mit dem Vereinszweck verlangt und ein dem entsprechendes Verhalten eingefordert werden.[438]

b) Aktive und passive Förderpflichten

Nach ihrem Inhalt lassen sich aktive und passive Förderpflichten unterscheiden. Aktive Förderpflichten fordern ein positives Handeln ein; sie verpflichten die Vereinsmitglieder dazu, den gemeinsamen Verbandszwecks durch bestimmte Verhaltensweisen zu fördern. Im Unterschied dazu haben passive Förderpflichten den Charakter von Unterlassungs- oder Loyalitätspflichten.[439] Sie sind darauf gerichtet, den Verein vor Schädigungen zu bewahren und verbieten dem einzelnen Mitglied, den Vereinszweck durch das eigene Verhalten zu gefährden. Das Mitglied hat alles zu unterlassen, was die Vereinsinteressen beeinträchtigen oder den Verein gar schädigen würde.[440] Die Differenzierung zwischen aktiven und passiven Förderpflichten liegt damit alleine in deren Wesen begründet. In ihrer Grundausrichtung unterscheiden sich beide Arten der Förderpflichten nicht; sie sind gleichermaßen auf die gemeinsame Verwirklichung des Vereinszwecks gerichtet.[441]

Die Zulässigkeit einer aktiven oder passiven Förderpflicht ist im Kontext der tatsächlichen Gegebenheiten zu bewerten. Von entscheidender Bedeutung ist die Nähe zum Vereinszweck: Je bedeutender die konkrete Pflicht für die Zweckausrichtung des Verbands ist, desto eher ist sie zulässig.[442] In Bezug

435 *Arnold*, in: MüKo BGB, § 38 Rn. 41 mit dem zutreffenden Hinweis, dass die Beachtung der verbandsbezogenen Interessen anderer Mitglieder mit zunehmender Größe des Vereins in den Hintergrund tritt.

436 *Dütz*, in: FS Hilger/Stumpf, S. 99 (101).

437 *Pulyer*, in: Baumann/Sikora, Vereinsrecht, S. 341; *Reichert*, Verbandsrecht, S. 190.

438 *Schmiegel*, Koalitionssatzungen, S. 105.

439 *Dütz*, in: FS Hilger/Stumpf, S. 99 (105).

440 *Reichert*, Verbandsrecht, S. 192.

441 *Lutter*, AcP 180 (1980), 84 (110) bezeichnet dies als *„einheitlichen Gedanken mitgliedschaftlicher Förderpflichten"*.

442 *Schmiegel*, Koalitionssatzungen, S. 80.

hierzu steht auch der Grad an Identifikation, der dem einzelnen Mitglied abverlangt werden kann. Ein kleiner Verein darf das Mitglied unter Umständen stärker in die Pflicht nehmen als ein personenstarker Verband dazu berechtigt ist.[443] Die Stellung als Amtsträger führt dagegen unabhängig von der Vereinsgröße regelmäßig dazu, dass eine stärkere Identifikation erwartet wird und die Förderpflichten entsprechend gesteigert sind.[444] Die Begründung von Förderpflichten ist zudem durch höherrangiges Recht begrenzt. Die konkrete Förderpflicht darf einen bestimmten Belastungsgrad nicht überschreiten und muss hierfür insbesondere mit kollidierenden Grundrechten des Mitglieds in Einklang stehen.[445]

II. Solidaritätspflichten der Gewerkschaftsmitglieder

Die mitgliedschaftliche Förderpflicht nach dem Vereinsrecht findet auch für Koalitionen Anwendung.[446] Die Mitglieder von Gewerkschaften und Arbeitgeberverbänden sind dem Verbandszweck ebenso verpflichtet wie dies in anderen Vereinen der Fall ist.[447] Die Förderpflichten binden die Gewerkschaftsmitglieder sowohl gegenüber dem Verein als auch gegenüber den anderen Mitgliedern.[448]

Die Solidarität der eigenen Mitglieder im Hinblick auf den Koalitionszweck herzustellen fällt nicht in den Verantwortungsbereich des Gesetzgebers, sondern ist Angelegenheit der Koalitionen selbst.[449] Die Gewerkschaften nehmen diese Aufgabe regelmäßig auch wahr und sehen in der Satzung Regelungen vor, um ihre innere und äußere Geschlossenheit sicherzustellen. Die Grenze zulässiger Solidaritätsverpflichtungen wird durch die individuelle Koalitionsfreiheit der Mitglieder bestimmt (dazu im Folgenden unter 1.). Die Förderpflicht des Mitglieds umfasst sowohl kollektivitätsorientierte Solidaritätsverpflichtungen (dazu im Folgenden unter 2.) als auch Loyalitätspflichten (dazu im Folgenden unter 3.).

---

443 Vgl. dazu das Beispiel bei *Lutter*, AcP 180 (1980), 84 (112).

444 *Schmiegel*, Koalitionssatzungen, S. 105.

445 *Dütz*, in: FS Hilger/Stumpf, S. 99 (103 f.); *Schmiegel*, Koalitionssatzungen, S. 81.

446 BGH vom 04.07.1977, AP Nr. 25 zu Art. 9 GG, unter III.; BGH vom 25.03.1991, AP Nr. 3 zu § 25 BGB, unter II.

447 *Anderson*, Gewerkschaftsmitglied, S. 23 bezeichnet die gemeinsame Zweckverfolgung insoweit zutreffend als das die Mitgliedschaft kennzeichnende Element.

448 *Arnold*, in: MüKo BGB, § 38 Rn. 41.

449 BAG vom 24.04.2007, AP Nr. 2 zu § 1 TVG Sozialplan, unter I. 2. c).

1. Kollision zwischen individueller und kollektiver Koalitionsfreiheit

Die kollektive Koalitionsfreiheit berechtigt die Gewerkschaften nach der Rechtsprechung von BVerfG und BGH dazu, die Geschlossenheit ihrer Mitglieder einzufordern. Dies unterfällt dem durch Art. 9 Abs. 3 GG geschützten Selbstbestimmungsrecht der Koalition.[450] Der Verband darf der Gefahr entgegentreten, dass das Bild einer zersplitterten und in sich uneinigen Gewerkschaft sein Ansehen beschädigt.[451] Er ist dazu berechtigt, seine Funktionsfähigkeit auch gegenüber den eigenen Mitgliedern zu verteidigen und deren Solidarität für die gemeinsame Zielverfolgung einzufordern.[452]

Gleichzeitig stellt die individuelle Koalitionsfreiheit sicher, dass jeder Arbeitnehmer frei darin ist, sich gewerkschaftlich zu engagieren oder Gewerkschaften fernzubleiben. Der Einzelne verliert dieses Freiheitsrecht auch dadurch nicht, dass er sich einmal für die Mitwirkung in einem bestimmten Verband entschieden hat. Soll der Arbeitnehmer zu einem bestimmten solidarischen Verhalten gegenüber der Gewerkschaft verpflichtet werden, gerät dies zwangsläufig in Konflikt mit seiner individuellen Koalitionsfreiheit.

Die in dieser Weise widerstreitenden Grundrechtspositionen sind in einen angemessenen Ausgleich zu bringen. Maßgeblich ist, dass sich der Arbeitnehmer aus freien Stücken für die Mitgliedschaft in einer bestimmten Gewerkschaft entscheidet. Er hat sich durch seinen Beitritt freiwillig deren Satzungsautonomie unterworfen.[453] Zudem kann der Arbeitnehmer stets von seinem Austrittrecht Gebrauch machen, während die Gewerkschaft regelmäßig einem Aufnahmezwang unterliegt.[454] Der kollektiven Koalitionsfreiheit der Gewerkschaft und deren Solidaritätsbedürfnis muss daher im Ausgangspunkt höheres Gewicht zukommen als dem individuellen Freiheitsrecht des Arbeitnehmers.[455] Es ist

---

450 BVerfG vom 24.02.1999, AP Nr. 18 zu § 20 BetrVG 1972, unter II. 1.

451 BGH vom 25.03.1991, AP Nr. 3 zu § 25 BGB, unter II.

452 BGH vom 25.03.1991, AP Nr. 3 zu § 25 BGB, unter II.

453 BVerfG vom 24.02.1999, AP Nr. 18 zu § 20 BetrVG 1972, unter II. 2. b).

454 Vgl. BGH vom 10.12.1984, BGHZ 93, 151 (152); *Löwisch/Rieble*, in: MüArbR, § 161 Rn. 3. Die Rechtsprechung begründet den Aufnahmezwang mit der *„überragenden Machtstellung"* der Gewerkschaften und dem wesentlichen Interesse des Arbeitnehmers am Erwerb der Mitgliedschaft. Der BGH hat zur Mitgliedschaft in der IG Metall insoweit festgestellt, dass der Arbeitnehmer auf diese angewiesen sei, um schlagkräftig repräsentiert zu sein. Dies wird für sämtliche andere Gewerkschaften des DGB wie auch für sonstige Gewerkschaften mit gewisser Bedeutung und Schlagkraft ebenso gelten müssen.

455 Vgl. BVerfG vom 24.02.1999, AP Nr. 18 zu § 20 BetrVG 1972, unter II. 2. b).

daher grundsätzlich zulässig, dass Gewerkschaften ihre eigenen Mitglieder bestimmten Solidaritätspflichten unterwerfen.

Die Wirksamkeit einer konkreten Verpflichtung ist in erster Linie an ihrer Bedeutung für den Koalitionszweck zu messen. Je bedeutender das geschlossene Auftreten der Gewerkschaft im konkreten Zusammenhang ist, um die Arbeits- und Wirtschaftsbedingungen wahren und fördern zu können, desto stärker dürfen die Mitglieder zu Solidarität verpflichtet werden.[456] Im Übrigen bedarf es stets der Abwägung im Einzelfall, die sich an der Stellung des Mitglieds innerhalb der Gewerkschaft, am Belastungsgrad der Verpflichtung und an den Grenzen höherrangigen Rechts zu orientieren hat.[457]

2. Kollektivitätsorientierte Solidaritätspflichten

Zahlreiche satzungsmäßige Verpflichtungen der Gewerkschaftsmitglieder dienen dazu, den Koalitionszweck aktiv zu fördern. Im Vordergrund steht der gemeinsame Einsatz der Mitglieder, um die gewerkschaftlichen Ziele gegenüber der Arbeitgeberseite durchzusetzen. Es handelt sich um kollektivitätsorientierte Solidaritätspflichten,[458] die nach den Grundsätzen des allgemeinen Vereinsrechts aktive Förderpflichten der Mitglieder darstellen.

Die bedeutendste und wesentlichste Ausprägung der kollektivitätsorientierten Solidaritätsverpflichtung ist die Folgepflicht der Gewerkschaftsmitglieder im Arbeitskampf. Die folgenden Ausführungen sollen zunächst deren Voraussetzungen und Umfang klären (dazu im Folgenden unter a)). Auf dieser Grundlage soll anschließend geprüft werden, inwieweit die Folgepflicht auch im Sonderfall des Solidaritätsstreiks gilt (dazu im Folgenden unter b)).

a) Folgepflicht im Arbeitskampf

Arbeitskampfmaßnahmen können nur bei ausreichender Beteiligung erfolgreich sein. Gewerkschaften verlangen ihren Mitgliedern daher ein Zusammenwirken im Sinne kollektivitätsorientierter Solidarität ab. Die aktive Beteiligung aller Gewerkschaftsmitglieder am Arbeitskampf und deren geschlossenes Auftreten sollen die Durchsetzungsfähigkeit der Gewerkschaft sicherstellen. Zu diesem Zweck sind Gewerkschaften grundsätzlich berechtigt, ihre Mitglieder im

---

456 *Schmiegel*, Koalitionssatzungen, S. 80.

457 Vgl. bereits B. I. 2. b), 110-111.

458 Zur Solidaritätsform der kollektivitätsorientierten Solidarität Teil 1 A. IV. 1. c), S. 50.

Rahmen der aktiven Förderpflicht zu verpflichten, Kampfbeschlüsse des Verbands zu vollziehen.[459]

aa) Eintreten der Folgepflicht

Gewerkschaften treffen in ihren Satzungen üblicherweise die ausdrückliche Regelung, dass die Beschlüsse ihrer (jeweils zuständigen) Organe verbindliche Wirkung für die Mitglieder haben. Vielfach formulieren die Satzungsvorschriften dazu eine allgemeine Folgepflicht, die sich auf sämtliche Beschlüsse bezieht.[460] Darunter fallen auch Beschlüsse der Gewerkschaft zur Aufnahme von Arbeitskampfmaßnahmen.

Das Mitglied unterliegt gegenüber der Gewerkschaft lediglich dann der Folgepflicht, wenn die Arbeitskampfmaßnahme rechtmäßig ist.[461] Dies ergibt sich zwingend daraus, dass nur ein rechtmäßiger Arbeitskampf zur Wahrung und Förderung der Arbeits- und Wirtschaftsbedingungen dienen kann. Rechtswidrige Arbeitskampfmaßnahmen müssen die Gewerkschaftsmitglieder nicht mittragen. Dieser Grundsatz verhindert, dass der Verband seine Mitglieder andernfalls zur Verletzung ihrer arbeitsvertraglichen Pflichten anhalten könnte.[462]

Der Kampfbeschluss muss zudem satzungsgemäß zustande gekommen sein.[463] Selbst, wenn die beschlossenen Arbeitskampfmaßnahmen zulässig sind, können nur satzungsgemäß ergangene und damit rechtmäßige Beschlüsse Bindungswirkung gegenüber den Mitgliedern erzeugen. Der Beschluss zur Aufnahme von Arbeitskampfmaßnahmen hat damit zwei Bedeutungen. Zum einen

---

459 *Hergenröder*, in: HWK, ArbR, Art. 9 GG Rn. 348; *Schmiegel*, Koalitionssatzungen, S. 103; a. A. *Seiter*, Streikrecht, S. 106; im Anschluss daran auch *Rieble*, Arbeitsmarkt, Rn. 1664, die eine *„negative Kampffreiheit"* des Verbandsmitglieds annehmen und einen Anspruch der Koalition auf Beteiligung des Mitglieds am Arbeitskampf auf dieser Grundlage ablehnen.

460 Vgl. § 7 Ziff. 1. der ver.di-Satzung (Stand Sep. 2015), § 7 Ziff. 3. der Satzung der IG BCE (Stand Okt. 2013), § 5 Ziff. 2. lit. c) der Satzung der EVG (Stand Nov. 2016), § 4 Ziff. 1. der Satzung der NGG (Stand Jan. 2014), § 3 Ziff. 2. der Satzung der CGM (Stand Feb. 2016), § 9 Ziff. 2. der Satzung der GdF (Stand Sep. 2016), § 6 Ziff. 2. lit. b) der Satzung der GDL (Stand Mai 2012). Hingegen sieht beispielsweise die Satzung der IG Metall (Stand Jan. 2016) unter § 22 Ziff. 5. eine Regelung speziell zur Folgepflicht im Arbeitskampf vor.

461 *Löwisch/Rieble*, in: MüArbR, § 161 Rn. 35.

462 *Löwisch/Rieble*, in: Löwisch, Arbeitskampf, S. 353 mit dem zutreffenden Hinweis, dass die Vereinsgewalt nicht dazu berechtigt, die Mitglieder zu unerlaubten Handlungen zu verpflichten.

463 *Hergenröder*, in: HWK, ArbR, Art. 9 GG Rn. 348.

ist er Rechtmäßigkeitsvoraussetzung dafür, dass sich der einzelne Arbeitnehmer am Streik beteiligen und dem Arbeitgeber die geschuldete Arbeitsleistung verweigern darf.[464] Zum anderen ist er Grundlage für die verbandsrechtliche Verpflichtung des einzelnen Mitglieds und legt deren äußersten Rahmen fest.

bb) Inhalt der Folgepflicht

Detailregelungen zum konkreten Inhalt der Folgepflicht im Arbeitskampf sind in Gewerkschaftssatzungen kaum zu finden.[465] Die Satzungen verweisen insoweit üblicherweise auf gesonderte Arbeitskampfrichtlinien.[466] Diese Richtlinien sind für die Mitglieder gleichfalls verbindlich; sie wirken als nachgeordnete Vereinsordnungen, die auf Grundlage einer entsprechenden Satzungsermächtigung erlassen werden.[467] Die Satzungen müssen Zweck und Reichweite der Ermächtigung festlegen; überwiegend erklären sie ein Vorstandsorgan für zuständig derartige Vereinsordnungen zu erlassen.[468]

Sowohl Satzungsregelungen, soweit solche vorhanden sind, als auch Arbeitskampfrichtlinien sehen in der Regel folgende Verpflichtungen der Mitglieder

---

464 *Raab*, in: FS Otto, S. 405 (410).

465 Detaillierte Regelungen sehen jedoch die Satzungen der IG BCE unter § 11 Ziff. 7. (Stand Okt. 2013) sowie der CGM unter § 24 Ziff. 5. und 6. (Stand Feb. 2016) vor.

466 Vgl. nur § 70 Ziff. 4. der ver.di-Satzung (Stand Sep. 2015), § 10 Ziff. 2. der Satzung der IG BAU (Stand Nov. 2013), § 11 Ziff. 2. der Satzung der IG BCE (Stand Okt. 2013), § 20 Ziff. 4. der Satzung der NGG (Stand Jan. 2014), § 5 Ziff. 4. der Satzung der GEW (Stand Juni 2016), § 3 Ziff. 6. der Satzung der EVG (Stand Nov. 2016), § 41 Ziff. 4. der Satzung der GdF (Stand Sep. 2016), § 11 Abs. 1 Ziff. 6. der Satzung der UFO (Stand Okt. 2013).

467 Vgl. *Anderson*, Gewerkschaftsmitglied, S. 21. So sieht beispielsweise die Satzung der IG BCE (Stand Okt. 2013) Ermächtigungstatbestände zum Erlass von Richtlinien in § 7 Ziff. 2. lit. e), § 8 Ziff. 2., § 9 Ziff. 10., § 10 Ziff. 3., § 11 Ziff. 2., § 13 Ziff. 4., § 17 Ziff. 2., § 24 Ziff. 5., § 24a Ziff. 5., § 27 Ziff. 7., § 28 Ziff. 6., § 32 Ziff. 3. sowie § 37 vor.

468 Vgl. *Waldner/Wörle-Himmel*, in: Sauter/Schweyer/Waldner, Verein, Rn. 151. Eine Zuständigkeit des Vorstandes, Hauptvorstandes oder Bundesvorstandes sehen u. a. die Satzungen der Gewerkschaften IG Metall (§ 18 Ziff. 3. lit. h), Stand Jan. 2016), NGG (§ 25 Ziff. 4. lit. e), Stand Jan. 2014), IG BCE (§ 19 Ziff. 7. lit. j), Stand Okt. 2013), GEW (§ 18 Ziff. 5., Stand Juni 2016), EVG (§ 21 Ziff. 5. lit. c), Stand Nov. 2016), CGM (§ 14 Ziff. 7. lit. c), Stand Feb. 2016) sowie der GDL (§ 13 Ziff. 7. lit. b), Stand Mai 2012) vor. Davon abweichend begründen die Satzungen von ver.di (§ 41 Ziff. 5. lit. g), Stand Sep. 2015) und der IG Bau (§ 10 Ziff. 2., Stand Nov. 2013) Zuständigkeiten des Gewerkschafts(bei-)rates; innerhalb der GdF (§ 26 Ziff. 2. lit. b), Stand Sep. 2016) ist die Bundesdelegiertenkonferenz zuständig.

im Arbeitskampf vor: Unterstützung von Arbeitskämpfen, Unterlassen von Streikarbeit, Befolgung von Anweisungen der zuständigen Arbeitskampfleitung und Übernahme von Notstandsarbeiten.[469] Soweit ausdrückliche Vorschriften ausnahmsweise gänzlich fehlen, führt die allgemeine Förderpflicht auch ohne explizite Regelung dazu, dass das Mitglied verbandsrechtlich verpflichtet ist, die Kampfbeschlüsse zu befolgen. Die Gewerkschaft kann einzelne Verpflichtungen durch Beschlüsse der zuständigen Organe selbst oder durch Anweisungen der Arbeitskampfleitung konkretisieren, erforderlich ist dies gleichwohl nicht.[470]

Für die Frage, inwieweit unterschiedliche Verpflichtungen zulässiger Weise als Gegenstand der Folgepflicht geregelt werden dürfen, ist zu differenzieren.

Gewerkschaften sind berechtigt, die eigenen Mitglieder zur Teilnahme an einem Streik und zur Befolgung von Anweisungen für die Streikdurchführung zu verpflichten. Dies folgt im Wesentlichen daraus, dass die Beteiligung am Streik unmittelbar der Durchführung des Kampfbeschlusses und damit dem Koalitionszweck dient. Während des Arbeitskampfes verliert die Gewerkschaft zudem insoweit ihren Massenorganisationscharakter, als sie letztlich auf die Mitwirkung jedes einzelnen Mitglieds angewiesen ist.[471]

Gleichzeitig darf die Koalition jede Form von Streikbruch durch die eigenen Mitglieder untersagen.[472] Der positiven Folgepflicht entspricht ein negatives „*Störungsverbot*".[473] Muss sich das Mitglied aktiv am Arbeitskampf beteiligen, darf es die Kampfmaßnahmen umgekehrt auch nicht beeinträchtigen. Streikbrecherisches Tätigwerden aus den eigenen Reihen verletzt streng genommen nicht nur die Folgepflicht des Mitglieds im Arbeitskampf, sondern zugleich dessen Loyalitätspflichten.[474] Durch Streikbruch verweigert das Mitglied nicht nur seine aktive Unterstützung für die Vereinszwecke, sondern versucht den Streik sogar offensiv zu blockieren.

Die Befugnis, die eigenen Mitglieder zur Übernahme von Notstandsarbeiten zu verpflichten, steht im Kontext zu den Anforderungen der Rechtsprechung

469 Vgl. § 11 Ziff. 7. der Satzung der IG BCE (Stand Okt. 2013), § 24 Ziff. 5. und 6. der Satzung der CGM (Stand Feb. 2016), § 10 der Arbeitskampfrichtlinie von ver.di, Ziff. 8. der Arbeitskampfrichtlinie der GEW sowie Ziff. 6.3 der Arbeitskampfrichtlinie von UFO.

470 Zur Konkretisierung der Förderpflicht durch Beschlüsse von Vereinsorganen *Anderson*, Gewerkschaftsmitglied, S. 27.

471 In diese Richtung auch *Anderson*, Gewerkschaftsmitglied, S. 29.

472 BGH vom 19.01.1978, AP Nr. 56 zu Art. 9 GG Arbeitskampf, unter II. 2.

473 *Löwisch/Rieble*, in: Löwisch, Arbeitskampf, S. 356.

474 Vgl. dazu auch im Folgenden B. II. 3., S. 123-128.

an einen rechtmäßigen Arbeitskampf. Der streikführende Verband ist verpflichtet, Notstandsarbeiten sicherzustellen, die für die Befriedigung elementarer Bedürfnisse der Allgemeinheit erforderlich sind.[475] Dies betrifft vor allem die Energie- und Wasserversorgung, die Verfügbarkeit von Nahrungsmitteln und die medizinische Versorgung.[476] Andernfalls ist der Arbeitskampf unverhältnismäßig und als solcher rechtswidrig.[477] Die Gewerkschaft muss die Möglichkeit haben, diese Pflicht verbandsintern an ihre Mitglieder weiterzugeben. Sie ist daher berechtigt, den eigenen Mitgliedern die Durchführung von Notstandsarbeiten aufzuerlegen. Dies gilt auch für Erhaltungsarbeiten, die erforderlich sind, um das Unbrauchbarwerden der sächlichen Betriebsmittel zu verhindern.[478] Zur Sicherstellung dieser Arbeiten sind die Gewerkschaften während des Arbeitskampfes ebenfalls verpflichtet.[479]

Vom Streikrecht des einzelnen Arbeitnehmers ist grundsätzlich auch die Betätigung als Streikposten gedeckt.[480] Die Vorgabe gegenüber dem einzelnen Mitglied, die Aufgabe eines Streikpostens zu übernehmen, geht allerdings über das schlichte Befolgen des Kampfbeschlusses hinaus. Als Streikposten soll das Mitglied nicht nur am Arbeitskampf teilnehmen, sondern andere arbeitswillige Arbeitnehmer von den gewerkschaftlichen Zielen überzeugen und zur Beteiligung am Arbeitskampf aktiv auffordern.[481] Diese Aufgabe kann für das einzelne Mitglied eine Konfliktsituation im Hinblick darauf erzeugen, dass das Gewerkschaftsengagement durch die Streikpostentätigkeit sehr offensichtlich und auch für den Arbeitgeber erkennbar zu Tage tritt. Die Arbeitskampfrichtlinie der Gewerkschaft ver.di begegnet dieser Problematik, indem sie das Tätigwerden als Streikposten für freiwillig erklärt.[482] Bei Abwägung der kollidierenden

---

475 BAG vom 30.03.1982, AP Nr. 74 zu Art. 9 GG Arbeitskampf, unter II. 1.; BAG vom 31.01.1995, AP Nr. 135 zu Art. 9 GG Arbeitskampf, unter II. 1.

476 *Ricken*, in: MüArbR, § 205 Rn. 1.

477 *Bauer/Haußmann*, DB 1996, 881. Der Verhältnismäßigkeitsgrundsatz untersagt insoweit Arbeitskampfmaßnahmen, die Schäden über die Grenzen eines fairen Arbeitskampfes hinaus verursachen.

478 BAG vom 31.01.1995, AP Nr. 135 zu Art. 9 GG Arbeitskampf, unter II. 1.; *Schmiegel*, Koalitionssatzungen, S. 102 allerdings ohne randscharfe Differenzierung zwischen Erhaltungs- und Notstandsarbeiten.

479 BAG vom 31.01.1995, AP Nr. 135 zu Art. 9 GG Arbeitskampf, unter II. 1.

480 BAG vom 29.03.1957, AP Nr. 5 zu Art. 9 GG Arbeitskampf, unter 2.; BAG vom 21.06.1988, AP Nr. 108 zu Art. 9 GG Arbeitskampf, unter II. 2.

481 Vgl. *Linsenmaier*, in: ErfK, Art. 9 GG Rn. 176.

482 Vgl. die Arbeitskampfrichtlinie von ver.di (Stand Sep. 2010) unter § 10 „*Pflichten der Mitglieder*“.

Interessen überwiegen allerdings auch hier die gewerkschaftlichen Belange. Die Mobilisierung weiterer Arbeitnehmer für den Arbeitskampf dient unmittelbar der Verwirklichung des Verbandszwecks. Besonders im Arbeitskampf muss die Gewerkschaft eine gewisse Identifikation mit den Koalitionszielen erwarten dürfen, auch wenn das Mitglied keine herausgehobene Stellung im Verband einnimmt. Als Streikposten soll das Mitglied alleine für diese Ziele des Verbands aktiv eintreten. Der Belastungsgrad eines erkennbaren Gewerkschaftsengagements wirkt demgegenüber gering. Der Verband ist daher berechtigt, die Mitglieder zur zwingenden Übernahme von Streikpostentätigkeiten zu verpflichten.[483] Einen hieraus gegebenenfalls entstehenden persönlichen Konflikt muss das Mitglied hinnehmen.

Weitere Tätigkeiten, zu denen die Gewerkschaft ihre Mitglieder verpflichten darf, sind insbesondere Hilfsarbeiten bei der Durchführung des Streiks; so beispielsweise das Kleben von Plakaten oder das Verteilen von Informationsmaterial.[484]

b) Sonderfall Solidaritätsstreik

Arbeitskämpfe betreffen nicht in jedem Fall einen eigenen Tarifkonflikt der Gewerkschaft im jeweiligen Tarifgebiet. Das BAG erkennt in seiner neueren Rechtsprechung die Möglichkeit an, Arbeitskämpfe auch zur Unterstützung eines Hauptarbeitskampfes derselben Gewerkschaft in einem anderen Tarifgebiet oder zur Unterstützung einer anderen Gewerkschaft zu führen.[485] Die folgenden Ausführungen sollen klären, ob Gewerkschaftsmitglieder auch im Hinblick auf solche Unterstützungs- oder Solidaritätsstreiks eine mitgliedschaftliche Folgepflicht trifft.

aa) Charakteristik des Solidaritäts- oder Unterstützungsstreiks

Das BAG definiert den Solidaritäts- oder Unterstützungsstreik als gewerkschaftlichen Streik zur Unterstützung eines Hauptarbeitskampfes, der in einem anderen räumlichen oder fachlichen Tarifgebiet geführt wird.[486]

Die besondere Charakteristik erhält der Solidaritätsstreik nach diesem Verständnis durch zwei Merkmale. Zum einen überschreitet der Unterstützungsstreik

---

483 So auch *Löwisch/Rieble*, in: MüArbR, § 161 Rn. 33; *Schmiegel*, Koalitionssatzungen, S. 103.

484 *Anderson*, Gewerkschaftsmitglied, S. 31; *Dütz*, in: FS Hilger/Stumpf, S. 99 (115).

485 BAG vom 19.06.2007, AP Nr. 173 zu Art. 9 GG Arbeitskampf, unter I.

486 BAG vom 19.06.2007, AP Nr. 173 zu Art. 9 GG Arbeitskampf, unter I.

in räumlicher oder fachlicher Hinsicht die Grenzen des Tarifgebiets. Er ist seinem Wesen nach eine besondere Hilfeleistung für die Durchsetzung fremder, nicht eigener Tarifforderungen. Zum anderen ist der Solidaritätsstreik dadurch gekennzeichnet, dass er fremde Tarifparteien in den Tarifkonflikt einbezieht. In jedem Fall geschieht dies durch die passive Einbeziehung des bisher unbeteiligten Arbeitgebers. Soweit sich die Haupt- und Unterstützungsarbeitskampf führenden Gewerkschaften unterscheiden, hat der Solidaritätsstreik aber auch das aktive Tätigwerden einer bisher unbeteiligten Tarifpartei zur Folge.

Der Anlass zu einem Solidaritätsstreik kann sich insbesondere aus der Konzernverflechtung von Unternehmen ergeben. Unter dieser Prämisse rief ver.di im Jahr 2007 zum Unterstützungsstreik in einem Druckereiunternehmen auf, um die Wirkung des Hauptarbeitskampfes in dem konzernangehörigen Verlagsunternehmen zu verstärken.[487] Eine zweite Konstellation zeigt der im Jahr 2009 am Flughafen Stuttgart geführte Solidaritätsstreik der Fluglotsen. Die Deutsche Flugsicherung hatte die bei ihr beschäftigten Fluglotsen angewiesen, Aufgaben streikender Vorfeldlotsen zu übernehmen. Die Gewerkschaft der Flugsicherung (GdF) rief in Reaktion auf diese Verletzung der Neutralitätspflicht zum Unterstützungsstreik bei der Deutschen Flugsicherung auf.[488]

Der Solidaritätsstreik ist streng akzessorisch an den Hauptarbeitskampf gebunden und muss den Charakter einer fremdnützigen Unterstützungshandlung wahren. Unabdingbare Wirksamkeitsvoraussetzung ist daher, dass er ausschließlich eingesetzt wird, um einen rechtmäßigen Hauptarbeitskampf zu unterstützen. Weder darf die Wirkung eines rechtswidrigen Arbeitskampfes verstärkt werden noch darf sich der Arbeitskampf schwerpunktmäßig auf den Unterstützungsstreik verlagern oder dieser zeitlich über den Hauptarbeitskampf hinausgehen.[489]

In formeller Hinsicht gelten für den Unterstützungsstreik keine abweichenden Rechtmäßigkeitsanforderungen, so dass die Gewerkschaft über seine Aufnahme durch satzungsgemäßen Kampfbeschluss entscheiden muss. Zu Recht weist *Rieble* insofern auf eine besondere Spielart hin: führt dieselbe Gewerkschaft den Haupt- und den Unterstützungsarbeitskampf, spricht nichts dagegen beide Arbeitskämpfe durch einen einheitlichen Kampfbeschluss einzuleiten.[490]

---

487 BAG vom 19.06.2007, AP Nr. 173 zu Art. 9 GG Arbeitskampf.

488 LAG Baden-Württemberg vom 31.03.2009, NZA 2009, 631.

489 Zum Ganzen: BAG vom 19.06.2007, AP Nr. 173 zu Art. 9 GG Arbeitskampf, unter I. 3. c).

490 *Rieble*, BB 2008, 1506 (1513).

Handelt es sich um verschiedene Gewerkschaften, bedarf es dagegen naturgemäß zweier getrennter Kampfbeschlüsse für Haupt- und Unterstützungsstreik.

Für die Frage, ob der Kampfbeschluss eine Folgepflicht der Mitglieder für den Unterstützungsarbeitskampf begründen kann, ist zwischen der Unterstützung innerhalb derselben Gewerkschaft (dazu im Folgenden unter bb)) und der Unterstützung einer anderen Gewerkschaft (dazu im Folgenden unter cc)) zu unterscheiden.

bb) Haupt- und Unterstützungsarbeitskampf derselben Gewerkschaft

Führt ein und dieselbe Gewerkschaft sowohl den Hauptarbeitskampf als auch den Unterstützungsstreik, beurteilt sich die Folgepflicht nach dem Verbandszweck und der mitgliedschaftlichen Förderpflicht.

Als Verbandszweck ist die *große Linie* zu verstehen, um derentwillen sich die Mitglieder zusammengeschlossen haben und die der Koalition als Ganzes ihre Zielsetzung gibt.[491] Dieser Zweck entscheidet über Wesen und Identität des Verbands.[492] Das bindende Ziel einer Gewerkschaft liegt nach Art. 9 Abs. 3 GG in der Förderung der Arbeits- und Wirtschaftsbedingungen zu Gunsten ihrer Mitglieder. Dieser Verbandszweck besteht für den gesamten Organisationsbereich und wirkt dadurch tarifgebietsübergreifend; die Satzung gilt einheitlich für sämtliche (Landes-)Bezirke. Führt dieselbe Gewerkschaft beide Arbeitskämpfe, ist daher auch der Solidaritätsstreik in einem anderen fachlichen oder räumlichen Tarifgebiet unproblematisch vom Verbandszweck gedeckt.

Nichts anderes kann für die vereinsrechtliche Förderpflicht gelten. Diese ist ebenfalls nicht auf das Tarifgebiet beschränkt, dem das einzelne Gewerkschaftsmitglied zuzuordnen ist. Das Mitglied ist verpflichtet, sich für den Koalitionszweck einzusetzen, der im gesamten Organisationsbereich der Gewerkschaft maßgebend ist. Die mitgliedschaftliche Förderpflicht bezieht sich damit auch auf andere in der Gewerkschaft organisierte Beschäftigtengruppen und Arbeitnehmer in anderen örtlichen Tarifgebieten. Der Verbandszweck kann damit eine Folgepflicht der Mitglieder für den Solidaritätsstreik begründen. Im Rahmen dessen kann die Gewerkschaft beispielsweise Fluglotsen verpflichten, sich für Vorfeldlotsen einzusetzen und Drucker zur Unterstützung der tariflichen Forderungen von Redakteuren auffordern.[493]

---

491 BGH vom 11.11.1985, NJW 1986, 1033 (1034).

492 *Waldner/Wörle-Himmel*, in: Sauter/Schweyer/Waldner, Verein, Rn. 146.

493 Vgl. BAG vom 19.06.2007, AP Nr. 173 zu Art. 9 GG Arbeitskampf; LAG Baden-Württemberg vom 31.03.2009, NZA 2009, 631–636.

Innerhalb derselben Gewerkschaft hat der Solidaritätsstreik nicht nur tatsächlichen Unterstützungscharakter, sondern erzeugt auch eine mitgliedschaftliche solidarische Folgepflicht für die Verbandsmitglieder. In diesem Umfang verdient der Unterstützungsstreik seine Alternativbezeichnung als *„Solidaritätsstreik“* auch aus rechtlicher Sicht.

cc) Haupt- und Unterstützungsarbeitskampf verschiedener Gewerkschaften

Andere Maßstäbe gelten, wenn Hauptarbeitskampf und Unterstützungsstreik in der Verantwortung unterschiedlicher Gewerkschaften liegen. Relevant sind Solidaritätsstreiks dieser Art insbesondere bei Gewerkschaften, die mit unterschiedlichen Organisationsbereichen unter einem gemeinsamen Dachverband organisiert sind. Zwischen Gewerkschaften, die um Mitglieder konkurrieren, wird eine verbandsübergreifende Unterstützung hingegen regelmäßig ausscheiden.[494]

Im Falle des gewerkschaftsübergreifenden Solidaritätsstreiks ist eine mitgliedschaftliche Folgepflicht problematisch, da der Koalitionszweck der unterstützenden Gewerkschaft auf die Wahrung und Förderung der Arbeits- und Wirtschaftsbedingungen im eigenen Organisationsbereich beschränkt ist. Dies ergibt sich schon daraus, dass der Abschluss von Tarifverträgen das maßgebliche Mittel zur Verfolgung des Koalitionszwecks darstellt. Der Koalitionszweck kann sich daher nur auf den Bereich beziehen, in dem die Gewerkschaft kraft Tarifzuständigkeit befähigt ist, Tarifverträge einzugehen. Die Tarifzuständigkeit richtet sich nach dem in der Satzung festgelegten Organisationsbereich der Gewerkschaft.[495] Nur im Rahmen dieses Organisationsbereichs kann daher auch die vereinsrechtliche Förderpflicht und daraus resultierende Folgepflicht des Mitglieds im Arbeitskampf bestehen. Der Hauptarbeitskampf eines anderen Verbands findet jenseits der Organisations- und Regelungsgewalt der unterstützenden Gewerkschaft statt. Es besteht damit keine Folgepflicht, die das Mitglied zur Teilnahme an einem solchen Solidaritätsstreik verpflichten würde.

Rieble weist in diesem Zusammenhang auf die Möglichkeit zur Bildung eines *„Kampfbündnisses“* zwischen den beteiligten Gewerkschaften hin.[496] Der Gedanke knüpft an die Entscheidungen von BVerfG und BAG zur

---

494 So auch *Meyer*, NZA 2011, 1392 (1395).

495 BAG vom 18.07.2006, AP Nr. 19 zu § 2 TVG Tarifzuständigkeit, unter B. II. 2.

496 *Rieble*, BB 2008, 1506 (1512).

Einbeziehung des Außenseiter-Arbeitgebers in einen Verbandsarbeitskampf an. Beide hatten angenommen, dass der nicht organisierte Arbeitgeber mit dem Arbeitgeberverband ein von Art. 9 Abs. 3 GG geschütztes Kampfbündnis eingehen könne.[497]

Tatsächlich ist ein verbandsübergreifender Unterstützungsstreik kaum denkbar, ohne dass die betreffenden Gewerkschaften sich über dieses Vorgehen abgestimmt haben. Soweit im Hinblick darauf ein Kampfbündnis von Gewerkschaften möglich sein sollte, könnte dieses eine Folgepflicht der Verbandsmitglieder gleichwohl nicht begründen. Die Abstimmung der Verbände würde zwar sicherstellen, dass kein aufgedrängter Solidaritätsstreik vorliegt und insoweit dazu beitragen, die Unterstützungshandlungen zu legitimieren.[498] Ein solches Kampfbündnis würde jedoch allenfalls die Verbände selbst, nicht aber deren einzelne Mitglieder verpflichten. Eine Verständigung zwischen den Verbänden bewirkt keine Erweiterung der mitgliedschaftlichen Förderpflicht. Eine Folgepflicht im Arbeitskampf bestünde auch bei einer Kampfabsprache weiterhin nur im Organisationsbereich der Gewerkschaft, der das Mitglied angehört. Andernfalls wäre ein Kampfbündnis von Verbänden, dessen Voraussetzungen und Grenzen zudem vollkommen unklar sind, letztlich ein unzulässiger Vertrag zu Lasten Dritter.

Die Teilnahme der Gewerkschaftsmitglieder an einem rechtmäßigen Solidaritätsstreik zur Unterstützung eines anderen Verbands erfolgt damit alleine auf freiwilliger Basis, erzwingen kann die Gewerkschaft eine Beteiligung mangels solidarischer Folgepflicht der Mitglieder nicht. Die Hilfestellung zu Gunsten eines anderen Verbands hat unterstützenden Charakter, ohne im rechtlichen Sinne durch eine solidarische Mitgliedsverpflichtung getragen zu sein. Die Gewerkschaft ist auf das freiwillige Mitwirken und Engagement ihrer Mitglieder angewiesen. Andernfalls ist der gewerkschaftsübergreifende Unterstützungsstreik mehr Theorem und zahnloser Tiger als effektive Reaktion auf einen geringen Organisationsgrad.

---

497 BVerfG vom 26.06.1991, AP Nr. 117 zu Art. 9 GG Arbeitskampf, unter C. I. 1.; BAG vom 18.02.2003, AP Nr. 163 zu Art. 9 GG Arbeitskampf, unter III. 2. b).

498 Auch *Rieble*, BB 2008, 1506 (1512) erwägt insoweit, dass das autonome Kampfbündnis die aktive Kampfbeteiligung Dritter (nicht aber die passive Einbeziehung des Drittarbeitgebers) legitimieren könnte.

3. *Loyalitätspflichten*

Das Gewerkschaftsmitglied unterliegt neben kollektivitätsorientierten Solidaritätspflichten auch der Verpflichtung zu Loyalität gegenüber dem Verband, die es ihm verbietet, der gewerkschaftlichen Zielverfolgung zu schaden.[499]

Die im Rahmen passiver Förderpflichten geschuldete Loyalität fordert dem Mitglied keine umfassende Übereinstimmung mit den Zielsetzungen und Aktivitäten des Verbands ab. Das Mitglied muss sich jedoch redlich verhalten und die Interessen der Gewerkschaft bei seinem Handeln berücksichtigen; gegenüber Dritten hat es Parteilichkeit zu wahren.[500] In Konflikt mit der Loyalitätsbindung des Mitglieds stehen Verhaltensweisen, die der gewerkschaftlichen Zweckverfolgung offensichtlich schaden.[501] Das betrifft insbesondere jedes Tätigwerden, mit dem sich das Mitglied nach außen erkennbar gegen den Verband stellt. Die Übergänge zwischen kollektivitätsorientierten Solidaritätspflichten und Loyalitätspflichten sind fließend. Zahlreiche Verletzungen der aktiven Förderpflichten, wie beispielsweise Streikbrecherarbeit[502], sind zugleich als illoyal gegenüber dem Verband zu bewerten.

Die Loyalitätsbindung tritt mit den persönlichen Interessen des Arbeitnehmers in Konflikt bei der Frage, inwieweit das einzelne Gewerkschaftsmitglied innerhalb des Verbands Opposition üben (dazu im Folgenden unter a)) oder Gruppierungen unterstützen darf, die mit dem Verband in Konkurrenz oder gar in Konflikt stehen (dazu im Folgenden unter b)).

a) *Berechtigung zu Opposition*

Die Berechtigung zu Opposition gegenüber dem Verband ist von verfassungsrechtlichen Grundsätzen abhängig.

aa) Geltung des Demokratieprinzips?

Mit Blick auf die Normsetzungsbefugnis der Tarifparteien wird bisweilen eine strenge Bindung der Gewerkschaften und Arbeitgeberverbände an das Demokratieprinzip gefordert. Die Macht, als Tarifvertragspartei normativ wirkende Regelungen zu erzeugen, erfordere eine besondere Legitimierung.[503] Allein

---

499 BGH vom 04.07.1977, AP Nr. 25 zu Art. 9 GG, unter III.; *Dütz*, in: FS Hilger/Stumpf, S. 99 (105).

500 Zur Solidaritätsform der Loyalität Teil 1 A. IV. 1. d), 50.

501 *Schmiegel*, Koalitionssatzungen, S. 84.

502 Dazu bereits B. II. 2. a) bb), S. 115-118.

503 *Henssler*, in: HWK, ArbR, § 2 TVG Rn. 13; *Löwisch/Rieble*, TVG, § 2 Rn. 112.

die mitgliedschaftliche Legitimation des Verbandshandelns könne nicht ausreichen.[504] Koalitionen seien daher verpflichtet, eine demokratische Binnenorganisation und Willensbildung zu gewährleisten.[505] Bestandteil jeder demokratischen Organisation ist das Mehrheitsprinzip.[506] Damit untrennbar verbunden ist das Recht der Minderheit auf Bildung einer Opposition.[507] Wären Gewerkschaften in dieser Weise an das Demokratieprinzip gebunden, ergäbe sich bereits daraus eine generelle Berechtigung des einzelnen Mitglieds zu Opposition. Eine besondere Spielart dieser Demokratieforderung findet sich bei *Schüren*. Er verweist auf ein *„tarifrechtliches Demokratiegebot"*. Entscheidend sei, ob die Struktur der Gewerkschaft einer demokratischen Organisation im Sinne des TVG entspreche.[508]

BVerfG und BAG fordern eine demokratische Ausgestaltung der Gewerkschaftsstruktur weder im verfassungsrechtlichen noch in einem wie von *Schüren* tarifrechtlich verstandenen Sinne.[509] Das BAG überlässt die innere Organisation im Wesentlichen der Autonomie der Gewerkschaften. Es weist lediglich darauf hin, dass die notwendige mitgliedschaftliche Legitimation gewisse demokratische Mindestanforderungen erhebe.[510] Die Gewerkschaften seien verpflichtet, die Gleichheit der Mitglieder und deren Beteiligung an der Willensbildung sicherzustellen.[511] Eine darüber hinausgehende demokratische Ausgestaltung der Koalitionsstruktur verlangen auch das Tarifvertragsrecht und das Vereinsrecht nicht.

Die Rechtsprechung lehnt eine umfassende Demokratieforderung letztlich zu Recht ab; sie lässt sich mit der Normsetzungsbefugnis der Gewerkschaften nicht begründen. Die Regelungsmacht der Koalitionen nach §§ 1, 4 Abs. 1 TVG ist nicht als Verleihung staatlicher Machtbefugnisse zu verstehen, die demokratisch

---

504 *Franzen*, in: ErfK, § 2 TVG Rn. 15.

505 *Gamillscheg*, Koll. ArbR I, S. 400 f.

506 BVerfG vom 06.10.1970, BVerfGE 29, 154 (165).

507 *Grzeszick*, in: Maunz/Dürig, GG, Art. 20 Rn. 53.

508 *Schüren*, Normsetzung, S. 275. *Löwisch/Rieble*, TVG, § 2 Rn. 112 weisen ebenfalls darauf hin, dass es nicht um eine Demokratisierung der Verbände im staatsverfassungsrechtlichen Sinne gehe.

509 Während das BVerfG diese Voraussetzung schlicht nicht erwähnt (vgl. BVerfG vom 20.10.1981, BVerfGE 58, 233), lehnt das BAG ein strenges Demokratieerfordernis ausdrücklich ab (BAG vom 28.03.2006, AP Nr. 4 zu § 2 TVG Tariffähigkeit, unter B. III. 1.).

510 BAG vom 28.03.2006, AP Nr. 4 zu § 2 TVG Tariffähigkeit, unter B. III. 1.

511 BAG vom 28.03.2006, AP Nr. 4 zu § 2 TVG Tariffähigkeit, unter B. III. 1.

legitimiert sein müsste.[512] Die Vorschriften des TVG schützen alleine die Einigung der Tarifparteien vor individualrechtlichen Abweichungen, indem sie dem Tarifvertrag normative Wirkung zusprechen.[513] Es besteht demnach kein umfassendes Recht der Gewerkschaftsmitglieder auf Opposition.

bb) Grundrechte der Gewerkschaftsmitglieder

Die Mitglieder sind alleine nach Maßgabe ihrer Grundrechte dazu berechtigt, Opposition gegenüber dem Verband zu üben. Sie können sich insbesondere auf Art. 5 Abs. 1 GG stützen, um abweichende Positionen zu vertreten. Die Meinungsfreiheit des Mitglieds ist anhand sämtlicher Einzelfaktoren mit der kollektiven Koalitionsfreiheit des Verbands in Einklang zu bringen. Die Loyalitätsbindung fordert nach der Rechtsprechung des BGH von den Gewerkschaftsmitgliedern, dass „*sie sich in bestimmten Situationen bei der Ausübung allgemeiner Rechte Zurückhaltung auferlegen und im Einzelfall auch ganz auf sie verzichten, wenn es darum geht, ihre Gewerkschaft vor schwerwiegenden Nachteilen zu bewahren*“.[514]

Nach diesem Maßstab kommt es für oppositionelle Äußerungen und Stellungnahmen insbesondere darauf an, ob sie zur internen Meinungsbildung abgegeben werden oder sich an gewerkschaftsexterne Dritte richten.[515] Das Mitglied ist berechtigt, sich an der internen Willensbildung im Verband auch kritisch zu beteiligen; hier ist der Radius für zulässige oppositionelle Äußerungen weit zu ziehen.[516] Problematisch sind demgegenüber Stellungnahmen nach außen. Im Verhältnis zu Dritten ist maßgeblich, ob die betreffende Aussage als eigene Meinung des Mitglieds erkennbar und auf sachlich angemessene Weise kommuniziert wird.[517] Als unzulässig ist es insbesondere zu werten, wenn das Mitglied öffentlich eine gewerkschaftskritische Stellungnahme abgibt, die in Widerspruch zu einem bereits gefassten Verbandsbeschluss steht.[518]

Zudem darf die persönliche Stellung im Verband auch hier nicht unberücksichtigt bleiben. Für Äußerungen gewerkschaftlicher Funktionsträger müssen

---

512 BAG vom 27.05.2004, AP Nr. 5 zu § 1 TVG Gleichbehandlung, unter B. II. 1.

513 BAG vom 27.05.2004, AP Nr. 5 zu § 1 TVG Gleichbehandlung, unter B. II. 1.

514 BGH vom 25.03.1991, AP Nr. 3 zu § 25 BGB.

515 In diese Richtung auch BGH vom 25.03.1991, AP Nr. 3 zu § 25 BGB.

516 Dies belegt auch das Rede- und Antragsrecht in der Mitgliederversammlung, dass jedem Mitglied die Möglichkeit geben soll, seine Auffassung zu dem Gegenstand der Beschlussfassung zu äußern, vgl. *Pulyer*, in: Baumann/Sikora, Vereinsrecht, S. 325.

517 Vgl. BGH vom 25.03.1991, AP Nr. 3 zu § 25 BGB; *Schmiegel*, Koalitionssatzungen, S. 84.

518 BGH vom 25.03.1991, AP Nr. 3 zu § 25 BGB (Gewerkschaftsschädliche Äußerungen).

deutlich engere Grenzen gelten, auch abhängig davon, ob sich der Amtsträger in Wahrnehmung seiner gewerkschaftlichen Funktion äußert. Entscheidend sind jeweils die Umstände des Einzelfalls.

b) Unterstützung konkurrierender oder gewerkschaftsfeindlicher Organisationen

Verhaltensweisen des Mitglieds können auch dann die Loyalitätspflicht verletzen, wenn sie sich nicht auf das eigentliche Vereinsleben beziehen.[519] Dies betrifft im Wesentlichen Fälle, in denen Mitglieder konkurrierende Gruppierungen zu Lasten des Verbands unterstützen oder gar in gewerkschaftsfeindlichen Organisationen aktiv sind.

aa) Mitgliedschaft in einem konkurrierenden Verband

Konkurrierende Gewerkschaften stehen untereinander in massivem Mitgliederwettbewerb. Der Bestandsverlust des einen Verbands stärkt den anderen, wenn Mitglieder zu diesem übertreten. Zudem versucht jede der Gewerkschaften die für ihre Mitglieder bestmöglichen Tarifbedingungen auszuhandeln und befindet sich dadurch auch in tariflichem Wettbewerb zu konkurrierenden Verbänden.

Das daraus resultierende Interesse der Gewerkschaft am Schutz ihres Mitgliederbestands hat das einzelne Mitglied zu achten. Doppelmitgliedschaften bergen ein erhebliches Risikopotential für die Gewerkschaft, da der Arbeitnehmer schwerlich die tariflichen Zielsetzungen zweier konkurrierender Verbände unterstützen kann. Zudem besteht die Gefahr, dass das Mitglied gewerkschaftsintern versucht Mitglieder zum Übertritt in den anderen Verband zu bewegen. Die im Rahmen der Loyalitätspflicht zu wahrende Parteilichkeit fordert daher den Verzicht auf eine Mitgliedschaft in anderen konkurrierenden Verbänden.[520] Ebenso pflichtwidrig ist es, wenn das Mitglied eine konkurrierende Gruppierung selbst ins Leben ruft mit dem Ziel, Gewerkschaftsmitglieder aktiv abzuwerben.[521] Ein ausdrückliches satzungsrechtliches Verbot findet sich gleichwohl selten.[522]

---

519 Vgl. BGH vom 28.09.1972, AP Nr. 21 zu Art. 9 GG, unter III. 2.

520 BGH vom 04.07.1977, AP Nr. 25 zu Art. 9 GG, unter III.; vgl. auch BGH vom 28.09.1972, AP Nr. 21 zu Art. 9 GG, unter IV. 1.

521 BGH vom 04.07.1977, AP Nr. 25 zu Art. 9 GG, unter III.

522 Vgl. aber das Satzungsrecht der Gewerkschaft UFO, das die Mitgliedschaft in einer konkurrierenden Organisation explizit als Ablehnungs- bzw. Ausschlussgrund vorsieht (§ 5 der Satzung, Stand Okt. 2013; § 2 Ziff. 2. lit. b) der Schiedsordnung zur Satzung, Stand Aug. 2011).

bb) Konkurrenz im Rahmen betrieblicher Mitbestimmung

Diese Grundsätze lassen sich auf den Bereich der betrieblichen Interessenwahrnehmung durch die Gewerkschaften übertragen.

Den Ausschluss von Gewerkschaftsmitgliedern, die bei Betriebsratswahlen auf einer konkurrierenden Liste kandidierten, bewertete der BGH in seiner früheren Rechtsprechung als unzulässig. Er sprach dem einzelnen Mitglied ein Recht zur konkurrierenden Kandidatur zu, solange die Liste gegenüber dem Verband lediglich im Wettbewerb um Stimmen stehe, ohne sich darüber hinaus gegen die Gewerkschaft zu richten.[523] Davon abweichend entschied das BVerfG gleichwohl im Jahr 1999, dass bereits die Kandidatur auf einer schlicht gewerkschaftsfremden Liste mit der Verbandsmitgliedschaft unvereinbar sei.

Zu Recht geht das BVerfG davon aus, dass auch Konkurrenz zur verbandlichen Interessenvertretung auf einer *nur* gewerkschaftsfremden Liste die Geschlossenheit und damit letztlich das Bestandsinteresse des Verbands beeinträchtigt.[524] Als Kandidat auf einer gewerkschaftsfremden Liste macht das Mitglied deutlich, dass es mit den inhaltlichen Positionen des Verbands nicht übereinstimmt. Die Kandidatur weist insoweit oppositionelle Züge auf, auch wenn sie auf einer schlicht gewerkschaftsfremden Liste erfolgt. Dies hat Auswirkungen auf die Überzeugungskraft der Gewerkschaft. Das Risiko, dass sich durch die abweichende Kandidatur auch andere Mitglieder von der Gewerkschaft abwenden, ist nicht von der Hand zu weisen. Und auch verbandsfremde Arbeitnehmer wollen die Interessenvertretung im Betrieb gegebenenfalls nicht in die Hände einer Gewerkschaft legen, deren eigene Mitglieder nicht von ihr überzeugt zu sein scheinen. Richtet sich die Liste darüber hinaus auch gegen die Gewerkschaft als solche, vertieft dieser Umstand die Pflichtverletzung des Mitglieds.

cc) Unterstützung gewerkschaftsfeindlicher Organisationen

Eine Mitgliedschaft in gewerkschaftsfeindlichen Organisationen kollidiert bereits mit der grundsätzlichen Zielsetzung des Verbands. Dies betrifft im Wesentlichen politische Parteien und andere Gruppierungen, die sich gegen die

---

523 BGH vom 27.02.1978, AP Nr. 27 zu Art. 9 GG; BGH vom 19.01.1981, AP Nr. 7 zu § 20 BetrVG 1972; BGH vom 19.10.1987, BGHZ 102, 265 (277).

524 BVerfG vom 24.02.1999, AP Nr. 18 zu § 20 BetrVG 1972, unter B. II. 2.; a. A. *Gaumann*, NJW 2002, 2155 (2156 f.) sowie *Reuter*, RdA 2000, 99 (102 ff.), die von einer zulässigen öffentlichen Diskussion über die zutreffende Gewerkschaftspolitik bzw. zulässiger Opposition ausgehen.

freiheitlich-demokratische Grundordnung und Gewerkschaften als solche richten, gegebenenfalls gar eine Abschaffung von Gewerkschaften fordern.[525]

Zwar befürwortet das Mitglied unter Umständen nicht jeden Standpunkt der betreffenden Organisation. In jedem Fall entsteht aber der Eindruck, das Mitglied stehe nicht voll hinter den gewerkschaftlichen Zielen. Dieser *böse Schein* ist ausreichend, weckt er doch das Misstrauen anderer Verbandsmitglieder und unabhängiger Dritter. Sind die eigenen Mitglieder zugleich Anhänger gewerkschaftsfeindlicher Gruppierungen, wirkt sich das nicht nur auf die interne, sondern auch auf die externe Geschlossenheit des Verbands aus. Eine Gewerkschaft, die solche Mitglieder duldet, wird um ihre Glaubwürdigkeit massiv kämpfen müssen. Das Recht des einzelnen Arbeitnehmers, einer Gewerkschaft seiner Wahl anzugehören, verschafft keinen Anspruch auf gleichzeitige Unterstützung gewerkschaftsfeindlicher Organisationen.[526] Die überwiegenden Verbandssatzungen erkennen derartige Mitgliedschaften daher auch als expliziten Ablehnungs- beziehungsweise Ausschlussgrund an.[527]

Die Schwere der Loyalitätspflichtverletzung ist gleichwohl auch von der Stellung des Mitglieds im Verband und der feindlichen Organisation abhängig. Ist das Mitglied gewerkschaftlicher Funktionsträger, darf ihm eine gesteigerte Loyalität gegenüber dem Verband abverlangt werden.[528] Ebenso ist die Pflicht zu Loyalität in besonders hohem Maße verletzt, wenn sich das Mitglied durch Übernahme einer Funktion oder eines Mandats offen zu den Zielen der feindlichen Gruppierung bekennt.[529]

4. *Zwischenergebnis*

Gewerkschaftsmitglieder unterliegen im Verhältnis zum Verband und dessen weiteren Mitgliedern kollektivitätsorientierten Solidaritätspflichten sowie Loyalitätspflichten, die eine effektive Verfolgung des Koalitionszwecks sicherstellen sollen.

---

525 BGH vom 15.10.1990, NJW 1991, 485 (486); *Dütz*, in: FS Hilger/Stumpf, S. 99 (112).

526 Vgl. BGH vom 28.09.1972, AP Nr. 21 zu Art. 9 GG, unter IV. 1.

527 Vgl. nur die Satzungen von ver.di (Ablehnung: § 6 Ziff. 2. lit. b), Ausschluss: § 12 Ziff. 1., Stand Sep. 2015); NGG (Ablehnung: § 3 Ziff. 1., Ausschluss: § 10 Ziff. 10. lit. b), Stand Jan. 2014) oder IG BCE (Ausschluss: § 9 Ziff. 1. lit. d), Stand Okt. 2013).

528 *Schmiegel*, Koalitionssatzungen, S. 105.

529 BGH vom 28.09.1972, AP Nr. 21 zu Art. 9 GG, unter III. 1.; BGH vom 15.10.1990, NJW 1991, 485 (486).

III. Sanktionierung von Solidaritätsverstößen

Die durch Art. 9 Abs. 3 GG in Verbindung mit dem Vereinsrecht formulierten Solidaritätspflichten wirken nur dann effektiv, wenn sie gegenüber den Mitgliedern durchsetzbar und Verstöße sanktionsfähig sind (dazu im Folgenden unter 1.). Wichtigste Sanktionsmöglichkeit der Gewerkschaften ist der Verbandsausschluss (dazu im Folgenden unter 2.).

1. Durchsetzung der Solidaritätspflichten und Anwendbarkeit von Vereinsstrafrecht

Die Solidarität der eigenen Mitglieder herzustellen, ist eine verbandsinterne Aufgabenstellung, die mehr psychologische als rechtliche Herausforderung darstellt. In juristischer Hinsicht kann die Gewerkschaft alleine über die mitgliedschaftliche Förderpflicht verhaltenssteuernd eingreifen. Die aus der vereinsrechtlichen Bindung resultierenden Pflichten zu kollektivitätsorientierter Solidarität und Loyalität kann sie im Klagewege durchsetzen. Hierzu kommen Erfüllungs- und Unterlassungsansprüche in Betracht sowie im Einzelfall auch Schadensersatzansprüche.[530]

Gleichwohl helfen diese Ansprüche nur eingeschränkt, wenn Mitglieder ihre Solidaritätspflichten gegenüber dem Verband bereits verletzt haben. Unterlassungsansprüche können alleine zukunftsbezogen und auch nur dann wirken, wenn das zu unterlassende Verhalten ausreichend konkretisierbar ist. Ein kausaler Schaden der Gewerkschaft durch Solidaritätspflichtverletzungen des Mitglieds wird im Regelfall kaum nachweisbar und quantifizierbar sein.

Die Sanktionierung von Pflichtverletzungen durch Maßnahmen des Vereinsstrafrechts hat daher besonderen Stellenwert. Die individuelle Koalitionsfreiheit der betroffenen Mitglieder wird durch verbandsinterne Sanktionen auch nicht von vorneherein verletzt.[531] Wie andere Vereine können daher grundsätzlich auch Gewerkschaften Vereinsstrafen gegen ihre Mitglieder verhängen.[532]

---

530 Vgl. *Lutter*, AcP 180 (1980), 84 (117, 119); *Reichert*, Verbandsrecht, S. 195; zu Schadensersatzansprüchen: BGH vom 04.07.1977, AP Nr. 25 zu Art. 9 GG, unter III.

531 Vgl. BVerfG vom 24.02.1999, AP Nr. 18 zu § 20 BetrVG 1972, unter B. II. 2.

532 Zur Kompetenz des Vereins, für vereinsinterne Pflichten einen Ordnungsrahmen zur Sanktionierung vorzusehen (Strafbefugnis) *Sorge*, in: Baumann/Sikora, Vereinsrecht, S. 383 f.

2. *Insbesondere: Ausschluss des Mitglieds aus dem Verband*

Im Mittelpunkt des Vereinsstrafrechts steht der Ausschluss des Mitglieds als wichtigste und zugleich schärfste Sanktion.

a) *Ausschluss als Vereinsstrafe oder Kündigung*

Der Verbandsausschluss ist rechtlich entweder als Vereinsstrafe oder als Kündigung der Mitgliedschaft aus wichtigem Grund zu werten; die Abgrenzung ist nicht abschließend geklärt.[533]

Die Vereinsstrafgewalt muss als Teil der Vereinsverfassung in der Satzung der Gewerkschaft niedergelegt sein.[534] Der strafweise Ausschluss von Mitgliedern bedarf einer ausdrücklichen Satzungsregelung, die Zulässigkeit und Voraussetzungen näher bestimmt.[535] Eine außerordentliche Kündigung der Mitgliedschaft ist dagegen über § 314 BGB unabhängig von einer Satzungsvorschrift möglich.[536] Ein Ausschluss im Wege der Kündigung kommt damit auch dann in Betracht, wenn der konkrete Anlass keinem in der Satzung geregelten Ausschlussgrund zugeordnet werden kann, aber ein sonstiger wichtiger Grund besteht, der es dem Verband unzumutbar macht die Mitgliedschaft fortzusetzen.[537] Auch wenn die Satzung überhaupt keine Vorschriften zum Ausschluss von Mitgliedern vorsieht, verbleibt die Möglichkeit einer außerordentlichen Kündigung.[538] Der Kündigungsausschluss wird demnach im Verhältnis zur Vereinsstrafe vielfach als Auffangtatbestand eingeordnet.[539] Nach anderer Ansicht hat der Verband ein Wahlrecht, wenn sowohl die Voraussetzungen für einen Strafausschluss als auch für einen Kündigungsausschluss erfüllt sind.[540]

Eine außerordentliche Kündigung der Mitgliedschaft ist nach § 314 Abs. 1 BGB aus wichtigem Grund möglich; somit nur dann, wenn es dem Verband unzumutbar ist die Mitgliedschaft fortzusetzen. Die Kündigungsentscheidung unterliegt

---

533 Vgl. *Pulyer* in Baumann/Sikora, Vereinsrecht, S. 371. Im Gegensatz zu einer Trennung der Rechtsinstitute spricht *van Look*, Vereinsstrafen, S. 134 beiden Alternativen einen Kündigungscharakter zu.

534 *Sorge* in Baumann/Sikora, Vereinsrecht, S. 385.

535 *Stöber/Otto*, Vereinsrecht, S. 464.

536 Vgl. zur Anwendbarkeit von § 314 BGB auf die Sonderrechtsbeziehung der Mitgliedschaft *Reichert*, Verbandsrecht, S. 145.

537 BGH vom 10.07.1989, NJW 1990, 40 (41); *Reuter*, NJW 1987, 2401 (2402).

538 *van Look*, Vereinsstrafen, S. 131.

539 BGH vom 10.07.1989, NJW 1990, 40 (41); *Reuter*, NJW 1987, 2401 (2404).

540 *Arnold*, in: MüKo BGB, § 38 Rn. 46.

der vollen gerichtlichen Kontrolle.[541] Auch ein Ausschluss durch Vereinsstrafe ist nicht grundlos zulässig. Gewerkschaften unterliegen wegen ihrer Machtstellung im sozialen und rechtlichen Bereich größtenteils einem Aufnahmezwang.[542] Eine uneingeschränkte Ausschließungsberechtigung stünde damit in Konflikt. Gewerkschaften müssen den Ausschluss eines Mitglieds daher auch rechtfertigen, wenn dieser in Form einer Vereinsstrafe erfolgen soll. Der Ausschluss darf nur aus sachlichen Gründen erfolgen, die auch dazu berechtigen würden, die Aufnahme des Mitglieds abzulehnen.[543] Der für das Vereinsstrafrecht grundsätzlich eingeschränkte gerichtliche Prüfungsmaßstab ist bei Vereinsstrafen von Gewerkschaften nicht anwendbar, so dass die sachliche Rechtfertigung gerichtlich voll überprüfbar ist.[544] Lediglich für Vereine mit Aufnahmefreiheit ist die gerichtliche Kontrolle auf die Prüfung von Gesetzesverstößen beschränkt; konkret darauf, ob die Vereinsstrafe auf einer satzungsmäßigen Grundlage beruht, der Verband das nach der Satzung vorgesehene Verfahren eingehalten hat und der Ausschließungsbeschluss nicht gesetzeswidrig, sittenwidrig oder grob unbillig ist.[545] Die volle Überprüfbarkeit der vereinsrechtlichen Maßnahmen bei Gewerkschaften reduziert deren Einschätzungs- und Beurteilungsspielraum erheblich.[546]

Letztlich müssen Gewerkschaften daher sowohl den Ausschluss eines Mitglieds im Wege der Vereinsstrafe als auch einen Ausschluss durch Kündigung gerichtlich überprüfbar sachlich rechtfertigen. Die Anforderungen an einen Ausschluss mittels Vereinsstrafe sind zwar insoweit geringer als die sachliche Rechtfertigung nicht die Schwelle eines wichtigen Grundes im Sinne von § 314 BGB erreichen muss.[547] Gleichzeitig liegen die Anforderungen aber dahingehend höher, dass dem Ausschluss mit Strafcharakter eine konkrete Satzungsregelung zugrunde liegen muss.

---

541 *Pulyer*, in: Baumann/Sikora, Vereinsrecht, S. 371.

542 Vgl. zur IG-Metall BGH vom 10.12.1984, BGHZ 93, 151 (152).

543 BGH vom 19.10.1987, BGHZ 102, 265 (276 f.); OLG Frankfurt vom 22.08.2001, NZA-RR 2002, 531 (533).

544 BGH vom 19.10.1987, BGHZ 102, 265 (276 f.).

545 BGH vom 28.09.1972, AP Nr. 21 zu Art. 9 GG, unter II.; BGH vom 19.10.1987, BGHZ 102, 265 (276); BGH vom 25.03.1991, AP Nr. 3 zu § 25 BGB, unter I. Die Beschränkung der gerichtlichen Prüfung findet ihren Grund darin, dass die Anwendung der Satzungsbestimmungen Bestandteil der Vereinsautonomie ist (vgl. *Reichert*, Verbandsrecht, S. 82; *Stöber/Otto*, Vereinsrecht, S. 477).

546 Vgl. BGH vom 27.09.1993, AP Nr. 70 zu Art. 9 GG, unter I.

547 *Stöber/Otto*, Vereinsrecht, S. 149.

b) Formelle Anforderungen

Der Ausschluss eines Mitglieds aus der Gewerkschaft unterliegt formellen Anforderungen an Zuständigkeit, Ausschlussverfahren und Form, die sowohl für den Ausschluss im Wege der Vereinsstrafe als auch für den Kündigungsausschluss gelten.

Die Entscheidung über den Ausschluss eines Mitglieds stellt eine „*Angelegenheit des Vereins*" dar, die nach § 32 Abs. 1 BGB grundsätzlich in die Zuständigkeit der Mitgliederversammlung fällt.[548] Eine Delegation der Zuständigkeit auf ein anderes Organ ist zulässig.[549] Gewerkschaften machen von dieser Möglichkeit regelmäßig Gebrauch, indem sie in ihren Satzungen ein Vorstandsorgan oder eine Schiedsstelle für zuständig erklären.[550] Das für die Ausschlussentscheidung berufene Organ ist sowohl für einen Ausschluss im Wege der Vereinsstrafe als auch für eine Kündigung der Mitgliedschaft aus wichtigem Grund zuständig. Die Bewertung der Ausschlussentscheidung als Vereinsstrafe oder Kündigung hat keinen Einfluss auf die Zuständigkeit im vereinsrechtlichen Ausschlussverfahren; sie ist alleine eine materiell-rechtliche Frage.

Das betroffene Mitglied hat im Rahmen des Ausschlussverfahrens Anspruch auf rechtliches Gehör.[551] Die Satzung kann weitere Verfahrensregelungen vorsehen. Das zuständige Vereinsorgan trifft die Entscheidung über den Ausschluss des Mitglieds anschließend durch Beschluss.[552] Der Ausschließungsbeschluss bedarf einer einzelfallbezogenen Begründung. Die Vorwürfe, die dem Mitglied gemacht werden und zur Beendigung der Mitgliedschaft führen, müssen

---

548 *Reichert*, Verbandsrecht, S. 538.

549 *Arnold*, in: MüKo BGB, § 32 Rn. 10; *Hadding*, in: Soergel, BGB, § 32 Rn. 1 („*Subsidiäre Organkompetenz*" der Mitgliederversammlung).

550 Die Zuständigkeit eines Vorstandsorgans sehen u. a. die Satzungen von ver.di (§ 12 Ziff. 3., Stand Sep. 2015), IG BAU (§ 7 Ziff. 2., Stand Nov. 2013), NGG (§ 10, Stand Jan. 2014) und GDL (§ 5 Ziff. 5., Stand Mai 2012) vor. Eine Schiedsstelle ist beispielsweise bei der IG BCE (§ 9 Ziff. 11., Stand Okt. 2013), der GdP (§ 7 Ziff. 3., Stand Nov. 2014) sowie dem Marburger Bund (§ 4 Ziff. 6., Stand Mai 2016) zuständig.

551 *Waldner/Wörle-Himmel*, in: Sauter/Schweyer/Waldner, Verein, Rn. 362. Die Gewerkschaften stellen dies regelmäßig in ihren Satzungen oder Schiedsordnungen sicher, indem sie „*Gelegenheit zur Stellungnahme*" gewähren (so u. a. die Satzung der IG BAU, § 7 Ziff. 2., Stand Nov. 2013), eine schriftliche Erwiderung des Mitglieds vorsehen (z. B. die Schiedsordnung der GEW, § 3 Ziff. 4., Stand Juni 2016) oder die Möglichkeit zu einer persönlichen Anhörung einräumen (so insb. die Satzung der CGM, § 10 Ziff. 3., Stand Feb. 2016).

552 *Pulyer*, in: Baumann/Sikora, Vereinsrecht, S. 372.

konkret bezeichnet werden, damit feststeht, auf welcher Tatsachengrundlage der Ausschluss erfolgt.[553]

c) Ausschluss aus sachlichem Grund durch Vereinsstrafe

Der Ausschluss in Form der Vereinsstrafe ist ein Ausschluss aus sachlichem Grund. Gewerkschaftssatzungen sehen meist dezidierte Regelungen dazu vor, unter welchen Umständen Mitglieder wegen Pflichtverletzungen strafweise ausgeschlossen werden können. Ein Vergleich unterschiedlicher Satzungen zeigt, dass die geregelten Ausschlussgründe sich in weiten Teilen decken.

Üblich ist die Möglichkeit, ein Mitglied auszuschließen, das gegen die Satzung verstoßen oder durch gewerkschaftsschädigendes Verhalten den Interessen des Verbands zuwidergehandelt hat.[554] Es obliegt dem zuständigen Vereinsorgan, die generalklauselartige Regelung im Einzelfall auszulegen.[555] Ergänzend zu diesem allgemein gehaltenen Ausschlusstatbestand sind oftmals konkrete Sachgründe geregelt. Als Schädigungen, die zum Ausschluss des Mitglieds berechtigen, nennen Gewerkschaftssatzungen regelmäßig Streikbruch sowie Eigentums- und Vermögensdelikte zum Nachteil des Verbands.[556] Ein weiterer, häufig als Ausschlussgrund vorgesehener Umstand ist die Mitgliedschaft oder auch nur die Unterstützung von antidemokratischen, antigewerkschaftlichen oder konkurrierenden Organisationen.[557] Teilweise regeln Satzungen als expliziten Ausschlussgrund auch den Fall, dass die Mitgliedschaft auf unrichtigen Angaben oder dem Verschweigen von Tatsachen beruht, die einer Aufnahme entgegengestanden hätten.[558]

Liegt ein satzungsmäßiger Ausschlusstatbestand vor, hat das zuständige Vereinsorgan unter Abwägung der kollidierenden Interessen an einer Beendigung beziehungsweise Fortsetzung der Mitgliedschaft über den Ausschluss zu

---

553 BGH vom 10.07.1989, NJW 1990, 40 (41 f.).

554 Vgl. nur § 12 Ziff. 1. der ver.di-Satzung (Stand Sep. 2015), § 10 Ziff. 1. der Satzung der IG Metall (Stand Jan. 2016) oder § 16 Ziff. 1. der Satzung der GdF (Stand Sep. 2016).

555 So für Vereinsstrafen allgemein auch *van Look*, Vereinsstrafen, S. 121.

556 So beispielsweise die Satzungen der NGG (§ 10 Ziff. 10. lit. a), Stand Jan. 2014), der IG BCE (§ 9 Ziff. 1. lit. e), Stand Okt. 2013) und der EVG (§ 7 B. 1. lit. d), Stand Nov. 2016).

557 Vgl. dazu nur § 7 Ziff. 1. lit. b) und d) der Satzung der IG BAU (Stand Nov. 2013), § 9 Ziff. 1. lit. c) und d) der Satzung der IG BCE (Stand Okt. 2013) sowie § 10 Ziff. 10. lit. b) der Satzung der NGG (Stand Jan. 2014).

558 Eine derartige Regelung enthalten u. a. die Satzungen von EVG (§ 7 B. 1. lit. c), Stand Nov. 2016) und GEW (§ 8 Ziff. 4. lit. a), Stand Juni 2016).

entscheiden.[559] Art. 9 Abs. 3 GG gewährt in Form der individuellen Koalitionsfreiheit das Recht, einer Gewerkschaft eigener Wahl anzugehören, deren Grundsätze man anzuerkennen und zu fördern bereit ist.[560] Führt das pflichtwidrige Verhalten dazu, dass diese Voraussetzungen bei dem Mitglied nicht mehr vorliegen, muss der kollektiven Koalitionsfreiheit des Verbands der Vorrang gebühren. Maßgeblich für die Interessenabwägung sind einerseits Schwere und Bedeutung der Pflichtverletzung für den Verband; andererseits die Nachteile, die der Ausschluss für das Mitglied zur Folge hätte.[561] Um die Schwere des Satzungsverstoßes zu beurteilen, sind die Stellung des Mitglieds in der Gewerkschaft, der Grad des Verschuldens und die zu Tage getretene verbandsfeindliche Einstellung in die Abwägung einzubeziehen.[562] Zu Gunsten des Mitglieds muss die Gewerkschaft insbesondere eine lange Mitgliedschaftsdauer und einen aktiven Einsatz für den Verband in der Vergangenheit berücksichtigen.[563]

Der Ausschluss setzt zudem voraus, dass keine weniger schweren Sanktionen die Verbandsinteressen wahren können; die Ausschließungsentscheidung ist nur als ultima ratio zulässig.[564] Eine mildere Sanktion kommt in Betracht, wenn diese nach der Verbandssatzung vorgesehen ist.[565] Oftmals regeln Gewerkschaftssatzungen die Möglichkeit der Rüge (auch Verwarnung oder Ermahnung) als insgesamt mildeste Vereinsstrafe.[566] Sie entfaltet für das Mitglied keinen unmittelbaren rechtlichen Nachteil, sondern hat ausschließlich mahnenden und somit präventiven Charakter.[567] Regelmäßig sehen Verbandssatzungen zudem den

---

559 Vgl. *Schmiegel*, Koalitionssatzungen, S. 171 f.; *Stöber/Otto*, Vereinsrecht, S. 480.

560 BGH vom 28.09.1972, AP Nr. 21 zu Art. 9 GG, unter IV. 1.

561 *Stöber/Otto*, Vereinsrecht, S. 480.

562 Vgl. zum Ausschluss von Vertrauensleuten BGH vom 25.03.1991, AP Nr. 3 zu § 25 BGB, unter II.; zum Verschulden OLG Frankfurt vom 22.08.2001, NZA-RR 2002, 531 (535); zur Berücksichtigung der verbandsfeindlichen Einstellung des Mitglieds *Schmiegel*, Koalitionssatzungen, S. 174.

563 BGH vom 25.03.1991, AP Nr. 3 zu § 25 BGB, unter II.; OLG Frankfurt vom 22.08.2001, NZA-RR 2002, 531 (535).

564 Vgl. OLG Frankfurt vom 22.08.2001, NZA-RR 2002, 531 (535).

565 Der Verband ist nicht berechtigt, eine satzungsmäßig nicht vorgesehene mildere Sanktion für den Einzelfall erst „*zu erfinden*" (*Sorge*, in: Baumann/Sikora, Vereinsrecht, S. 395).

566 So u. a. § 12 Ziff. 9. der Satzung (Stand Sep. 2015) von ver.di („*Rüge*"), § 7 Ziff. 3. der Satzung (Stand Nov. 2014) der GdP („*Ermahnung*") sowie § 10 Ziff. 1. lit. a) der Satzung (Stand Jan 2014) der NGG („*Verwarnung/Rüge*").

567 *Sorge*, in: Baumann/Sikora, Vereinsrecht, S. 395.

zeitweisen Ausschluss von gewerkschaftlichen Funktionen als mildere Sanktion vor, zusätzlich teilweise den Ausschluss von Versammlungen.[568]

d) Ausschluss aus wichtigem Grund durch Kündigung

Die Beendigung der Mitgliedschaft durch außerordentliche Kündigung ist ein Ausschluss aus wichtigem Grund. Sie setzt voraus, dass der Gewerkschaft die Fortsetzung der Mitgliedschaft nach Abwägung der beiderseitigen Interessen unzumutbar ist.

Ein wichtiger Grund, der zur außerordentlichen Kündigung berechtigt, liegt nicht automatisch vor, wenn der Verband einen solchen in seiner Satzung definiert. Die Satzung von UFO sieht beispielsweise einen Ausschluss des Mitglieds aus wichtigem Grund vor, der nach der Schiedsordnung *„insbesondere"* vorliegen soll bei schuldhafter und gröblicher Verletzung der gewerkschaftlichen Interessen, der Mitgliedschaft oder Betätigung in einer gegnerischen oder konkurrierenden Organisation sowie bei Beeinträchtigung der tarifpolitischen Gegnerfreiheit.[569] Ähnlich regelt die Satzung des Marburger Bundes einen Ausschluss aus wichtigem Grund *„insbesondere"* bei schwerem Satzungsverstoß oder schwerem gewerkschaftsschädigenden Verhalten.[570]

Derartige Satzungsregelungen können allenfalls Anhaltspunkt dafür sein, welche Bedeutung die verletzte Pflicht für die Gewerkschaft hat. Entscheidend ist auch für den Kündigungsausschluss eine einzelfallbezogene Abwägung der entgegenstehenden Interessen aus Art. 9 Abs. 3 GG unter Beachtung des ultima ratio Grundsatzes.[571]

IV. Ergebnis zu B.

Art. 9 Abs. 3 GG und das allgemeine Vereinsrecht begründen eine innerverbandliche Solidaritätspflicht gewerkschaftszugehöriger Arbeitnehmer. Die Gewerkschaftsmitglieder schulden Solidarität gegenüber dem Verband und den

568 Vgl. nur die Satzungen der IG BCE (§ 9 Ziff. 11., Stand Okt. 2013), der IG Metall (Anhang Nr. 3 A. zur Satzung Ziff. 11. lit. c) und d), Stand Jan. 2016) und der CGM (§ 10 Ziff. 5. lit. c), Stand Feb. 2016). Keinerlei Regelung zu milderen Sanktionsmitteln enthalten dagegen beispielsweise die Satzungen von GdF und GDL.

569 Vgl. § 5 Ziff. 10. der Satzung sowie § 2 Ziff. 2. der Schiedsordnung von UFO (Stand Okt. 2013).

570 Vgl. § 4 Ziff. 6. der Satzung des Marburger Bundes (Stand Mai 2016).

571 Zu den für die Interessenabwägung maßgeblichen Kriterien soeben B. III. 2. c), S. 133-135.

anderen Mitgliedern im Umfang ihrer vereinsrechtlichen Förderpflicht. Dies umfasst primär kollektivitätsorientierte Solidaritätspflichten im Auftrag der gemeinsamen Interessendurchsetzung. Zum Schutz vor schädigendem Verhalten bestehen zudem Loyalitätspflichten. Die in diesem Umfang rechtlich wirkende Solidaritätsverpflichtung kann der Verband gegenüber dem einzelnen Mitglied gerichtlich durchsetzen. Verstöße sind durch Maßnahmen des Vereinsstrafrechts sanktionsfähig und vermögen im Einzelfall auch einen Ausschluss aus dem Verband zu rechtfertigen.

C. Innerbetriebliche Solidarität

Die folgenden Ausführungen sollen sich mit der Frage auseinandersetzen, ob Arbeitnehmer innerbetrieblich wirkenden Solidaritätsverpflichtungen unterliegen.

I. Solidarität nach der Lehre der Betriebsgemeinschaft

Das BAG hat eine Solidarität der im selben Betrieb beschäftigten Arbeitnehmer lange Zeit auf die *„Lehre der Betriebsgemeinschaft“*[572] gestützt.

1. Personenrechtliches Gemeinschaftsverhältnis und Betriebsgemeinschaft

Die Lehre der Betriebsgemeinschaft ging von zwei Grundannahmen aus.

Zum einen fußte sie auf dem Verständnis, das Arbeitsverhältnis stelle kein reines Schuldverhältnis dar, wenngleich es mit schuldrechtlichen Elementen versehen sei.[573] Das Arbeitsverhältnis wurde als so genanntes *„personenrechtliches Gemeinschaftsverhältnis“* begriffen, das nicht auf vertraglichen Grundsätzen, sondern auf Treue und Fürsorge basieren und die Persönlichkeit des Arbeitnehmers in besonderer Weise erfassen sollte.[574] Das Arbeitsverhältnis begründete nach dieser Theorie eine besondere persönliche Beziehung zwischen

---

572 Zur Herleitung der Lehre der Betriebsgemeinschaft RG vom 06.02.1923, RGZ 106, 272 (275).

573 Umstritten war in diesem Zusammenhang die gänzliche Ablehnung des Schuldrechts oder dessen Geltung mit Abweichungen im Hinblick auf den postulierten Gemeinschaftscharakter des Arbeitsverhältnisses (vgl. *Hueck/Nipperdey*, Arbeitsrecht, S. 131 f.; *Nikisch*, Arbeitsrecht, S. 161 f.); eingehend dazu auch *Annuß*, ZfA 2004, 283 (302) m.w.N.

574 BAG vom 10.11.1955, AP Nr. 2 zu § 611 Beschäftigungspflicht; *Hueck/Nipperdey*, Arbeitsrecht, S. 129, 131; *Völker*, Solidarität, S. 14; mit zutreffenden Gegenargumenten *Annuß*, ZfA 2004, 283 (306 f.).

Arbeitgeber und Arbeitnehmer, die über den bloßen Leistungsaustausch hinausging.[575] Der Arbeitnehmer habe sich für die Interessen des Arbeitgebers und den Erfolg des Betriebs einzusetzen und gleichzeitig alles zu unterlassen, was für den Arbeitgeber oder den Betrieb schädlich ist.[576] Mit dieser allgemeinen Treueverpflichtung des Arbeitnehmers korrespondierte eine umfassende, als Fürsorgepflicht verstandene Treuepflicht des Arbeitgebers, die darauf ausgerichtet war, die Interessen des Arbeitnehmers zu wahren und zu schützen.[577]

Zudem ging man davon aus, dass Arbeitgeber und Arbeitnehmer innerhalb des Betriebs auch kollektiv in einem besonderen Verhältnis zueinander stünden. Die Verbindung des Arbeitgebers mit den Arbeitnehmern des Betriebs beruhe nicht alleine auf den Einzelarbeitsverträgen. Arbeitgeber und Arbeitnehmer fungierten vielmehr als betriebliche Produktionseinheit, die im gemeinsamen Zusammenwirken die Erträge des Betriebs erwirtschafteten.[578] Hierdurch seien alle Angehörigen des Betriebs in einer als rechtliche Gemeinschaft zu wertenden Betriebsgemeinschaft verbunden.[579]

2. *Anwendungsbereiche*

Das BAG hat die Lehre der Betriebsgemeinschaft vielfach herangezogen, um aus der mit ihr beschriebenen Sonderverbindung rechtliche Verpflichtungen der Arbeitnehmer abzuleiten. Die Rechtsprechung fokussierte sich dabei wesentlich auf zwei Anwendungsbereiche. Zum einen wertete das BAG die Betriebsgemeinschaft als Rechtfertigungsgrund für die Kürzung von Sonderzahlungen (dazu im Folgenden unter a)). Zum anderen stützte es seine Rechtsprechung zu Wegfall und Kürzung von Ruhegeldansprüchen lange Zeit auf dieses Konstrukt (dazu im Folgenden unter b)).

a) *Verlust von Gratifikationsansprüchen*

Die Lehre der Betriebsgemeinschaft hatte in der Rechtsprechung erhebliche Bedeutung für die Frage, ob der Arbeitgeber aus finanziellen Gründen berechtigt sein könne, durch betriebliche Übung entstandene Gratifikationsansprüche der Arbeitnehmer zu kürzen oder gar zu streichen.

---

575 *Hueck*, Treuegedanke, S. 13; *Hueck/Nipperdey*, Arbeitsrecht, S. 131.
576 BAG vom 17.10.1969, AP Nr. 7 zu § 611 BGB Treuepflicht, unter III. 3. a).
577 *Hueck/Nipperdey*, Arbeitsrecht, S. 129, 131.
578 RG vom 06.02.1923, RGZ 106, 272 (275).
579 *Kauffmann*, DB 1966, 33 (35); *Nikisch*, Arbeitsrecht, S. 250.

aa) Darstellung der Entscheidungen

Das Bundesarbeitsgericht vertrat die Auffassung, der Arbeitnehmer sei im Falle einer wirtschaftlichen Notlage des Unternehmens nach Treu und Glauben (§ 242 BGB) verpflichtet, auf eine Gratifikation zu verzichten, die zuvor durch betriebliche Übung begründet worden war. Der Zweite Senat stützte dieses Ergebnis im Jahr 1957 zunächst alleine auf die Treuepflicht des Arbeitnehmers aus dem personenrechtlichen Gemeinschaftsverhältnis mit dem Arbeitgeber.[580] Der Fünfte Senat schloss sich dieser Lösung über § 242 BGB im Jahr 1961 an,[581] ergänzte die Argumentation des Zweiten Senats im Jahr 1964 allerdings noch. Er verwies auf die Betriebsverbundenheit und Solidarität der Arbeitnehmer des Betriebs, die den einzelnen Mitarbeiter dazu verpflichte, Opfer im Interesse seiner Arbeitskollegen hinzunehmen.[582] Argumentationsgrundlage war ab diesem Zeitpunkt die Betriebsgemeinschaft als rechtliches Konstrukt, das eine solidarische Verpflichtung der Arbeitnehmer des Betriebs untereinander herbeiführen sollte.[583]

Zu den arbeitskampfrechtlichen Entscheidungen über die Fernwirkung von Arbeitskämpfen[584] unterschied sich diese Rechtsprechung dadurch, als das Argument der Betriebsgemeinschaft auf den konkreten Betrieb beschränkt war und keine Wirkungen außerhalb der betrieblichen Sphäre entfalten sollte.[585] Die Betriebsgemeinschaft verband ausschließlich die Arbeitnehmer des Betriebs zu einer Art Haftungsgemeinschaft, um den Bestand des Betriebs als unabkömmliche Lohngrundlage sicherzustellen. Das Solidaritätsverständnis des BAG war in diesem Kontext ein anderes. Im Fokus standen Rücksichtnahme und Zusammenhalt innerhalb des Betriebs als einer *geschlossenen Einheit*. Während eine

---

580 BAG vom 17.04.1957, AP Nr. 5 zu § 611 BGB Gratifikation, unter 2).

581 BAG vom 26.10.1961, AP Nr. 7 zu § 322 ZPO, unter 2.

582 BAG vom 18.12.1964, AP Nr. 51 zu § 611 BGB Gratifikation, unter I. 2. Bestätigend: *Hueck/Nipperdey*, Arbeitsrecht, S. 312; *Nikisch*, Arbeitsrecht, S. 411. *Gamillscheg*, in: FS Fechner, S. 135 (145) bezeichnet diese Solidaritätsverbindung der Arbeitnehmer im Betrieb als *„dritte Dimension"* des Arbeitsrechts neben den Beziehungen zwischen den Arbeitsvertragsparteien und der zwischen Arbeitgeber und Betriebsrat; a. A. insoweit *Kalb*, Betriebsrisikolehre, S. 72.

583 Laut *Röhsler*, in: Müller, JArbR Bd. 12 (1974), S. 107 (110) sei diese Annahme nicht zu beanstanden, da Solidarität im betrieblichen Raum evident, zumindest aber nachweisbar sei; in diese Richtung auch *Nicolai*, Streikarbeit, S. 71.

584 Dazu A. I., S. 69-78.

585 *Joussen*, RdA 2007, 328 (329) unter ausdrücklichem Hinweis darauf, dass die Betriebsgemeinschaft Folgen alleine für die im Betrieb tätigen Personen haben konnte.

Solidarität innerhalb der Arbeitnehmerschaft wie auch in Gewerkschaften auf eine Geschlossenheit nach außen gegenüber Dritten abzielte, lag der Fokus für eine Solidarität innerhalb des Betriebs darauf, Geschlossenheit nach innen herzustellen. Die Verpflichtung der Arbeitnehmer sollte einer Reziprozitäts- bzw. Gemeinschaftssolidarität entsprechen, deren Berechtigung an die wechselseitige Beziehung der Arbeitnehmer im Betrieb anknüpft.

bb) Stellungnahme: Unzulässige Rechtsfortbildung

Der Wegfall von Gratifikationsansprüchen kann nicht mit einer rechtlich wirkenden Betriebsgemeinschaft und daraus resultierender Solidarität aller Arbeitnehmer des Betriebs begründet werden. Die Rechtsprechung ist als unzulässige Rechtsfortbildung extra legem zu bewerten.

Das BAG hat sich zu keinem Zeitpunkt mit der Frage befasst, ob und inwieweit das bestehende Gesetzesrecht, auch zum damaligen Zeitpunkt, Anknüpfungspunkte für eine solidarische Verbindung der Arbeitnehmer innerhalb des Betriebs zur Verfügung stellt. *Biedenkopf* weist zutreffend darauf hin, dass das Betriebsverfassungsrecht eine derartige Interessengemeinschaft zwischen Arbeitgeber und Arbeitnehmern nicht begründen kann.[586] Die betriebsverfassungsrechtliche Mitbestimmung dient ausschließlich der Wahrung von Arbeitnehmerinteressen durch den Betriebsrat als Repräsentationsorgan. Dessen Mitbestimmungsrechte sind stets auf konkrete Tatbestände begrenzt. Sie führen nicht zu einer umfassenden Beteiligung der Arbeitnehmer an der Leitung des Betriebs, die es gerechtfertigt erscheinen ließe, die Arbeitnehmer auch für die wirtschaftlichen Risiken der Betriebsführung einstehen zu lassen.[587]

Darüber hinaus ist schwerlich zu begründen, wie sich die Lehre der Betriebsgemeinschaft widerspruchsfrei in das rechtliche Gesamtsystem einfügen sollte. Das Argument der Betriebsgemeinschaft schafft einen rechtlichen Kollektivtatbestand. Die fiktive Verbindung der betriebszugehörigen Arbeitnehmer war nach Auffassung des BAG geeignet, Eingriffe in die Vertragsverhältnisse zu rechtfertigen und individualrechtliche Ansprüche der Arbeitnehmer zu revidieren. Die Rechtsprechung ermöglichte dadurch die Umgestaltung des Arbeitsvertrages unabhängig vom Willen des Arbeitnehmers und insbesondere ohne Abschluss eines Änderungsvertrages. Dieses Ergebnis lässt sich mit den Grundregeln des Schuldrechts nicht in Einklang bringen.[588]

---

586 *Biedenkopf*, Betriebsrisikolehre, S. 15.

587 *Biedenkopf*, Betriebsrisikolehre, S. 15.

588 So inzwischen auch LAG Hamm vom 13.09.2004, LAGE § 313 BGB 2002 Nr. 1, unter I. 3. mit der Klarstellung, dass weder ein allgemeiner kollektiv begründeter

Zudem kann der Arbeitgeber im Falle einer wirtschaftlichen Notlage seit dem Jahr 1969 auf das Mittel der Änderungskündigung zurückgreifen, um eine einseitige Umgestaltung der Vertragsbedingungen zu erreichen.[589] Die Existenz dieses Regelungsinstruments steht einer richterlichen Rechtsfortbildung ebenfalls entgegen. Spätestens seit der Möglichkeit einer Änderungskündigung bestand keine rechtliche Regelungslücke mehr, zu deren Ausfüllung es der richterlichen Rechtsfortbildung bedurft hätte.[590]

Vielmehr noch greift die rechtsfortbildende Lösung des BAG in das abgestimmte System des Schuldrechts ein. Die Anforderungen, die § 2 KSchG an die Rechtmäßigkeit von Änderungskündigungen stellt, sind gewollt hoch. Es handelt sich um eine Kündigung verbunden mit dem gleichzeitigen Angebot, das Arbeitsverhältnis unter geänderten Vertragsbedingungen fortzusetzen. Der Arbeitnehmer hat die Möglichkeit, die Änderung der Vertragsbedingungen abzulehnen, sie endgültig zu akzeptieren oder die Änderung unter dem Vorbehalt ihrer sozialen Rechtfertigung anzunehmen.[591] Die Wirkung der Änderungskündigung ist von dieser Reaktion des Arbeitnehmers abhängig. Zu einer wirksamen Änderung der Arbeitsbedingungen kommt es nur bei endgültiger Annahme der Änderung oder gerichtlicher Feststellung, dass eine unter Vorbehalt angenommene Änderung sozial gerechtfertigt ist.[592] Der Arbeitgeber hat nicht die Macht, die Vertragsbedingungen einseitig beliebig umzugestalten. Gerade die soziale Rechtfertigung von Änderungen im Vergütungsbereich unterliegt nach der Rechtsprechung einem strengen Maßstab.[593] Die hohen

---

Grundsatz der Solidarität noch die Annahme einer solidarischen Betriebsgemeinschaft als Rechtsgrundlage für eine Beschränkung arbeitsvertraglicher Ansprüche herangezogen werden können.

589 *Linck*, in: von Hoyningen-Huene/Linck, KSchG, § 2 Rn. 1; *Rost/Kreft*, in: KR, § 2 KSchG Rn. 1.

590 Auch das LAG Hamm gelangt in einem Urteil vom 13.09.2004, LAGE § 313 BGB 2002 Nr. 1, unter I. 3. zu dem Ergebnis, dass die nach dem gegenwärtigen Stand der Arbeitsrechtsdogmatik ausreichenden gesetzlich geregelten Rechtsinstitute einen Rückgriff auf allgemeine Rechtsgedanken wie Treu und Glauben, Solidarität oder Treuepflicht verwehren.

591 *Rachor*; in: Thüsing/Laux/Lembke, KSchG, § 2 Rn. 64.

592 *Linck*, in: von Hoyningen-Huene/Linck, KSchG, § 2 Rn. 93, 100; *Rachor*; in: Thüsing/Laux/Lembke, KSchG, § 2 Rn. 64 f.

593 Nach BAG vom 20.08.1998, AP Nr. 50 zu § 2 KSchG 1969, unter II. 1. d) sowie BAG vom 12.01.2006, AP Nr. 82 zu § 2 KSchG 1969, unter II. 1. b) liegen dringende betriebliche Gründe zur Rechtfertigung einer Entgeltkürzung durch Änderungskündigung nur vor, wenn durch Senkung der Personalkosten die Stilllegung des Betriebs oder die Reduzierung der Belegschaft verhindert werden soll und kann, wenn andere

Anforderungen, denen eine Änderungskündigung gerecht werden muss, kann der Arbeitgeber auch nicht durch Ausspruch einer Teilkündigung umgehen. Eine Teilkündigung des Arbeitsvertrages, die darauf abzielt, unter Aufrechterhaltung des Arbeitsverhältnisses einzelne Ansprüche des Arbeitnehmers aufzuheben, ist stets unzulässig.[594]

Dieses gesetzliche Regelungssystem darf nicht umgangen werden, indem man über § 242 BGB die einseitige Umgestaltung der Vertragsbedingungen ohne Ausspruch einer Änderungskündigung ermöglicht. Die frühere Rechtsprechung des BAG entspricht in ihrer rechtlichen Wirkung einer unzulässigen Teilkündigung des Arbeitsverhältnisses. Sie greift ungerechtfertigt in das Äquivalenzsystem des ausgehandelten Arbeitsvertrages ein.[595] Denn vergleichbar einer Teilkündigung befähigte die damalige Rechtsprechung den Arbeitgeber dazu, sich seiner Vertragsbindung zu entziehen, ohne gleichzeitig den Bestand des Arbeitsverhältnisses in Frage stellen zu müssen. Diese Möglichkeit billigt § 2 KSchG dem Arbeitgeber aber gerade nicht zu.[596]

cc) Weiterentwicklung der Rechtsprechung

Das BAG hat seine frühere Rechtsprechung zwar nicht ausdrücklich verworfen, sie aber auch nicht mehr bestätigt.

In einer Entscheidung aus dem Jahr 2002 hat der Zweite Senat einschränkend formuliert, dass ein Ausschluss von Ansprüchen aus betrieblicher Übung nach § 242 BGB nur in *„seltenen extremen Ausnahmefällen"* möglich sei.[597] Das durch den Arbeitgeber angeführte Solidaritätsargument, gestützt auf die vormalige Rechtsprechung, verwarf der Zweite Senat. Der Arbeitnehmer sei wegen des Grundsatzes der Vertragsfreiheit rechtlich nicht verpflichtet, eine

---

Möglichkeiten zur Kostensenkung nicht bestehen. Dies setze regelmäßig einen umfassenden Sanierungsplan voraus.

594 BAG vom 07.10.1982, AP Nr. 5 zu § 620 BGB Teilkündigung, unter III. 1. a); *Rost/Kreft*, in: KR, § 2 KSchG Rn. 87.

595 Vgl. BAG vom 07.10.1982, AP Nr. 5 zu § 620 BGB Teilkündigung, unter III. 1. a).

596 LAG Hamm vom 13.09.2004, LAGE § 313 BGB 2002 Nr. 1, unter I. 3. d) weist zudem auf das Institut der Störung der Geschäftsgrundlage nach § 313 BGB hin, das deshalb nicht zur Anwendung gelangen kann, da die fehlende Leistungsfähigkeit des Schuldners grundsätzlich alleine dem Risikobereich des Schuldners zuzuordnen ist.

597 BAG vom 07.11.2002, AP Nr. 100 zu § 615 BGB (Gegenstand der Entscheidung waren tarifliche Ansprüche des Arbeitnehmers auf eine Leistungszulage, Mehrarbeitszuschläge, bezahlte Heimfahrten, Kilometergeld, Sonderurlaub und Kilometerpauschale).

verschlechternde vertragliche Vereinbarung zu unterzeichnen, nur, weil eine erhebliche Mehrheit der Arbeitnehmer des Betriebs eine solche Vereinbarung mit dem Arbeitgeber abschließe.[598]

b) Kürzung und Wegfall von Ruhegeldzahlungen

Ein weiterer Anwendungsbereich der Betriebsgemeinschaftslehre betraf die Frage nach dem Wegfall von Ruhegeldansprüchen bei wirtschaftlicher Notlage des Arbeitgebers. Im Gegensatz zur Gratifikationsproblematik waren keine Ansprüche gegenwärtiger Mitarbeiter, sondern solche von ehemaligen, bereits pensionierten Arbeitnehmern des Betriebs betroffen.

aa) Darstellung der Rechtsprechung

Zweiter und Dritter Senat des BAG werteten die Leistungsfähigkeit des Unternehmens als Geschäftsgrundlage der Versorgungszusage, da die betriebliche Altersversorgung aus den Erträgen des Unternehmens geleistet werde. Wegen der fortbestehenden Verbundenheit mit dem Unternehmen und der Solidarität mit den übrigen Arbeitnehmern und Pensionären müsse ein Ruheständler nach § 242 BGB vollständig oder teilweise auf das zugesagte Ruhegeld verzichten, wenn der Arbeitgeber seine wirtschaftliche Leistungsfähigkeit verliert.[599] Das Recht, Zahlungen zu verweigern, gestand der Dritte Senat dem Arbeitgeber unabhängig von einem vereinbarten Widerrufsvorbehalt auch bei vorbehaltloser Versorgungszusage zu.[600]

Eine ausdrückliche Begründung für diese Solidarität und die daraus abgeleitete Verpflichtung zum Verzicht blieb der Senat schuldig. Ebenso lassen die Entscheidungen eine Klarstellung dazu vermissen, ob der Senat das Solidaritätsargument aus einer Erweiterung der Betriebsgemeinschaft auf die früher

---

598 BAG vom 07.11.2002, AP Nr. 100 zu § 615 BGB.

599 Zum Ganzen: erstmals BAG vom 10.05.1955, AP Nr. 2 zu § 242 BGB Ruhegehalt; BAG vom 05.11.1965, AP Nr. 104 zu § 242 BGB Ruhegehalt, unter I. 3.; BAG vom 10.12.1971, AP Nr. 154 zu § 242 Ruhegehalt, unter III. 2.; BAG vom 14.12.1978, AP Nr. 2 zu § 7 BetrAVG, unter 1. a) und 2. bei ausdrücklicher Aufrechterhaltung der Rechtsprechung auch nach Inkrafttreten des BetrAVG. Die Entscheidungen argumentierten mit dem Wegfall der Geschäftsgrundlage als damaligen Anwendungsfall von § 242 BGB (vor Inkrafttreten von § 313 BGB, vgl. dazu auch *Finkenauer*, in: MüKo BGB, § 313 Rn. 23 f.).

600 Vgl. hierzu BAG vom 10.12.1971, AP Nr. 154 zu § 242 Ruhegehalt, unter III. 2. zu einem Fall, in dem ein Widerrufsvorbehalt zwar in einer Pensionsordnung vereinbart, auf den betroffenen Arbeitnehmer jedoch nicht anwendbar war.

betriebsangehörigen Pensionäre herleitete oder von einer zusätzlichen *Solidaritätsdimension* ausging.

Von 1974 bis 1998 fand die Rechtsprechung eine gesetzliche Verankerung in § 7 Abs. 1 S. 3 Nr. 5 BetrAVG, der eine Widerrufsmöglichkeit des Arbeitgebers wegen wirtschaftlicher Notlage anerkannte.[601] Die gesetzliche Regelung legitimierte den Wegfall des Ruhegeldes, stützte aber im eigentlichen Sinne nicht die Argumentation des Dritten Senats. § 7 Abs. 1 S. 3 Nr. 5 BetrAVG glich den Widerruf des Arbeitgebers dadurch aus, dass der Träger der Insolvenzsicherung finanziell eintreten sollte.[602] Es ging bei dieser Gesetzesvorschrift damit keineswegs um Solidaritätserwägungen.

Nach Streichung der genannten Vorschrift des Betriebsrentenrechts ließ der Dritte Senat die daraus resultierenden Folgen in zwei Entscheidungen aus dem Jahr 2000 noch offen.[603] Im Jahr 2003 folgte die ausdrückliche Abkehr von der früheren Rechtsprechung. Der Senat betonte, dass die Begründung eines Rentenverzichts durch Rückgriff auf § 313 BGB nicht zulässig sei.[604]

bb) Stellungnahme: Unzulässige Rechtsfortbildung

Der Rechtsprechungsänderung ist uneingeschränkt zuzustimmen. Das Solidaritätsargument, das die Senate zur Begründung eines Wegfalls der Geschäftsgrundlage herangezogen haben, lässt sich mit den Regelungen des allgemeinen Schuldrechts nicht in Einklang bringen und bewegt sich im Bereich unzulässiger Rechtsfortbildung.

Kürzung und Wegfall von Ruhegeldansprüchen können nicht über § 313 BGB legitimiert werden.[605] Diese Lösung beachtet den Vorrang des

---

601 Betriebsrentengesetz vom 19. Dezember 1974, BGBl. I S. 3610.

602 Der Eintritt des Pensions-Sicherungs-Vereins (PSV) sicherte so unverfallbare Ansprüche der Arbeitnehmer (vgl. *Boemke*, RdA 2010, 10 (11); *Völker*, Solidarität, S. 50).

603 BAG vom 25.01.2000, 3 AZR 853/98, VersR 2001, 484 (486) sowie vom selben Datum 3 AZR 862/98, juris, Rn. 27.

604 BAG vom 17.06.2003, AP Nr. 24 zu § 7 BetrAVG Widerruf, unter II. 3. b). Vgl. auch bereits die ausdrückliche Aussage in BT-Drs. 12/3803, S. 110, dass ein Widerruf wegen wirtschaftlicher Notlage nach Streichung von § 7 Abs. 1 S. 3 Nr. 5 BetrAVG arbeitsrechtlich nicht mehr zulässig ist; a. A. insoweit *Boemke*, RdA 2010, 10 (14), der weiterhin ein Widerrufsrecht wegen Störung der Geschäftsgrundlage annimmt.

605 Dies gilt unabhängig davon, ob man den Wegfall der Geschäftsgrundlage auf § 242 BGB oder seit der Schuldrechtsreform auf § 313 BGB stützt. Die ausdrückliche Normierung des Wegfalls der Geschäftsgrundlage hat die Voraussetzungen des Rechtsinstituts nicht verändert (vgl. *Teichmann*, in: Soergel, BGB, § 313 Rn. 4).

Vertragsrisikos nicht ausreichend. Die Folgen einer vertraglichen Störung hat grundsätzlich die Partei zu tragen, deren Risikobereich sie zuzuordnen ist.[606] Das Rechtsinstitut der Störung der Geschäftsgrundlage greift in dieses System nur im Ausnahmefall ein. Es ist ausschließlich für Fälle konzipiert, in denen die allgemeine Risikoverteilung nicht interessengerecht ist, weil die Parteien das verwirklichte Risiko bei Vertragsschluss nicht realistisch einschätzen konnten. Das ist besonders dann relevant, wenn sich die tatsächlichen oder rechtlichen Umstände nach Vertragsschluss durch äußere Einflüsse in unvorhergesehener Weise gegenüber den Annahmen der Vertragsparteien verändern.[607]

Die eigene finanzielle Leistungsfähigkeit fällt grundsätzlich in den Risikobereich des Schuldners und kann daher nicht Geschäftsgrundlage eines Vertrages werden.[608] Wird der Schuldner aufgrund von Umständen, die nach Vertragsschluss eintreten, zahlungsunfähig, führt dieser Umstand dementsprechend nicht zum Wegfall der Geschäftsgrundlage im Sinne von § 313 BGB. Der Schuldner bleibt verpflichtet, die vertragliche Leistung zu erbringen.

Eine Ausnahme hiervon wird teilweise für Extremfälle wirtschaftlicher Not oder Existenzgefährdung diskutiert.[609] *Teichmann* weist gleichwohl auch für derartige Extremfälle zu Recht darauf hin, dass die Existenzgefährdung auf äußerlichen Umständen beruhen muss, die gerade nicht der Risikosphäre einer Partei zuzuordnen sind.[610] Der reine Verlust finanzieller Leistungsfähigkeit ist dafür nicht ausreichend. Eine Ausnahme für Fälle der Existenzgefährdung anzuerkennen würde zudem mehr Probleme schaffen als lösen. Unklar wäre bereits, wann die Schwelle zu einem Extremfall wirtschaftlicher Not überschritten ist. Die Verteilung des Vertragsrisikos darf nicht dadurch unterlaufen werden, dass man dem Arbeitgeber richterrechtlich die Möglichkeit eröffnet, sich in finanzieller Notlage von einer Ruhegeldzusage zu lösen. Das hierzu von der früheren Rechtsprechung herangezogene Solidaritätsargument ist mit den Grundsätzen des allgemeinen Schuldrechts nicht vereinbar.

---

606 *Grüneberg*, in: Palandt, BGB, § 313 Rn. 19.

607 Vgl. zu den tatbestandlichen Voraussetzungen im Einzelnen *Finkenauer*, in: MüKo BGB, § 313 Rn. 54 ff.

608 *Finkenauer*, in: MüKo BGB, § 313 Rn. 223; *Grüneberg*, in: Palandt, BGB, § 313 Rn. 30.

609 Vgl. *Teichmann*, in: Soergel, BGB, § 313 Rn. 88.

610 *Teichmann*, in: Soergel, BGB, § 313 Rn. 88.

3. *Absage an eine rechtlich wirkende Betriebsgemeinschaft*

Die obigen Ausführungen belegen, dass an einer Solidarität abgeleitet aus der Lehre der Betriebsgemeinschaft nicht mehr festgehalten werden kann.[611]

Der Abkehr von der früheren Rechtsprechung ist auch jenseits der Problematik richterlicher Rechtsfortbildung im Hinblick auf das Konstrukt der Betriebsgemeinschaft beizupflichten. Eine mit rechtlichen Wirkungen ausgestaltete Betriebsgemeinschaft unterstellt eine Bündelung paralleler Interessen von Arbeitgeber und Arbeitnehmern zur Verfolgung gemeinschaftlicher Ziele. Tatsächlich ist die Annahme einer derart übereinstimmenden Interessenlage nicht nur eine Unterstellung, sondern gar reine Utopie.

Das Verhältnis des Arbeitgebers zu den Arbeitnehmern des Betriebs ist nicht primär durch einen *Kollektivwillen* zur gemeinsamen Zielerreichung geprägt, sondern im Gegenteil durch eine Interessenkollision. Einen Interessengleichlauf zwischen Arbeitgeber und Arbeitnehmern, den die Lehre der Betriebsgemeinschaft unterstellt, gibt es nicht. Die typischerweise gegensätzlichen Interessen von Arbeitgeber und Arbeitnehmern in Einklang zu bringen, ist gerade Aufgabe des Arbeitsrechts.

II. Ableitung aus Rechtsnormen

Da innerbetriebliche Solidarpflichten der Arbeitnehmer nicht als Ergebnis zulässiger richterlicher Rechtsfortbildung anzuerkennen sind, können sie nur bei Verankerung in normativen Vorschriften bestehen.

Dafür ist zunächst zu fragen, in welchem Verhältnis die Arbeitnehmer innerhalb des Betriebs zueinander stehen. Als Einzelpersonen sind sie auf Grundlage ihres jeweiligen Arbeitsvertrags zur Arbeitsleistung verpflichtet; in der Gruppe erlangen sie Bedeutung als Belegschaft des Betriebs (dazu im Folgenden unter 1.). Die anschließenden Ausführungen sollen klären, ob § 1 Abs. 3 KSchG (dazu im Folgenden unter 2.), § 3 Abs. 2 TVG (dazu im Folgenden unter 3.) oder § 105 Abs. 1 SGB VII (dazu im Folgenden unter 4.) solidarische Verpflichtungen dieses Personenkreises begründen.

---

611 a. A. *Nicolai*, Streikarbeit, S. 71, die ein Festhalten an der Rechtsprechung des BAG darauf stützt, dass ein Gemeinschaftsbewusstsein der Arbeitnehmer im Betrieb jedenfalls nicht schlechthin geleugnet werden könne.

1. Belegschaft als tatsächliche Gemeinschaft mit arbeitsrechtlicher Relevanz

Ein einheitlicher arbeitsrechtlicher Begriff der *Belegschaft* existiert nicht. Die weitreichendste Definition versteht sie als Gesamtheit der im Betrieb tätigen Arbeitnehmer.[612] Andere fassen als Belegschaft die Arbeitnehmerschaft eines Betriebs im Ganzen oder Teile von ihr auf.[613] *Bergwitz* schließlich beschreibt den Begriff einer „*betriebsverfassungsrechtlichen Belegschaft*“, die alle beteiligungsberechtigten Arbeitnehmer des Betriebs vereint.[614]

a) Die betriebsverfassungsrechtliche Belegschaft

Tatsächlich ist es sinnvoll, zwischen einem Belegschaftsverständnis der Betriebsverfassung und außerhalb des BetrVG zu differenzieren. Der Belegschaft im betriebsverfassungsrechtlichen Sinne können nur Personen angehören, mit deren Interessenwahrnehmung der Betriebsrat betraut ist.[615] Diesen Personenkreis definiert § 5 Abs. 1 BetrVG. Über den allgemeinen arbeitsrechtlichen Arbeitnehmerbegriff hinaus erfasst die Belegschaft im Betriebsverfassungsrecht auch Auszubildende, Heimarbeiter sowie Beamte und Soldaten, die einem Betrieb zur Beschäftigung zugewiesen sind.[616] Gleichzeitig schließt § 5 Abs. 2 bis 4 BetrVG bestimmte Personen vom Geltungsbereich des BetrVG aus, obwohl sie Arbeitnehmereigenschaft haben.

Dieses Verständnis einer betriebsverfassungsrechtlichen Belegschaft wird durch weitere Vorschriften bestätigt, so insbesondere in § 15 Abs. 2 BetrVG und § 42 BetrVG.

§ 15 Abs. 2 BetrVG sieht für die Zusammensetzung des Betriebsrats einen besonderen Schutz des in der Belegschaft als Minderheit vertretenen Geschlechts vor. Maßgeblich für die Geschlechterquote ist der Personenkreis, den der Betriebsrat repräsentiert. Zur Bestimmung des Minderheitsgeschlechts sind daher sämtliche betriebsangehörigen Arbeitnehmer zu berücksichtigen; ausgeschlossen sind Personen nach § 5 Abs. 2 BetrVG sowie leitende Angestellte.[617]

---

612 *Wiese*, in: GK-BetrVG, Einl. Rn. 110.

613 *Von Hoyningen-Huene*, in: MüArbR, § 212 Rn. 18; *Wedde*, in: Däubler et. al., BetrVG, Einl. Rn. 107.

614 *Bergwitz*, Betriebsrat, S. 354.

615 *Raab*, in: GK-BetrVG, § 5 Rn. 7; vgl. auch die Ausführungen in BT-Drs. 14/5741, S. 36 linke Spalte.

616 *Raab*, in: GK-BetrVG, § 5 Rn. 11.

617 *Kreutz/Jacobs*, in: GK-BetrVG, § 15 Rn. 18; zur Verfassungsmäßigkeit von § 15 Abs. 2 BetrVG vgl. BAG vom 16.03.2005, AP Nr. 3 zu § 15 BetrVG 1972.

§ 42 BetrVG regelt die Betriebsversammlung als spezifische Institution zur Aussprache zwischen Betriebsrat und Belegschaft.[618] Sie ist die Erscheinungsform, in der die Belegschaft unmittelbar auftritt und besteht nach § 42 Abs. 1 BetrVG aus den Arbeitnehmern des Betriebs.[619] Gemeint sind auch hier die Arbeitnehmer im Sinne von § 5 Abs. 1 BetrVG.[620] Dieses Verständnis ist interessengerecht. Eine Beteiligung an der Betriebsversammlung ist nur relevant, wenn der Betriebsrat die Interessen der jeweiligen Personen auch wahrzunehmen hat.

b) Das Belegschaftsverständnis abseits des Betriebsverfassungsrechts

Den Begriff der Belegschaft außerhalb der betriebsverfassungsrechtlichen Sphäre haben Rechtsprechung und Literatur bisher weder eingehend thematisiert noch eine konsequente Differenzierung vorgenommen.

Richtigerweise müssen abweichende Parameter gelten. Jenseits des BetrVG ist alleine der allgemeine arbeitsrechtliche Arbeitnehmerbegriff maßgeblich, so dass insbesondere auch leitende Angestellte als Teil der Belegschaft zu betrachten sind. Problematisch ist die Berücksichtigung von Personen, die im Betrieb tätig werden ohne Arbeitnehmer zu sein, wie dies beispielsweise bei Auszubildenden, Praktikanten oder Ein-Euro-Jobbern der Fall ist.[621] Zudem stellt sich die Frage, ob Fremdfirmen-Mitarbeiter wie vor allem Leiharbeitnehmer einzubeziehen sind, die Tätigkeiten im Betrieb verrichten. Gelegentlich wird insoweit von einer Aufspaltung in *„Stammbelegschaft“* und *„Fremdbelegschaft“* gesprochen.[622] Während der Begriff Stammbelegschaft den Personenkreis meint, der auf arbeitsvertraglicher Grundlage mit dem Betriebsinhaber tätig wird, bezieht sich Fremdbelegschaft auf jede Form der Fremdfirmentätigkeit.

Das BAG verwendet zudem bisweilen den Begriff *„Gesamtbelegschaft“*, allerdings unsystematisch und weitgehend synonym zu dem eben definierten Begriff

618 BAG vom 05.12.2012, AP Nr. 81 zu § 5 BetrVG 1972, unter B. I. 2.

619 *Annuß*, in: Richardi, BetrVG, Vorb. § 42 Rn. 1 f., der die Betriebsversammlung zutreffend als *„Versammlung der Belegschaft“* bezeichnet.

620 *Löwisch/Kaiser*, BetrVG, § 42 Rn. 12. § 42 BetrVG sieht daneben auch die Möglichkeit von Teilversammlungen und Abteilungsversammlungen vor.

621 Das Berufsausbildungsverhältnis ist nach der Rechtsprechung des BAG kein Arbeitsverhältnis, vgl. BAG vom 21.09.2011, AP Nr. 86 zu § 14 TzBfG, unter A. III. 1; zur Abgrenzung von Arbeits- und Praktikantenverhältnis LAG Köln, NZA-RR 2006, 525 (525 f.); zur Qualifizierung von sog. Ein-Euro-Jobs BAG vom 08.11.2006, AP Nr. 89 zu § 2 ArbGG 1979, unter III. 2. b).

622 Vgl. zu dieser Differenzierung *Deinert*, in: RdA 2014, 65–77.

der Stammbelegschaft.[623] Richtigerweise ist Gesamtbelegschaft so zu verstehen, dass sie als weitester Terminus beide Belegschaftsteile (Stamm- und Fremdbelegschaft) wie auch alle anderen ohne arbeitsvertragliche Grundlage mit dem Betriebsinhaber tätigen Personen umfasst. Einzige Voraussetzung für die Zugehörigkeit zur Gesamtbelegschaft ist dann die tatsächliche Tätigkeit im Betrieb.

c) Bedeutung und Stellung der Belegschaft

Welche Bedeutung die Belegschaft in ihren unterschiedlichen Ausprägungen hat, ist nicht abschließend geklärt.

Der hier als Stammbelegschaft verstandene Personenkreis existiert alleine durch die Begründung von Arbeitsverhältnissen mit dem Betriebsinhaber und hat als Gesamtheit keine eigenständige rechtliche Bedeutung. Die in diesem Sinne verstandene Belegschaft ist selbst weder Träger von Rechten und Pflichten noch hat sie organisatorische Eigenständigkeit.[624] Auch *Bergwitz* stellt insoweit zutreffend klar, dass eine Belegschaft, die als Gesamtheit sämtlicher im Betrieb beschäftigter Arbeitnehmer verstanden wird, als soziale Realität losgelöst von rechtlichen Vorschriften besteht.[625] Es handelt sich bei der Stammbelegschaft damit um eine rein tatsächliche Gemeinschaft ohne rechtlichen Charakter.[626] Das bedeutet zugleich, dass auch zwischen den einzelnen Arbeitnehmern als Gliedern der Stammbelegschaft keinerlei rechtliche Beziehung besteht.[627]

Streitig ist, ob für die betriebsverfassungsrechtlich formierte Belegschaft Abweichendes gelten muss. Ausgangspunkt der Überlegungen ist, dass die Betriebsverfassung die Belegschaft zum Zwecke betrieblicher Mitbestimmung rechtlich verfasst.[628] Das wirft die Frage auf, ob die Funktion, die das BetrVG der Belegschaft zuteilwerden lässt, rechtlicher Natur ist.[629] Der Streit fokussiert sich

---

623 Vgl. beispielsweise BAG vom 22.01.2004, AP Nr. 1 zu § 112 BetrVG 1972 Namensliste (Personalabbau als Betriebseinschränkung i.S.v. § 111 BetrVG); BAG vom 22.07.2010, AP Nr. 2 zu § 22 AGG (geschlechtsbezogene Diskriminierung bei Beförderung).

624 Die Stammbelegschaft ist kein taugliches Rechtssubjekt (vgl. *Bork*, AT, S. 66, 124).

625 *Bergwitz*, Betriebsrat, S. 354.

626 *Richardi*, in: Ders., BetrVG, Einl. Rn. 97.

627 a. A. *Fischer*, Arbeitnehmersolidarität, S. 86, der ein *„durch Arbeitgebernorm geprägtes Schuldverhältnis"* zwischen den betriebsangehörigen Arbeitnehmern angenommen hat.

628 Vgl. *Richardi*, in: Ders., BetrVG, Einl. Rn. 96.

629 Die unterschiedlichen Auffassungen dazu erstreckten sich von einer Qualifizierung der Belegschaft als körperschaftlicher Verband, juristische (Teil-)Person, Rechtsgemeinschaft i.S.d. §§ 741 ff. BGB, schlichte Rechtsgemeinschaft bis zur rein tatsächlichen Gemeinschaft, vgl. dazu eingehend *Bergwitz*, Betriebsrat, S. 290 ff.

heute maßgeblich auf die Frage, ob die betriebsverfassungsrechtliche Belegschaft eine Gemeinschaft im rechtlichen Sinne[630] oder mit der überwiegenden Ansicht eine rein tatsächliche Gemeinschaft[631] darstellt.

Die vorherrschende Auffassung erkennt insoweit zutreffend, dass auch das Betriebsverfassungsrecht der Belegschaft letztlich nicht zu einer rechtlich verselbstständigten Form verhilft.[632] Die Belegschaft hat nach ihrer Stellung in der Betriebsverfassung keine Organisation, die eine einheitliche Willensbildung ermöglichen würde.[633] Ihre Interessen gegenüber dem Arbeitgeber nimmt alleine der Betriebsrat aus eigenem Recht wahr.[634]

Anderes folgt auch nicht aus dem Institut der Betriebsversammlung. Sie ist als besondere Erscheinungsform der Belegschaft nicht mit dieser gleichzusetzen und stellt keine organisatorische Verselbstständigung der Belegschaft im betriebsverfassungsrechtlichen Sinne dar.[635] Die Belegschaft entsteht alleine durch die betriebsverfassungsrechtliche Zuordnung der Personen zu demselben Betrieb. Wenig stringent erscheint daher die Annahme *Bergwitz*, dass die Aufnahme in die betriebsverfassungsrechtliche Belegschaft nicht automatisch erfolge, sondern den Abschluss von Arbeitsverträgen voraussetze.[636] Denn die Belegschaft im betriebsverfassungsrechtlichen Sinne erfasst nach § 5 Abs. 1 BetrVG gerade auch Personen, die nicht auf Grundlage eines Arbeitsvertrages im Betrieb tätig werden. Die Zuordnung zum Betrieb erfolgt auf Grundlage der Regelungen des BetrVG zwangsläufig, ohne dass der Einzelne sich dem erwehren könnte. Auch die betriebsverfassungsrechtlich formierte Belegschaft verbleibt daher auf der Ebene einer rein tatsächlichen Personengesamtheit.

d) Schlussfolgerung und Fortgang der Untersuchung

Solidarische Verpflichtungen zwischen Arbeitnehmern des Betriebs stehen nicht im betriebsverfassungsrechtlichen Kontext, sondern betreffen das allgemeine arbeitsrechtliche Belegschaftsgefüge. Für die weitere Untersuchung soll daher die Stammbelegschaft maßgeblich sein, verstanden als Gesamtheit aller

630 Vgl. *Bergwitz*, Betriebsrat, S. 355; *Hueck/Nipperdey*, Arbeitsrecht, S. 1090 jeweils m.w.N.

631 Vgl. *Fitting*, BetrVG, § 1 Rn. 188; *von Hoyningen-Huene*, in: MüArbR, § 212 Rn. 18; *Richardi*, in: Ders., BetrVG, Einl. Rn. 88 ff.; *Joussen*, RdA 2007, 328 (330)).

632 *Fitting*, BetrVG, § 1 Rn. 188.

633 *Von Hoyningen-Huene*, in: MüArbR, § 212 Rn. 18.

634 *Richardi*, in: Ders., BetrVG, Einl. Rn. 97.

635 *Annuß*, in: Richardi, BetrVG, Vorb. § 42 Rn. 2.

636 Vgl. *Bergwitz*, Betriebsrat, S. 354.

Personen, die auf Grundlage eines Arbeitsvertrages mit dem Betriebsinhaber Arbeitsleistungen im Betrieb erbringen.

2. *Sozialauswahl nach § 1 Abs. 3 KSchG*

Die in § 1 Abs. 3 KSchG geregelte Sozialauswahl stellt besondere Anforderungen an die Rechtfertigung betriebsbedingter Kündigungen. Die folgenden Ausführungen sollen klären, ob ein nach den Grundsätzen der Sozialauswahl bestimmter Arbeitnehmer die Beendigung seines Arbeitsverhältnisses aus solidarischer Verpflichtung gegenüber den anderen Arbeitnehmern des Betriebs hinnehmen muss. Dies hat insbesondere *Müller* angenommen, der davon ausging, dass in den Grenzen des innerbetrieblichen *„Solidaritätsverhältnisses"* der sozial stärkere Arbeitnehmer zu Gunsten des schwächeren Arbeitnehmers die Kündigung auf sich zu nehmen habe.[637]

a) Grundsätze der Sozialauswahl

Die Beendigung eines Arbeitsverhältnisses, das dem allgemeinen Kündigungsschutz des KSchG unterliegt, bedarf nach § 1 KSchG der sozialen Rechtfertigung. Das erfordert bei Kündigungen aus betriebsbedingten Gründen, dass dringende betriebliche Erfordernisse das Bedürfnis für die Weiterbeschäftigung eines oder mehrerer Arbeitnehmer entfallen lassen.[638]

Doch auch, wenn diese Voraussetzungen erfüllt sind, liegt die Wahl des zu kündigenden Arbeitnehmers nicht im freien Ermessen des Arbeitgebers. § 1 Abs. 3 KSchG sieht vor, dass der Kündigungsadressat unter Berücksichtigung sozialer Kriterien zu bestimmen ist. Die Sozialauswahl ist betriebsbezogen und erfordert eine Abwägung der Interessen sämtlicher vergleichbarer Arbeitnehmer.[639] Kündigungsschutzrechtlich vergleichbar sind alle Arbeitnehmer des Betriebs, die nach ihrer arbeitsvertraglich vereinbarten Tätigkeit sowie nach ihren Kenntnissen und Fähigkeiten im Wege des arbeitgeberseitigen Direktionsrechts gegeneinander austauschbar sind.[640] Unter ihnen ist der Arbeitnehmer zu bestimmen, den die Kündigung nach den maßgeblichen Sozialdaten betreffend

---

637 *Müller*, DB 1958, 712 und 740; im Anschluss daran wohl auch *Völker*, Solidarität, S. 58.

638 Vgl. im Detail *Griebeling/Rachor*, in: KR, § 1 KSchG Rn. 514 ff.

639 Ständige Rspr., statt aller BAG vom 31.05.2007, AP Nr. 94 zu § 1 KSchG 1969 Soziale Auswahl, unter B. II. 1 m.w.N.

640 Vgl. nur BAG vom 17.02.2000, AP Nr. 46 zu § 1 KSchG 1969 Soziale Auswahl, unter II. 1. a); BAG vom 31.05.2007, AP Nr. 94 zu § 1 KSchG 1969 Soziale Auswahl, unter B. II. 2.

Dauer der Betriebszugehörigkeit, Lebensalter, Unterhaltspflichten und Schwerbehinderung am wenigsten hart trifft. Die in § 1 Abs. 3 KSchG genannten Sozialkriterien sind abschließend; alleine bei der Gewichtung der Merkmale steht dem Arbeitgeber ein Bewertungsspielraum zu.[641]

Das BAG sieht den Regelungszweck von § 1 Abs. 3 KSchG darin, *„zu einer gerechten Verteilung der verbliebenen Arbeitsplätze unter den Arbeitnehmern beizutragen“*.[642] Die Norm fordert, dass im Vorfeld einer betriebsbedingten Kündigung die Interessen aller vergleichbaren Arbeitnehmer zueinander in Beziehung gesetzt und gegeneinander abgewogen werden.[643] § 1 Abs. 3 KSchG geht demnach von einer kollektiven Ausgangsbasis betriebsbedingter Kündigungen aus. Anhand der vorgegebenen Sozialkriterien hat der Arbeitgeber aus der kollektiven Masse vergleichbarer Arbeitnehmer den oder die zu kündigenden Mitarbeiter zu individualisieren.[644]

b) Keine Solidaritätsverpflichtung

Der Schluss, § 1 Abs. 3 KSchG verpflichte den im Rahmen der Sozialauswahl bestimmten Arbeitnehmer aus Solidaritätsgründen dazu seine eigene Kündigung zu akzeptieren, ist unzutreffend. § 1 Abs. 3 KSchG ist kein Anwendungsfall erweiterter Reziprozität. Der Arbeitnehmer muss die betriebsbedingte Beendigung seines Arbeitsverhältnisses rechtlich akzeptieren, wenn und weil die Kündigung insgesamt sozial gerechtfertigt ist und nicht aus Solidarität mit den übrigen Arbeitnehmern des Betriebs. Dies entspricht der Systematik des Kündigungsschutzrechts (dazu im Folgenden unter aa)) und steht insbesondere in Einklang mit der Existenz von Sonderkündigungsschutz (dazu im Folgenden unter bb)).

aa) Systematik des Kündigungsschutzrechts

Das Institut der Sozialauswahl ist im Gesamtkontext des KSchG zu bewerten. Als Teil der Kündigungsbeschränkungen aus § 1 KSchG dient es ausschließlich dem *Individualschutz* des einzelnen Arbeitnehmers.[645] Der Arbeitnehmer

641 BAG vom 31.05.2007, AP Nr. 94 zu § 1 KSchG 1969 Soziale Auswahl, unter B. II. 2.

642 BAG vom 31.05.2007, AP Nr. 94 zu § 1 KSchG 1969 Soziale Auswahl, unter B. II. 2.

643 *Bütefisch*, Sozialauswahl, S. 195. *Oetker*, in: ErfK, § 1 KSchG Rn. 305 weist allerdings zutreffend darauf hin, dass auch eine Kündigung ohne vorheriges *„Prüfungsverfahren“* wirksam sein kann, wenn der Arbeitgeber im Ergebnis das Arbeitsverhältnis des sozial stärksten Arbeitnehmers beendet, ohne dazu Auswahlüberlegungen angestellt zu haben.

644 *Oetker*, in: ErfK, § 1 KSchG Rn. 300.

645 Zum Individualschutzcharakter des KSchG *Preis*, in: APS, KündR, Grundl. B Rn. 16.

soll einer Kündigung seines Arbeitsverhältnisses nicht schutzlos ausgeliefert sein. Normadressat ist nicht die Belegschaft, sondern der Arbeitgeber, dessen Entscheidungs- und Kündigungsfreiheit die Norm gezielt einschränkt. Er darf wegen § 1 Abs. 3 KSchG nicht frei darüber disponieren, welches Arbeitsverhältnis er aus betrieblichen Erfordernissen heraus beendet, sondern hat bei seiner Entscheidung soziale Faktoren zu berücksichtigen.[646]

Als Rechtsgedanken, die § 1 Abs. 3 KSchG zugrunde liegen und die Beschränkung der arbeitgeberseitigen Kündigungsfreiheit rechtfertigen, werden der arbeitsrechtliche Gleichbehandlungsgrundsatz, § 242 BGB, § 315 BGB, das in Art. 20 GG verankerte Sozialstaatsprinzip sowie die Berufsfreiheit des Arbeitnehmers nach Art. 12 Abs. 1 GG angeführt.[647] Das BAG hat sich in unterschiedlichen Entscheidungen auf sämtliche dieser Aspekte gestützt und die Einschränkung der unternehmerischen Kündigungsfreiheit damit durch mehrere Rechtsprinzipien untermauert.[648]

Dass der Arbeitnehmer eine entsprechend den Grundsätzen der Sozialauswahl getroffene Kündigungsentscheidung akzeptieren muss, beruht nicht auf einer solidarischen Verpflichtung. Das Einstehen von Gruppenmitgliedern füreinander kann zwar als erweiterte Reziprozität (Gemeinschaftssolidarität) relevant werden und sämtliche Beteiligte verpflichten, ihr Individualinteresse im Interesse der Gemeinschaft zurückzustellen.[649] Die in § 1 Abs. 3 KSchG geregelte Sozialauswahl bewirkt jedoch nicht, dass die Belegschaft die Last betriebsbedingter Kündigungen im Sinne erweiterter Reziprozität gemeinsam tragen muss.

Wenn es darum geht die Belegschaft im Wege betriebsbedingter Kündigungen zu verkleinern, entfällt jedes Gemeinschaftsinteresse. Die im Anschluss an eine ordnungsgemäße Sozialauswahl ausgesprochenen Kündigungen führen zum Ausscheiden der betroffenen Arbeitnehmer aus der Belegschaft. Gegenstand des Kündigungsschutzrechts sind alleine die einzelnen Arbeitnehmer und deren Individualinteressen. Da jedes Belegschaftsmitglied am Bestand seines Arbeitsverhältnisses interessiert ist, kollidieren die Individualinteressen der einzelnen Arbeitnehmer miteinander. Die Belastung der betriebsbedingten Kündigung

646 Zum Ausfluss der unternehmerischen Kündigungsfreiheit aus Art. 12 Abs. 1, Art. 2 Abs. 1 und Art. 14 GG vgl. *Griebeling/Rachor*, in: KR, § 1 KSchG Rn. 17.

647 Eine detaillierte Übersicht gibt *Knoll*, Sozialauswahl, S. 52 ff.

648 Vgl. BAG vom 19.01.1995, AP Nr. 12 zu Art. 13 Einigungsvertrag, unter B. III. 2.; BAG vom 04.12.1997, AP Nr. 4 zu § 1 KSchG 1969 Wiedereinstellung, unter B. II. 5. bei Fokussierung auf §§ 242, 315 BGB; BAG vom 21.02.2001, AP Nr. 12 zu § 242 BGB Kündigung, unter B. II. 4. b).

649 Zur Solidaritätsform der erweiterten Reziprozität Teil 1 A. IV. 1. b), 49-50.

wird gerade nicht auf alle Belegschaftsmitglieder gemeinsam verteilt, sondern einer oder mehrere individualisierte Arbeitnehmer müssen diese Last alleine tragen. Es geht im Rahmen der Sozialauswahl alleine um die Bestimmung *wen es trifft*. Zu kündigen sind die Arbeitnehmer, für deren Arbeitsverhältnis nach den Kriterien der Sozialauswahl ein geringeres Bestandsschutzinteresse anzuerkennen ist als für die Arbeitsverhältnisse der anderen Belegschaftsmitglieder.

Ein Verständnis des § 1 Abs. 3 KSchG als Solidaritätsregelung würde zudem den Ausschluss der Sozialauswahl für Kleinbetriebe infrage stellen.[650] Die wechselseitige Abhängigkeit und darauf basierende Solidaritätsverpflichtung müsste in Kleinbetrieben, in denen Arbeitnehmer wesentlich enger zusammenarbeiten, konsequenterweise deutlich stärker ausgeprägt sein. Das BVerfG hat in seiner Entscheidung zur Kleinbetriebsklausel zutreffend festgehalten, dass der Geschäftserfolg in einem Kleinbetrieb mehr als bei Großbetrieben von jedem einzelnen Arbeitnehmer abhängt.[651] Gerade dort kommt es nicht nur auf die Leistungsfähigkeit jedes Einzelnen an, sondern auch auf dessen Persönlichkeitsmerkmale, die sich auf die Zusammenarbeit, die Außenwirkung und das Betriebsklima auswirken.[652] Zwar ist der Arbeitgeber auch außerhalb des KSchG nicht vollkommen frei in der Wahl, welches Arbeitsverhältnis er betriebsbedingt kündigt. Er darf nach Maßgabe der §§ 242, 138 BGB weder treuwidrig noch sittenwidrig handeln; seine Auswahlentscheidung muss jedenfalls ein Mindestmaß an sozialer Rücksichtnahme wahren.[653] Keinesfalls darf der Arbeitgeber willkürlich handeln oder Arbeitnehmer, die ersichtlich besonders schutzwürdig sind, vorrangig entlassen.[654] Gleichwohl bleibt dieser Mindestkündigungsschutz hinter dem Schutzniveau von § 1 Abs. 3 KSchG erheblich zurück. § 1 Abs. 3 KSchG als Solidaritätsverpflichtung zu interpretieren, widerspräche daher in erheblichem Maße der Systematik des Kündigungsschutzrechts.

bb) Widerspruch zu Sonderkündigungsschutz

Wäre § 1 Abs. 3 KSchG als gegenseitige Solidaritätsverpflichtung der im Betrieb beschäftigten Arbeitnehmer zu verstehen, hätte dies auch Auswirkungen auf die Gewährung von Sonderkündigungsschutz.

---

650 In diese Richtung auch *Tamm*, Betriebsrisikolehre, S. 439.

651 BVerfG vom 27.01.1998, AP Nr. 17 zu § 23 KSchG, unter B. I. 3.

652 BVerfG vom 27.01.1998, AP Nr. 17 zu § 23 KSchG, unter B. I. 3.

653 Vgl. BVerfG vom 27.01.1998, AP Nr. 17 zu § 23 KSchG, unter B. I. 3.; BAG vom 06.02.2003, AP Nr. 30 zu § 23 KSchG 1969, unter II. 2.; BAG vom 28.10.2010, AP Nr. 48 zu § 23 KSchG 1969, unter II. 3. b).

654 BAG vom 19.01.1995, AP Nr. 12 zu Art. 13 Einigungsvertrag, unter B. III. 2.

Arbeitnehmer, die einem Sonderkündigungsschutz unterliegen, sind grundsätzlich nicht in die Sozialauswahl einzubeziehen.[655] Ausnahmen gelten lediglich dann, wenn im Fall gesetzlichen Sonderkündigungsschutzes eine mögliche behördliche Einwilligung vorliegt[656] oder, wenn tariflicher Sonderkündigungsschutz dazu führen würde, dass die Sozialauswahl *„grob fehlerhaft"* wäre[657]. Arbeitsvertraglicher Sonderkündigungsschutz greift nur dann nicht ein, wenn er eine bewusste Umgehung von § 1 Abs. 3 KSchG darstellt.[658]

Bei einem solidarischen Verständnis von § 1 Abs. 3 KSchG wäre Sonderkündigungsschutz eine Berechtigung dazu, sich im Fall betriebsbedingter Kündigungen nicht solidarisch gegenüber der restlichen Belegschaft verhalten zu müssen. Für tariflichen Sonderkündigungsschutz würde dies bedeuten, dass die Tarifvertragsparteien regeln könnten, in welchem Umfang die Arbeitnehmer eines Betriebs untereinander zu Solidarität verpflichtet sind. Eine derart weitgehende Tarifmacht steht den Tarifpartnern allerdings nicht zu. Die Tarifvertragsparteien haben keine Regelungsbefugnis, das Verhältnis der Arbeitnehmer untereinander zu ordnen.[659]

Richtigerweise regelt tariflicher (wie auch gesetzlicher und einzelvertraglicher) Sonderkündigungsschutz nicht das Verhältnis der Arbeitnehmer untereinander, sondern alleine das Individualarbeitsverhältnis zwischen Arbeitgeber und Arbeitnehmer, indem es die arbeitgeberseitige Kündigungsfreiheit einschränkt.[660] Das bedeutet zwar nicht, dass der besondere Kündigungsschutz einzelner Arbeitnehmer sich im Falle betriebsbedingter Kündigungen nicht auch auf Dritte auswirken würde. Da der Sonderkündigungsschutz die Sozialauswahl verändert, berührt er mittelbar auch die Interessen anderer Arbeitnehmer, für die sich das Kündigungsrisiko erhöht. Diese Wirkung tritt allerdings nicht zielgerichtet, sondern als bloßer Reflex des Sonderkündigungsschutzes ein; eine Regelung des Verhältnisses zu anderen Arbeitnehmern liegt darin nicht.[661]

---

655 *Kiel*, in: APS; KündR, § 1 KSchG Rn. 700 ff.

656 *Quecke*, in: HWK, ArbR, § 1 KSchG Rn. 341 f. Andernfalls geht gesetzlicher Sonderkündigungsschutz dem Grundsatz der Sozialauswahl als lex specialis vor (vgl. *Lück*, Sozialauswahl, S. 50).

657 BAG vom 20.06.2013, AP Nr. 3 zu § 626 BGB Unkündbarkeit, unter II. 2. f).

658 *Kiel*, in: APS, KündR, § 1 KSchG Rn. 630, 740.

659 *Gamillscheg*, Koll. ArbR I, S. 372; *Löwisch/Rieble*, TVG, § 1 Rn. 407; in diese Richtung auch schon *Dietz*, DB 1952, 969 (970).

660 So auch BAG vom 20.06.2013, AP Nr. 3 zu § 626 BGB Unkündbarkeit, unter II. 2. f).

661 *Lück*, Sozialauswahl, S. 58. Eine unmittelbare Rechtspflicht anderer Arbeitnehmer wird nicht begründet, so dass arbeitsvertraglicher Sonderkündigungsschutz auch

3. Betriebliche Normen im Sinne von § 3 Abs. 2 TVG

§ 3 Abs. 2 TVG ermöglicht die innerbetriebliche Anwendung von Tarifrecht auch auf nicht organisierte Arbeitnehmer, wenn es sich um betriebliche oder betriebsverfassungsrechtliche Themen handelt. Das wirft die Frage auf, ob sich betriebliche Normen in solidaritätsbegründender Weise auf das Verhältnis der betriebsangehörigen Arbeitnehmer untereinander auswirken.

a) Anwendungsbereich betrieblicher Normen

Betriebliche Normen im Sinne von § 3 Abs. 2 TVG betreffen die Organisation und Gestaltung des Betriebs. Sie knüpfen an den Betrieb als organisatorische Einheit an und regeln Fragen in Bezug auf Betriebsmittel und Belegschaft.[662]

Klassische Beispiele für betriebliche Normen sind Vorschriften, die auf die innerbetriebliche Verteilung von Vergünstigungen und Belastungen gerichtet sind. Dies kann beispielsweise die Errichtung von Sozialeinrichtungen wie Kantine und Betriebskindergarten anbelangen oder die Verteilung der betrieblichen Arbeitsplätze durch quantitative Besetzungsregeln.[663] Weiter relevant sind Vorschriften, die Vorgaben für das Ordnungsverhalten der Arbeitnehmer im Betrieb machen; genannt seien nur die vielfach bemühten Rauchverbote und Torkontrollen.[664]

Der Radius möglicher Betriebsnormen ist damit nicht abschließend festgesteckt. Das BAG geht von einem weiten Verständnis betrieblicher Normen aus und stellt zur Abgrenzung darauf ab, ob die betreffende Regelung zwingend betriebseinheitlich gelten muss und eine individualvertragliche Regelung der Frage daher *„evident sachlogisch unzweckmäßig"* wäre.[665] Gemeinsam ist betrieblichen Normen im Sinne von § 3 Abs. 2 TVG damit stets eine kollektive Regelungskomponente. Gegenstand sind keine Einzelfallsituationen, sondern Fragen, die sämtliche Arbeitnehmer oder zumindest eine Gruppe der Arbeitnehmer im Betrieb betreffen.

---

keinen unzulässigen Vertrag zu Lasten Dritter darstellt (vgl. LAG Brandenburg vom 29.10.1998, NZA-RR 1999, 360 (362)).

662 Vgl. nur BAG vom 26.01.2011, AP Nr. 7 zu § 3 TVG Betriebsnormen, unter I. 2. b).

663 *Kempen*, in: Ders./Zachert, TVG, § 3 Rn. 30; *Wißmann*, in: Thüsing/Braun, Tarifrecht, 4. Kap. Rn. 111.

664 Vgl. nur *Hexel*, in: Henssler/Moll/Bepler, Tarifvertrag, Teil 4 Rn. 89.

665 BAG vom 17.06.1997, AP Nr. 2 zu § 3 TVG Betriebsnormen, unter B. 1. a); BAG vom 26.01.2011, AP Nr. 7 zu § 3 TVG Betriebsnormen, unter I. 2. b).

b) Geltungsgrund und Wirkungsweise

§ 3 Abs. 2 TVG enthält eine Anordnung für alle Tarifverträge, die im Gegensatz zu § 5 TVG und §§ 7, 7a AEntG auch nicht organisierte Arbeitnehmer der Tarifmacht der Verbände unterwirft.[666] Die dadurch erzielte Wirkung betrieblicher Normen ist nicht abschließend geklärt. Ausgangspunkt ist der unklare Gesetzeswortlaut in §§ 3 Abs. 2, 4 Abs. 1 S. 2 TVG. Besonders der Umstand, dass § 4 Abs. 1 S. 2 TVG für Betriebsnormen die in Satz 1 angeordnete normative Wirkung für *„entsprechend"* anwendbar erklärt, lässt Raum für unterschiedliche Auslegungen.

Eine Auffassung geht davon aus, dass Betriebsnormen für sämtliche Arbeitsverhältnisse im Betrieb unmittelbar und zwingend gelten. Einige gelangen zu diesem Ergebnis, indem sie die Tarifgebundenheit auf nicht organisierte Arbeitnehmer erweitern.[667] Andere wollen ähnlich einer Allgemeinverbindlichkeit lediglich die Tarifgeltung auf die Außenseiter erstrecken.[668]

Die Gegenauffassung interpretiert die *nur* entsprechende Anwendung der normativen Geltung nach § 4 Abs. 1 S. 1 TVG dahin, dass Betriebsnormen alleine den Arbeitgeber normativ binden.[669] Die Arbeitsverhältnisse der betriebsangehörigen Arbeitnehmer seien durch die Betriebsnormen nur mittelbar im Sinne eines Reflexes berührt.[670]

Wiederum andere versagen Betriebsnormen zwar ebenfalls eine unmittelbare Wirkung auf die Arbeitsverhältnisse im Betrieb, betrachten aber neben dem Arbeitgeber die Belegschaft als Normadressaten.[671] Sie nehmen an, dass Betriebsnormen im Gegensatz zu Inhaltsnormen nicht die Individualarbeitsverhältnisse, sondern das *„betriebliche Rechtsverhältnis"* zwischen Arbeitgeber und Belegschaft[672] regeln.[673] Die Vertreter dieser Ansicht verstehen das

---

666 *Höpfner*, Tarifgeltung, S. 480; *Schwarze*, ZfA 2011, 867 (879).

667 Vgl. *Höpfner*, Tarifgeltung, S. 451; *Ders.*, in: Henssler/Moll/Bepler, Tarifvertrag, Teil 6 Rn. 94.

668 So etwa *Kempen*, in: Ders./Zachert, TVG, § 3 Rn. 24; *Lorenz*, in: Däubler, TVG, § 3 Rn. 60.

669 *Thüsing*, in: Wiedemann, TVG, § 1 Rn. 752.

670 *Arnold*, Tarifnormen, S. 348; *Ingelfinger*, Betriebsnormen, S. 48.

671 *Wißmann*, in: Thüsing/Braun, Tarifrecht, 4. Kap. Rn. 113.

672 *„Belegschaft"* in diesem Kontext meint die Gesamtheit aller im Betrieb tätigen Arbeitnehmer und entspricht damit der unter C. II. 1. b), S. 147-148 definierten Stammbelegschaft.

673 *Giesen*, Tarifvertragliche Rechtsgestaltung, S. 298.

betriebliche Rechtsverhältnis nach der Konzeption von *Alfred Hueck* als eigenständige (Rechts-)Beziehung zwischen Arbeitgeber und Belegschaft.[674] Betriebsnormen komme unmittelbare und zwingende Wirkung alleine zwischen den Parteien dieses betrieblichen Rechtsverhältnisses zu.[675] Die Belegschaft, vertreten durch den Betriebsrat, sei Subjekt der Betriebsnormen und erhalte gegen den Arbeitgeber durchsetzbare Ansprüche.[676] Im Unterschied zum Begriff der *Betriebsgemeinschaft* steht im *betrieblichen Rechtsverhältnis* nicht das Zusammenwirken von Arbeitgeber und Arbeitnehmern zu Gunsten des Betriebs im Vordergrund. Es geht nicht darum, Arbeitgeber- und Arbeitnehmerseite zu einer Einheit zu verbinden, sondern die gegenseitigen Ansprüche von Belegschaft und Arbeitgeber zusammenzufassen.

Auch das BAG hat mehrfach festgehalten, dass Betriebsnormen kraft der Tarifgebundenheit des Arbeitgebers wirken und das betriebliche Rechtsverhältnis zwischen dem Arbeitgeber und der Belegschaft als Kollektiv regeln.[677] Es hat diesem Verhältnis allerdings nie eine Kontur verliehen oder ausdrücklich Stellung dazu bezogen, welche Wirkungsweise es Betriebsnormen zuerkennt. Entscheidungen beschränken sich auf die Feststellung, dass die Rechtsverhältnisse zwischen Arbeitgeber und einzelnen Arbeitnehmern allenfalls mittelbar betroffen und Betriebsnormen nicht geeignet seien, Individualansprüche der Arbeitnehmer zu begründen.[678] Es bleibt offen, ob das BAG auf diese Weise tatsächlich ein zusätzliches Rechtsverhältnis zwischen Arbeitgeber und Belegschaft anerkennen will. Ebenso könnte der Hinweis auf ein betriebliches Rechtsverhältnis als bloße Klarstellung interpretiert werden, dass betriebliche Normen sich nicht unmittelbar auf einzelne Arbeitsverhältnisse beziehen, sondern alle Arbeitnehmer des Betriebs erfassen.

---

674 *Hueck*, BB 1949, 530 (532).

675 *Giesen*, Tarifvertragliche Rechtsgestaltung, S. 298.

676 *Hueck*, BB 1949, 530 (532); *Schmidt-Eriksen*, Betriebsnormen, S. 135 f.

677 BAG vom 17.06.1997, AP Nr. 2 zu § 3 TVG Betriebsnormen, unter B. 1. a); BAG vom 08.12.2010, AP Nr. 62 zu § 99 BetrVG 1972 Einstellung, unter B. II. 2.

678 BAG vom 08.12.2010, AP Nr. 62 zu § 99 BetrVG 1972 Einstellung, unter B. II. 2.; BAG vom 22.02.2012, AP Nr. 52 zu § 3 TVG, unter II. 2. b); so auch LAG München vom 25.09.2013, BeckRS 2014, 71944, unter 3. b) bb) mit dem Hinweis, dass Betriebsnormen insbesondere nicht geeignet seien, Erfüllungsansprüche der einzelnen Arbeitnehmer zu begründen.

c) Keine solidarische Verpflichtung der Arbeitnehmer im Rahmen eines betrieblichen Rechtsverhältnisses

Betriebliche Normen begründen nur dann eine solidarische Verpflichtung der Arbeitnehmer, wenn sie jeden einzelnen Arbeitnehmer im Rahmen eines echten betrieblichen Rechtsverhältnisses dazu verpflichten, seine Individualinteressen im Interesse der Gesamtbelegschaft zurückzustellen.

Das Konstrukt eines solchen betrieblichen Rechtsverhältnisses ist abzulehnen. Ein anzuerkennendes Rechtsverhältnis zwischen Personen läge nur vor, wenn es rechtliche Beziehungen zwischen Rechtssubjekten enthalten oder begründen würde.[679] Hiergegen spricht bereits, dass die Belegschaft nicht rechtsfähig ist und daher selbst nicht Träger von Rechten und Pflichten sein kann.[680] Damit verbliebe alleine die von *Richardi* aufgezeigte Möglichkeit, nur den Arbeitgeber als Rechtssubjekt des betrieblichen Rechtsverhältnisses zu betrachten.[681] Er geht davon aus, dass die Mitglieder der Belegschaft ähnlich der Begünstigten von Stiftungen lediglich als reine Destinatäre fungieren.[682]

Dem muss entgegengehalten werden, dass dadurch nicht nur ein den Arbeitgeber einseitig verpflichtendes Rechtsverhältnis, sondern gar eine komplett gläubigerlose Beziehung entstünde.[683] Denn Destinatäre haben grundsätzlich keine Leistungsansprüche und nehmen daher auch keine Gläubigerstellung ein, es sei denn, die Stiftungssatzung enthält ausnahmsweise abweichende Regelungen.[684]

Das TVG selbst begründet auch weder ein Rechtsverhältnis zwischen Arbeitgeber und Belegschaft noch geht es von dessen Existenz aus. Ersteres ist schon deshalb nicht möglich, da die Belegschaft keine taugliche Tarifpartei ist. § 3 Abs. 2 TVG legt ausschließlich fest, dass Rechtsnormen über betriebliche und betriebsverfassungsrechtliche Fragen für alle Betriebe gelten, deren Arbeitgeber

---

679 Vgl. *Bork*, AT, S. 124; *Larenz*, AT, S. 220.

680 Zur fehlenden Rechtsfähigkeit der Belegschaft C. II. 1. c), S. 148-149. Zu dieser Einschätzung gelangen auch *Giesen*, Tarifvertragliche Rechtsgestaltung, S. 299; *Hanau*, RdA 1996, 158 (164). Die Qualifizierung als Rechtssubjekt und damit tauglicher Beteiligter eines Rechtsverhältnisses setzt Rechtsfähigkeit voraus, vgl. *Bork*, AT, S. 66, 124.

681 *Richardi*, Kollektivgewalt, S. 233.

682 *Richardi*, Kollektivgewalt, S. 233. Die Arbeitnehmer wären bei Annahme einer Eigenschaft als Destinatäre reine Nutznießer des betrieblichen Rechtsverhältnisses (vgl. *von Campenhausen/Stumpf*, in: Richter, Stiftungsrecht, S. 3).

683 Im Ergebnis ebenso *Arnold*, Tarifnormen, S. 351; *Höpfner*, in: Henssler/Moll/Bepler, Tarifvertrag, Teil 6 Rn. 99.

684 Vgl. *Hof*, in: Richter, Stiftungsrecht, S. 220 f.; *Weitemeyer*, in: MüKo BGB, § 85 Rn. 30 ff.

tarifgebunden ist. Die Norm knüpft an den Betriebsbegriff an, stellt aber keinerlei Bezug zu einer Beziehung zwischen Arbeitgeber und Belegschaft her. Eine betriebliche Rechtsbeziehung als Ausgangspunkt für die Wirkung von Betriebsnormen findet damit insgesamt keinen Anhalt im Gesetz.

Bedenklich ist auch die Abhängigkeit dieser Auffassung von dem Bestehen eines Betriebsrats. Denn der Betriebsrat wäre als *Quasi-Vollstreckungsorgan* damit beauftragt, betriebliche Normen im Interesse der Belegschaft gegenüber dem Arbeitgeber durchzusetzen.[685] Das würde im Umkehrschluss bedeuten, dass betriebliche Normen in betriebsratslosen Betrieben nicht funktionsfähig wären. Wo der Betriebsrat als Kontrollinstanz gegenüber dem Arbeitgeber fehlt, müsste ihre Wirkung im betrieblichen Rechtsverhältnis leerlaufen.[686]

Zudem könnte auch die Existenz eines betrieblichen Rechtsverhältnisses keine Verpflichtungen der Arbeitnehmer untereinander begründen. Ein rechtliches Band soll das betriebliche Rechtsverhältnis alleine zwischen Arbeitgeber und Belegschaft herstellen, aber nicht zwischen den Arbeitnehmern als einzelnen Gliedern der Belegschaft. Auch die Regelungsbefugnis der Tarifvertragsparteien stieße hier an ihre Grenzen. Deren Tarifmacht reicht nicht so weit, dass sie tarifvertraglich Ansprüche der Arbeitnehmer gegeneinander begründen könnten.[687]

4. *Innerbetriebliche Haftungsbeschränkung nach § 105 Abs. 1 SGB VII*

Die als Bestandteil des gesetzlichen Unfallversicherungsrechts ausgestalteten §§ 104 bis 106 SGB VII enthalten Haftungsprivilegierungen für Unternehmer, Angehörige des Unternehmens und andere Personen. Während § 104 SGB VII die Einstandspflicht des Unternehmers regelt, beschränkt § 105 SGB VII die Haftung anderer im Betrieb tätiger Personen und betrifft damit insbesondere die Haftungsbeziehung zwischen den einzelnen Mitarbeitern im Betrieb.[688] Die Norm begrenzt die Haftung des Arbeitnehmers für Personenschäden eines

---

685 Kritisch *Rieble*, Arbeitsmarkt, Rn. 1526; im Anschluss daran auch *Höpfner*, in: Henssler/Moll/Bepler, Tarifvertrag, Teil 6 Rn. 99.

686 *Dieterich*, in: FS Däubler, S. 451 (459).

687 Zu dieser Begrenzung der Tarifmacht bereits unter C. II. 2. b) bb), S. 153-154.

688 *Von Koppenfels-Spieß*, in: KKW, Sozialrecht, § 105 SGB VII Rn. 3. Im Gegensatz zur Vorgängerregelung in § 637 RVO setzt § 105 Abs. 1 SGB VII allerdings nicht voraus, dass der Schädiger Arbeitnehmer des betreffenden Betriebs sein muss. Auch freien Mitarbeitern, Beamten oder mitarbeitenden Ehegatten kommt die Haftungsprivilegierung zugute; entscheidend ist alleine, dass sie betriebliche Tätigkeiten verrichten (vgl. *Ricke*, in: KassKomm, § 105 SGB VII Rn. 3).

anderen Arbeitskollegen auf vorsätzlich herbeigeführte Versicherungsfälle und Wegeunfälle.[689]

§ 105 Abs. 1 SGB VII würde eine solidarische Verpflichtung der im Betrieb beschäftigten Arbeitnehmer untereinander begründen, wenn die gesetzliche Regelung dazu führt, dass jeder Arbeitnehmer im Gemeinschaftsinteresse auf die Haftung des jeweiligen Schädiger-Arbeitskollegen verzichten muss. Der Große Senat des BAG hat die Haftungsbeschränkung vor Inkrafttreten einer gesetzlichen Haftungsprivilegierung mit dem Gedanken der (solidarischen) Betriebsgemeinschaft begründet.[690] Zum Vergleich hat er die Grundsätze der beschränkten Gesellschafterhaftung herangezogen und auf das innerbetriebliche Verhältnis der Arbeitnehmer übertragen.[691]

Die Ausgangssituation, auf der die Haftungsbeschränkung basiert, ist trotz der inzwischen gesetzlichen Ausgestaltung unverändert geblieben. Der Arbeitgeber ist nach § 150 Abs. 1 SGB VII alleiniger Schuldner der Beiträge zur Unfallversicherung. Zudem ist er nach den Grundsätzen des innerbetrieblichen Schadensausgleichs verpflichtet, den Arbeitnehmer von einer Haftung freizustellen, wenn dieser weder vorsätzlich noch grob fahrlässig gehandelt hat.[692] Entscheidender Faktor, den schädigenden Arbeitnehmer in der Haftung zu privilegieren, ist vor diesem Hintergrund nicht das innerbetriebliche Verhältnis der Arbeitnehmer zueinander. Die Haftungsfreistellung in § 105 Abs. 1 SGB VII bezweckt nicht, das Risiko betrieblicher Arbeitsunfälle gleichmäßig auf alle Mitglieder der Belegschaft zu verteilen. Sie begründet keine solidarische Haftungsgemeinschaft der Arbeitnehmer im Betrieb.

Im Mittelpunkt steht vielmehr der im Unfallversicherungsrecht tragende Gedanke der *Haftungsablösung durch Versicherungsschutz*.[693] Eine Doppelbelastung des Arbeitgebers durch Abführung der Versicherungsbeiträge und

---

689 *Ricke*, in: KassKomm, § 105 SGB VII Rn. 4a, § 104 SGB VII Rn. 12 f.

690 BAG vom 25.09.1957, AP Nr. 4 zu §§ 898, 899 RVO, unter III. 3. c.; bestätigend *Müller*, DB 1958, 712 (714). Zur Ablehnung einer rechtlich wirkenden Betriebsgemeinschaft C. I. 3., S. 145.

691 Vgl. BAG vom 25.09.1957, AP Nr. 4 zu §§ 898, 899 RVO, unter III. 3. c.

692 Zur Haftungsreduktion nach den Grundsätzen des innerbetrieblichen Schadensausgleichs *Krause*, in: HWK, ArbR, § 619a BGB Rn. 11 ff.

693 Der Grundsatz der Haftungsersetzung durch Versicherungsschutz ist wesensgebendes Strukturprinzip der Unfallversicherung (vgl. *Gitter*, Schadensausgleich, S. 38); zudem lässt sich für die Haftungsbeschränkung nach § 105 Abs. 1 SGB VII das Betriebsfriedensargument anführen (vgl. *von Koppenfels-Spieß*, in: KKW, Sozialrecht, § 105 SGB VII Rn. 2).

Freistellungsverpflichtung gegenüber dem Arbeitnehmer liefe diesem Grundsatz zuwider.[694] Zwar liegt die von *Gitter* angeführte Kritik nahe, dass die betriebsangehörigen Arbeitnehmer selbst keine Leistungen zur Unfallversicherung erbringen und das Finanzierungsargument deshalb nicht verfangen kann.[695] Der Grundsatz der Haftungsersetzung greift für die Haftungsbeschränkung in § 105 SGB VII aber zumindest mittelbar. Er zielt darauf ab, eine finanzielle Doppelbelastung des Unternehmers zu vermeiden. Im Hinblick auf diesen Strukturzweck ist es aber irrelevant, ob eine Haftung des Arbeitgebers auf zivilrechtlichen Vorschriften oder auf den Grundsätzen der Betriebsrisikolehre basiert. In beiden Fällen ist es erforderlich, dass die Ansprüche gegen den Unfallversicherungsträger an die Stelle zivilrechtlicher Ansprüche treten und diese ersetzen.

Der geschädigte Arbeitnehmer muss im Rahmen von § 105 Abs. 1 SGB VII auch nicht auf einen Ausgleich des ihm entstandenen Schadens verzichten. Er erhält mit dem Unfallversicherungsträger lediglich einen anderen Schuldner.

Es kann daher nicht die Rede davon sein, dass der geschädigte Arbeitnehmer aus solidarischen Gründen einen Nachteil auf sich nehmen müsste. § 105 Abs. 1 SGB VII führt nicht zu einer Benachteiligung, sondern kann für den Geschädigten sogar vorteilhaft sein, weil der Unfallversicherungsträger unter Umständen ein deutlich zahlungskräftigerer Schuldner ist.

III. Ergebnis zu C.

Das Arbeitsrecht kennt keine gegenseitigen Solidaritätspflichten der im selben Betrieb beschäftigten Arbeitnehmer. Solche Verpflichtungen folgen weder aus der überholten Lehre der Betriebsgemeinschaft noch auf Grundlage der gesetzlichen Vorschriften zu Sozialauswahl, Betriebsnormen oder innerbetrieblicher Haftungsbeschränkung.

---

694 Vgl. *Lepa*, Haftungsbeschränkungen, S. 24 f., 83; *Rolfs*, in: ErfK, § 105 SGB VII Rn. 1. Soweit die Haftungsbeschränkung nach § 105 Abs. 1 S. 2 SGB VII auch gegenüber versicherungsfreien Beamten und gleichgestellten Personen greift, steht nicht der Grundsatz der Haftungsersetzung im Vordergrund. Entscheidend ist alleine die ausreichende anderweitige Absicherung des Geschädigten. Auch der nach beamtenrechtlichen Vorschriften abgesicherte Geschädigte ist auf zivilrechtliche Ansprüche nicht angewiesen (vgl. *Lepa*, Haftungsbeschränkungen, S. 84).

695 *Gitter*, Schadensausgleich, S. 213.

D. Zusammenfassung zu Teil 2

Arbeitnehmersolidarität ist nicht als Gegenstand richterlicher Rechtsfortbildung anzuerkennen. Eine Solidaritätsforderung zwischen Arbeitnehmern ist weder Rechtsprinzip des Arbeitsrechts noch Bestandteil einer rechtlich wirkenden Betriebsgemeinschaft.

Rechtliche Normierung hat Solidarität zwischen Arbeitnehmern lediglich für den Bereich koalitionsspezifischer Betätigung in Gewerkschaften erfahren. Die Koalitionsfreiheit begründet in Verbindung mit dem Vereins- und Satzungsrecht der Gewerkschaften eine Solidaritätsverpflichtung des einzelnen Verbandsmitglieds. Im Umfang seiner mitgliedschaftlichen Förderpflicht unterliegt der Arbeitnehmer sowohl kollektivitätsorientierten Solidaritätspflichten als auch Loyalitätsverpflichtungen.

Soweit Solidarität im Übrigen keine arbeitsrechtliche Ausgestaltung erfahren hat, kann sie ausschließlich tatsächlich-soziologische Erscheinung sein, die zwischen Arbeitnehmern allenfalls moralische Verpflichtungswirkung hervorruft.[696] Dies gilt sowohl für das Verhältnis zwischen Arbeitnehmern in ihrer bloßen Zugehörigkeit zur Arbeitnehmerschaft als auch für ihre Beziehung als Beschäftigte desselben Betriebs.

---

696 Zum Charakter moralischer Verpflichtungen Teil 1 B I. 2., S. 54-57.

Teil 3 Solidarität zwischen Arbeitgebern

Teil 3 der Untersuchung soll klären, ob und inwieweit rechtliche Solidaritätsverpflichtungen unter Arbeitgebern von Bedeutung sind.

A. Keine Solidarität der Arbeitgeberschaft

Eine Solidaritätspflicht aller Arbeitgeber aufgrund ihrer Zugehörigkeit zur Arbeitgeberschaft ist ebenso wenig anzuerkennen wie umgekehrt auf Arbeitnehmerseite. Art. 9 Abs. 3 GG ist weder Ausdruck einer umfassenden Arbeitnehmer- noch einer allgemeinen Arbeitgebersolidarität.[697]

B. Solidarität auf Verbandsebene

Rechtliche Solidaritätsverpflichtungen zwischen Arbeitgebern kommen alleine im Organisationsbereich von Arbeitgeberverbänden in Betracht. Eine zweckorientierte Interessenbündelung findet auch auf Arbeitgeberseite nur durch und innerhalb der Koalitionen statt.

I. Koalitions- und vereinsrechtliche Grundlagen

Für Arbeitgeberverbände ist die innerverbandliche Geschlossenheit nicht weniger von Bedeutung als für Gewerkschaften. Im Unterschied zu gewerkschaftsangehörigen Arbeitnehmern stehen die Mitglieder der Arbeitgeberverbände in noch ausgeprägterer Konkurrenz zueinander. Arbeitnehmer konkurrieren untereinander im Wesentlichen um konkrete Arbeitsplätze, Beförderungen und Weiterbildungsmöglichkeiten. Ihr Wettbewerb ist alleine arbeitsmarktbezogen. Hingegen stehen Arbeitgeber nicht nur am Arbeitsmarkt, sondern insbesondere am Waren- und Wirtschaftsmarkt als Anbieter oder Abnehmer in Konkurrenz zueinander.

Der unternehmerische Wettbewerb ist für das innerverbandliche Verhältnis nicht ohne Bedeutung. Jeder Arbeitgeber profitiert in erheblicher Weise von einem Wettbewerbsnachteil seines Konkurrenten. Unter diesem Aspekt bewirkt der Zusammenschluss in der Koalition einen gewissen Konkurrenzschutz, wenn

697 Eingehend zur Unzulässigkeit einer Zwangssolidarisierung der Arbeitnehmerschaft über Art. 9 Abs. 3 GG Teil 2 A. II. 3., S. 98-101. Für die Arbeitgeberschaft kann das Ergebnis kein anderes sein.

alle Mitglieder sich an die Vorgaben des Verbands halten. Gleichzeitig hat jedes Mitglied jedoch nach spieltheoretischen Grundsätzen starken Anreiz von diesen Vorgaben abzuweichen, um sich bessere Wettbewerbschancen gegenüber den anderen Verbandsmitgliedern zu verschaffen.[698] Um diesem Risiko zu begegnen, ist der Arbeitgeberverband berechtigt, seine Funktionsfähigkeit gegenüber den eigenen Mitgliedern zu verteidigen und deren Solidarität im Hinblick auf den Koalitionszweck einzufordern.[699]

Die vereinsrechtliche Förderpflicht gilt auch für die Mitglieder der Arbeitgeberkoalitionen und verpflichtet sie auf den gemeinsamen Koalitionszweck.[700] Im Umfang der allgemeinen Förderpflicht kann der Verband kollektivitätsorientierte Solidaritätspflichten der Mitglieder begründen (dazu im Folgenden unter II.). Ebenso kann der Verband die eigenen Mitglieder mit Loyalitätspflichten belegen (dazu im Folgenden unter III.). Eine Sonderstellung nehmen Mitglieder ohne Tarifbindung (OT-Mitglieder) ein, die nur eingeschränkt mitgliedschaftliche Solidarität schulden (dazu im Folgenden unter IV.). Soweit die Solidaritätspflichten des Verbandsmitglieds reichen, sind sie diesem gegenüber durchsetzbar und Verstöße sanktionsfähig (dazu im Folgenden unter V.).

II. Kollektivitätsorientierte Solidaritätspflichten der Verbandsmitglieder

Kollektivitätsorientierte Solidaritätspflichten, die eine gemeinsame Interessendurchsetzung im Verband sicherstellen sollen, sind auch in Arbeitgeberkoalitionen besonders relevant. Erhebliche Bedeutung haben Verpflichtungen der Mitglieder auf die gemeinsame Tarifpolitik (dazu im Folgenden unter 1.) und die Folgepflicht im Arbeitskampf (dazu im Folgenden unter 2.).

1. Verpflichtung auf die Tarifpolitik des Arbeitgeberverbands

Tarifverträge, die der Arbeitgeberverband mit einer Gewerkschaft geschlossen hat, gelten nach § 3 Abs. 1 TVG unmittelbar und zwingend. Die Mitglieder des Verbands sind verpflichtet, die Tarifregelungen einzuhalten und durchzuführen. Dies hat Auswirkungen nicht nur auf die Ausgestaltung der Arbeitsverhältnisse, sondern auch auf das Verhältnis der koalierten Arbeitgeber untereinander. Sie sind normativ an die tariflichen Vorschriften gebunden, haben aber zugleich die

---

698 Zu den Grundsätzen der Spieltheorie Teil 1 B. II. 1, S. 57-60.

699 Dazu bereits Teil 2 B. II. 1., S. 112-113.

700 Zur mitgliedschaftlichen Förderpflicht nach dem Vereinsrecht Teil 2 B. I. 2., S. 108-111.

Sicherheit, dass alle anderen verbandsangehörigen Konkurrenzunternehmen verpflichtet sind, ihren Arbeitnehmern ebenfalls die tariflichen Arbeitsbedingungen zu gewähren. Die solidarische Interessenverfolgung durch Verbandstarifverträge bewirkt insoweit einen begrenzten Wettbewerbsschutz.

Firmentarifverträge gefährden dieses solidarische Schutzkonzept (dazu im Folgenden unter a)). Ihr Risikopotential für die verbandliche Zweckverfolgung rechtfertigt jedoch nicht, dem verbandsangehörigen Arbeitgeber unter teleologischer Reduktion von § 2 Abs. 1 TVG die Tariffähigkeit abzuerkennen (dazu im Folgenden unter b)). Zu klären ist daher, ob der Verband berechtigt ist, seinen Mitgliedern den Abschluss von Firmentarifverträgen zum Schutz innerverbandlicher Solidarität satzungsrechtlich zu untersagen (dazu im Folgenden unter c)).

a) Firmentarifvertrag als Solidaritätsproblem

Durch Abschluss von Firmentarifverträgen (Haustarifverträgen) kann die wettbewerbsschützende Wirkung der verbandlichen Tarifpolitik beeinträchtigt werden.

aa) Tariffähigkeit des Arbeitgebers nach § 2 Abs. 1 TVG

Die weit überwiegende Auffassung in Rechtsprechung und Schrifttum nimmt an, dass § 2 Abs. 1 TVG nach Wortlaut und Systematik sowohl nicht organisierten als auch organisierten Arbeitgebern umfassende Tariffähigkeit gewährt.[701] Die Formulierung „*einzelne Arbeitgeber*" in § 2 Abs. 1 TVG ist eindeutig und sieht eine Unterscheidung nach der Verbandszugehörigkeit nicht vor.[702] Arbeitgeberverband und einzelner Arbeitgeber stehen nach dem Wortlaut der Norm

701 BAG vom 25.09.1996, AP Nr. 10 zu § 2 TVG Tarifzuständigkeit, unter B. III. 4.; BAG vom 24.01.2001, AP Nr. 173 zu § 1 TVG Tarifverträge: Metallindustrie, unter I. 1. c); BAG vom 04.04.2001, AP Nr. 26 zu § 4 TVG Tarifkonkurrenz, unter II. 1. b); in seiner Entscheidung vom 10.12.2002, AP Nr. 162 zu Art. 9 GG Arbeitskampf, unter B. I. 1. hat der Erste Senat einer Einschränkung der arbeitgeberseitigen Tariffähigkeit zuletzt eine deutliche Absage erteilt; *Buchner*, DB 2001, Beil. 9, 1 (4); *Bürger*, Fachtarifvertrag, S. 191; *Emmert*, in: Thüsing/Braun, Tarifrecht, 2. Kap. Rn. 123; *Franzen*, in: ErfK, § 2 TVG Rn. 20; *Jacobs*, ZTR 2001, 249 (250); *Oetker*, in: Wiedemann, TVG, § 2 Rn. 149 und 171; *Peter*, in: Däubler, TVG, § 2 Rn. 96; *Richter*, Firmentarifverträge, S. 108; *Rieble*, Arbeitsmarkt, Rn. 1617; a. A. *Matthes*, in: FS Schaub, S. 477 (485); *Natzel*, SAE 2001, 43 (49)); unter ausdrücklichem Anschluss an Matthes auch *Kleinke/Kley/Walter*, ZTR 2000, 499 (501).

702 *Bayreuther*, Tarifautonomie, S. 305; *Richter*, Firmentarifverträge, S. 28.

gleichberechtigt als mögliche Tarifpartner nebeneinander.[703] Dieser Systematik folgen die übrigen Regelungen des TVG. § 3 Abs. 1 TVG unterwirft Arbeitgeber, die selbst Tarifvertragspartei sind, der normativen Tarifbindung. Auch diese Vorschrift nimmt keine Einschränkung auf nicht verbandsangehörige Arbeitgeber vor.[704]

Die abweichende Ansicht argumentiert im Wesentlichen mit dem Normzweck von § 2 TVG und reduziert die Tariffähigkeit des Arbeitgebers auf eine bloße Hilfsfunktion. Sie habe den ausschließlichen Zweck zu verhindern, dass der einzelne Arbeitgeber sich der kollektiven Festsetzung von Arbeitsbedingungen entziehen kann, indem er durch Fernbleiben oder Austritt aus dem Verband seine eigene Tarifunfähigkeit herbeiführt.[705] Mit dem Verbandsbeitritt entfalle deshalb das Erfordernis für eine eigene Tariffähigkeit des Arbeitgebers.[706]

Die zuletzt genannte Auffassung lässt unberücksichtigt, dass auch der verbandszugehörige Arbeitgeber die Möglichkeit hat, sich der Tarifpolitik des Verbands zu entziehen. Neuabschlüssen kann er durch taktische Verbandswechsel vor Tarifabschluss entgehen, auch wenn dieses Vorgehen einen gewissen Aufwand erfordert.[707] Als OT-Mitglied kann er gar umfassend verhindern, dass Tarifverträge des Verbands für ihn Anwendung finden.[708] In diesen Fällen

---

703 Der Ausschluss der Tariffähigkeit für organisierte Arbeitgeber hätte eines ausdrücklichen Zusatzes in § 2 TVG bedurft (so zu Recht *Jacobs*, ZTR 2001, 249 (250); *Witt*, Firmentarifvertrag, S. 69).

704 Darauf weist zu Recht auch *Jacobs*, ZTR 2001, 249 (250) hin.

705 *Matthes*, in: FS Schaub, S. 477 (482); *Natzel*, SAE 2001, 43 (48).

706 *Kleinke/Kley/Walter*, ZTR 2000, 499 (500 f.); *Matthes*, in: FS Schaub, S. 477 (482); wohl auch LAG Schleswig-Holstein vom 25.11.1999, AP Nr. 157 zu Art. 9 GG Arbeitskampf, unter 3.2., allerdings ohne ausdrückliche Entscheidung über die Tariffähigkeit verbandsangehöriger Arbeitgeber. *Lieb*, DB 1999, 2058 bezeichnet die Argumentation von *Matthes* als *„schlüssig"*, ohne sich deutlich zu positionieren.

707 Zur Möglichkeit des Verbandswechsels *Witt*, Firmentarifvertrag, S. 75.

708 Zur Zulässigkeit der *OT-Mitgliedschaft*: BAG vom 18.07.2006, AP Nr. 19 zu § 2 TVG, unter II. 2. a); BAG vom 04.06.2008, AP Nr. 38 zu § 3 TVG, unter I. 2. a); BAG vom 25.02.2009, AP Nr. 40 zu § 3 TVG, unter B. II. 1.; BAG vom 15.12.2010, AP Nr. 50 zu § 3 TVG, unter III. 1.; BAG vom 19.06.2012, AP Nr. 177 zu Art. 9 GG Arbeitskampf, unter I. 1.; BAG vom 21.11.2012, AP Nr. 16 zu § 3 TVG, unter I. 1.; BAG vom 21.01.2015, AP Nr. 30 zu § 3 TVG, unter I. 1. a). Selbst ein sog. *„Blitzwechsel"* während laufender Tarifverhandlungen kann tarifrechtlich wirksam sein, wenn der Arbeitgeber oder der Verband die Gewerkschaft umgehend über den Statuswechsel in Kenntnis setzt (BAG vom 04.06.2008, AP Nr. 38 zu § 3 TVG, unter II.; BAG vom 19.06.2012, AP Nr. 177 zu Art. 9 GG Arbeitskampf, unter I. 5.).

vermag die Gewerkschaft den Arbeitgeber trotz Koalitionszugehörigkeit nur über Firmentarifverträge zu erreichen.

Die Tariffähigkeit steht daher nach § 2 Abs. 1 TVG sowohl nicht organisierten als auch organisierten Arbeitgebern zu.

bb) Verhältnis von Verbandstarifvertrag und Firmentarifvertrag

Das Verhältnis von Verbands- und Firmentarifvertrag ist davon abhängig, ob die Regelungsbereiche der Tarifwerke sich überschneiden.

Schließt der koalitionsangehörige Arbeitgeber während der Laufzeit eines Verbandstarifvertrags mit derselben Gewerkschaft einen inhaltlich kollidierenden Firmentarifvertrag, kommt es zu Tarifkonkurrenz. Die Arbeitsverhältnisse der tarifgebundenen Arbeitnehmer werden von beiden Tarifverträgen erfasst.[709] Die Kollisionslage zwischen den sich widersprechenden Tarifregelungen ist nach dem Spezialitätsprinzip aufzulösen, das zur Verdrängung des Verbandstarifvertrags führt.[710] Der Haustarifvertrag ist nach der Rechtsprechung des BAG der Tarifvertrag, der *„dem Betrieb räumlich, betrieblich, fachlich und persönlich am nächsten steht"*[711]; ihm gebührt ein Geltungsvorrang.[712] Befindet sich der Verbandstarifvertrag bei Abschluss des Firmentarifvertrags in der schuldrechtlichen Nachwirkung, ersetzt der Firmentarifvertrag den nachwirkenden Verbandstarifvertrag als andere Abmachung im Sinne von § 4 Abs. 5 TVG, soweit er dieselben Regelungsgegenstände betrifft.[713]

Schließt der Arbeitgeber den Firmentarifvertrag mit einer anderen als der am Verbandstarifvertrag beteiligten Gewerkschaft, führt dies zu Tarifpluralität. Alleine der Arbeitgeber ist nach § 3 Abs. 1 TVG zeitgleich an zwei Tarifverträge gebunden, während für die einzelnen Arbeitsverhältnisse jeweils nur einer der Tarifverträge Anwendung findet.[714] § 4a Abs. 2 S. 2 TVG, eingeführt durch das Tarifeinheitsgesetz 2015, zwingt zur Auflösung dieser Tarifpluralität, soweit sich die Tarifwerke in ihrem Geltungsbereich überschneiden und kollidierende

---

709 *Seitz*, in: Henssler/Moll/Bepler, Tarifvertrag, Teil 11 Rn. 34.

710 BAG vom 20.03.1991, AP Nr. 20 zu § 4 TVG Tarifkonkurrenz, unter B. II. 3.; BAG vom 20.04.1999, AP Nr. 12 zu § 77 BetrVG 1972 Tarifvorbehalt, unter II. 2. b); BAG vom 04.04.2001, AP Nr. 26 zu § 4 TVG Tarifkonkurrenz, unter II. 1. d).

711 BAG vom 20.03.1991, AP Nr. 20 zu § 4 TVG Tarifkonkurrenz, unter B. II. 3.

712 *Löwisch/Rieble*, TVG, § 4a Rn. 340.

713 Vgl. BAG vom 20.04.2005, AP Nr. 43 zu § 4 TVG Nachwirkung, unter I. 2. und 3. c); BAG vom 21.10.2009, AP Nr. 50 zu § 4 TVG Nachwirkung, unter II. 1. b).

714 BAG vom 20.03.1991, AP Nr. 20 zu § 4 TVG Tarifkonkurrenz, unter B. II. 2.; BAG vom 07.07.2010, AP Nr. 140 zu Art 9 GG, unter II. 1. a).

Tarifinhalte aufweisen.[715] Im Gegensatz zur Auflösung von Tarifkonkurrenzen entscheidet nicht die Sachnähe, sondern das Mehrheitsprinzip. Im Überschneidungsbereich der Tarifwerke gilt ein Anwendungsvorrang des Mehrheitstarifs.[716] Hat die den Firmentarifvertrag schließende Gewerkschaft im jeweiligen Betrieb mehr Mitglieder als die Tarifpartei des Verbandstarifvertrags, kommt es daher auch hier zu einem Ausscheren des Arbeitgebers aus der verbandlich gesteuerten Tarifpolitik. Befindet sich der mit der anderen Gewerkschaft geschlossene Verbandstarifvertrag in der schuldrechtlichen Nachwirkungsphase, entfällt eine zeitliche Überschneidung der Tarifverträge als Anwendungsvoraussetzung für § 4a Abs. 2 S. 2 TVG.[717] Die Tarifkollision ist in diesem Fall nicht aufzulösen und der Firmentarifvertrag ohne weiteres anwendbar.

Prinzipiell keiner Auflösung bedarf eine Tarifmehrheit ohne inhaltlichen Widerspruch. Ergänzt der Firmentarifvertrag den Verbandstarif lediglich, ohne inhaltlich kollidierende Regelungen zu enthalten, können Firmen- und Verbandstarifvertrag nebeneinander zur Anwendung gelangen.[718]

b) Teleologische Einschränkung von § 2 Abs. 1 TVG?

Die Tariffähigkeit nach § 2 Abs. 1 TVG ermöglicht dem verbandsangehörigen Arbeitgeber nach den soeben festgestellten Grundsätzen, sich durch autarke Firmentarifverträge von der tariflichen Geschlossenheit des Verbands abzuwenden. Die folgenden Ausführungen sollen klären, ob § 2 Abs. 1 TVG aus diesem Grund entgegen seinem Wortlaut in der Weise zu korrigieren ist, dass man organisierten Arbeitgebern zum Schutz der innerverbandlichen Solidarität eine eigene Tariffähigkeit aberkennt.

Eine teleologische Einschränkung von § 2 Abs. 1 TVG ist nur dann angezeigt, wenn die Tariffähigkeit des einzelnen Mitglieds die solidarische Interessenverfolgung im Verband nicht nur beeinträchtigt, sondern zu einem Verstoß gegen grundrechtliche Gewährleistungen führt. Die Restriktion der Norm wäre in diesem Fall durch den vorrangigen Zweck der Grundrechtsgewährleistung aus Art. 9 Abs. 3 GG geboten.[719] In Betracht kommt einerseits eine Verletzung der individuellen Koalitionsfreiheit des Arbeitgebers, der von Gewerkschaftsseite

715 *Henssler*, in: HWK, ArbR, § 4a TVG Rn. 19.

716 *Löwisch/Rieble*, TVG, § 4a Rn. 174.

717 *Franzen*, in: ErfK, § 4a TVG Rn. 7.

718 Zur fehlenden Tarifkonkurrenz *Löwisch/Rieble*, TVG, § 4a Rn. 335; zur Unanwendbarkeit von § 4a TVG *Franzen*, in: ErfK, § 4a TVG Rn. 6.

719 Zur teleologischen Reduktion wegen Normwidersprüchen *Brandenburg*, Teleologische Reduktion, S. 46 ff.; *Larenz*, Methodenlehre, S. 392.

gedrängt werden kann, einen Firmentarifvertrag abzuschließen (dazu im Folgenden unter aa)). Zum anderen müssen Verstöße gegen die kollektive Koalitionsfreiheit des Arbeitgeberverbands (dazu im Folgenden unter bb)) und die individuelle Koalitionsfreiheit der verbandstreuen Arbeitgeber (dazu im Folgenden unter cc)) ausgeschlossen werden.

aa) Individuelle Koalitionsfreiheit des abweichenden Arbeitgebers

Vereinzelte Stimmen sehen durch eine umfassende arbeitgeberseitige Tariffähigkeit die individuelle Koalitionsfreiheit der Verbandsmitglieder verletzt, die von Gewerkschaften für den Abschluss von Firmentarifverträgen angesprochen werden.

Die Schutzfunktion der solidarischen Interessenverfolgung werde erheblich beeinträchtigt. Der Zusammenschluss im Verband solle den einzelnen Arbeitgeber davor bewahren, in Tarifverhandlungen einer übermächtigen Gewerkschaft gegenübertreten zu müssen.[720] Das der individuellen Koalitionsfreiheit innewohnende Recht des Arbeitgebers, sich unter den *kollektiven Schutzschirm* der Koalition zu begeben, sei nur dann ausreichend gewährleistet, wenn der Verbandsbeitritt eine ausschließlich kollektive Interessenverfolgung sicherstelle.[721] Die Tariffähigkeit des einzelnen Arbeitgebers müsse daher mit dem Verbandsbeitritt entfallen.[722]

Die Argumentation geht unzutreffend von einer entsolidarisierenden Zwangswirkung der arbeitgeberseitigen Tariffähigkeit aus. Die eigene Tariffähigkeit versetzt den Arbeitgeber lediglich in die Lage, selbst Partei eines wirksamen Tarifvertrags zu sein. Er kann seine Interessen dadurch sowohl innerhalb als auch außerhalb des Verbands verfolgen. Die Tariffähigkeit verschafft dem Arbeitgeber alleine zusätzliche Handlungsoptionen.[723] Er erhält ebenso die Möglichkeit umfassend eigene Tarifarbeit zu betreiben wie auch die Chance unternehmensbezogene Themen ergänzend zum Verbandstarifrecht zu regeln, ohne dass ein Zwang zum Abschluss von Firmentarifverträgen bestünde.[724] Die Weigerung, eigene Tarifverhandlungen mit einer Gewerkschaft zu führen, verletzt nicht deren Recht auf koalitionsmäßige Betätigung.[725] Der Arbeitgeber ist

720 *Boldt*, RdA 1971, 257 (261); *Kleinke/Kley/Walter*, ZTR 2000, 499 (501).

721 LAG Schleswig-Holstein vom 25.11.1999, AP Nr. 157 zu Art. 9 GG Arbeitskampf, unter 3.2.; *Lieb*, DB 1999, 2058 (2062).

722 *Kleinke/Kley/Walter*, ZTR 2000, 499 (501); *Natzel*, SAE 2001, 43 (48).

723 *Bayreuther*, Tarifautonomie, S. 309; *Witt*, Firmentarifvertrag, S. 132.

724 Vgl. *Dunker*, Unternehmensbezogene Tarifverträge, S. 118.

725 BAG vom 14.07.1981, AP Nr. 1 zu § 1 TVG Verhandlungspflicht, unter III. 1.

jederzeit berechtigt, Verhandlungen um Firmentarifverträge abzulehnen oder abzubrechen.

In vielen Fällen profitiert der Arbeitgeber zudem mehr von Firmentarifverträgen als die Arbeitnehmerseite. Gerade in wirtschaftlichen Notlagen erweist sich der Firmentarifvertrag als Chance, ein Gehaltsniveau unterhalb des Verbandstarifs im Betrieb durchzusetzen oder Sonderzahlungen entfallen zu lassen. Die Entscheidung, ob der Arbeitgeber seine eigenständige Regelungskompetenz tatsächlich nutzt oder sich auf die Tarifpolitik des Verbands verlässt, liegt in seinem freien Ermessen. Eine Grundrechtsbeeinträchtigung kann insoweit auch nicht mit arbeitskampfrechtlichen Risiken begründet werden. Ob Firmentarifverträge gegenüber verbandsangehörigen Arbeitgebern erstreikbar sind, ist keine tarifrechtliche Frage. Das Problem ist alleine auf arbeitskampfrechtlicher Ebene zu lösen.[726] Die Tariffähigkeit als solche schränkt die individuelle Koalitionsfreiheit des einzelnen Arbeitgebers nicht ein.

bb) Kollektive Koalitionsfreiheit des Arbeitgeberverbands

Verletzungen der kollektiven Koalitionsfreiheit des Arbeitgeberverbands kommen hinsichtlich der Bestandsgarantie wie auch der Betätigungsfreiheit in Betracht.

(1) Keine Beeinträchtigung der Bestandsgarantie

Art. 9 Abs. 3 GG schützt den Bestand der Koalition um ihrer Mitglieder willen, so dass der Mitgliederschutz notwendiger Bestandteil des Bestandsschutzes ist.[727] Die grundrechtliche Gewährleistung wäre beeinträchtigt, wenn sich die Tariffähigkeit organisierter Arbeitgeber nachteilig auf den Mitgliederbestand des Verbands auswirken würde.[728]

Der Arbeitgeber kann kraft seiner Tariffähigkeit Firmentarifverträge abschließen, wobei es ihm überlassen bleibt, ob er von dieser Möglichkeit Gebrauch macht. In einer sich immer weiter diversifizierenden Arbeitswelt kann solidarische Verbandspolitik unternehmerischen Sonderinteressen kaum gerecht werden. Viele

---

726 Zur Zulässigkeit von Streiks um den Abschluss von Firmentarifverträgen mit verbandsangehörigen Arbeitgebern: BAG vom 10.12.2002, AP Nr. 162 zu Art. 9 GG Arbeitskampf, unter B I. 1. sowie eingehend *Richter*, Firmentarifverträge, S. 122–203.

727 *Löwisch/Rieble*, in: MüArbR, § 155 Rn. 4.

728 So *Boldt*, RdA 1971, 257 (262), der damit argumentiert, dass der Schutzzweck der Koalition – die Solidarisierung der Arbeitgeber – durch die Möglichkeit zum Abschluss von Firmentarifverträgen nicht mehr erreicht werden könne und dies eine Abnahme des Mitgliederbestandes zur Folge habe.

Arbeitgeber möchten aus diesem Grund jedenfalls nicht ausschließlich von der Tarifarbeit des Verbands abhängig sein. Nicht ohne Grund hat sich die OT-Mitgliedschaft entwickelt, die dieser Interessenlage gerecht zu werden versucht. Bei Gesamtmetall beispielsweise hat sich der Anteil an OT-Mitgliedern im Stufenmodell zwischen 2005 und 2014 von 24,4 % auf 48,5 % nahezu verdoppelt.[729] Im Frühjahr 2016 gab der Verband an, dass 3.554 Betriebe der Metall- und Elektroindustrie tarifgebunden seien; ihnen stünden 3.349 Betriebe als OT-Mitglieder gegenüber.[730]

Dass Verbandsmitglieder aus Enttäuschung über eine ausbleibende solidarische Schutzwirkung aus dem Verband austreten,[731] erscheint unter diesen Gegebenheiten unwahrscheinlich. Eher ist es umgekehrt naheliegend, dass Arbeitgeber sich von der Koalition abwenden, wenn der Verbandsbeitritt die Möglichkeit zu eigenständiger Tarifarbeit ausschließt.[732] Das Bedürfnis, sich von den oftmals starren Regelungen der Verbandstarifverträge zu befreien, stiege erheblich, wenn man organisierten Arbeitgebern die Möglichkeit nähme, sich durch Firmentarifverträge eine gewisse Flexibilität zu bewahren. Die umfassende Tariffähigkeit der Arbeitgeber vermeidet Entscheidungszwang zwischen verbandsgesteuerter und unternehmensorientierter Tarifpolitik.[733] Sie beeinträchtigt die Bestandsgarantie der Koalition nicht, sondern fördert im Gegenteil die Verbandsmitgliedschaft.

(2) Auswirkungen auf die Betätigungsfreiheit

Es ist nicht von der Hand zu weisen, dass sich die Tariffähigkeit der organisierten Arbeitgeber auf die koalitionsspezifische Betätigung des Verbands auswirkt. Zwar stellen Firmentarifverträge die Tarifmacht des Verbands als solche nicht infrage.[734] Die Regelungskompetenz auf Grundlage der privatautonomen Mitgliedschaft bleibt dem Verband unabhängig davon erhalten, ob das Mitglied die

729 WSI-Mitteilungen Ausgabe 06/2016, S. 452 (454), abrufbar unter https://www.boeckler.de/cps/rde/xchg/hbs/hs.xsl/wsi-mitteilungen_66832_66840.htm (zuletzt abgerufen am 17.06.2017, 10:13 Uhr).

730 Beitrag auf der Homepage von Gesamtmetall vom 07.04.2016, abrufbar unter https://www.gesamtmetall.de/aktuell/beitraege/mit-zwangskollektivismus-wird-die-vom-grundgesetz-geschuetzte-tarifautonomie-nicht (zuletzt abgerufen am 17.06.2017, 10:21 Uhr).

731 So die Befürchtung von *Boldt*, RdA 1971, 257 (262).

732 Zu Recht *Witt*, Firmentarifvertrag, S. 137.

733 In diese Richtung auch *Dunker*, Unternehmensbezogene Tarifverträge, S. 120; *Richter*, Firmentarifverträge, S. 71 f.

734 a. A. wohl *Witt*, Firmentarifverträge, S. 139.

Möglichkeit zu eigener Tarifarbeit hat. Der Verband darf weiterhin Tarifverträge für das verbandsangehörige Mitglied abschließen.

Die Tariffähigkeit der verbandsangehörigen Arbeitgeber kann aber dazu führen, dass der Wirkungsbereich von Verbandstarifverträgen eingeschränkt ist. Soweit der Arbeitgeber die Möglichkeit nutzt Firmentarifverträge zu schließen, kann dies bei inhaltlicher Überschneidung die zeitweise Verdrängung des Verbandstarifvertrags zur Folge haben.[735] Das Verbandstarifrecht verliert in diesen Fällen seine Ausschließlichkeit. Es kommt zu einem ungleichwertigen Nebeneinander von Verbands- und Firmentarifrecht, das die Regelungsbefugnis der Arbeitgeberkoalition beeinträchtigt. Dazu ist es nach der Rechtsprechung ausreichend, wenn zwar nicht der Abschluss, aber die Wirkung tariflicher Vorschriften behindert wird.[736] Firmentarifverträge haben diese Konsequenz, da sie die Regelungen der Verbandstarifverträge im Kollisionsfall leerlaufen lassen können.[737]

(3) Zulässige gesetzliche Ausgestaltung von Art. 9 Abs. 3 GG

Die Einschränkung der koalitionsmäßigen Betätigung des Arbeitgeberverbands hat nicht den Charakter eines Grundrechtseingriffs.

Soweit das Verhältnis der Tarifvertragsparteien zueinander betroffen ist, bedarf die Koalitionsfreiheit der normativen Ausgestaltung.[738] Der von Art. 9 Abs. 3 GG geschützte Betätigungsbereich erhält seine Kontur erst durch förmliche Gesetze und Richterrecht. Das BVerfG spricht dem Gesetzgeber insoweit erheblichen Handlungsspielraum zu.[739] Im Rahmen seines Ausgestaltungsauftrags kann er Begrenzungen vornehmen, die zum Ausgleich der unterschiedlichen Gewährleistungen aus Art. 9 Abs. 3 GG dienen.[740] Der Gesetzgeber

---

735 Zum Verhältnis von Verbands- und Firmentarifvertrag zueinander B. II. 1. a) bb), S. 167-168.

736 BAG vom 20.04.1999, AP Nr. 89 zu Art. 9 GG, unter B. II. 2.

737 Dass die Normsetzung des Verbands durch den Abschluss von Firmentarifverträgen wie *Boldt*, RdA 1971, 257 (262 f.) meint gar bedeutungslos würde und einen Machtverlust des Verbands gegenüber der Gewerkschaft zur Folge hätte, ist indes nicht anzunehmen.

738 BVerfG vom 26.06.1991, AP Nr. 117 zu Art 9 GG Arbeitskampf, unter C. I. 3.; BVerfG vom 04.07.1995, AP Nr. 4 zu § 116 AFG, unter C. I. 1.; BVerfG vom 24.04.1996, AP Nr. 2 zu § 57a HRG unter C. II. 1. Zur Abgrenzung zwischen Ausgestaltung und Grundrechtseingriff bei Art. 9 Abs. 3 GG *Däubler*, in: Ders., TVG, Einl. Rn. 153 ff.

739 BVerfG vom 04.07.1995, AP Nr. 4 zu § 116 AFG, unter C. I. 1.

740 *Bauer*, in: Dreier, GG, Art. 9 Rn. 92.

darf Regelungen treffen, damit die kollidierenden Grundrechtspositionen der Arbeitnehmer- und Arbeitgeberseite nebeneinander bestehen können. Maßstab für die normative Ausgestaltung ist die Sicherstellung einer funktionierenden Tarifautonomie.[741]

Den Rahmen, innerhalb dessen die Koalitionen die Arbeits- und Wirtschaftsbedingungen durch Tarifverträge regeln können, formuliert das TVG. Als Teil des Tarifrechts stellt § 2 Abs. 1 TVG eine einfachgesetzliche Ausgestaltung der Koalitionsfreiheit dar.[742] Sie ist zulässig, wenn sie die in der Koalitionsfreiheit enthaltenen Grundrechtsgewährleistungen zum Zwecke einer funktionsfähigen Tarifautonomie in ein angemessenes Verhältnis zueinander setzt.[743]

§ 2 Abs. 1 TVG garantiert die Tariffähigkeit des einzelnen Arbeitgebers als Voraussetzung eines funktionierenden Tarifvertragssystems.[744] Die Tariffähigkeit des Einzelarbeitgebers dient zum einen dem Schutz der Gewerkschaften, denen im Hinblick auf nicht organisierte Arbeitgeber andernfalls kein geeigneter Tarifpartner zur Verfügung stünde.[745] Zum anderen fußt sie in der Berechtigung des einzelnen Arbeitgebers, die Vorteile der Tarifautonomie auch ohne Verbandszugehörigkeit nutzen zu können. Dieses Recht findet seine Grundlage in der Koalitionsfreiheit des einzelnen Arbeitgebers. Während einige Stimmen in der Literatur auf die negative Koalitionsfreiheit abstellen,[746] hat der Erste Senat die Tariffähigkeit des Arbeitgebers als Bestandteil dessen geschützter Koalitionsbetätigungsfreiheit und damit als Inhalt der positiven Koalitionsfreiheit gewertet.[747] Andere stützen die Firmentarifvertragsfähigkeit auf die privatautonome Grundlage der Tarifautonomie nach Art. 9 Abs. 3 GG[748] oder auf die individuelle Privatautonomie des Arbeitgebers im Rahmen der Gewährleistung von Art. 12 Abs. 1 GG[749].

---

741 BVerfG vom 04.07.1995, AP Nr. 4 zu § 116 AFG, unter C. I. 1.

742 *Witt*, Firmentarifvertrag, S. 106, 127.

743 Zum Maßstab einer zulässigen gesetzlichen Ausgestaltung vgl. *Linsenmaier*, in: ErfK, Art. 9 GG Rn. 84.

744 a. A. *Matthes*, in: FS Schaub, S. 477 (482).

745 *Bayreuther*, Tarifautonomie, S. 293; *Oetker*, in: Wiedemann, TVG, § 2 Rn. 124.

746 *Oetker*, in: Wiedemann, TVG, § 2 Rn. 124; *Peter*, in: Däubler, TVG, § 2 Rn. 94; so wohl auch *Boldt*, RdA 1971, 257 (261).

747 BAG vom 10.12.2002, AP Nr. 162 zu Art. 9 GG Arbeitskampf, unter B. I. 1.; ebenso *Franzen*, in: ErfK, § 2 TVG, Rn. 20.

748 *Bayreuther*, Tarifautonomie, S. 300 f.

749 *Löwisch/Rieble*, TVG, § 2 Rn. 461 mit dem Argument, dass die individuelle Koalitionsfreiheit keine individuellen Betätigungsrechte verschaffe.

Der Zuordnung zur Koalitionsfreiheit des einzelnen Arbeitgebers ist zuzustimmen. Die Tarifautonomie ist Inhalt von Art. 9 Abs. 3 GG. Wird der einzelne Arbeitgeber als Tarifpartner tätig, handelt er im Rahmen dieser grundrechtlichen Gewährleistung. Seine Tariffähigkeit hat eigenständige Bedeutung für die Tarifautonomie. Erst sie ermöglicht den Abschluss von Firmentarifverträgen und damit betriebsspezifische Tarifregelungen.[750] Das Bedürfnis einer betriebsnahen Tarifpolitik kann auch für Arbeitgeber entstehen, die im Verband organisiert sind. Die Verbandsmitgliedschaft ändert nichts daran, dass primär der Arbeitgeber für die Ausgestaltung der Arbeitsverhältnisse in seinem Betrieb verantwortlich ist.[751] Dieser Verantwortungsbereich darf ihm nicht entzogen werden. Der Verbandsbeitritt darf nicht zur *„Entmündigung"* des Arbeitgebers führen.[752] Die betriebsnahe Tarifarbeit des Arbeitgebers ist ein Tätigwerden zum Zwecke der Tarifautonomie. Sie geht über die allgemeine Privatautonomie des Arbeitgebers nach Art. 12 Abs. 1 GG hinaus und ist Art. 9 Abs. 3 GG zuzuordnen.[753] Ob man die Tariffähigkeit des Arbeitgebers in diesem Sinne letztlich als Ausfluss der positiven oder der negativen Koalitionsfreiheit verortet, ändert ihren grundrechtlichen Schutz nicht.

Die Einschränkung der Betätigungsfreiheit des Verbands, den die Tariffähigkeit des einzelnen Arbeitgebers bewirkt, steht in angemessenem Verhältnis zur Gewährleistung eines funktionierenden Tarifvertragssystems.[754] § 2 Abs. 1 TVG löst die Kollisionslage zwischen der Koalitionsfreiheit des Arbeitgeberverbands und der Koalitionsfreiheit der Firmentarifvertragsparteien zu Gunsten Zweiter auf, um eine funktionsfähige Tarifautonomie sicherzustellen. Eine effiziente Regelung der Arbeits- und Wirtschaftsbedingungen setzt die Verfügbarkeit von Tarifpartnern auf beiden Seiten voraus. Wäre der verbandsangehörige Arbeitgeber nicht tariffähig, eröffnete man ihm die Möglichkeit, sich durch geschickten Wechsel in einen anderen Verband oder in eine OT-Mitgliedschaft komplett dem Zugriff der Gewerkschaften zu entziehen. Dies würde die autonome Regelung der Arbeits- und Wirtschaftsbedingungen durch Tarifverträge erheblich erschweren. Gleichzeitig würde man die betriebliche Regelungsverantwortung, die auch der koalitionszugehörige Arbeitgeber trägt, in nicht hinnehmbarer Weise beschränken.

---

750 *Bayreuther*, Tarifautonomie, S. 295.
751 *Buchner*, DB 2001, Beil. 9, 1 (6).
752 *Bayreuther*, Tarifautonomie, S. 310, 312.
753 a. A. *Löwisch/Rieble*, TVG, § 2 Rn. 461.
754 So auch *Witt*, Firmentarifvertrag, S. 136.

§ 2 Abs. 1 TVG stellt aus diesen Gründen eine zulässige gesetzgeberische Ausgestaltung der Koalitionsfreiheit dar. Der Arbeitgeberverband muss die durch Firmentarifverträge hervorgerufene Beeinträchtigung der eigenen Betätigungsfreiheit zu Gunsten einer funktionsfähigen Tarifautonomie hinnehmen. Es liegt alleine in der Verantwortung der Koalition, im Hinblick auf die verbandliche Tarifpolitik die Solidarität ihrer Mitglieder sicherzustellen. Solange der Gesetzgeber die unterschiedlichen Grundrechtsgewährleistungen aus Art. 9 Abs. 3 GG angemessen ausgleicht, kann er die Tarifautonomie zulässig ausgestalten, auch wenn dies die Solidarität im Arbeitgeberverband gefährdet.

cc) Individuelle Koalitionsfreiheit der verbandstreuen Arbeitgeber

Die Tariffähigkeit des Arbeitgebers verletzt aus den soeben dargelegten Gründen ebenso wenig die individuelle Koalitionsfreiheit der verbandstreuen Arbeitgeber, die im Vertrauen auf eine geschlossene Tarifpolitik keine separaten Firmentarifverträge abschließen.

Auch die verbandstreuen Mitglieder müssen sich entgegenhalten lassen, dass es sich um eine zulässige gesetzgeberische Ausgestaltung zum Zwecke einer effektiven Tarifautonomie handelt. Art. 9 Abs. 3 GG gewährt dem Arbeitgeber die Freiheit, einer Koalition seiner Wahl beizutreten. Einen grundrechtlich geschützten Anspruch darauf, Mitglied in einem Verband mit einer bestimmten *Solidaritätsdichte* zu werden, hat er nicht. Solange die gesetzliche Ausgestaltung die Betätigungsfreiheit des Verbands nicht unzulässig beschränkt, kann auch das mitgliedschaftliche Teilhaberecht an der koalitionsmäßigen Betätigung nicht verletzt sein.

dd) Zwischenergebnis

Die Möglichkeit des einzelnen Verbandsmitglieds, Firmentarifverträge abseits der verbandlichen Tarifvereinbarungen zu schließen, rechtfertigt keine teleologische Reduktion von § 2 Abs. 1 TVG.

c) Vorgaben für das Tarifverhalten durch die Verbandssatzung

Löst der verbandsangehörige Arbeitgeber sich durch Firmentarifverträge aus der gemeinsamen Tarifpolitik des Verbands, hat dies mittelbare Auswirkung auf die Wettbewerbssituation der Verbandsmitglieder. Das gilt insbesondere dann, wenn der einzelne Arbeitgeber durch Firmentarif gegenüber dem Verbandstarif günstigere Konditionen vereinbart. Es stellt sich daher die Frage, inwieweit Arbeitgeberverbände ihren Mitgliedern den Abschluss von Firmentarifverträgen im Interesse der Verbandssolidarität satzungsrechtlich untersagen können.

aa) Arten und Wirkung von Abschlussverboten

Satzungsmäßige Abschlussverbote (auch: Tarifverbote) können *Tarifdisziplin* der Mitglieder einfordern, indem sie Haustarifverträge zu solchen Regelungskomplexen untersagen, die verbandstarifvertraglich geregelt sind.[755] Sie zielen primär darauf ab, unerwünschte Tarifkollisionen zu vermeiden.[756] Eigene Vereinbarungen darf der verbandsangehörige Arbeitgeber nur zu ungeregelten Themenbereichen treffen. Verbieten Satzungsvorschriften dagegen jeglichen Abschluss von Firmentarifverträgen, konstituieren sie ein *Tarifmonopol* des Arbeitgeberverbands.[757] Es dient zur vollständigen Vereinheitlichung der Tarifbedingungen und formuliert mit Blick auf die Tarifpolitik eine uneingeschränkte Solidaritätsforderung.[758] Die tariflichen Interessen sollen ausnahmslos im verbandlichen Zusammenwirken verfolgt und durchgesetzt werden.

Unabhängig von ihrer Ausgestaltung gelten satzungsrechtliche Tarifverbote ausschließlich im Verhältnis zwischen Koalition und Mitglied; sie entfalten keine Außenwirkung.[759] Außenwirkung hieße, dass Abschlussverbote nicht nur das verbandsrechtliche Dürfen, sondern auch das rechtliche Können gegenüber Dritten beschränken würden.[760] Das Verbandsmitglied würde im Umfang des Abschlussverbots seine Tariffähigkeit verlieren oder auf diese verzichten.[761] Da die beiderseitige Tariffähigkeit im Zeitpunkt des Tarifvertragsschlusses

755 *Löwisch/Rieble*, TVG, § 1 Rn. 639. So beispielsweise die Satzungen von Chemie Nord (§ 5 Ziff. 2., Stand Okt. 2012) und des KAV Nordrhein-Westfalen (§ 6 Ziff. 1. lit. b), Stand März 2012).

756 *Oetker*, in: Wiedemann, TVG, § 2 Rn. 153.

757 *Löwisch/Rieble*, TVG, § 1 Rn. 639. Ein Tarifmonopol statuieren beispielsweise die Satzungen des VMET (§ 6 Ziff. 3. lit. d), Stand Juni 2015), des KAV Hessen (§ 6 lit. b), Stand Juli 2016) und des KAV Berlin (§ 8 Ziff. 1. lit. b), Stand Dez. 2006).

758 Vgl. auch *Schubert*, in: JKOS, Tarifvertragsrecht, § 2 Rn. 137.

759 Ganz h. M.: *Beck*, Sanierungstarifvertrag, S. 192; *Buchner*, DB 2001, Beil. 9, 1 (6); *Bürger*, Fachtarifvertrag, S. 192; *Dunker*, Unternehmensbezogene Tarifverträge, S. 141; *Emmert*, in: Thüsing/Braun, Tarifrecht, 2. Kap. Rn. 123; *Gumpert*, BB 1958, 1316 (1317); *Hanau/Kania*, in: FS Däubler, S. 437 (445); *Hessel*, BB 1955, 1028 (1029); *Jacobs*, ZTR 2001, 249 (251); *Löwisch/Rieble*, TVG, § 1 Rn. 641; *Oetker*, in: Wiedemann, TVG, § 2 Rn. 151; *Peter*, in: Däubler, TVG, § 2 Rn. 97; *Schubert*, in: JKOS, Tarifvertragsrecht, § 2 Rn. 137; *Wieland*, Firmentarifverträge, S. 69; *Zachert*, in: FS Wissmann, S. 202 (206).

760 *Hessel*, BB 1955, 1028 (1029).

761 Zu diesen Regelungsvarianten *Witt*, Firmentarifvertrag, S. 296.

zwingende Wirksamkeitsvoraussetzung ist,[762] wären unter Missachtung der Verbotsklausel geschlossene Firmentarifverträge unwirksam.

Für Regelungen zur Tarifdisziplin scheidet Außenwirkung bereits deshalb aus, weil es eine *Teil-Tariffähigkeit* des Arbeitgebers, beschränkt auf satzungsmäßig nicht untersagte Firmentarifverträge, schon aus Gründen der Rechtssicherheit nicht geben kann.[763] Doch auch Abschlussverbote im Sinne eines Tarifmonopols haben keinen Einfluss auf die Tariffähigkeit des einzelnen Arbeitgebers. Die durch § 2 Abs. 1 TVG normierte Tariffähigkeit auch des verbandsangehörigen Arbeitgebers ist unabdingbar. § 2 Abs. 1 TVG löst den Konflikt zwischen der Koalitionsfreiheit des Arbeitgeberverbands und der Koalitionsfreiheit der Firmentarifvertragsparteien.[764] Könnte der einzelne Arbeitgeber seine Tariffähigkeit durch satzungsmäßiges Verbot verlieren oder wirksam darauf verzichten, wäre das mit dem Ausgestaltungszweck von § 2 Abs. 1 TVG, eine funktionsfähige Tarifautonomie zu gewährleisten, nicht vereinbar.[765] Der Arbeitgeber kann über seine Tariffähigkeit nicht disponieren.[766]

Für dieses Ergebnis streitet auch der Rang satzungsrechtlicher Verpflichtungen. Die Verbandssatzung formuliert eine partielle Rechtsordnung für die verbandsangehörigen Mitglieder.[767] Sie vermag alleine verbandsinterne Pflichten zu begründen, die das Außenverhältnis zu Dritten nicht erfassen. Der Arbeitgeber kann seine Tariffähigkeit daher nicht durch satzungsrechtliche Verpflichtung abstreifen, die er gegenüber einem Arbeitgeberverband eingeht.[768]

Die folgenden Ausführungen gelten daher der Zulässigkeit verbandsintern wirkender Tarifverbote. Sie untersagen den Abschluss von Firmentarifverträgen alleine im Verhältnis zwischen Verband und Mitglied; beschränken also ausschließlich das verbandsrechtliche Dürfen.[769] Verbotswidrig abgeschlossene Firmentarifverträge sind im Außenverhältnis gegenüber Dritten wirksam.[770]

---

762 *Greiner*, in: Henssler/Moll/Bepler, Tarifvertrag, Teil 2 Rn. 34.

763 Die umfassende Haustariffähigkeit besteht richtigerweise solange der Arbeitgeber im Geltungsbereich des TVG tätig ist (*Emmert*, in: Thüsing/Braun, Tarifrecht, 2. Kap. Rn. 122).

764 Vgl. B. II. 1. b) bb) (3), S. 172-175.

765 *Dunker*, Unternehmensbezogene Tarifverträge, S. 141; *Witt*, Firmentarifvertrag, S. 296.

766 BAG vom 10.12.2002, AP Nr. 162 zu Art. 9 GG Arbeitskampf, unter B. I. 1.

767 Zum Charakter vereinsrechtlichen Satzungsrechts Teil 1 B. IV. 1., S. 65-66.

768 BAG vom 10.12.2002, AP Nr. 162 zu Art. 9 GG Arbeitskampf, unter B. I. 1.

769 *Oetker*, in: Wiedemann, TVG, § 2 Rn. 151.

770 *Hanau/Kania*, in: FS Däubler, S. 437 (445); *Löwisch/Rieble*, TVG, § 1 Rn. 641.

bb) Zulässigkeit von Abschlussverboten

Satzungsrechtliche Abschlussverbote mit Innenwirkung sind zulässig.[771] Das gilt sowohl für Vorschriften zu Tarifdisziplin, die eine ungewollte Konkurrenz zum Verbandstarifvertrag verhindern sollen, als auch für umfassende Tarifverbote mit dem Ziel die Verbandssolidarität zu stärken.[772] Sie sind sowohl mit der individuellen Koalitionsfreiheit des einzelnen Arbeitgebers (dazu im Folgenden unter (1)) als auch mit der kollektiven Koalitionsfreiheit der Gewerkschaften (dazu im Folgenden unter (2)) vereinbar.

(1) Koalitionsfreiheit des Verbandsmitglieds

Tarifverbote stehen als Konkretisierung der mitgliedschaftlichen Förderpflicht primär im Kollisionsverhältnis zwischen der kollektiven Koalitionsfreiheit des Verbands und der individuellen Koalitionsfreiheit des einzelnen Arbeitgebers. Entscheidend für ihre Zulässigkeit sind die Bedeutung der solidarischen Verpflichtung für den Koalitionszweck und der Grad der Belastung für das einzelne Mitglied.[773]

Firmentarifverträge bergen die Gefahr von Wettbewerbsverzerrungen, da sie konkurrierendes Verbandstarifrecht verdrängen können. Die Koalition hat ein legitimes Interesse daran, eine derartige „*Zersplitterung*" der Tarifkonditionen im Tarifgebiet zu vermeiden.[774] Tarifverbote sind eine Maßnahme, um die koalitionsinterne Geschlossenheit insoweit aufrechtzuerhalten.[775] Sie sollen verhindern, dass einzelne Arbeitgeber Sonderinteressen verfolgen und dadurch den gemeinsamen Verbandszweck infrage stellen. Für die Koalitionsmitglieder

---

771 So zu Recht die ganz überwiegende Auffassung in Rechtsprechung und Literatur: BAG vom 24.01.2001, AP Nr. 173 zu § 1 TVG Tarifverträge: Metallindustrie, unter I. 1. c); BAG vom 04.04.2001, AP Nr. 26 zu § 4 TVG Tarifkonkurrenz, unter II. 1. b); BAG vom 10.12.2002, AP Nr. 162 zu Art. 9 GG Arbeitskampf, unter B. I. 1.; *Buchner*, DB 2001, Beil. 9, 1 (6); *Dunker*, Unternehmensbezogene Tarifverträge, S. 143; *Gumpert*, BB 1958, 1316 (1317); *Hessel*, BB 1955, 1028 (1029); *Jacobs*, ZTR 2001, 249 (251); *Oetker*, in: Wiedemann, TVG, § 2 Rn. 153; *Peter*, in: Däubler, TVG, § 2 Rn. 97; *Reuter*, NZA 2001, 1097 (1101); *Richter*, Firmentarifverträge, S. 116; *Schubert*, in: JKOS, Tarifvertragsrecht, § 2 Rn. 137; *Wieland*, Firmentarifverträge, S. 68; *Witt*, Firmentarifvertrag, S. 298.

772 *Oetker*, in: Wiedemann, TVG, § 2 Rn. 153; *Schubert*, in: JKOS, Tarifvertragsrecht, § 2 Rn. 137.

773 Zu der identischen Situation in Arbeitnehmerkoalitionen bereits Teil 2 B. II. 1., S. 112-113.

774 *Löwisch/Rieble*, TVG, § 1 Rn. 645.

775 *Reuter*, NZA 2001, 1097 (1101).

bewirken satzungsmäßige Tarifverbote eine Einschränkung ihrer tariflichen Regelungsfreiheit. Während Vorschriften zu Tarifdisziplin die Möglichkeiten zu eigener Tarifarbeit des Arbeitgebers nur verkürzen, zwingt ein Tarifmonopol die einzelnen Verbandsmitglieder zur Entscheidung zwischen Verbands- und Firmentarifrecht. Der Beitritt zur Koalition geht in diesem Fall mit dem Ausschluss jeder eigenständigen Tarifarbeit einher.

Die Betätigungsfreiheit des Verbands rechtfertigt diese Einschränkung der individuellen Koalitionsfreiheit. Der einzelne Arbeitgeber kann seine tarifliche Handlungsfreiheit jederzeit zurückerlangen.[776] Nicht anders als ein Gewerkschaftsmitglied ist auch der Arbeitgeber frei in der Entscheidung, ob er sich einem Arbeitgeberverband anschließt und in diesem bleibt. Entspricht die Tarifpolitik der Koalition nicht (mehr) seinen Vorstellungen, kann er von seinem Austrittsrecht Gebrauch machen. Dem Arbeitgeber steht es zudem offen in eine OT-Mitgliedschaft zu wechseln, wenn der Verband eine solche vorsieht. Diese Reaktionsmöglichkeiten relativieren die von einem Tarifverbot ausgehende Belastung erheblich.[777]

Satzungsrechtliche Tarifverbote haben, im Gegensatz zu einer Versagung der Tariffähigkeit, auch keine selbstentmündigende Wirkung.[778] Während der Arbeitgeber ohne eigene Tariffähigkeit nicht in der Lage ist, überhaupt selbständig Tarifabschlüsse zu vereinbaren, bleibt ihm diese Handlungskompetenz trotz Verbots durch die Verbandssatzung erhalten. Er kann im Außenverhältnis wirksame Firmentarifverträge abschließen, auch wenn er in Reaktion hierauf mit vereinsrechtlichen Sanktionen rechnen muss. Ein satzungsrechtlich geregeltes Abschlussverbot kann diese Handlungsfreiheit des Verbandsmitglieds nicht aufheben und alleine die bloße Androhung vereinsrechtlicher Strafgewalt stellt noch keine Entmündigung dar.

(2) Gewerkschaftliche Betätigungsfreiheit

Vereinzelte Stimmen bewerten satzungsrechtliche Tarifverbote als unzulässige Umgehung der arbeitgeberseitigen Tariffähigkeit zu Lasten der Gewerkschaften.[779]

---

776 *Dunker*, Unternehmensbezogene Tarifverträge, S. 143. Zu Recht weist *Beck*, Sanierungstarifvertrag, S. 193 f. darauf hin, dass kein Bedürfnis besteht, ein „*Günstigkeitsprinzip*" für den Arbeitgeber einzuführen.

777 So auch *Schubert*, in: JKOS, Tarifvertragsrecht, § 2 Rn. 137; *Witt*, Firmentarifvertrag, S. 298.

778 a. A. *Bayreuther*, Tarifautonomie, S. 310 und 315, der die Möglichkeit zum Abschluss von Firmentarifverträgen als Pendant zum Günstigkeitsprinzip auf Arbeitnehmerseite wertet, deren Einschränkung selbstentmündigenden Charakter hat.

779 *Blanke*, ZTR 2000, 211 (213); *Hensche*, RdA 1971, 9 (17).

Abschlussverbote bewirkten jedenfalls einen faktischen Ausschluss der Tariffähigkeit des Einzelarbeitgebers und verhinderten die tarifliche Erfassung von Fragen, die einer sachnahen Regelung durch Firmentarifvertrag bedürfen.[780]

Die ausschließlich im Innenverhältnis zwischen Verband und Mitglied wirkende Satzungsregelung steht der Wirksamkeit abweichender Haustarifverträge nicht entgegen. Die Gewerkschaft ist nicht gehindert den einzelnen Arbeitgeber auch zum Abschluss von Firmentarifverträgen anzuhalten, da das satzungsmäßige Tarifverbot ihr gegenüber keine rechtlichen Wirkungen entfaltet.[781] Andernfalls würde man die Gewerkschaften ähnlich einem Vertrag zu Lasten Dritter an das verbandsinterne Verbot binden und der Satzungsvorschrift dadurch unzulässige Außenwirkung verleihen.[782]

Das Tarifverbot wirkt sich dadurch auf die Gewerkschaften aus, dass es faktisch die Auswahl des Tarifpartners einschränkt. Die Tarifautonomie garantiert den Koalitionen die Möglichkeit, Arbeitsverhältnisse eigenverantwortlich zu regeln. Dazu ist es erforderlich, dass der Gewerkschaft ein Arbeitgeber oder Arbeitgeberverband als nach § 2 Abs. 1 TVG geeigneter Tarifpartner zur Verfügung steht. Art. 9 Abs. 3 GG gewährt der Gewerkschaft allerdings nicht das Recht, tatsächlich auch jederzeit nach freiem Belieben auf den von ihr gewünschten Tarifpartner zugreifen zu können.[783] Der einzelne Arbeitgeber ist auch ohne Bindung an ein satzungsmäßiges Tarifverbot jederzeit berechtigt, den Abschluss eines Firmentarifvertrags gegenüber der Gewerkschaft zu verweigern.[784] Um unternehmensbezogene Sachverhalte regeln zu können, verbleibt der Gewerkschaft zudem die Möglichkeit, unternehmensbezogene Verbandstarifverträge zu schließen. Solange der Arbeitgeberverband tarifbereit ist, kann die Gewerkschaft auf diese Weise auch unternehmensspezifische Themen tariflich erfassen.

Bayreuther erachtet einen Verstoß gegen die Betätigungsfreiheit der Gewerkschaften jedenfalls dann als *„naheliegend"*, wenn der Verband Firmentarifverträge satzungsrechtlich untersagt, gleichzeitig aber selbst nicht bereit ist, Verbandstarifverträge abzuschließen.[785] Dieses Argument ist folgerichtig, soll die Tariffähigkeit des Arbeitgebers Tariflücken doch gerade vermeiden. Könnte

---

780 *Blanke*, ZTR 2000, 211 (213).

781 *Hessel*, BB 1955, 1028 (1029).

782 *Richter*, Firmentarifverträge, S. 118.

783 Gegen ein solches *„Wahlrecht"* der Gewerkschaften *Löwisch/Rieble*, TVG, § 1 Rn. 646; *Reuter*, NZA 2001, 1097 (1101).

784 Die Gewerkschaft hat insoweit schon keinen Anspruch auf die bloße Tarifbereitschaft des Arbeitgebers (*Witt*, Firmentarifvertrag, S. 298).

785 *Bayreuther*, Tarifautonomie, S. 315.

der Arbeitgeberverband sowohl Verbands- als auch Firmentarifverträge blockieren, würde dies die Tarifarbeit der Gewerkschaften erheblich beeinträchtigen. Ist der Arbeitgeberverband jedenfalls grundsätzlich tarifwillig, liegt ein Grundrechtsverstoß zu Lasten der Gewerkschaften hingegen nicht vor.[786] Der Gewerkschaft steht dann mit dem Arbeitgeberverband ein geeigneter Tarifpartner zur Verfügung. Dass der Verband ggf. nicht ihre Wunschtarifvertragspartei ist, verletzt die koalitionsmäßige Betätigungsfreiheit nicht.

d) Zwischenergebnis

Arbeitgeberverbände können ihre Mitglieder auf die verbandliche Tarifpolitik verpflichten, indem sie satzungsmäßige Tarifverbote statuieren.

2. Folgepflicht im Arbeitskampf

Die mitgliedschaftliche Bindung ist auch bei Arbeitgeberverbänden maßgeblich im Arbeitskampf relevant. Die Koalition kann ihren Mitgliedern kollektivitätsorientierte Solidarität abverlangen, indem sie die vereinsrechtliche Förderpflicht für den Arbeitskampf in einer speziellen Folgepflicht konkretisiert.[787] Formuliert die Satzung lediglich eine allgemeine Folgepflicht für satzungsmäßige Beschlüsse, sind Kampfbeschlüsse im Umfang der mitgliedschaftlichen Förderpflicht ebenfalls umfasst.[788] Unabdingbare Voraussetzungen der Folgepflicht sind die Rechtmäßigkeit des Arbeitskampfes und ein satzungsgemäß zustande gekommener Verbandsbeschluss zur Aufnahme von Arbeitskampfmaßnahmen.[789]

Arbeitgeberverbände sind in gleicher Weise wie Gewerkschaften dazu berechtigt, von ihren Mitgliedern die Teilnahme an einem beschlossenen Arbeitskampf zu verlangen. Die Beteiligungspflicht dient unmittelbar dem geschützten Koalitionszweck; die mit ihr einhergehende Belastung des Mitglieds ist gering. Gehört der Arbeitgeber zu den Unternehmen, die der Verband in einem Aussperrungsbeschluss genannt hat, ist er verpflichtet, die beschlossene Aussperrung durchzuführen.[790] Befindet sich das Mitglied nicht unter den ausgewählten

---

786 *Oetker*, in: Wiedemann, TVG, § 2 Rn. 154.

787 Eine spezifische Folgepflicht für den Arbeitskampf formulieren z. B. die Satzungen der Arbeitgeberverbände Bau Saar (§ 5 Ziff. 4., Stand Juli 2015), VDEW (§ 4 lit. a), Stand April 2005) oder Chemie Nord (§ 5 Ziff. 1. lit. e), Stand Okt. 2012).

788 So beispielsweise § 6 Ziff. 3. lit. c) der Satzung des VMET (Stand Juni 2015) oder § 6 lit. c) der Satzung des KAV Hessen (Stand Juli 2016).

789 Zu den Voraussetzungen der Folgepflicht bereits Teil 2 B. II. 2. a) aa), S. 114-115.

790 *Schmiegel*, Koalitionssatzungen, S. 103.

Unternehmen, hat es jedenfalls das negative Störungsverbot im Hinblick auf den Arbeitskampf zu beachten.[791]

Problematisch ist, inwieweit Arbeitgeberverbände ihre Mitglieder über die bloße Beteiligung am Arbeitskampf hinaus Streikhilfeverpflichtungen unterwerfen dürfen (dazu im Folgenden unter a)) oder ihnen einen Separatfrieden im Arbeitskampf untersagen können (dazu im Folgenden unter b)).

a) Streikhilfeverpflichtungen

Streikhilferegelungen verpflichten Unternehmen zu gegenseitiger Unterstützung im Falle des Arbeitskampfes. Sie werfen sowohl verbandsrechtliche als auch kartellrechtliche Probleme auf.

aa) Relevanz und Inhalt

Mitgliedschaftliche Streikhilfeverpflichtungen sind vor allem im Hinblick auf eng begrenzte Teil- und Schwerpunktstreiks relevant, die den Arbeitskampf auf wenige Verbandsmitglieder fokussieren. Gerade diese Kampftaktik greift die solidarische Schutzwirkung des Arbeitgeberverbands in besonderem Maße an.[792] Schwerpunktstreiks heben die wettbewerbsschützende Wirkung der Verbandstarifverträge auf. Ist die wirtschaftliche Leistungsfähigkeit eines Mitglieds durch den Arbeitskampf eingeschränkt, bietet dies für nicht bestreikte Konkurrenzunternehmen unmittelbare Wettbewerbsvorteile. Für die nicht kampfbetroffenen Unternehmen entsteht ein spieltheoretisches Dilemma zwischen ihrer Interessenbindung an den Verband und dem Ausnutzen der individuellen Wettbewerbschance.[793]

Streikhilfeverpflichtungen sollen verhindern, dass die bestreikten Unternehmen in doppeltem Sinne zu Verlierern werden und die vom Arbeitskampf verschonten Arbeitgeber von der Streiktaktik der Gewerkschaft zu Lasten anderer Verbandsmitglieder profitieren. Sie regeln die gegenseitige Unterstützung der Verbandsmitglieder, um die Auswirkungen begrenzter Teilstreiks einzudämmen und individuelle Wettbewerbsvorteile einzelner Unternehmen aus dem Arbeitskampf zu unterbinden.[794] Das primäre Ziel von Streikhilfeabkommen liegt darin,

791 *Löwisch/Rieble*, in: Löwisch, Arbeitskampf, S. 356.

792 BAG vom 10.06.1980, AP Nr. 64 zu Art. 9 GG Arbeitskampf, unter A. V. 3.

793 BAG vom 10.06.1980, AP Nr. 64 zu Art. 9 GG Arbeitskampf, unter A. V. 3. Zum spieltheoretischen Modell des Gefangenendilemma Teil 1 B. II. 1. a), S. 58-59.

794 Vgl. *Löwisch/Rieble*, in: MüArbR, § 158 Rn. 18; *Scholz*, in: Maunz/Dürig, GG, Art. 9 Rn. 254.

die Wettbewerbsrivalität der verbandsangehörigen Unternehmen für die Dauer des Arbeitskampfes auszuschalten.[795]

Im eigentlichen Sinne handelt es sich um Vertragswerke, in denen sich organisierte Unternehmen gegenüber dem Arbeitgeberverband verpflichteten, durch eine gemeinsame Hilfevereinbarung, die eigentliche Streikhilfeabrede, gegenseitige Unterstützungsmaßnahmen für den Arbeitskampf zu vereinbaren.[796] Der Verband kann die mitgliedschaftliche Unterstützung seiner Mitglieder im Arbeitskampf dadurch gezielt steuern. In dieser ursprünglichen Form haben Streikhilfeabreden keine Relevanz mehr, in Rechtsprechung und Literatur genießen sie heute ein Schattendasein. Denn das Einbrechen verbandsexterner, insbesondere auch ausländischer Konkurrenzunternehmen in den Wettbewerbsmarkt können Streikhilfevereinbarungen nicht verhindern.[797] Ihre Schutzwirkung ist dadurch insgesamt äußerst gering. Gleichwohl enthalten die Satzungen[798] oder Arbeitskampfrichtlinien[799] einiger Arbeitgeberverbände weiterhin Vorschriften, die dem Bereich der Streikhilfe zuzuordnen sind.

Inhaltlich betreffen Regelungen zur Streikhilfe im Wesentlichen den Schutz bestehender Geschäftsbeziehungen. Kundenschutzklauseln verbieten den Verbandsmitgliedern Kunden der von Arbeitskampf betroffenen Unternehmen abzuwerben oder deren Aufträge zu übernehmen.[800] Dieser passive Kundenschutz wird bisweilen durch aktive Hilfsmaßnahmen ergänzt. Zu ihnen gehören insbesondere Verpflichtungen, vereinbarte Lieferfristen zu verlängern oder Abschlagszahlungen trotz arbeitskampfbedingt ausbleibender Gegenleistung zu erbringen.[801]

---

795 *Säcker*, ZHR 137 (1974), 455 (463).

796 Vgl. *Hendriks*, ZHR 141 (1977), 1 (2).

797 *Kentner*, Arbeitskampfmittel, S. 226.

798 Vgl. Ziff. IV. 11. im Anhang der Satzung des vbm (Stand Juli 2012) sowie § 11 Ziff. 4. der Satzung des SANG (Stand Juni 2012).

799 So beispielsweise die Arbeitskampfrichtlinien von Gesamtmetall unter Teil E, Ziff. II. (Stand Nov. 2014).

800 *Poth*, Grenzen des Arbeitsrechts, S. 131. Vgl. Ziff. IV. 11. im Anhang der Satzung des vbm (Stand Juli 2012); § 11 Ziff. 4. der Satzung des SANG (Stand Juni 2012).

801 Vgl. Ziff. IV. 11. im Anhang der Satzung des vbm (Stand Juli 2012); Teil E, Ziff. II. der Arbeitskampfrichtlinien von Gesamtmetall (Stand Nov. 2014). Eine in der ursprünglichen Form von Streikhilfeabreden regelmäßig vorgesehene Verpflichtung zu Lieferhilfe findet sich lediglich noch in den Arbeitskampfrichtlinien von Gesamtmetall (Teil B. Ziff. I. 10., Stand Nov. 2014), auch dort aber nur noch als präventive Möglichkeit ohne Verpflichtungscharakter und soll daher keiner vertieften Prüfung unterzogen werden.

Da Streik und Aussperrung regelmäßig keine lösende Wirkung für das Arbeitsverhältnis haben und der Arbeitnehmer ein arbeitskampfrechtliches Abkehrrecht, soweit man dieses anerkennt,[802] in den wenigsten Fällen nutzen wird, sind Regelungen zum Schutz des Mitarbeiterbestands in bestreikten Unternehmen kaum noch relevant. Vorschriften, die es den konkurrierenden Verbandunternehmen untersagen, Arbeitnehmer von bestreikten oder aussperrenden Unternehmen einzustellen, sind daher regelmäßig nicht mehr zu finden.[803] Versteht man Mitarbeiterschutzregelungen dieser Art als vertikale Sperrabrede im Sinne von § 75f HGB,[804] mag man sich zudem um ihre Durchsetzbarkeit streiten.[805]

bb) Verbandsrechtliche Zulässigkeit

Die verbandsrechtliche Zulässigkeit ist davon abhängig, inwieweit Streikhilfeverpflichtungen eine zulässige Konkretisierung der mitgliedschaftlichen Förderpflicht darstellen.

Streikhilfeverpflichtungen fallen in den Schutzbereich von Art. 9 Abs. 3 GG.[806] Die interne Geschlossenheit der Verbandsmitglieder ist im Arbeitskampf von größter Bedeutung, um die tariflichen Ziele wirksam durchsetzen zu können. Besonders die Fokussierung von Streiks oder streikbegleitenden Flashmob-Aktionen auf einzelne, ausgewählte Unternehmen führt zu einer ungleichen Verteilung der arbeitskampfrechtlichen Belastung unter den Mitgliedern. Die Wettbewerbsnachteile, die den von Arbeitskampf betroffenen Arbeitgebern entstehen, erhöhen das Risiko für das Ausbrechen dieser Mitglieder aus dem Verband. Geben kampfbetroffene Arbeitgeber den Forderungen der Gewerkschaft durch Firmentarifvertrag oder arbeitsvertragliche Gewährung nach, schwächt dies die Kampfstärke des Verbands immens. Der Arbeitgeberverband ist berechtigt, sich durch Maßnahmen zu interner Geschlossenheit gegen diese Risiken abzusichern.[807] Ob der Verband die Solidarität seiner Mitglieder generalisiert

---

802 Vgl. zum Abkehrrecht des Arbeitnehmers nach der Rechtsprechung im Falle suspendierender Aussperrung BAG GS vom 21.04.1971, AP Nr. 43 zu Art. 9 GG Arbeitskampf, unter Teil III. C. 4.

803 So aber gleichwohl noch unter § 11 Ziff. 4. der Satzung des SANG (Stand Juni 2012).

804 Offen gelassen in BGH vom 30.04.1974, NJW 1974, 1330 (1331).

805 Vgl. *von Hoyningen-Huene*, in: MüKo HGB, § 75f Rn. 6 f.

806 So auch *Scholz/Konzen*, Aussperrung, S. 125; a. A. *Säcker*, ZHR 137 (1974), 455 (469).

807 Zur Berechtigung der Koalitionen, ihre Geschlossenheit auch gegenüber den eigenen Mitgliedern abzusichern bereits Teil 2 B. II. 1., S. 112-113 sowie BVerfG vom 24.02.1999, AP Nr. 18 zu § 20 BetrVG 1972, unter II. 1.

oder durch Streikhilfeverpflichtungen speziell für den Arbeitskampf einfordert, muss dabei alleine ihm überlassen bleiben.

Die von verbandsinternen Streikhilfepflichten ausgehende Belastungsintensität auf die Mitglieder ist als gering zu bewerten. Die bestreikten Arbeitgeber erleiden durch den Arbeitskampf Wettbewerbsnachteile sowohl gegenüber der Verbandskonkurrenz als auch gegenüber nicht verbandsangehörigen Unternehmen. Die Streikhilfeverpflichtung kann diese Negativwirkungen des Arbeitskampfes verbandsintern abmildern. Die von Arbeitskampf verschonten Mitglieder erleiden dadurch keine Nachteile. Die Unterstützung, zu der Streikhilfeabreden sie verpflichten, beschränkt sich stets auf das Maß, das erforderlich ist, um arbeitskampfbedingte Wettbewerbsverschiebungen innerhalb der Koalition zu vermeiden. Die nicht bestreikten Arbeitgeber werden keineswegs verpflichtet, ihre Konkurrenz besserzustellen. Dass ihnen ein greifbarer Wettbewerbsvorteil verbandsrechtlich vorenthalten werden soll, stellt keine Belastung dar. Eine Schlechterstellung der von Arbeitskampf verschonten Unternehmen ist mit Streikhilfepflichten nicht verbunden.

Das Bedürfnis des Verbands, im Rahmen seiner kollektiven Koalitionsfreiheit die Geschlossenheit der Mitglieder im Arbeitskampf aufrechtzuerhalten, muss das individuelle Wettbewerbsinteresse der von Arbeitskampf nicht betroffenen Unternehmen aus diesen Gründen zurücktreten lassen. Arbeitgeberverbände können ihre Mitglieder satzungsrechtlich zu gegenseitiger Streikhilfe verpflichten.

cc) Kartellrechtliche Zulässigkeit

Weitaus problematischer als die verbandsrechtliche Zulässigkeit ist die Vereinbarkeit solidarischer Streikhilfeverpflichtungen mit den Vorgaben des Kartellrechts.

(1) Verbot wettbewerbsbeschränkender Absprachen durch § 1 GWB

Das Kartellrecht schützt die Wettbewerbsordnung gegen privat veranlasste Beschränkungen.[808] Vereinbarungen zwischen Unternehmen, Beschlüsse von Unternehmensvereinigungen und aufeinander abgestimmte Verhaltensweisen, die eine Verhinderung, Einschränkung oder Verfälschung des Wettbewerbs bezwecken oder bewirken, verbietet § 1 GWB. Für grenzüberschreitende Sachverhalte enthält Art. 101 AEUV (ehemals Art. 81 EG-Vertrag) eine nahezu wortgleiche Regelung.

808 *Wiedemann*, in: Ders., Hdb. KartellR, § 1 Rn. 1.

Arbeitgeberverbände sind Unternehmensvereinigungen im Sinne von § 1 GWB.[809] Soweit sie durch Beschluss Regelungen zu Streikhilfe aufstellen, können diese den Tatbestand einer Wettbewerbsbeschränkung erfüllen.[810] Maßgeblich ist, ob die Verbandsmitglieder sich gegenüber der Koalition im Hinblick auf ihr zukünftiges Marktverhalten binden.[811] Beschränkt die Verpflichtung zur Streikhilfe die wirtschaftliche Handlungsfreiheit der Verbandsmitglieder im Hinblick auf Wettbewerbsparameter wie insbesondere Preise, Rabatte, Produktion und Absatz, entfaltet sie eine nach § 1 GWB grundsätzlich unzulässige Kartellwirkung.[812]

Verpflichtungen zu Kundenschutz und Hilfeleistungen haben nach diesen Grundsätzen wettbewerbsrelevante Wirkung. Kundenschutzregelungen zielen darauf ab, die bestehende kundenbezogene Marktaufteilung zwischen konkurrierenden Verbandsmitgliedern beizubehalten. Abnehmer können nicht auf andere verbandsangehörige Unternehmen als Anbieter oder Zulieferer ausweichen; das Angebot am Markt wird gezielt reduziert.[813] Unterstützungsleistungen wie die Verlängerung von Lieferfristen helfen ebenfalls, durch den Arbeitskampf vertraglich gestörte Kundenbeziehungen aufrechtzuerhalten. Den kampfbetroffenen Mitgliedern wird ein gewisser Absatzschutz gewährt. Diese Formen der Streikhilfe erfüllen den Tatbestand einer unzulässigen Wettbewerbsbeschränkung nach § 1 GWB.[814]

Gegen die Anwendbarkeit von § 1 GWB argumentiert *Poth*. Er bewertet jeden Streikwettbewerb zwischen den Verbandsmitgliedern wegen des damit einhergehenden Verstoßes gegen die Verbandssolidarität insgesamt als nicht durch das GWB geschützten, unzulässigen Wettbewerb.[815] Daran ist alleine richtig, dass das Kartellverbot in § 1 GWB nur solchen Wettbewerb schützt, der nicht bereits durch andere Normen untersagt und daher zu unterlassen ist.[816] Entgegen der Ansicht *Poths* fordert Art. 9 Abs. 3 GG gleichwohl keine allgemeine Einstellung des Wettbewerbs. Die Aufrechterhaltung der verbandsinternen Geschlossenheit liegt auch im Arbeitskampf alleine bei der jeweiligen Koalition. Der Wettbewerb der Koalitionsmitglieder am Markt ist unabhängig davon geschützt, ob

809 *Ackermann*, in: Rieble/Junker/Giesen, Kartellrecht, S. 26.
810 Dabei kann es keinen Unterschied machen, ob der Beschluss aus Anlass eines konkreten Arbeitskampfes oder in Form einer Satzungsänderung erfolgt.
811 *Zimmer*, in: Immenga/Mestmäcker, GWB, § 1 Rn. 129.
812 *Wiedemann*, in: Ders., Hdb. KartellR, § 3 Rn. 3.
813 *Hendriks*, ZHR 141 (1977), 1 (5).
814 *Rieble*, Arbeitsmarkt, Rn. 478.
815 *Poth*, Grenzen des Arbeitsrechts, S. 136 f.; a. A. *Hendriks*, ZHR 141 (1977), 1 (7).
816 *Zimmer*, in: Immenga/Mestmäcker, GWB, § 1 Rn. 117.

Verbandsunternehmen zum jeweiligen Zeitpunkt von Arbeitskampfmaßnahmen betroffen sind oder nicht. Andernfalls verlagerte man die verbandsinterne Verantwortung auf den Gesetzgeber.

(2) Kartellrechtliche Bereichsausnahme für das Tarifrecht

Der EuGH hat in der Rechtssache *„Albany“* eine begrenzte Bereichsausnahme vom Kartellverbot des Art. 101 AEUV für das Tarifrecht entwickelt.[817] Tarifverträge, und richtigerweise auch auf deren Abschluss gerichtete Kollektivhandlungen, sind nicht von Art. 101 AEUV erfasst. Auch Arbeitskampfmaßnahmen müssen daher das Privileg der Kartellrechtsimmunität genießen.[818] Die autonome Regelung der Arbeits- und Wirtschaftsbedingungen durch die Tarifpartner ist nur dann unbelastet von einer Reglementierung durch das Kartellrecht möglich, wenn auch der Arbeitskampf von dessen Kontrollmechanismus befreit ist. Verbandsinterne Aussperrungsbeschlüsse wirken wettbewerbsbeschränkend, da sich die ausgewählten Unternehmen, wenn überhaupt, allenfalls bedingt am Wettbewerb beteiligen können. Die Tarifautonomie beschreibt den Umfang der Bereichsausnahme. Nur soweit Tarifverträge und auf sie gerichtete kollektive Maßnahmen die Regelung von Arbeitsbedingungen betreffen, sind sie kartellrechtsimmun.[819] Tarifregelungen und Maßnahmen ohne arbeitsrechtlichen Bezug sind dagegen an den Vorgaben des Kartellrechts zu messen.[820]

Die tarifrechtliche Bereichsausnahme des Europäischen Kartellrechts ist auf § 1 GWB zu übertragen.[821] Der Gleichlauf von Art. 101 AEUV und § 1 GWB erfordert übereinstimmende Ergebnisse. Das GWB darf Handlungsweisen, die europarechtlich zulässig sind, nicht in Widerspruch zu Art. 101 AEUV verbieten.[822] Art. 9 Abs. 3 GG formuliert eine verfassungsrechtliche Kartellerlaubnis

---

817 EuGH vom 21.09.1999, Rs. C-67/96 *„Albany“*, AP Nr. 1 zu Art. 85 EG-Vertrag, unter Rn. 59 f. Die abweichende Auffassung versteht die Rechtsprechung des EuGH dogmatisch nicht als Bereichsausnahme, sondern nimmt eine immanente Schranke zu Art. 101 AEUV an (*Schuhmacher*, in: Grabitz, Recht der EU, Art. 101 AEUV Rn. 28).

818 So zu Recht *Ackermann*, in: Rieble/Junker/Giesen, Kartellrecht, S. 30 f., 38; *Löwisch/Rieble*, in: MüArbR, § 158 Rn. 17.

819 *Ackermann*, in: Rieble/Junker/Giesen, Kartellrecht, S. 35; *Löwisch/Rieble*, TVG, § 1 Rn. 1098.

820 Der EuGH begrenzt die Bereichsausnahme wörtlich auf das Ziel der *„Verbesserung der Beschäftigungs- und Arbeitsbedingungen“* (EuGH vom 21.09.1999, Rs. C-67/96 *„Albany“*, AP Nr. 1 zu Art. 85 EG-Vertrag, unter Rn. 59.

821 *Reichold*, in: FS Reuter, S. 759 (771).

822 *Wiedemann*, in: Ders., Hdb. KartellR, § 6 Rn. 4.

für die Tarifpartner, die § 1 GWB als einfachgesetzliches Recht insoweit hinter der Koalitionsfreiheit zurücktreten lässt.[823]

Streikhilfeverpflichtungen fallen indes nicht unter die Bereichsausnahme, selbst wenn die Kartellrechtsimmunität auch für Kollektivmaßnahmen gilt, die den Abschluss von Tarifverträgen bezwecken.[824] Art. 9 Abs. 3 GG schützt das Arbeitskampfrecht als Annexgewährleistung, soweit es zur Sicherstellung einer funktionsfähigen Tarifautonomie erforderlich ist.[825] Dies eröffnet zwar die Möglichkeit, der Bereichsausnahme auch Arbeitskampfmaßnahmen der Arbeitgeberseite zuzuordnen. Streikhilfeverpflichtungen haben gleichwohl nicht die Qualität einer Arbeitskampfmaßnahme. Zwar stellen sie eine Art Sonderregelung für Zeiten des Arbeitskampfes dar, sind ihrem Zweck nach aber nicht unmittelbar auf den Abschluss eines Tarifvertrags ausgerichtet. Sie dienen nicht der Regelung von Arbeits- und Wirtschaftsbedingungen im Rahmen der Tarifautonomie, sondern bezwecken alleine die verbandliche Geschlossenheit aufrechtzuerhalten. Entsprechend tritt die Wirkung der Streikhilfevereinbarung nicht gegenüber dem Kampfgegner, sondern *zwischen* den Verbandsmitgliedern ein. Ihre Zulässigkeit ist an § 1 GWB zu messen.

(3) Zulässigkeit vereinbarungsimmanenter Wettbewerbsbeschränkungen

Abseits der engen Bereichsausnahme nach der Albany-Rechtsprechung des EuGH nimmt das deutsche und europäische Kartellrecht so genannte *„immanente Wettbewerbsbeschränkungen"* vom Kartellverbot nach § 1 GWB, Art. 101 AEUV aus.[826] Dies betrifft Maßnahmen oder Vereinbarungen, die einen kartellrechtsneutralen Zweck verfolgen, zu dessen Verwirklichung sie aber notwendigerweise die wirtschaftliche Handlungsfreiheit der Beteiligten einschränken müssen.[827] Es handelt sich um eine teleologische Restriktion des Kartellverbots.[828] Maßgeblich ist, dass die Wettbewerbsbeschränkung mit der Maßnahme unmittelbar verbunden, für ihre Durchführung objektiv erforderlich und verhältnismäßig ist.[829] Kann dies

---

823 *Löwisch/Rieble*, in: MüArbR, § 158 Rn. 8.

824 *Ackermann*, in: Rieble/Junker/Giesen, Kartellrecht, S. 39; *Grave/Nyberg*, in: Loewenheim et. al., KartellR, Art. 101 AEUV Rn. 357.

825 BVerfG vom 26.06.1991, AP Nr. 117 zu Art. 9 GG Arbeitskampf, unter C. I. 1.

826 *Stockenhuber*, in: Grabitz, Recht der EU, Art. 101 AEUV Rn. 151; *Wiedemann*, in: Ders., Hdb. KartellR, § 2 Rn. 7; § 3 Rn. 5.

827 *Grave/Nyberg*, in: Loewenheim et. al., KartellR, Art. 101 AEUV Rn. 308, 311.

828 *Fuchs*, BB 1993, 1893 (1894).

829 EuG vom 18.09.2001, T-112/99, Slg. 2001, II-2459 (2497 f.); EuG vom 24.05.2012, T-111/08, WM 2012, 1271 (1273).

bejaht werden, verstößt die Vereinbarung nicht gegen § 1 GWB, Art. 101 AEUV. Die wettbewerbsbeschränkende Einzelregelung stellt eine immanente Nebenabrede der Gesamtmaßnahme dar, die kartellrechtlich nicht eigenständig zu würdigen ist.[830]

Streikhilfeverpflichtungen stellen immanente Wettbewerbsbeschränkungen in diesem Sinne dar. Die grundrechtliche Gewährleistung des Arbeitskampfrechts hat Vorrang vor dem einfachgesetzlichen Kartellrecht und darf durch dieses nicht eingeschränkt werden, soweit Wettbewerbsbeschränkungen durch das Arbeitskampfrecht nicht bezweckt, sondern diesem inhärent sind. Die Wahrnehmung des Arbeitskampfrechts durch die Koalitionen erfordert verbandsinterne Geschlossenheit. Ein effektiver Arbeitskampf bedarf der umfassenden Unterstützung durch die eigenen Mitglieder. Nur auf diese Weise bleibt die Koalition durchsetzungsfähig und ausgeglichene Regelungen der Arbeits- und Wirtschaftsbedingungen als Ergebnis des Arbeitskampfes möglich. Streikhilfepflichten stellen den koalitionsinternen Zusammenhalt gegen ein Auseinanderbrechen des Verbands sicher. Die damit einhergehende Beschränkung der wirtschaftlichen Handlungsfreiheit ist unmittelbar mit der arbeitskampfrechtlichen Betätigung verknüpft und geht über das für den Arbeitskampf erforderliche Maß nicht hinaus. Denn das Arbeitskampfgeschehen ist seinem Wesen nach notwendiger Weise nie wettbewerbsneutral; es führt zwangsläufig zu einer wirtschaftlichen Handlungseinschränkung für die kampfbetroffenen Arbeitgeber.[831]

Wettbewerbsneutraler Hauptzweck des Arbeitskampfrechts und der Tarifautonomie ist eine ausgeglichene Regelung von Arbeits- und Wirtschaftsbedingungen. Soweit diese Zielsetzung eine Beschränkung der wirtschaftlichen Handlungsfreiheit erfordert, ist dies hinzunehmen. Andernfalls würden tarifautonome Regelungen unmöglich. Streikhilfeverpflichtungen sind nach alledem zulässig und verdrängen das Kartellverbot. Die sonst unzulässige Beschränkung von Art. 9 Abs. 3 GG kann nach dem kartellrechtlich anerkannten Immanenzgedanken nicht hingenommen werden.[832]

Lehnt man die Immanenztheorie ab, ist ein kartellrechtliches Verbot von Streikhilfeabreden gleichwohl unzulässig. Als einfachgesetzliche Einschränkung

830 *Fuchs*, BB 1993, 1893 (1894).

831 Vgl. *Rieble*, Arbeitsmarkt, Rn. 481 ff., der die Möglichkeit wettbewerbsneutraler Arbeitskämpfe zu Recht verneint.

832 *Rieble*, Arbeitsmarkt, Rn. 480 f.; in diese Richtung auch *Zimmer*, in: Immenga/Mestmäcker, GWB, § 1 Rn. 181.

der Bestandsgarantie stellt das Verbot aus den erörterten Gründen einen ungerechtfertigten Eingriff in Art. 9 Abs. 3 GG dar.[833]

Inwieweit Streikhilfeverpflichtungen darüber hinaus auch erforderlich sein können, um die Kampfparität der Tarifvertragsparteien aufrechtzuerhalten,[834] kann dahinstehen. Eine Relevanz für das arbeitskampfrechtliche Gleichgewicht ist aufgrund der immer weitergehenden arbeitskampfrechtlichen Möglichkeiten der Gewerkschaften sicher nicht fernliegend. Neben Schwerpunktstreiks können insbesondere Flashmob-Aktionen die innerverbandliche Geschlossenheit auf Arbeitgeberseite erheblich beeinträchtigen. Dies lässt das Bedürfnis der Arbeitgeberverbände an solidaritätssichernden Maßnahmen weiter steigen. Doch auch ohne Paritätsbeeinträchtigung ist der Verband berechtigt, die interne Geschlossenheit seiner Mitglieder für den Fall des Arbeitskampfes durch Streikhilfeverpflichtungen einzufordern.

b) Verbot des Separatfriedens durch Firmentarif

Das durch die Folgepflicht ausgelöste negative Störungsverbot verlangt von jedem einzelnen Mitglied, Kampfmaßnahmen des Verbands nicht zu beeinträchtigen.[835] Nachteilige Auswirkungen auf die Kampfstärke der Koalition hat insbesondere der Abschluss so genannter „*Separatfrieden*“.[836]

Der einzelne Arbeitgeber schließt einen Separatfrieden, wenn er während eines Verbandsarbeitskampfes einen Firmentarifvertrag mit der kampfführenden Gewerkschaft eingeht.[837] Da der Firmentarif dann regelmäßig dieselben Materien betrifft wie der umkämpfte Verbandstarifvertrag, wirkt sich der Tarifvertragsschluss unmittelbar auf den Arbeitskampf aus. Die relative Friedenspflicht verbietet dem Arbeitgeber eine weitere Teilnahme am Verbandsarbeitskampf, soweit es um identische Fragestellungen geht.[838] Sie ist jedem Tarifvertrag auch

833 In diesem Sinne nehmen *Löwisch/Rieble*, in: MüArbR, § 158 Rn. 18 und *Scholz*, in: Maunz/Dürig, GG, Art. 9 Rn. 254 einen Vorrang der Koalitionsfreiheit auch unabhängig von einer Immanenz an.

834 Dies bejahen *Kraft/Hönn*, ZHR 141 (1977), 230 (253); *Nicolai*, Streikarbeit, S. 104; a. A. *Hendriks*, ZHR 141 (1977), 1 (15 f.) und *Säcker*, ZHR 137 (1974), 455 (478 f.), die umgekehrt erst durch Streikhilfeabreden die Arbeitskampfparität beeinträchtigt sehen.

835 *Löwisch/Rieble*, in: Löwisch, Arbeitskampf, S. 356.

836 *Löwisch/Rieble*, TVG, § 1 Rn. 650.

837 BAG vom 10.06.1980, AP Nr. 64/ Nr. 65 zu Art. 9 GG Arbeitskampf, jeweils unter A. V. 3.; *Witt*, Firmentarifvertrag, S. 310.

838 *Richter*, Firmentarifverträge, S. 37; *Witt*, Firmentarifvertrag, S. 310.

ohne ausdrückliche Vereinbarung immanent.[839] Regelt der Firmentarifvertrag eine absolute Friedenspflicht der Parteien, verbietet sich dem Arbeitgeber sämtliche weitere Beteiligung am Arbeitskampf des Verbands.[840]

Der Separatfrieden auf Arbeitgeberseite entspricht wertungsmäßig dem Streikbruch auf Arbeitnehmerseite. Der einzelne Arbeitgeber verletzt nicht nur seine kollektivitätsorientierte Solidaritätspflicht im Arbeitskampf, sondern ebenso seine Loyalitätspflicht, indem er sich Arbeitskampfmaßnahmen des Verbands bewusst entgegenstellt. Die Berechtigung des Arbeitgebers zu eigener Tarifpolitik muss während des Arbeitskampfes hinter der solidarischen Verpflichtung im Verband zurückstehen. Solange der Verband den Arbeitskampf führt, müssen die Mitglieder eigene Tarifarbeit einstellen.[841] Sieht die Verbandssatzung ein Tarifmonopol oder Regelungen zu Tarifdisziplin vor, verstößt der Separatfrieden gegen dieses Abschlussverbot. Die Verbände können Tarifverbote gar ausdrücklich für umkämpfte Regelungsfragen formulieren.[842]

Der als Separatfrieden abgeschlossene Firmentarifvertrag ist gleichwohl wirksam, auch wenn ein satzungsrechtliches Tarifverbot die mitgliedschaftliche Förderpflicht konkretisiert.[843] Die Koalition kann auf die Pflichtverletzung des Einzelarbeitgebers jedoch mit vereinsrechtlichen Sanktionen reagieren.[844] Dasselbe gilt, wenn der Arbeitgeber die gewerkschaftlichen Forderungen nicht im Wege des Firmentarifs, sondern auf arbeitsrechtlicher Ebene erfüllt.[845]

---

839 *Stein*, Tarifvertragsrecht, Rn. 667.

840 Zur absoluten Friedenspflicht *Hexel*, in: Henssler/Moll/Bepler, Tarifvertrag, Teil 4 Rn. 119.

841 Der Arbeitgeber darf von seinem Recht auf individuelle Tarifpolitik nicht *„zur Unzeit des laufenden Flächenarbeitskampfes"* Gebrauch machen (*Löwisch/Rieble*, TVG, § 1 Rn. 650).

842 Tarifverbote speziell für im Tarifstreit befindliche Fragen sehen beispielsweise die Satzungen von Chemie Nord (§ 5 Ziff. 2., Stand Okt. 2012) und des KAV Nordrhein-Westfalen (§ 6 Ziff. 1. lit. d), Stand März 2012) vor.

843 BAG vom 10.06.1980, AP Nr. 64/ Nr. 65 zu Art. 9 GG Arbeitskampf, jeweils unter A. V. 3.; *Witt*, Firmentarifvertrag, S. 314.

844 Dazu im Folgenden unter V., S. 197-198.

845 *Löwisch/Rieble*, in: Löwisch, Arbeitskampf, S. 357. In diesem Sinne verbietet beispielsweise die Satzung des KAV Nordrhein-Westfalen (§ 6 Ziff. 1. a. E., Stand März 2012) ihren Mitgliedern ausdrücklich, in Tarifstreit stehende Forderungen arbeitsvertraglich zu gewähren.

c) *Zwischenergebnis*

Arbeitgeberverbände können ihre Mitglieder auf Grundlage der Koalitionsfreiheit und der vereinsrechtlichen Förderpflicht einer umfassenden Folgepflicht im Arbeitskampf unterwerfen. Sowohl Regelungen zu Streikhilfe als auch Abschlussverbote im Hinblick auf Separatfrieden sind davon umfasst und begründen rechtlich wirksame Solidaritätsverpflichtungen.

III. Loyalitätspflichten der Verbandsmitglieder

Die mitgliedschaftliche Förderpflicht enthält auch eine Loyalitätsverpflichtung gegenüber dem Verband.[846] Koalitionsschädigendes Verhalten ist den verbandsangehörigen Arbeitgebern ebenso untersagt wie gewerkschaftlich organisierten Arbeitnehmern. Sie dürfen den Verbandszweck durch ihr individuelles Handeln nicht gefährden.[847]

Kollektivitätsorientierte Solidaritätspflichten und Loyalitätspflicht gehen regelmäßig ineinander über. Im Vordergrund stehen Verletzungen der kollektivitätsorientierten Solidarität, die zugleich dem Verband schaden und daher im selben Maße illoyal sind. Lehnt der Arbeitgeber es ab, sich an einer durch den Verband beschlossenen Aussperrung zu beteiligen, verweigert er nicht nur seinen Beitrag zur gemeinsamen Zielverfolgung, sondern schadet dem Verband darüber hinaus, indem er die beschlossene Maßnahme zu Gunsten der Gewerkschaft zu vereiteln versucht. Nichts anderes gilt, wenn der Arbeitgeber durch Firmentarifvertrag einen Separatfrieden schließt oder Streikhilfe für andere Verbandsmitglieder ablehnt.

Rein oppositionelles oder verbandsfeindliches Verhalten ist in Arbeitgeberkoalitionen dagegen von geringer Bedeutung. Im Gegensatz zur Situation auf Arbeitnehmerseite sind die organisierten Arbeitgeber nicht auf den Verband angewiesen, um eine Plattform für tarifliches Tätigwerden zu erhalten. Unzufriedenheit müssen sie nicht durch innerverbandliche Opposition zum Ausdruck bringen. Ist ein verbandsangehöriger Arbeitgeber mit der Tarifpolitik des Verbands nicht einverstanden, kann er durch Firmentarifverträge jederzeit verbandsunabhängig eigene Tarifarbeit betreiben.

---

846 Dazu bereits Teil 2 B. I. 2. b), S. 110-111 sowie Teil 2 B. II. 3., S. 123-128.

847 *Dütz*, in: FS Hilger/Stumpf, S. 99 (105).

IV. Sonderfall OT-Mitgliedschaft

Die Tarif- und Arbeitskampfpolitik des Arbeitgeberverbands beschränkt sich auf die tarifgebundenen Mitglieder. Für Mitglieder ohne Tarifbindung (OT-Mitglieder) gelten die Verbandstarifverträge nicht. Das wirft die Frage auf, ob und in welchem Umfang die Koalition Mitglieder ohne Tarifbindung zu innerverbandlicher Solidarität verpflichten darf.

Arbeitgeberverbände sehen die Möglichkeit einer OT-Mitgliedschaft regelmäßig im so genannten Stufenmodell vor (dazu im Folgenden unter 1.), das eine verbandsrechtliche Sonderstellung der OT-Mitglieder begründet (dazu im Folgenden unter 2.). Dieser besonderen Rechtsstellung der Mitglieder ohne Tarifbindung entspricht eine eingeschränkte Solidaritätspflicht (dazu im Folgenden unter 3.).

1. *Stufenmodell als Regelfall*

Obwohl prinzipiell sowohl Gewerkschaften als auch Arbeitgeberverbände die Möglichkeit einer OT-Mitgliedschaft schaffen können, ist diese Mitgliedschaftsform besonders in Arbeitgeberverbänden relevant. Während Arbeitnehmer der Gewerkschaft regelmäßig gerade wegen der Tarifbindung beitreten, suchen Unternehmen vermehrt nach einem Weg, sich aus dem *Tarifkorsett* des Arbeitgeberverbands zu befreien. Die OT-Mitgliedschaft bietet die Möglichkeit, von den Vorteilen der Verbandszugehörigkeit zu profitieren, ohne sich der Tarifpolitik des Verbands verpflichten zu müssen.[848]

Arbeitgeberverbände bieten OT-Mitgliedschaften üblicherweise im Rahmen eines Stufenmodells an.[849] Innerhalb eines einheitlichen Verbands können die Mitglieder zwischen der Vollmitgliedschaft (*T-Mitgliedschaft*) und einer Mitgliedschaft ohne Tarifbindung (*OT-Mitgliedschaft*) frei wählen.[850] Das Anbieten unterschiedlicher Mitgliedschaftsformen ist von der Satzungsautonomie des Verbands gedeckt.[851] Für einen Wechsel zwischen der Mitgliedschaft mit und ohne Tarifbindung muss die Satzung keine Mindestfrist vorsehen.[852] Die

848 Vgl. *Höpfner*, in: Henssler/Moll/Bepler, Tarifvertrag, Teil 2 Rn. 150.

849 *Emmert*, in: Thüsing/Braun, Tarifrecht, 2. Kap. Rn. 161.

850 *Buchner*, in: FS Arbeitsgerichtsbarkeit Rheinland-Pfalz, S. 331 (333).

851 BAG vom 04.06.2008, AP Nr. 38 zu § 3 TVG, unter I. 2. a); BAG vom 15.12.2010, AP Nr. 50 zu § 3 TVG, unter III. 1. a); *Besgen*, Mitgliedschaft, S. 124.

852 BAG vom 04.06.2008, AP Nr. 38 zu § 3 TVG, unter I. 2. b); BAG vom 20.05.2009, AP Nr. 27 zu § 3 TVG, unter II. 1. a). So ermöglicht beispielsweise die Satzung des SANG (§ 11 Abs. 2, Stand Juni 2012) einen Wechsel in die OT-Mitgliedschaft durch einseitige, nicht fristgebundene Erklärung; anders dagegen die Satzung des VDEW

OT-Mitglieder bilden innerhalb des Verbands eine unselbstständige Untergliederung; sie sind tarifbindungslose Mitglieder innerhalb eines tariffähigen Verbands.[853]

Alternativ zum Konzept der gestuften Mitgliedschaft kommt eine Teilung des Verbands in Betracht. Eine Möglichkeit sind zwei gleichberechtigt nebeneinander stehende Arbeitgeberverbände mit grundsätzlich demselben Aufgabenbereich, von denen lediglich einer tariffähig ist (Parallelverband).[854] Der zweite Verband verzichtet auf eine Tariffähigkeit; er ist keine Koalition im Sinne des Tarifrechts.[855] Abhängig davon, ob Tarifbindung gewünscht ist, wählt der Arbeitgeber die Mitgliedschaft im tariffähigen oder im nicht tariffähigen Verband.[856]

Ebenso ist es möglich, dass der bisherige Arbeitgeberverband unter Aufgabe seiner Tariffähigkeit fortbesteht und durch einen Nebenverband als Tarifgemeinschaft ergänzt wird, die sich ausschließlich der tariflichen Interessenvertretung widmet.[857] Im Gegensatz zum Parallelverband ergänzen sich beide Verbände durch ihr unterschiedliches Angebot und sind auf Zusammenarbeit ausgelegt.[858] Tarifgebunden sind nur die Mitglieder, die auch der Tarifgemeinschaft beitreten.[859]

Ein einheitlicher Verband mit gestufter Mitgliedschaftsorganisation ist der weit überwiegend gewählte Weg für eine OT-Mitgliedschaft, da er keine rechtlich komplizierte Aufteilung des Verbands erfordert.[860] Die folgenden Ausführungen beziehen sich daher auf die OT-Mitgliedschaft im Stufenmodell.

2. *Verbandsrechtliche Stellung des OT-Mitglieds*

OT-Mitglieder nach dem Stufenmodell sind verbandsrechtlich ordentliche Mitglieder mit allgemeinen Mitgliedschaftsrechten, mangels Tarifbindung jedoch keine Mitglieder im Sinne von § 3 Abs. 1 TVG.[861] Die Anerkennung der

---

(§ 4 lit. a), Stand April 2005), die einen Wechsel mit zweimonatiger Kündigungsfrist zum Monatsende zulässt.

853 *Ostrop*, Tarifbindung, S. 108; *Terhorst*, Tarifbindung, S. 90.

854 *Buchner*, NZA 1994, 2 (11); *Ostrop*, Tarifbindung, S. 70.

855 *Melot de Beauregard*, Mitgliedschaft, S. 66.

856 *Brahmstaedt*, Stufenmodell, S. 52.

857 *Brahmstaedt*, Stufenmodell, S. 29 f.

858 *Melot de Beauregard*, Mitgliedschaft, S. 96.

859 *Buchner*, in: FS Arbeitsgerichtsbarkeit Rheinland-Pfalz, S. 331 (332).

860 Das Stufenmodell wird daher auch als OT-Mitgliedschaft im eigentlichen Sinne bezeichnet (*Melot de Beauregard*, Mitgliedschaft, S. 111).

861 BAG vom 18.07.2006, AP Nr. 19 zu § 2 TVG, unter II. 2. a); *Emmert*, in: Thüsing/Braun, Tarifrecht, 2. Kap. Rn. 161; *Ostrop*, Tarifbindung, S. 107. Der bis 2005 vorherrschenden

OT-Mitgliedschaft führt zu einer dreistufigen Aufteilung der Mitgliedsstruktur in Vollmitglieder, OT-Mitglieder und Gastmitglieder.[862]

Die Rechtsprechung erkennt eine OT-Mitgliedschaft im Stufenmodell als zulässig an, wenn der Verband beide Mitgliedschaftsformen klar voneinander trennt. Erforderlich ist, dass die Satzung selbst eine eindeutige Differenzierung zwischen tarifgebundenen und nicht tarifgebundenen Mitgliedern vornimmt.[863] Das betrifft im Wesentlichen den Umfang der Beteiligungsrechte. OT-Mitglieder müssen von der Tarif- und Arbeitskampfpolitik der Koalition vollständig ausgeschlossen sein.[864] Ihr Stimmrecht ist entsprechend zu beschränken; an Abstimmungen über tarifpolitische Fragen dürfen sie sich nicht beteiligen.[865] Sämtliche Betätigungen, mit denen eine unmittelbare Einflussnahme auf tarif- und arbeitskampfrechtliche Fragen verbunden ist, muss der Verband ihnen verwehren. OT-Mitglieder dürfen daher weder in Tarifkommissionen tätig werden noch in Aufsichtsorganen mitwirken, die die Streikfonds verwalten, oder den Verband gar im Außenverhältnis tarifpolitisch vertreten.[866] An sämtlichen von der Tarif- und Arbeitskampfpolitik unabhängigen Verbandsangelegenheiten dürfen sich die Mitglieder ohne Tarifbindung wie jedes andere Koalitionsmitglied beteiligen. Dies betrifft beispielsweise die Wahl von Verbandspräsidium oder -vorstand, haushalts-rechtliche oder verbandsorganisatorische Fragestellungen.[867]

Begründung der OT-Mitgliedschaft mit einer Beschränkung der personellen Tarifzuständigkeit des Verbands (vgl. nur *Buchner*, NZA 1994, 2 (3); *Melot de Beauregard*, Mitgliedschaft, S. 111; *Ostrop*, Tarifbindung, S. 114 f.) hat das BAG mit Beschluss vom 18.07.2006, AP Nr. 19 zu § 2 TVG, unter II. 2. a) eine klare Absage erteilt.

862 *Terhorst*, Tarifbindung, S. 116. Anders als die OT-Mitgliedschaft verschafft eine Gast- oder Fördermitgliedschaft keinerlei Beteiligungsrechte im Verband (*Emmert*, in: Thüsing/Braun, Tarifrecht, 2. Kap. Rn. 159; *Ostrop*, Tarifbindung, S. 107).

863 BAG vom 25.02.2009, AP Nr. 40 zu § 3 TVG, unter B. II. 1.; BAG vom 15.12.2010, AP Nr. 50 zu § 3 TVG, unter III. 1. a); BAG vom 21.01.2015, AP Nr. 30 zu § 3 TVG, unter I. 1. a).

864 BVerfG vom 01.12.2010, AP Nr. 146 zu Art. 9 GG, unter II. 1. b).

865 *Brahmstaedt*, Stufenmodell, S. 152. OT-Mitglieder dürfen dementsprechend weder über tarifpolitische Ziele noch über das Ergebnis von Tarifverhandlungen mitabstimmen (BAG vom 04.06.2008, AP Nr. 38 zu § 3 TVG, unter I. 2. b); BAG vom 20.05.2009, AP Nr. 27 zu § 3 TVG, unter II. 1. a); BAG vom 21.01.2015, AP Nr. 30 zu § 3 TVG, unter I. 1. a).

866 BAG vom 04.06.2008, AP Nr. 38 zu § 3 TVG, unter I. 2. b); BAG vom 25.02.2009, AP Nr. 40 zu § 3 TVG, unter B. II. 1.; BAG vom 21.11.2012, AP Nr. 16 zu § 3 TVG, unter I.

867 So zu Recht *Bayreuther*, BB 2007, 325 (327).

3. *Eingeschränkte Solidaritätsverpflichtung*

Die fehlende Tarifunterworfenheit wirkt sich nicht nur auf die Rechte, sondern ebenso auf die Pflichtenstellung des OT-Mitglieds aus. Da Mitgliedern ohne Tarifbindung eine Einflussnahme in tarif- und arbeitskampfpolitischen Themen verwehrt ist, dürfen sie in diesem Umfang von Entscheidungen des Verbands auch umgekehrt nicht berührt werden. Mit Blick auf die Tarifautonomie ist ein *„Gleichlauf von Verantwortlichkeit und Betroffenheit“* erforderlich.[868]

a) Kollektivitätsorientierte Solidaritätspflichten

Kollektivitätsorientierte Solidaritätspflichten stellen aktive mitgliedschaftliche Förderpflichten dar, die der Verwirklichung des tariflichen Koalitionszwecks dienen. Ihre Wirkung ist aus diesem Grund auf tarifgebundene Mitglieder beschränkt. Denn eine Beteiligung an der tariflichen Umsetzung von Arbeits- und Wirtschaftsbedingungen ist OT-Mitgliedern gerade versagt.

Da OT-Mitglieder dem Tarifrecht des Verbands nicht unterliegen, können sie für ihr Unternehmen unbeschränkt Firmentarifverträge abschließen. Eine Verpflichtung auf die verbandliche Tarifpolitik durch satzungsmäßige Tarifverbote scheidet schon mangels Tarifbindung aus.

Die im Arbeitskampf eintretende Folgepflicht erfasst ausschließlich die tarifgebundenen Verbandsmitglieder. Da OT-Mitglieder das tarifvertragliche Ergebnis des Arbeitskampfes ablehnen und Tarifverträgen nach § 3 Abs. 1 TVG auch nicht unterfallen, dürfen und müssen sie sich nicht an einem Verbandsarbeitskampf beteiligen.[869] Aussperrungsbeschlüsse des Verbands verpflichten daher nur die tarifgebundenen Verbandsmitglieder.[870] Auch Streikhilferegelungen entfalten für OT-Mitglieder keine Wirkung. Müssen Mitglieder ohne Tarifbindung sich an Arbeitskampfmaßnahmen des Verbands nicht beteiligen, können

868 BAG vom 04.06.2008, AP Nr. 38 zu § 3 TVG, unter I. 2. b); BAG vom 19.06.2012, AP Nr. 177 zu Art. 9 GG Arbeitskampf, unter I. 1. a).

869 Eine (ausschließlich freiwillige) Beteiligung des OT-Mitglieds an einem Verbandsarbeitskampf kommt allenfalls dann in Betracht, wenn die Gewerkschaft mit denselben Forderungen parallel gegen Verband und OT-Mitglieder vorgeht oder die Voraussetzungen für einen Solidaritätsarbeitskampf erfüllt sind (vgl. *Bayreuther*, BB 2007, 325 (327)).

870 *Wolter*, in: Däubler, Arbeitskampfrecht, § 21 Rn. 111.

sie ebenso wenig dazu verpflichtet werden, bestreikte Verbandsunternehmen zu unterstützen.[871]

b) Loyalitätspflichten

Loyalitätspflichten gelten für OT-Mitglieder dagegen im selben Umfang wie für tarifgebundene Mitglieder. Im Unterschied zu kollektivitätsorientierten Solidaritätspflichten sind sie als passive Förderpflichten in Form von Unterlassungsverpflichtungen ausgestaltet. Sie haben keinen unmittelbaren Bezug zur inhaltlichen Tarifpolitik des Verbands. Verbandsschädigende Verhaltensweisen sind OT-Unternehmen daher ebenso untersagt wie tarifgebundenen Mitgliedern.

Maßgeblich ist, dass es sich um eine reine Loyalitätspflicht handelt. Loyalitätspflichtverletzungen, die mit einem primären Verstoß gegen kollektivitätsorientierte Solidaritätspflichten einhergehen, können sich nur tarifgebundene Mitglieder zuschulden kommen lassen. Ein OT-Mitglied, das keiner Folgepflicht im Arbeitskampf unterliegt, verletzt durch das Nichtaussperren von Arbeitnehmern weder eine kollektivitätsorientierte Solidaritätspflicht noch blockiert es den Arbeitskampf im Sinne einer Loyalitätspflichtverletzung.

V. Sanktionierung von Solidaritätsverstößen

Ebenso wie Gewerkschaften können auch Arbeitgeberverbände auf Mittel des Vereinsstrafrechts zurückgreifen, um Solidaritätspflichtverletzungen ihrer Mitglieder wirksam zu begegnen.

Die verbandsinterne Ahndung von Verstößen ist insbesondere von Bedeutung, wenn Mitglieder sich unzulässig aus der verbandlichen Tarifpolitik lösen. Selbst, wenn der Arbeitgeber einen Tarifabschluss in Widerspruch zu einem satzungsrechtlichen Abschlussverbot oder als Separatfrieden im Arbeitskampf eingeht, ist der abweichende Firmentarif wirksam.[872] Erfährt der Verband rechtzeitig von dem Vorhaben des einzelnen Arbeitgebers, kann er versuchen den Tarifabschluss im Wege der einstweiligen Verfügung zu verhindern.[873]

871 Vgl. beispielsweise die Satzung des SANG (Stand Juni 2012), die unter § 11 Abs. 4 geregelte Streikhilfeverpflichtungen ausdrücklich auf die tarifgebundenen Verbandsmitglieder beschränkt.

872 BAG vom 24.01.2001, AP Nr. 173 zu § 1 TVG Tarifverträge: Metallindustrie, unter I. 1. c); BAG vom 04.04.2001, AP Nr. 26 zu § 4 TVG Tarifkonkurrenz, unter II. 1. b); BAG vom 10.12.2002, AP Nr. 162 zu Art. 9 GG Arbeitskampf, unter B. I. 1.

873 *Löwisch/Rieble*, TVG, § 1 Rn. 643.

Überwiegend bleibt dem Verband allerdings nur die Möglichkeit, das Verhalten des ausscherenden Mitglieds nachträglich zu sanktionieren. Den Abschluss verbandsintern unerwünschter Firmentarife vermag er dadurch zwar nicht zu unterbinden. Durch konsequente Sanktionierung kann der Verband weiteren Verstößen desselben Mitglieds oder Erstverstößen anderer Mitglieder gleichwohl entgegenwirken.

Der Verbandsausschluss als schwerste Sanktion muss denselben Voraussetzungen gerecht werden wie der Ausschluss von Gewerkschaftsmitgliedern.[874] Die Zuständigkeit ist üblicherweise dem Vorstand zugewiesen.[875] Als sachliche Gründe für den Ausschluss durch Vereinsstrafe sehen die Arbeitgeberverbände regelmäßig Verstöße gegen die Satzung, gegen Beschlüsse oder in sonstiger Weise gegen die Interessen des Verbands vor.[876] Gelegentlich benennt das Satzungsrecht auch explizit die Verletzung der Solidarität in Tarifpolitik und Arbeitskampf als Ausschlussgrund.[877]

Der Ausschluss ist als ultima ratio zulässig, wenn das Beendigungsinteresse des Verbands das Interesse des Arbeitgebers am Fortbestand der Mitgliedschaft überwiegt. Als milderes Mittel können Arbeitgeberverbände insbesondere zur Geldstrafe greifen.[878] Betrifft die Pflichtverletzung des Mitglieds unmittelbar die Tarif- und Arbeitskampfpolitik des Verbands, kommt zudem eine Rückstufung auf eine OT-Mitgliedschaft im Stufenmodell in Betracht, dem bei Aufspaltung des Verbands ein Teilausschluss entspricht.[879]

---

874 Dazu bereits eingehend Teil 2 B. III. 2., S. 130-135.

875 Vgl. beispielsweise die Satzungen von Bau Saar (§ 6 Ziff. 3., Stand Juli 2015), vbm (§ 2 Ziff. 5. lit. b), Stand Juli 2012) oder Nordostchemie (§ 6 Ziff. 4., Stand Mai 2014); anders dagegen das Satzungsrecht des KAV Hessen (§ 4 Ziff. 3.: *„Präsidium"*, Stand Juli 2016) oder des VMET (§ 4 Ziff. 1. lit. f): *„Mitgliederrat auf Antrag des Vorstands"*, Stand Juni 2015).

876 Vgl. nur § 3 Ziff. 6. lit. b) der Satzung des SANG (Stand Juni 2012), § 4 Ziff. 3. der Satzung des KAV Nordrhein-Westfalen (Stand März 2012) sowie § 6 Ziff. 3. der Satzung von Nordostchemie (Stand Mai 2014).

877 So beispielsweise die Satzungen von Chemie Nord (§ 6 Ziff. 3. lit. a), Stand Okt. 2012) oder Bau Saar (§ 6 Ziff. 3. lit. a), Stand Juli 2015).

878 So explizit vorgesehen u. a. in den Satzungen der Kommunalen Arbeitgeberverbände Berlin und Hessen (§ 9 Ziff. 1. der Satzung des KAV Berlin, Stand Dez. 2006; § 7 der Satzung des KAV Hessen, Stand Juli 2016).

879 So *Löwisch/Rieble*, TVG, § 3 Rn. 70; zu den Möglichkeiten der Konstruktion einer OT-Mitgliedschaft bereits B. IV. 1., S. 193-194.

C. Zusammenfassung zu Teil 3

Rechtlich wirkende Solidaritätsverpflichtungen bestehen auch unter Arbeitgebern nur auf Koalitionsebene. Den Umfang beschreibt die allgemeine mitgliedschaftliche Förderpflicht und umfasst ebenso kollektivitätsorientierte Solidaritätspflichten wie auch Loyalitätspflichten. Eine Sonderstellung nehmen OT-Mitglieder ein, die nur eingeschränkt innerverbandliche Solidarität schulden. Der Verband kann die Solidaritätspflichten gegenüber den eigenen Mitgliedern durchsetzen und Verstöße mit den Mitteln des Vereinsstrafrechts sanktionieren.

Teil 4 Solidarität im Arbeitsverhältnis

Solidarität kann nicht nur innerhalb von Gemeinschaften oder im weitesten Sinne Personengruppen bestehen,[880] sondern kommt auch zwischen den Parteien zweiseitiger Schuldverhältnisse in Betracht. Teil 4 der Untersuchung soll vor diesem Hintergrund der Frage nachgehen, ob aus dem Arbeitsverhältnis zwischen Arbeitgeber und Arbeitnehmer rechtlich wirkende Solidaritätspflichten erwachsen.

A. Loyalität als Bestandteil der arbeitsvertraglichen Nebenpflichten

Die Arbeitsvertragsparteien unterliegen gegenseitigen Loyalitätspflichten. Diese sind gerade vor dem Hintergrund von Bedeutung, dass das Arbeitsverhältnis durch einen Interessengegensatz der Vertragspartner gekennzeichnet ist (dazu im Folgenden unter I.). Als Rücksichtnahmepflichten im Sinne von § 241 Abs. 2 BGB resultieren sie aus dem Inhalt des Arbeitsvertrags (dazu im Folgenden unter II.).

I. Die Bedeutung von Loyalitätspflichten zum Ausgleich von Interessengegensätzen

Arbeitgeber und Arbeitnehmer verfolgen keine übereinstimmende, gemeinschaftliche Zielsetzung. Das Arbeitsverhältnis ist durch gegensätzliche Interessen auf Arbeitgeber- und Arbeitnehmerseite geprägt.[881] Soweit der betriebliche Erfolg auch im Sinne des einzelnen Mitarbeiters liegen mag, ist dies alleine durch Eigeninteressen des Arbeitnehmers bedingt, beispielsweise am Fortbestand des eigenen Arbeitsplatzes oder dem Erhalt einer Erfolgsbeteiligung.

Rechtliche Verpflichtungen zu kollektivitätsorientierter Solidarität oder erweiterter Reziprozität kann das Arbeitsverhältnis daher nicht erzeugen. Möglich sind ausschließlich Loyalitätspflichten, die sich unabhängig von einem geteilten Kollektivinteresse verhalten. Gerade dort, wo eine gemeinsame Interessenausrichtung fehlt, sind sie auch von besonderer Bedeutung. Denn sie verpflichten das Individuum, bestimmte Interessen der anderen Vertragspartei,

---

880 *Kopp/Schäfers*, Grundbegriffe Soziologie, S. 255 sowie Teil 1 A. III. 2., S. 47-48.

881 Dazu bereits Teil 2 C. I. 3., S. 145.

gegebenenfalls auch zu Lasten der eigenen Belange, zu wahren und dem Vertragspartner keinen Schaden zuzufügen.[882]

II. Inhalt und Umfang der arbeitsvertraglichen Nebenpflichten

Die schuldrechtlichen Nebenpflichten der Arbeitsvertragsparteien regelt seit der Schuldrechtsreform § 241 Abs. 2 BGB (dazu im Folgenden unter 1.).[883] Sie können im weitesten Sinne in Schutzpflichten und Loyalitätspflichten unterteilt werden (dazu im Folgenden unter 2.).

1. Normative Grundlage in § 241 Abs. 2 BGB

Konkrete Gestalt erhalten schuldrechtliche Nebenpflichten durch gesetzliche Vorschriften, Kollektivverträge oder einzelvertragliche Regelungen.[884] Als ungeschriebene Rücksichtnahmepflichten folgen sie gemäß § 241 Abs. 2 BGB aus dem jeweiligen Vertragsinhalt. Ihr Gehalt ist nach der konkreten Situation unter Bewertung und Abwägung der beiderseitigen Interessen zu bestimmen.[885] Maßgeblich sind Rechtscharakter, Dauer und Zweck des Schuldverhältnisses sowie die Intensität des sozialen Kontakts zwischen den Vertragspartnern.[886]

Die Rücksichtnahmepflichten unterliegen damit der Ausgestaltung und den Besonderheiten des konkreten Schuldverhältnisses. Arbeitsverhältnisse führen bereits aufgrund ihres Charakters als Dauerschuldverhältnis zu einer engen Beziehung der Vertragsparteien, die ausgeprägtere Rücksichtnahmepflichten erfordert als dies bei kurzfristigen Rechtsgeschäften der Fall ist.[887] Darüber hinaus beeinflussen die Art der Tätigkeit und die konkrete Stellung des Arbeitnehmers im Betrieb die Intensität der Nebenpflichten.[888] Im Hinblick darauf sind zum einen die Befugnisse des Belegschaftsmitglieds, zum anderen der durch mögliche Pflichtverletzungen für den Arbeitgeber drohende Schaden für den Pflichtenumfang entscheidend. Tätigkeiten mit finanzieller Verantwortung, Zugang zu erheblichen Vermögenswerten oder Betätigungen in sensiblen

---

882 Zur Solidaritätsform der Loyalität Teil 1 A. IV. 1. d), S. 50.

883 BAG vom 03.07.2003, AP Nr. 45 zu § 1 KSchG 1969 Verhaltensbedingte Kündigung, unter II. 3. b); ebenso *Linck*, in: Schaub, ArbR Hdb., § 53 Rn. 2; *Reichold*, in: MüArbR, § 47 Rn. 3, 14.

884 *Preis*, in: ErfK, § 611 BGB Rn. 610.

885 BGH vom 30.09.2009, NJW 2010, 1135 (1137).

886 *Looschelders/Olzen*, in: Staudinger, BGB, § 241 Rn. 418.

887 *Preis*, in: ErfK, § 611 BGB Rn. 707.

888 *Bröckner*, Nebenpflichten, S. 75 f.

Entwicklungs- und Produktionsbereichen verlangen eine stärkere Pflichtenbindung als einfach gelagerte Tätigkeiten ohne wesentliche Eigenverantwortung. Ebenso kann Arbeitnehmern in leitender Funktion oder mit besonderer Vertrauensstellung wie beispielsweise Prokuristen deutlich mehr Rücksichtnahme abverlangt werden.[889]

2. *Rücksichtnahme, Schutz und Loyalität*

Die in § 241 Abs. 2 BGB formulierte Verpflichtung zur *Rücksicht(nahme)* umfasst verschiedenartige Nebenpflichten, zu denen auch Loyalitätspflichten zählen.

Eine einheitliche Systematik der schuldrechtlichen Rücksichtnahmepflichten fehlt. Die überwiegende Literatur behandelt Loyalitätspflichten als einen Teilbereich des durch § 241 Abs. 2 BGB geregelten Pflichtenkreises. *Larenz* erfasst unter dem Begriff all solche Nebenpflichten, die speziell dem Erhalt des Vertrauensverhältnisses zwischen den Vertragsparteien dienen.[890] *Bachmann* hingegen möchte zwischen Schutzpflichten im engeren Sinne, Aufklärungspflichten, Loyalitätspflichten und leistungssichernden Nebenpflichten differenzieren.[891] *Reichold* wiederum versteht als Loyalitätspflichten diejenigen speziellen Unterlassungspflichten, die das Wettbewerbsverhalten des Arbeitnehmers betreffen.[892]

Für die weiteren Ausführungen soll der Gegenstand der Loyalitätspflichten aus dem bereits definierten Loyalitätsbegriff entwickelt werden. Loyalität verlangt Redlichkeit; der Vertragspartner hat berechtigte Erwartungen zu erfüllen und ist gegenüber Dritten zu Parteilichkeit verpflichtet. Die Vertragsparteien haben nach diesem Verständnis jedes Handeln zu unterlassen, durch das sie den anderen Teil im Verhältnis zu Dritten bewusst schädigen würden.[893] Auf dieser Grundlage ist dem Ansatz *Larenz* zuzustimmen, der Loyalitätspflichten als *Schutzmechanismus* für das Vertrauensverhältnis der Vertragsparteien begreift. Eine grundlegende Differenzierung kann mit *Larenz* dahin lauten, dass die schuldrechtlichen Nebenpflichten zum einen Schutz- und Obhutspflichten, zum anderen Loyalitätspflichten umfassen.[894]

---

889 *Bröckner*, Nebenpflichten, S. 76.

890 *Larenz*, Schuldrecht, S. 10.

891 *Bachmann*, in: MüKo BGB, § 241 BGB Rn. 53.

892 *Reichold*, in: MüArbR, § 48 Rn. 1 fasst darunter: Wettbewerbsverbot, Verschwiegenheitspflicht, Korruptionsverbot, Abwerbungsverbot.

893 Zur Solidaritätsform der Loyalität Teil 1 A. IV. 1. d), S. 50.

894 *Larenz*, Schuldrecht, S. 10. Dies gilt unabhängig davon, ob die schuldrechtlichen Nebenpflichten ihre Rechtsgrundlage in § 242 BGB oder nunmehr in § 241 Abs. 2 BGB finden.

Ziel der Schutzpflichten ist der Schutz des Vertragspartners vor möglichen Schäden, die aus der Durchführung des Schuldverhältnisses drohen.[895] Sie verpflichten die Arbeitsvertragsparteien zur Schadensabwendung im Innenverhältnis; regelmäßig sind sie als Handlungspflichten ausgestaltet. Auf Seiten des Arbeitnehmers zählen Anzeige- und Aufklärungspflichten ebenso zu diesen Schutzpflichten wie die Pflicht zur Wahrung der betrieblichen Ordnung oder zum Ergreifen von Schadensabwendungsmaßnahmen im Einzelfall.[896] Der Arbeitgeber hat nicht nur Leben, Gesundheit und Persönlichkeit des Arbeitnehmers zu achten; auch ihn treffen unterschiedliche Aufklärungs-, Auskunfts- und Unterrichtungspflichten sowie zudem Obhutspflichten für Vermögensgegenstände des Arbeitnehmers.[897] Das Prinzip der Sozialauswahl bei betriebsbedingten Kündigungen ist ebenfalls als spezielle Ausprägung der arbeitgeberseitigen Schutzpflichten aus § 241 Abs. 2 BGB zu werten. Die Sozialauswahl setzt nicht am Verhältnis der Arbeitnehmer untereinander an, sondern bindet die Kündigungsentscheidung des Arbeitgebers an eine Rücksichtnahme auf die persönlichen Belange der kündigungsrelevanten Arbeitnehmer.[898] Nichts anderes gilt für die Grundsätze der krankheitsbedingten Kündigung, die ebenfalls dazu verpflichten, die Interessen des betroffenen Arbeitnehmers in besonderem Maße zu berücksichtigen.[899]

Als Loyalitätspflichten sichern die von § 241 Abs. 2 BGB umfassten Nebenpflichten die für das Arbeitsverhältnis notwendige Vertrauensbasis.[900] Sie zielen darauf ab, Schädigungen durch den Vertragspartner zu unterbinden und sind aus diesem Grund regelmäßig als Unterlassungspflichten formuliert,[901] die im Folgenden (sogleich unter B. und C.) näher dargestellt werden sollen.

B. Loyalitätspflichten des Arbeitnehmers

Nachteile durch mangelnde Redlichkeit des Vertragspartners hat im Wesentlichen der Arbeitgeber zu fürchten. Die Loyalität des Arbeitnehmers ist daher für den Verlauf des Arbeitsverhältnisses von erheblicher Bedeutung. Als Verletzung der Loyalitätsverpflichtung kommen Verhaltensweisen in Betracht, durch

---

895 *Larenz*, Schuldrecht, S. 10.
896 Zum Inhalt dieser Verpflichtungen im Einzelnen *Preis*, in: ErfK, § 611 BGB Rn. 735 ff.
897 Zum Inhalt dieser Verpflichtungen im Einzelnen *Preis*, in: ErfK, § 611 BGB Rn. 618 ff.
898 Vgl. bereits Teil 2 C. II. 2., S. 150-154.
899 So zu Recht *Preis*, in: ErfK, § 611 BGB Rn. 637.
900 *Larenz*, Schuldrecht, S. 10.
901 In diese Richtung auch *Rieble/Wiebauer*, ZfA 2010, 63 (89).

die der Arbeitnehmer den Arbeitgeber unter Missachtung dessen berechtigter Interessen bewusst schädigt und dadurch die Vertrauensgrundlage des Arbeitsverhältnisses infrage stellt.

Die spezifischen Loyalitätspflichten des Arbeitnehmers umfassen den Verzicht auf Wettbewerb (dazu im Folgenden unter I.), die Beachtung von Verschwiegenheitspflichten (dazu im Folgenden unter II.) sowie das Unterlassen rufschädigender Verhaltensweisen (dazu im Folgenden unter III.).

I. Wettbewerbsverbot

Der Arbeitnehmer unterliegt während der Dauer des Arbeitsverhältnisses einem Wettbewerbsverbot (dazu im Folgenden unter 1.).[902] Für kaufmännische Angestellte im Sinne von § 59 S. 1 HGB folgt dieses Verbot aus § 60 Abs. 1 HGB. Für alle anderen Arbeitnehmer gelangt man über eine analoge Anwendung der Norm[903] oder auf Grundlage von § 241 Abs. 2 BGB zu dessen Geltung.[904] Zudem kann eine loyalitätswidrige Wettbewerbstätigkeit des Arbeitnehmers als unlautere geschäftliche Handlung im Sinne des UWG unzulässig sein (dazu im Folgenden unter 2.).

1. Illoyale Konkurrenz in Widerspruch zu § 241 Abs. 2 BGB

§ 60 Abs. 1 HGB formuliert kein umfassendes Nebentätigkeitsverbot, sondern untersagt ausschließlich Konkurrenztätigkeiten, die sich *zu Lasten* des Arbeitgebers auswirken. Dies umfasst solche Betätigungen des Arbeitnehmers am Markt, die zu einer nicht hinnehmbaren Beeinträchtigung der unternehmerischen Freiheit des Arbeitgebers aus Art. 12 Abs. 1 GG führen. Darunter können sowohl selbstständige Wettbewerbshandlungen (dazu im Folgenden unter a)) als auch Konkurrenztätigkeiten im Rahmen eines weiteren Arbeitsverhältnisses (dazu im Folgenden unter b)) fallen.

a) Selbstständige Wettbewerbstätigkeit

§ 60 Abs. 1 HGB verbietet sowohl das *Betreiben eines Handelsgewerbes* als auch das *Geschäftemachen für eigene Rechnung im Handelszweig des Prinzipals.*

---

902 BAG vom 24.03.2010, AP Nr. 141 zu Art. 12 GG, unter II. 1.

903 *Kunz*, DB 1993, 2482 (2484); *Oetker*, in: ErfK, § 60 HGB Rn. 2; *Vogelsang*, in: Schaub, ArbR Hdb., § 54 Rn. 2, 4.

904 BAG vom 24.03.2010, AP Nr. 141 zu Art. 12 GG, unter II. 1.; offen gelassen dagegen in BAG vom 17.10.2012, AP Nr. 14 zu § 60 HGB, unter I. 1. b); in der Literatur zustimmend *von Hoyningen-Huene*, in: MüKo HGB, § 60 Rn. 8.

Die Vorschrift erfasst dem Wortlaut nach jedes beliebige Handelsgewerbe, das der Mitarbeiter neben seiner Haupttätigkeit betreibt. Konkurrenzgeschäfte macht der Arbeitnehmer, sobald er mit Gewinnerzielungsabsicht am Geschäftsverkehr teilnimmt und dadurch nicht nur eigene private Interessen befriedigen möchte.[905] Bereits das Anbieten von Leistungen erfüllt den Tatbestand; Umfang und Erfolg der Geschäftstätigkeit sind irrelevant.[906]

Die vertragliche Pflichtenbindung des Arbeitnehmers rechtfertigt ein Wettbewerbsverbot allerdings nur insoweit, als sich der Arbeitgeber auf ein berechtigtes Schutzinteresse aus Art. 12 Abs. 1 GG berufen kann. Untersagt ist dem Arbeitnehmer daher lediglich *loyalitätswidriger Wettbewerb*. Darunter fällt nur solches Wettbewerbshandeln, das bei wirtschaftlicher Betrachtung Schädigungspotential für den Arbeitgeber aufweist. Voraussetzung dafür ist, dass der Arbeitnehmer seine Tätigkeit in demselben Handelszweig wie der Arbeitgeber entfaltet.[907] Maßgeblich ist das Geschäftsfeld des Arbeitgebers im Zeitpunkt der konkreten Konkurrenztätigkeit.[908] Arbeitnehmer und Arbeitgeber müssen wirtschaftlich betrachtet zu *„Gegnern“* am Markt werden, indem sie denselben Kundenkreis ansprechen.[909] Nur unter diesen Gegebenheiten gefährdet die Betätigung des Arbeitnehmers die Wettbewerbsinteressen des Arbeitgebers.

b) Wettbewerb im Rahmen eines weiteren Arbeitsverhältnisses

§ 60 Abs. 1 Alt. 2 HGB verbietet mit dem *Geschäftemachen für fremde Rechnung* auch den Wettbewerb im Rahmen eines weiteren Arbeitsverhältnisses.[910] Nur so kann dem Schutzbedürfnis des Arbeitgebers umfassend Rechnung getragen werden. Das Risiko, dass der Mitarbeiter eine unselbstständige Tätigkeit bei einem Konkurrenzunternehmen aufnimmt, ist regelmäßig deutlich höher als die Wahrscheinlichkeit, dass der Arbeitnehmer in die Selbstständigkeit wechselt. Der dem Arbeitgeber drohende Wettbewerbsnachteil ist aber nicht unbedingt geringer.

---

905 BAG vom 15.02.1962, AP Nr. 1 zu § 61 HGB, unter II. 2.; BAG vom 17.10.2012, AP Nr. 14 zu § 60 HGB, unter I. 1. e).

906 *Boecken*, in: EBJS, HGB, § 60 Rn. 25; *Vogelsang*, in: Schaub, ArbR Hdb., § 54 Rn. 12.

907 Dies gilt im Wege einer verfassungskonformen Einschränkung der Norm auch für § 60 Abs. 1 Alt. 1 HGB (grundlegend BAG vom 25.05.1970, AP Nr. 4 zu § 60 HGB, unter I. 3.).

908 *Grunsky*, Wettbewerbsverbote, S. 6.

909 *Boecken*, in: EBJS, HGB, § 60 Rn. 20; *von Hoyningen-Huene*, in: MüKo HGB, § 60 Rn. 41.

910 BAG vom 24.03.2010, AP Nr. 141 zu Art. 12 GG, unter II. 1.

Auch im Rahmen unselbstständiger Konkurrenztätigkeit gilt, dass der Arbeitnehmer ausschließlich *loyalitätswidrigen Wettbewerb* zu unterlassen hat. Entscheidend ist, ob der Arbeitnehmer sich bewusst über gegenläufige Interessen des Arbeitgebers hinwegsetzt. Seine Pflicht zu Parteilichkeit verletzt der Arbeitnehmer nur dann, wenn er trotz arbeitgeber- *und* tätigkeitsbezogener Konkurrenzsituation für ein Drittunternehmen Arbeitsleistungen erbringt.

Maßgeblich ist zum einen, ob die Unternehmen im selben Handelszweig tätig sind und dadurch in tatsächlichem Wettbewerb miteinander stehen (*arbeitgeberbezogene Konkurrenzsituation*).[911] Zum anderen ist die Funktion, in der das Konkurrenzunternehmen den Arbeitnehmer beschäftigt, entscheidend (*tätigkeitsbezogene Konkurrenzsituation*).[912] Die Loyalitätsverpflichtung verbietet dem Arbeitnehmer lediglich einen Wettbewerb zu Lasten seines Arbeitgebers. Der Mitarbeiter darf dem Unternehmen nicht durch die Wettbewerbstätigkeit schaden. Weist die konkrete Tätigkeit ihrem Inhalt nach ein solches Schädigungspotential nicht auf, ist ein die Berufsfreiheit des Arbeitnehmers einschränkendes Wettbewerbsverbot nicht gerechtfertigt.[913] Dies gilt umso mehr als in Teilzeit tätige Arbeitnehmer, und unter ihnen insbesondere geringfügig Beschäftigte, vermehrt auf eine Zweitbeschäftigung angewiesen sind.[914]

Ein berechtigtes Schutzinteresse besteht demnach in erster Linie, wenn der Arbeitnehmer im Rahmen eines Arbeitsverhältnisses Know-how erworben hat, von dem Konkurrenzunternehmen profitieren können.[915] Arbeitet ein IT-Spezialist außerhalb seiner Arbeitszeit an Projekten eines Konkurrenzunternehmens mit, ist das mit seiner arbeitsvertraglichen Loyalitätsbindung kaum vereinbar. Für einfach gelagerte Tätigkeiten wie beispielsweise Fließband-, Reinigungs- oder Postzustellarbeiten gilt diese Prämisse nicht ohne Weiteres. Schlichte Hilfsarbeiten wirken sich nicht oder jedenfalls nur so unwesentlich auf die Wettbewerbsposition des Drittunternehmens aus, dass sie eine Einschränkung der grundrechtlich geschützten Berufsfreiheit des Arbeitnehmers regelmäßig nicht rechtfertigen können.[916]

---

911 BAG vom 16.08.1990, AP Nr. 10 zu § 611 BGB Treuepflicht, unter III. 2. c).

912 BAG vom 24.03.2010, AP Nr. 141 zu Art. 12 GG, unter II. 1., im Ergebnis aber offengelassen; im Anschluss daran LAG München vom 29.07.2010, 3 Sa 731/09, juris, Rn. 25 f.

913 *Boecken*, in: EBJS, HGB, § 60 Rn. 26a.

914 So zu Recht auch BAG vom 24.03.2010, AP Nr. 141 zu Art. 12 GG, unter II. 1.

915 In diese Richtung auch *Hitzler*, Loyalitätskonflikte, S. 117.

916 LAG München vom 29.07.2010, 3 Sa 731/09, juris, Rn. 31 ff.: Kein Wettbewerbsverstoß einer Postzustellerin durch Nebentätigkeit als Zeitungszustellerin.

2. *Unlauterer Wettbewerb im Sinne der §§ 3, 4 UWG*

Loyalitätswidrige Wettbewerbshandlungen des Arbeitnehmers können zugleich als unlautere geschäftliche Handlungen dem UWG unterfallen. Die Vorschriften des UWG schützen Mitbewerber, Verbraucher und sonstige Marktteilnehmer vor unlauteren geschäftlichen Handlungen sowie das Interesse der Allgemeinheit an einem unverfälschten Wettbewerb (§ 1 UWG). Tritt der Arbeitnehmer als selbstständiger Unternehmer oder als zuständiger Mitarbeiter eines Konkurrenzunternehmens am Markt auf, tätigt er geschäftliche Handlungen im Sinne von § 2 Abs. 1 Nr. 1 UWG, wenn sein Handeln mit dem Anbieterwettbewerb, dem Nachfragewettbewerb oder der Durchführung eines Vertrages zusammenhängt.[917]

§ 3 Abs. 1 UWG verbietet Konkurrenztätigkeiten des Arbeitnehmers als unlautere geschäftliche Handlungen, wenn sie die Interessen anderer Marktteilnehmer beeinträchtigen oder eine Verfälschung des Wettbewerbs befürchten lassen. Unlauter im Hinblick auf die Interessen des Arbeitgebers als Marktteilnehmer ist die geschäftliche Wettbewerbstätigkeit insbesondere dann, wenn das Konkurrenzangebot des Arbeitnehmers eine unlautere Nachahmung des arbeitgeberseitigen Angebots im Sinne von § 4 Nr. 3 UWG darstellt[918] oder der Arbeitnehmer den Arbeitgeber nach § 4 Nr. 4 UWG als Mitbewerber am Markt gezielt behindert.[919]

II. Verschwiegenheitspflicht

Der Arbeitnehmer ist im Rahmen seiner arbeitsvertraglichen Loyalitätsbindung nach § 241 Abs. 2 BGB zu Verschwiegenheit gegenüber Dritten verpflichtet. Die folgenden Ausführungen sollen ausgehend von einer Charakterisierung der arbeitnehmerseitigen Verschwiegenheitspflicht (dazu im Folgenden unter 1.) die durch das Verfassungsrecht gezogenen Grenzen und Äußerungsrechte des Arbeitnehmers näher beleuchten (dazu im Folgenden unter 2.).

1. *Unternehmensbezogener Geheimnisschutz*

Die Verschwiegenheitsverpflichtung des Arbeitnehmers betrifft das Vertrauensverhältnis der Arbeitsvertragsparteien in seinem Kernbereich. Sie erstreckt sich auf sämtliche Betriebs- und Geschäftsgeheimnisse des Unternehmens (dazu im

---

917 Im Einzelnen *Köhler*, in: Ders./Bornkamm, UWG, § 2 Rn. 34 ff., 70 ff.
918 Im Detail *Sambuc*, in: Harte/Henning, UWG, § 4 Nr. 3 Rn. 36 ff.
919 Dazu eingehend *Sambuc/Omsels*, in: Harte/Henning, UWG, § 4 Nr. 4 Rn. 21 ff.

Folgenden unter a)) sowie auf weitere Umstände, an deren Geheimhaltung der Arbeitgeber ein berechtigtes Interesse hat (dazu im Folgenden unter b)).

a) Primärer Schutz von Betriebs- und Geschäftsgeheimnissen

Im Mittelpunkt der Schweigepflicht steht die Wahrung von Betriebs- und Geschäftsgeheimnissen. Damit sind all solche Tatsachen erfasst, die im Zusammenhang mit dem Geschäftsbetrieb stehen, nur einem eng begrenzten Personenkreis bekannt und nach dem bekundeten Willen des Arbeitgebers aufgrund eines berechtigten *wirtschaftlichen* Interesses geheim zu halten sind.[920] *Betriebsgeheimnisse* beziehen sich im Wesentlichen auf den technischen Betriebsablauf, beispielsweise Fertigungsmethoden, Herstellungsverfahren oder Rezepturen.[921] *Geschäftsgeheimnisse* betreffen dagegen den allgemeinen Geschäftsverkehr des Unternehmens und umfassen kaufmännische Angelegenheiten wie Kundenadressen oder Kalkulationsgrundlagen.[922]

§ 17 UWG ergänzt die Verschwiegenheitspflicht des Arbeitnehmers für den Schutz von Betriebs- und Geschäftsgeheimnissen. Deren vorsätzlichen Verrat zu Wettbewerbszwecken, aus Eigennutz, zu Gunsten eines Dritten oder mit Schädigungsabsicht stellt § 17 Abs. 1 UWG unter Strafe. Dasselbe gilt nach § 17 Abs. 2 UWG für das Ausspionieren von Betriebs- und Geschäftsgeheimnissen (Betriebsspionage) und die, im Regelfall wirtschaftlich motivierte, Verwertung derselben.[923]

b) Diskretion zu weiteren geheimhaltungsbedürftigen Umständen

Die Verschwiegenheitsverpflichtung des Arbeitnehmers aus § 241 Abs. 2 BGB ist nicht auf Betriebs- und Geschäftsgeheimnisse beschränkt. Der Arbeitnehmer hat auch zu Umständen, die nicht primär den Geschäftsbetrieb betreffen, Diskretion zu wahren, um Nachteile für das Unternehmen zu vermeiden. Die Pflicht zu Verschwiegenheit erstreckt sich grundsätzlich auf alle Vorgänge und Tatsachen, von denen der Arbeitnehmer im Zusammenhang mit seiner Tätigkeit im Betrieb Kenntnis erlangt und an deren Geheimhaltung der Arbeitgeber

---

920 BAG vom 15.12.1987, AP Nr. 5 zu § 611 BGB Betriebsgeheimnis, unter B. I. 2.; BAG vom 10.03.2009, AP Nr. 16 zu § 87 BetrVG 1972, unter B. II. 1.

921 BAG vom 15.12.1987, AP Nr. 5 zu § 611 BGB Betriebsgeheimnis, unter B. I. 2.; *Köhler*, in: Ders./Bornkamm, UWG, § 17 Rn. 12a.

922 BAG vom 15.12.1987, AP Nr. 5 zu § 611 BGB Betriebsgeheimnis, unter B. I. 2.; *Köhler*, in: Ders./Bornkamm, UWG, § 17 Rn. 12.

923 Vgl. im Einzelnen *Harte-Bavendamm*, in: Ders./Henning, UWG, § 17 Rn. 18 ff.

ein berechtigtes Interesse hat.[924] Der Arbeitgeber darf die Erwartung haben, dass der Arbeitnehmer dieses Geheimhaltungsbedürfnis bei seinem Handeln berücksichtigt.

Ein berechtigtes Interesse des Arbeitgebers an der Geheimhaltung besteht, wenn die Kenntniserlangung durch Dritte sich schädlich auf das Unternehmen oder dessen Position im Wettbewerb auswirken würde.[925] Die Verschwiegenheitspflicht verlangt dem Arbeitnehmer insoweit strikte Loyalität gegenüber dem Unternehmen ab. Relevant sind insbesondere persönliche Umstände und Verhaltensweisen von Arbeitskollegen oder Vorgesetzten wie interne Streitigkeiten, Vorstrafen oder vergleichbare Fakten, deren Bekanntwerden ein negatives Licht auf das Unternehmen werfen würde.[926] Nichts anderes gilt für persönliche Angaben zu Kunden oder Patienten. Zu Recht hat das LAG Berlin-Brandenburg die ungenehmigte Verbreitung von Patientenbildern durch eine Kinderkrankenpflegerin als erheblichen Verstoß gegen die arbeitsvertragliche Schweigepflicht gewertet.[927]

2. *Grenzen der arbeitsvertraglichen Verschwiegenheitspflicht*

Die Verschwiegenheitspflicht findet ihre Grenzen in gegenläufigen Verfassungsprinzipien und Grundrechten des Arbeitnehmers. Die Reichweite der Verschwiegenheitspflicht ist im Einzelfall unter Abwägung aller schutzwürdigen Interessen von Arbeitgeber und Arbeitnehmer zu bestimmen.

Die Abgrenzung zwischen unzulässiger Loyalitätspflichtverletzung und berechtigter Äußerung erlangt besondere Relevanz, wenn der Arbeitnehmer in einem gegen den Arbeitgeber geführten Gerichtsprozess mitwirkt (dazu im Folgenden unter a)) oder unternehmensinterne Missstände im Wege externen Whistleblowings offenlegt (dazu im Folgenden unter b)).

a) Beteiligung des Arbeitnehmers an einem gegen den Arbeitgeber geführten gerichtlichen Verfahren

Das in Art. 20 Abs. 3 GG verankerte Rechtsstaatsprinzip kann eine Mitwirkung des Arbeitnehmers in gerichtlichen Verfahren auch in Widerspruch zu dessen arbeitsrechtlicher Verschwiegenheitspflicht verlangen.

---

924 *Kunz*, DB 1993, 2482; *Reichold*, in: MüArbR, § 48 Rn. 38.
925 *Bröckner*, Nebenpflichten, S. 137 f.
926 In diese Richtung auch *Hitzler*, Loyalitätskonflikte, S. 190.
927 LAG Berlin-Brandenburg vom 11.04.2014, NZA-RR 2014, 468 (470).

aa) Der Arbeitnehmer als Zeuge im Strafverfahren

Das Bekenntnis der Verfassung zum Rechtsstaat erfordert eine funktionsfähige Strafrechtspflege, um Gerechtigkeit staatlich durchsetzen zu können. Mit dieser Zielsetzung hat der Staat die Durchführung eingeleiteter Strafverfahren und die Vollstreckung rechtskräftig erkannter Strafen sicherzustellen.[928]

Dies hat Auswirkungen auf die Zeugenstellung im Strafverfahren. Der Zeuge unterliegt nach §§ 48 Abs. 1, 161a Abs. 1 StPO einer Aussagepflicht gegenüber Gericht und Staatsanwaltschaft. Das Prozessrecht sieht in §§ 52 ff. StPO unterschiedliche Zeugnisverweigerungsrechte vor, die zum Schutz von Betriebs- und Geschäftsgeheimnissen jedoch nicht greifen. Die Zeugenpflicht im Strafprozess stellt eine allgemeine Staatsbürgerpflicht dar, deren Erfüllung sich für den Arbeitnehmer grundsätzlich nicht nachteilig auswirken darf, solange dieser nicht wissentlich unwahr oder leichtfertig falsch aussagt.[929]

Die mit der Zeugenstellung einhergehende Aussagepflicht muss die schuldrechtliche Loyalitätsverpflichtung des Arbeitnehmers daher zurücktreten lassen.[930] Da der Mitarbeiter nicht das Zeugnis verweigern kann, um betriebliche Geheimnisse zu wahren, muss die Pflichtenkollision zu Lasten der arbeitsvertraglichen Verschwiegenheit aufgelöst werden, damit arbeitsrechtliche Sanktionen zu Lasten des Mitarbeiters ausgeschlossen sind. Die Preisgabe eines unternehmensbezogenen Geheimnisses im Rahmen der Zeugenaussage ist daher weder nach § 17 UWG strafbar noch entgegen § 241 Abs. 2 BGB loyalitätswidrig.[931] Es liegt alleine in der Hand des befassten Gerichts, den Geheimnisschutz gegebenenfalls über § 172 Nr. 2 GVG durch Ausschluss der Öffentlichkeit sicherzustellen. Ergänzend besteht die Möglichkeit, die im Gerichtssaal verbleibenden Personen nach § 174 Abs. 3 S. 1 GVG zur Geheimhaltung zu verpflichten.

bb) Der Arbeitnehmer als Zeuge im Zivilprozess

Andere Maßstäbe gelten, wenn der Arbeitnehmer in einem Zivilprozess, an dem der Arbeitgeber beteiligt ist, als Zeuge auftritt.

Zum einen besteht kein allgemeines, sprich staatliches Strafverfolgungs- und Vollstreckungsinteresse. Das zivilgerichtliche Verfahren ermöglicht den beteiligten Parteien, ihre Rechte und Ansprüche zu verfolgen, ohne dass der Staat

---

928 BVerfG vom 20.10.1977, BVerfGE 46, 214 (222 f.).

929 BVerfG vom 02.07.2001, AP Nr. 170 zu § 626 BGB, unter II. 1. a).

930 BVerfG vom 02.07.2001, AP Nr. 170 zu § 626 BGB, unter II. 1. a).

931 Zur fehlenden Strafbarkeit nach § 17 UWG *Brammsen*, in: MüKo LauterkeitsR, § 17 UWG Rn. 58.

ein unmittelbares Interesse an dem Ausgang des Rechtsstreits hat. Zum anderen ist die Zeugenpflicht zwar auch im Zivilprozess eine staatsbürgerliche Pflicht, unterscheidet sich im Detail jedoch von der im Strafverfahren. So gewähren die §§ 383 Abs. 1 Nr. 6, 384 Nr. 3 ZPO insbesondere Zeugnisverweigerungsrechte zum Schutz von Betriebs- und Geschäftsgeheimnissen.

Ein „*Gewerbegeheimnis*" im Sinne von § 384 Nr. 3 ZPO liegt vor, wenn der Arbeitgeber an der Nichtoffenbarung der betreffenden Tatsache ein erhebliches, unmittelbares gewerbliches Interesse hat.[932] Das Recht zur Zeugnisverweigerung ist damit nicht auf den Bereich von § 17 UWG begrenzt. Das Geheimhaltungsbedürfnis des Arbeitgebers muss unter diesen Umständen den Vorrang genießen und den Arbeitnehmer zu loyaler Verschwiegenheit verpflichten.[933] Der Arbeitnehmer hat das Zeugnis hinsichtlich aller Fragen zu verweigern, bei deren Beantwortung er ein betriebsbezogenes Geheimnis offenlegen würde. Anderes kommt lediglich in Betracht, wenn ein Bekanntwerden des Geheimnisses wegen eines Ausschlusses der Öffentlichkeit nach § 172 Nr. 2 GVG nicht droht. Allenfalls unter dieser Voraussetzung kann der Mitarbeiter eine geheimnisoffenbarende Zeugenaussage machen, ohne seine Verschwiegenheitspflicht zu verletzen.[934]

b) Externes Whistleblowing

Der Begriff Whistleblowing beschreibt die Situation, dass der Arbeitnehmer unternehmensinterne Handlungsweisen, die gegen rechtliche Vorschriften oder sonstige Regeln und Standards verstoßen, zur Anzeige bringt.[935] Nimmt der Arbeitnehmer diese Meldung gegenüber Dritten außerhalb der Unternehmensorganisation wie Aufsichtsbehörden, Interessenverbänden oder Staatsanwaltschaft vor, handelt es sich um so genanntes *externes* Whistleblowing.[936] Gegenstand externen Whistleblowings sind überwiegend Verhaltensweisen des Arbeitgebers, aber auch Handlungen von Arbeitskollegen oder vorgesetzten Mitarbeitern des Unternehmens können relevant sein.[937]

---

932 OLG Nürnberg vom 24.09.2014, ZIP 2015, 38 (39) m.w.N.

933 *Harte-Bavendamm*, in: Ders./Henning-Bodewig, UWG, § 17 Rn. 11a; *Hitzler*, Loyalitätskonflikte, S. 195; a. A. *Linck*, in: Schaub, ArbR Hdb., § 53 Rn. 54.

934 *Brammsen*, in: MüKo LauterkeitsR, § 17 UWG Rn. 58; *Harte-Bavendamm*, in: Ders./Henning-Bodewig, UWG, § 17 Rn. 11a.

935 *Kort*, in: FS Kreutz, S. 247.

936 *Thüsing/Forst*, in: Thüsing, Beschäftigtendatenschutz, § 6 Rn. 14.

937 Vgl. *Kort*, in: FS Kreutz, S. 247.

Bei dieser Art der Offenlegung unternehmensinterner Missstände gibt der Arbeitnehmer regelmäßig betriebsbezogene Tatsachen zur Kenntnis, an deren Geheimhaltung dem Arbeitgeber gelegen ist. Die daraus resultierenden Risiken für den Arbeitgeber sind schwer kalkulierbar und können von aufsichtsrechtlichen und strafrechtlichen Ermittlungen bis hin zu einem erheblichen Reputationsverlust in der Öffentlichkeit reichen.[938] Externes Whistleblowing steht daher typischerweise in ernstlichem Konflikt zur Verschwiegenheitspflicht des Arbeitnehmers.

Eine gesetzliche Sonderregelung zur Zulässigkeit externen Whistleblowings existiert ausschließlich im Arbeitsschutzrecht. Beschwerden des Arbeitnehmers über unzureichenden Arbeitsschutz richten sind nach § 17 Abs. 2 ArbSchG.

Für die Offenlegung sonstiger Missstände gegenüber den zuständigen Behörden hat die Rechtsprechung in den vergangenen Jahren gewisse Leitlinien entwickelt, anhand derer die Grenzziehung zwischen zulässiger Anzeige und unzulässigem Loyalitätsverstoß zu erfolgen hat (dazu im Folgenden unter aa)). Abweichende Maßstäbe gelten demgegenüber, wenn der Arbeitnehmer seine Offenbarung über breitenwirksame Medien an die Öffentlichkeit richtet (dazu im Folgenden unter bb)).

aa) Zulässigkeit und Grenzen externen Whistleblowings

Eindeutig zu beurteilen sind Fälle des externen Whistleblowings, die strafrechtlich erfasst sind. Verwirklicht der Arbeitnehmer durch seine Anzeige den Straftatbestand der falschen Verdächtigung (§ 164 StGB), der üblen Nachrede (§ 186 StGB), der Verleumdung (§ 187 StGB) oder des Verrats von Geschäfts- und Betriebsgeheimnissen (§ 17 Abs. 1 UWG), verstößt er zugleich in ganz erheblichem Maße gegen seine aus dem Arbeitsverhältnis folgende Verschwiegenheitspflicht. Das Gegenteil gilt, wenn der Arbeitnehmer sich bei Untätigkeit selbst wegen Nichtanzeige geplanter Straftaten (§ 138 StGB) der Strafverfolgung aussetzen würde.

Jenseits dieser Extremfälle bedarf es einer Einzelfallabwägung der kollidierenden Interessen. Das Aufklärungsinteresse des Arbeitnehmers, beruhend auf seiner Meinungsfreiheit aus Art. 5 Abs. 1 GG[939], dem staatsbürgerlichen Anzeigerecht

---

938 *Von Busekist/Fahrig*, in: BB 2013, 119 (120).

939 Abweichendes gilt lediglich für anonyme Anzeigen. Da sie die Person des Anzeigenden nicht offenbaren, bringen sie gerade keine persönliche Meinung zum Ausdruck (BAG vom 03.07.2003, AP Nr. 45 zu § 1 KSchG 1969 Verhaltensbedingte Kündigung, unter II. 3. b).

aus Art. 2 Abs. 1 i.V.m. Art. 20 Abs. 3 GG[940] und gegebenenfalls der Petitionsfreiheit aus Art. 17 GG[941] ist mit dem Geheimhaltungsinteresse des Arbeitgebers aus Art. 12 Abs. 1 GG[942] im Wege praktischer Konkordanz in Einklang zu bringen. Entscheidend im Hinblick auf die Loyalitätsverpflichtung ist, dass die Anzeige insgesamt keine unverhältnismäßige Reaktion des Arbeitnehmers darstellt.[943]

Nach der Rechtsprechung von BAG und BVerfG, die der EGMR im Jahr 2011 im Verfahren *Heinisch* noch ergänzt und präzisiert hat[944], sind mehrere Gesichtspunkte in diese Abwägung einzustellen, um die Grenze der arbeitnehmerseitigen Loyalitätspflicht im Einzelfall zu bestimmen.

(1) Interner Abhilfeversuch des Arbeitnehmers

Die Verschwiegenheitspflicht fordert ein grundsätzliches Stufenverhältnis von internem und externem Whistleblowing. Der Arbeitnehmer ist gehalten, in den Grenzen des Zumutbaren zunächst eine interne Klärung des Missstands zu versuchen.[945]

---

940 Der Arbeitnehmer nimmt durch die Anzeige rechtswidrigen Verhaltens ein staatsbürgerliches Recht wahr (zu einer Strafanzeige des Arbeitnehmers: BVerfG vom 02.07.2001, AP Nr. 170 zu § 626 BGB, unter II. 1. b); bestätigt durch BAG vom 07.12.2006, AP Nr. 55 zu § 1 KSchG 1969 Verhaltensbedingte Kündigung, unter B. I. 1.; zu einer Anzeige gegenüber dem Jugendamt: LAG Köln vom 05.07.2012, DuD 2013, 105).

941 Offen gelassen in BAG vom 03.07.2003, AP Nr. 45 zu § 1 KSchG 1969 Verhaltensbedingte Kündigung, unter II. 3. b); a. A. *Becker*, Whistleblowing, S. 50, der Art. 17 GG als entscheidendes Grundrecht des Whistleblowers hervorhebt. Ob der Schutzbereich der Petitionsfreiheit eröffnet ist, hängt entscheidend von Inhalt und Form der Anzeige sowie von dem gewählten Anzeigeadressaten ab (vgl. *Klein*, in: Maunz/Dürig, GG, Art. 17 Rn. 40 ff.).

942 BAG vom 03.07.2003, AP Nr. 45 zu § 1 KSchG 1969 Verhaltensbedingte Kündigung, unter II. 3. b).

943 BAG vom 03.07.2003, AP Nr. 45 zu § 1 KSchG 1969 Verhaltensbedingte Kündigung, unter II. 3. b); BAG vom 07.12.2006, AP Nr. 55 zu § 1 KSchG 1969 Verhaltensbedingte Kündigung, unter B. I. 1.

944 Deutsche Gerichte sind an die Entscheidung des EGMR zwar nicht unmittelbar gebunden, haben die EMRK jedoch im Rang eines einfachen Gesetzes bei der Auslegung von Grundrechten zu berücksichtigen und künftige Konventionsverstöße derselben Art zu vermeiden (BVerfG vom 26.03.1987, BVerfGE 74, 358 (370); *Simon/Schilling*, BB 2011, 2421 (2426)).

945 BAG vom 03.07.2003, AP Nr. 45 zu § 1 KSchG 1969 Verhaltensbedingte Kündigung, unter II. 3. b); EGMR vom 21.07.2011, AP Nr. 235 zu § 626 BGB, unter I. B. 3. der rechtlichen Würdigung; im Anschluss daran zu einer vorschnellen Anzeige gegenüber dem Jugendamt LAG Köln vom 05.07.2012, DuD 2013, 105 (106).

Dieser Anforderung ist umso mehr zuzustimmen, als der Arbeitgeber seine Bereitschaft zur Selbstkontrolle auch durch Implementierung einer internen Whistleblowing-Stelle deutlich macht. Der Mitarbeiter muss dem Arbeitgeber nach seiner Meldung einen im Einzelfall angemessenen Zeitraum gewähren, um dem Missstand intern abzuhelfen.[946] Dies gilt insbesondere, wenn der Arbeitgeber die maßgeblichen Verstöße bis dato selbst nicht kannte.

Der Vorrang interner Klärungsmöglichkeiten endet jedoch, wenn es sich um Straftaten handelt, bei deren Nichtanzeige der Arbeitnehmer sich nach § 138 StGB der Strafverfolgung aussetzt[947], bei Straftaten, die der Arbeitgeber selbst verübt hat, oder bei schwerwiegenden Straftaten anderer Mitarbeiter.[948] Hat der Arbeitgeber selbst eine in Rede stehende Straftat begangen, erscheint es regelmäßig wenig sinnvoll, ihm im Rahmen eines internen Klärungsversuchs zugleich die Rolle des Beschuldigten und des innerbetrieblichen Richters zukommen zu lassen.[949] Dem Arbeitnehmer darf zudem nicht das Risiko aufgebürdet werden, den Arbeitgeber durch seinen internen Klärungsversuch unter Umständen zu warnen und dadurch ungewollt die staatliche Strafverfolgung zu erschweren.

Auch dies gilt gleichwohl nicht einschränkungslos. In einer aktuellen Entscheidung hat der Zweite Senat einen innerbetrieblichen Klärungsversuch auch in einem Falle gefordert, in dem eine Arbeitnehmerin ihrem Arbeitgeber vorgeworfen hatte, ihre Lehrveranstaltungen in datenschutzrechtlich unzulässiger Weise evaluiert zu haben. Gleichwohl dürfte es sich hierbei aus mehreren Gründen um einen Ausnahmefall gehandelt haben. Zum einen war der Strafvorwurf alleine auf § 44 Abs. 1 BDSG gestützt, der sicherlich als leichte Straftat zu bewerten ist.[950] Zum anderen war der Vorwurf der Arbeitnehmer inhaltlich erkennbar vollkommen haltlos. Aufgrund dieser Gesamtumstände erachtete der Zweite Senat eine betriebsinterne Klärunge trotz einer dem Arbeitgeber zur Last gelegten Straftat, die noch dazu gegen die anzeigende Arbeitnehmerin selbst gerichtet sein sollte, als möglich und zumutbar.[951]

---

946 *Klasen/Schaefer*, BB 2012, 641 (644).

947 Zu Recht weist *Becker*, Whistleblowing, S. 101 auf den andernfalls entstehenden Widerspruch zwischen Straf- und Zivilrecht hin, der im Sinne der Einheitlichkeit der Rechtsordnung nicht hinnehmbar ist.

948 BAG vom 03.07.2003, AP Nr. 45 zu § 1 KSchG 1969 Verhaltensbedingte Kündigung, unter II. 3. b).

949 *Becker*, Whistleblowing, S. 103 f.

950 Die als Antragsdelikt ausgestaltete Straftat nach § 44 Abs. 1 BDSG kann mit Geldstrafe oder mit Freiheitsstrafe bis zu maximal zwei Jahren geahndet werden.

951 Zum Ganzen: BAG vom 15.12.2016, NZA 2017, 703 (704 f.)

Bei Straftaten von Arbeitskollegen verlangt die Rechtsprechung dem Arbeitnehmer zu Recht mehr Loyalität ab, wenngleich sie eine konkrete Bestimmung der *schwerwiegenden* Straftat bisher schuldig bleibt. Es darf nämlich nicht aus dem Blick geraten, dass die Verfehlung des Mitarbeiters oftmals auch die Interessen des Arbeitgebers verletzt,[952] der insoweit ein eigenes Sanktionsinteresse hat. Er soll die Möglichkeit erhalten das Fehlverhalten des Mitarbeiters wirkungsvoll abzustellen, ohne das Risiko eines öffentlichen Imageschadens eingehen zu müssen. Ist innerbetriebliche Abhilfe dagegen berechtigter Weise nicht zu erwarten, insbesondere, weil der Arbeitgeber die Missstände kennt und billigt, darf der Arbeitnehmer sich unmittelbar an externe Stellen wenden.[953] Dies gilt auch dann, wenn es sich um ein Fehlverhalten des Arbeitgebers unterhalb der Strafbarkeitsschwelle[954] oder um nicht schwerwiegende Straftaten anderer Mitarbeiter handelt.

(2) Inhaltliche Berechtigung der Anzeige

Von entscheidender Bedeutung ist die inhaltliche Berechtigung der Anzeige. Der Arbeitnehmer muss die Authentizität seiner Vorwürfe sorgfältig prüfen[955]. Er trägt ein umso höheres arbeitsrechtliches Risiko je vager sein zur Anzeige gebrachter Verdacht ist. Erstattet der Arbeitnehmer leichtfertig eine falsche Anzeige, verstößt er gegen seine Pflicht zu loyaler Verschwiegenheit.[956]

Ob es aufgrund einer Strafanzeige tatsächlich zur Verurteilung des Arbeitgebers kommt, ist nach der Rechtsprechung des BAG nicht entscheidend.[957] Das ist folgerichtig, bedeuten Verfahrenseinstellung oder Freispruch doch keineswegs zwangsläufig, dass die Vorwürfe unberechtigt waren. Es ist daher konsequent, wenn *Forst* parallel zu den Grundsätzen der Verdachtskündigung[958] die

---

952 Vgl. BAG vom 03.07.2003, AP Nr. 45 zu § 1 KSchG 1969 Verhaltensbedingte Kündigung, unter II. 3. b).

953 BAG vom 03.07.2003, AP Nr. 45 zu § 1 KSchG 1969 Verhaltensbedingte Kündigung, unter II. 3. b).

954 Dies gilt beispielsweise für die Verletzung von Arbeitsschutzbestimmungen.

955 EGMR vom 21.07.2011, AP Nr. 235 zu § 626 BGB, unter I. B. 3. der rechtlichen Würdigung; im Anschluss daran LAG Köln vom 02.02.2012, NZA-RR 2012, 298 (301).

956 BVerfG vom 02.07.2001, AP Nr. 170 zu § 626 BGB, unter II. 1. b); aufgegriffen in EGMR vom 21.07.2011, AP Nr. 235 zu § 626 BGB, unter I. B. 3. der rechtlichen Würdigung; nunmehr auch bestätigt in BAG vom 15.12.2016, NZA 2017, 703 (704).

957 BAG vom 07.12.2006, AP Nr. 55 zu § 1 KSchG 1969 Verhaltensbedingte Kündigung, unter B. I. 1.

958 Zum maßgeblichen dringenden Tatverdacht für eine Verdachtskündigung vgl. nur BAG vom 18.06.2015, AP Nr. 74 zu § 1 KSchG 1969 Verhaltensbedingte Kündigung, unter I. 2. a) m.w.N.

Schwelle des *dringenden Tatverdachts* als Maßstab für die Prüfungspflicht des Arbeitnehmers heranzieht.[959] Gibt man dem Arbeitgeber bei diesem Verdachtsgrad die Berechtigung zur Kündigung, sollte der Arbeitnehmer im umgekehrten Fall ebenfalls die Möglichkeit haben, Konsequenzen zu ergreifen. Bestand eine auf Tatsachen basierte hohe Wahrscheinlichkeit der Tatbegehung,[960] hat der Arbeitnehmer seine Anzeige deshalb selbst im Falle einer unterbleibenden Verurteilung nicht leichtfertig erhoben. Der Zweite Senat betont insoweit in einer aktuellen Entscheidung, dass der in einer unberechtigten Strafanzeige liegende Verstoß des Arbeitnehmers gegen seine Loyalitätspflicht aus § 241 Abs. 2 BGB nur dann schuldhaft sei, wenn dieser die Haltlosigkeit seines Vorwurfs erkennen konnte.[961]

(3) Öffentliches Interesse an der Information

Der EGMR hat in der Rechtssache *Heinisch* als weiteren Abwägungsfaktor das öffentliche Interesse an der offengelegten Information eingeführt.[962] Dieses Kriterium war in der nationalen Whistleblowing-Rechtsprechung zuvor nur insoweit angeklungen, als konkret das öffentliche Strafverfolgungsinteresse betroffen war. Das BAG hielt dazu in seiner Entscheidung aus dem Jahr 2003 fest, dass die nicht wissentlich unwahre oder leichtfertige Strafanzeige eines Bürgers im allgemeinen Interesse an der Erhaltung des Rechtsfriedens und der Aufklärung von Straftaten liege.[963] Je weiter sich die angezeigte Tat vom Bereich des rechtlich Zulässigen entfernt, desto mehr muss richtigerweise das Geheimhaltungsinteresse des Arbeitgebers an Gewicht verlieren.[964]

Der EGMR geht darüber hinaus, indem er ausdrücklich nicht das Strafverfolgungsinteresse, sondern im Allgemeinen ein Informationsinteresse der Öffentlichkeit als Abwägungsfaktor heranzieht. Im entschiedenen Fall hatte die Arbeitnehmerin erhebliche Pflegemissstände eines Altenheims in staatlicher Trägerschaft aufgedeckt. Auf Grundlage der Entscheidung des EGMR ist ein öffentliches Informationsinteresse jedenfalls dann relevant, wenn der angezeigte

959 *Forst*, NJW 2011, 3477 (3481).

960 BAG vom 18.06.2015, AP Nr. 74 zu § 1 KSchG 1969 Verhaltensbedingte Kündigung, unter I. 2. a) m.w.N.

961 BAG vom 15.12.2016, NZA 2017, 703 (704).

962 EGMR vom 21.07.2011, AP Nr. 235 zu § 626 BGB, unter I. B. 3. der rechtlichen Würdigung.

963 BAG vom 03.07.2003, AP Nr. 45 zu § 1 KSchG 1969 Verhaltensbedingte Kündigung, unter II. 3. b).

964 *Becker*, Whistleblowing, S. 61.

Missstand direkte oder indirekte Auswirkungen auf einen nicht unerheblichen Teil der Gesellschaft haben kann. Dies kommt insbesondere bei Sicherheits-[965] oder Gesundheitsrisiken[966] in Betracht, die in vergleichbarer Weise wie Pflegemissstände gesellschaftliche Breitenwirkung entfalten können.

Welches Gewicht dem konkreten öffentlichen Informationsinteresse zukommt, bleibt stets eine Frage der Einzelfallbetrachtung. Es darf insoweit auch nicht außer Acht geraten, dass es primär um die Bestimmung von Inhalt und Grenzen der Pflichten aus dem Arbeitsverhältnis geht und es dem Arbeitnehmer grundsätzlich nicht obliegt öffentliche Interessen wahrzunehmen.

(4) Motiv des Arbeitnehmers für die Anzeige

Die Beweggründe des Arbeitnehmers für seine Anzeige sind ebenfalls zu berücksichtigen. Erfolgt die Offenlegung nicht mit dem Ziel einen Missstand zu beseitigen, sondern ist alleine persönlicher Groll oder Schädigungsabsicht die Triebfeder, setzt dieser Umstand das Schutzniveau für den Arbeitnehmer erheblich herab.[967]

Entscheidend bleibt auch hier die Gesamtbetrachtung. Sind Vorwurf und darauf beruhende Anzeige des Arbeitnehmers inhaltlich berechtigt, führt ein arbeitgeberfeindliches Motiv alleine nur im Ausnahmefall zur Verletzung der Verschwiegenheitspflicht. Dies mag beispielsweise dann gelten, wenn der Arbeitnehmer auf einen geringfügigen Rechtsverstoß unmittelbar mit der Einschaltung externer Stellen, insbesondere der Staatsanwaltschaft reagiert, um dem Arbeitgeber dadurch zu schaden. Stehen hingegen schwere Verfehlungen des Arbeitgebers im Raum, stellen arbeitgeberfeindliche Beweggründe als solche noch keinen Missbrauch des Anzeigerechts unter Verletzung der Loyalitätspflicht dar.[968] Das BAG hat in seiner Leitentscheidung aus 2003 ebenfalls einschränkend

---

965 Hierzu können u. a. Gefahren für die Verkehrssicherheit zählen (ohne konkrete Ausführungen LAG Köln vom 23.02.1996, LAGE § 626 BGB Nr. 94 zur außerordentlichen Kündigung eines LKW-Fahrers, der ein ihm zugeteiltes verkehrsuntüchtiges Fahrzeug der örtlichen Polizei zur Überprüfung vorgestellt hatte).

966 Es sei insoweit nur an Lebensmittelskandale wie BSE und Gammelfleisch erinnert; vgl. auch LAG Baden-Württemberg vom 03.02.1987, NZA-RR 1987, 756 zur Kündigung einer Arbeitnehmerin, die eine Wiederverwendung veralteten Hackfleischs gegenüber dem Wirtschaftskontrolldienst angezeigt hatte.

967 BAG vom 03.07.2003, AP Nr. 45 zu § 1 KSchG 1969 Verhaltensbedingte Kündigung, unter II. 3. b); EGMR vom 21.07.2011, AP Nr. 235 zu § 626 BGB, unter I. B. 3. der rechtlichen Würdigung.

968 a. A. *Bröckner*, Nebenpflichten, S. 148 f., der bei arbeitgeberfeindlicher Motivation prinzipiell von einer unzulässigen Anzeige ausgeht.

betont, dass Anzeigen aus reiner Schädigungsabsicht *"unter Berücksichtigung des der Anzeige zugrunde liegenden Vorwurfs"* eine unverhältnismäßige Reaktion des Arbeitnehmers darstellen können.[969]

(5) Schaden des Arbeitgebers

Der EGMR nimmt überdies an, dass die Unzulässigkeit der Anzeige auch darin liegen könne, dass dem Arbeitgeber eine massive wirtschaftliche Schädigung droht.[970]

Dieses Kriterium sollte mit Zurückhaltung angewendet werden. Die Offenlegung von Missständen birgt zwangsläufig ein Schädigungspotential, dessen wirtschaftliches Ausmaß der Arbeitnehmer regelmäßig schwer einzuschätzen vermag. Der arbeitgeberseitig entstandene Schaden legt eine Verletzung der Loyalitätsbindung aber zumindest dann nahe, wenn die Information ein besonders hohes Schädigungspotential hat und dem Arbeitnehmer dies im Zeitpunkt seiner Anzeige auch bewusst war. Während ein erhebliches öffentliches Informationsinteresse gegen einen Loyalitätsverstoß sprechen kann, wirkt ein außergewöhnlich hohes Schädigungsrisiko zu Lasten des Arbeitnehmers.

(6) Zwischenergebnis

Missachtet der Arbeitnehmer die dargelegten Rechtsprechungsgrundsätze, indem er eine externe Anzeige vorschnell, unberechtigt, aus reiner Schädigungsabsicht oder in Kenntnis ungewöhnlich massiver Schadensfolgen erstattet, verstößt er gegen die ihm obliegende vertragsimmanente Pflicht zur Verschwiegenheit.

Geht er indes mit Bedacht vor, indem er erst nach einem etwaigen internen Klärungsversuch eine inhaltlich berechtigte Anzeige erstattet, um einen Missstand von gegebenenfalls auch öffentlichem Interesse zu beenden, rechtfertigen Art. 5 Abs. 1 GG sowie Art. 2 Abs. 1 i.V.m. Art. 20 Abs. 3 GG sein Handeln als verfassungsrechtliche Einschränkung der schuldrechtlichen Schweigepflicht. Unter diesen Voraussetzungen verbietet § 612a BGB jede arbeitsrechtliche Sanktion.[971] Einer Kündigung des Arbeitsverhältnisses mangelt es an einem wichtigen

---

969 BAG vom 03.07.2003, AP Nr. 45 zu § 1 KSchG 1969 Verhaltensbedingte Kündigung, unter II. 3. b).

970 EGMR vom 21.07.2011, AP Nr. 235 zu § 626 BGB, unter I. B. 3. der rechtlichen Würdigung.

971 *Klasen/Schaefer*, BB 2012, 641 (644).

Grund im Sinne von § 626 Abs. 1 BGB beziehungsweise an der sozialen Rechtfertigung nach § 1 KSchG.

bb) Sonderfall: Whistleblowing gegenüber der Öffentlichkeit

Die Rechtsprechung hatte bisher nicht explizit darüber zu entscheiden welche Maßstäbe gelten, wenn sich der Arbeitnehmer statt an die zuständigen Behörden an die breite Öffentlichkeit wendet. Das ist der Fall, wenn der Whistleblower Missstände in Presse oder Fernsehen offenlegt. Nichts anderes gilt, wenn er unternehmensinternes Fehlverhalten in sozialen Netzwerken wie Facebook oder in Youtube-Videos anprangert.[972]

Die Eigentümlichkeit des Whistleblowings gegenüber der Öffentlichkeit liegt zum einen in dem besonderen Gefahrenpotential der genutzten Informationskanäle. Verbreitungsgeschwindigkeit und Reichweite lassen sich kaum steuern;[973] das Risiko von Imageverlust, Rufschädigung und daraus folgenden wirtschaftlichen Nachteilen des Arbeitgebers ist entsprechend besonders hoch. Hinzu kommt, dass der Arbeitnehmer die Information gegenüber der Öffentlichkeit als eine Art *Insider* offenlegt. Eine breite Masse wird unterstellen, dass er als Betriebszugehöriger sicherlich wisse was sich im Betrieb abspielt, auch wenn diese Annahme keineswegs immer zutrifft.

Zum anderen haben die geschützten Rechtspositionen des Arbeitnehmers bei der Offenlegung von Missständen gegenüber der Öffentlichkeit geringeres Gewicht. Der Mitarbeiter kann sich alleine auf Art. 5 Abs. 1 GG und subsidiär auf Art. 2 Abs. 1 GG berufen.[974] Der Schutzbereich von Art. 2 Abs. 1 i.V.m. Art. 20 Abs. 3 GG ist dagegen, ebenso wie der von Art. 17 GG, nicht eröffnet. Weder nutzt der Arbeitnehmer ein rechtsstaatlich institutionalisiertes Verfahren noch erfüllt sein Vorgehen die Voraussetzungen einer Petition.[975]

Zudem spielt der Umstand entscheidende Rolle, dass Meldungen gegenüber Aufsichts- oder Strafverfolgungsbehörden im Gegensatz zur Offenlegung in Medien oder sonstiger Öffentlichkeit eine weitaus vertraulichere Behandlung der Information gewährleisten. Sowohl die Möglichkeit einer unternehmensinternen Klärung als auch einer behördlichen Anzeige sind daher vorrangig zu ergreifen, bevor der Arbeitnehmer sich an die Öffentlichkeit wenden darf.[976]

---

972 *Von Busekist/Fahrig*, BB 2013, 119 (120).

973 Vgl. betreffend Facebook LAG Berlin-Brandenburg vom 11.04.2014, NZA-RR 2014, 468 (470).

974 *Rudkowski/Schreiber*, Compliance, S. 150.

975 *Becker*, Whistleblowing, S. 122.

976 *Hitzler*, Loyalitätskonflikte, S. 203.

Diese Besonderheiten des öffentlichkeitswirksamen Whistleblowings wirken sich auf die nach der Wechselwirkungslehre[977] vorzunehmende Interessenabwägung aus. Sie führen dazu, dass das Geheimhaltungsbedürfnis des Arbeitgebers die Meinungsfreiheit regelmäßig überwiegt und der Arbeitnehmer daher nach § 241 Abs. 2 BGB zu Verschwiegenheit verpflichtet ist. Der Schritt des Whistleblowers an die Öffentlichkeit ist unter Abwägung der kollidierenden Interessen regelmäßig als unverhältnismäßige Reaktion unzulässig.[978]

Eine Ausnahme gilt lediglich dann, wenn der Whistleblower die Flucht in die Öffentlichkeit wählt, nachdem sowohl ein interner Abhilfeversuch als auch eine Anzeige bei der zuständigen Behörde dem Missstand nicht, nicht ausreichend oder nicht rechtzeitig abhelfen konnte.[979] Im Hinblick auf die Rechtsprechung des EGMR ist darüber hinaus zu erwägen, ob auch ein besonderes öffentliches Interesse an der Information zu Whistleblowing in breitenwirksamen Medien berechtigen sollte. Allerdings wird auch ein öffentliches Informationsinteresse das erhebliche Schutzbedürfnis des Arbeitgebers vor den Risiken der breitenwirksamen Offenlegung nicht überwiegen können. Insoweit darf nicht aus dem Blick geraten, dass primäres Ziel von Whistleblowing nicht die öffentliche Diskussion von Missständen, sondern deren Beseitigung sein muss. Diesem Zweck wird auch eine Anzeige bei der zuständigen Behörde gerecht, die die Verfehlung aktenkundig macht und eine betriebsinterne Vertuschung gerade auch gesellschaftsrelevanter Missstände verhindert.

Im Gegensatz zu Anzeigen gegenüber Aufsichts- und Strafverfolgungsbehörden geht die Offenlegung unternehmensinternen Fehlverhaltens gegenüber der Öffentlichkeit daher regelmäßig mit einer Verletzung der Verschwiegenheitspflicht als Ausprägung der arbeitnehmerseitigen Loyalitätsbindung einher.

III. Unzulässigkeit rufschädigender Verhaltensweisen

Äußerungen des Arbeitnehmers können im Hinblick auf die Loyalitätsverpflichtung gegenüber dem Arbeitgeber auch problematisch sein, wenn sie zwar nicht mit geheimhaltungsbedürftigen Umständen in Zusammenhang stehen, aber als rufschädigend die unternehmerische Freiheit des Arbeitgebers aus Art. 12 Abs. 1 GG beeinträchtigen (dazu im Folgenden unter 1.) oder dessen persönliche Ehre verletzen (dazu im Folgenden unter 2.). Die Reichweite der

977 Vgl. das *Lüth-Urteil* des BVerfG vom 15.01.1958, BVerfGE 7, 198 (208 f.).
978 Zu Recht *Becker*, Whistleblowing, S. 125; *Rudkowski/Schreiber*, Compliance, S. 150.
979 *Rudkowski/Schreiber*, Compliance, S. 151.

arbeitnehmerseitigen Loyalitätspflicht ist auch hier unter Abwägung der schutzwürdigen Interessen zu bestimmen.

1. Stellungnahmen des Arbeitnehmers in Widerspruch zur Unternehmenspolitik

Die Unternehmerinteressen des Arbeitgebers aus Art. 12 Abs. 1 GG sind berührt, wenn Äußerungen des Arbeitnehmers in Konflikt zur Unternehmenspolitik geraten. Problematisch sind insoweit Stellungnahmen des Mitarbeiters, die in offensichtlichem Widerspruch zu Ausrichtung und Zielen des Unternehmens stehen, ohne dass der Arbeitnehmer im Sinne von Whistleblowing betriebliche Missstände anprangert oder den Arbeitgeber in ehrverletzender Weise angreift.

a) Auftreten des Mitarbeiters für das Unternehmen

Besondere Brisanz entsteht, wenn der Arbeitnehmer als Repräsentant des Unternehmens auftritt. Im Rahmen von Interviews oder Artikeln für die Fachpresse, öffentlichen Vorträgen oder Kundenveranstaltungen handelt der Arbeitnehmer nicht als Privatperson, sondern in seiner Rolle und Funktion für das Unternehmen.

Bekennt sich der in einem auf assistierte Reproduktion spezialisierten Kinderwunschzentrum tätige Arzt als streng gläubiger Christ und bezieht gegen die Möglichkeiten der Reproduktionsmedizin ausdrücklich Stellung, ist sein Verhalten geeignet, dem Image und damit der Geschäftstätigkeit des Arbeitgebers erheblich zu schaden. Weitere Fälle lassen sich leicht bilden. Der Mitarbeiter einer Non-Profit-Friedensorganisation mit Schwerpunkteinsätzen in Krisengebieten wird für seinen Arbeitgeber ebenso zum Problem, wenn er sich offensiv als Befürworter des Irak-Kriegs positioniert wie der Angestellte einer Privatbank, der sich zu einer radikal linkspolitischen Einstellung bekennt und die Abschaffung privater Kreditinstitute fordert.[980] All diese Beispiele zeigen, dass es inhaltlich im Wesentlichen um ethische oder politische Themen geht.

Tritt der Arbeitnehmer in seiner Funktion für das Unternehmen auf, sei es gegenüber Kunden oder einer breiteren Öffentlichkeit, ist sein Verhalten in besonderem Maße geeignet, negativ auf den Arbeitgeber zurückzufallen. Im Gegensatz zu Äußerungen im privaten Umfeld wird die Stellungnahme nicht primär mit dem konkreten Mitarbeiter, sondern mit dem Unternehmen in Verbindung gebracht. Die Interessenabwägung zwischen der Meinungsfreiheit des Arbeitnehmers und den unternehmerischen Wettbewerbsinteressen des Arbeitgebers aus

980 Vgl. zum letztgenannten Beispiel BAG vom 28.09.1972, NJW 1973, 77.

Art. 12 Abs. 1 GG muss dieses *Assoziationspotential* berücksichtigen. Tritt der Arbeitnehmer nach außen für das Unternehmen auf, muss die Loyalitätsbindung stärker ausgeprägt sein als bei rein privaten Äußerungen. Der Mitarbeiter muss im weitesten Sinne im Interesse des Unternehmens auftreten.[981]

Gleichwohl bedeutet das nicht, dass dem Arbeitnehmer in seiner beruflichen Funktion jede kritische Betrachtung des Unternehmensgegenstandes verboten wäre. Andernfalls spräche man der Meinungsfreiheit jegliche Wirkung ab. Der Arbeitgeber hat keinen Anspruch darauf, nur exakt so dargestellt zu werden, wie er selbst wahrgenommen werden möchte.[982] Unzulässig müssen allerdings solche Stellungnahmen sein, die sich auf herabsetzende Weise gegen die Tätigkeit des Unternehmens richten.[983] Dies kann sowohl das Betätigungsfeld als auch die Betätigungsweise des Arbeitgebers betreffen. Keinesfalls darf der Mitarbeiter die Leistungen des eigenen Arbeitgebers gezielt schlecht reden oder gar für das Angebot von Konkurrenzunternehmen werben.

b) Stellungnahmen im rein privaten Umfeld

Für Äußerungen im rein privaten Umfeld muss der Meinungsfreiheit des Arbeitnehmers im Ausgangspunkt stärkeres Gewicht als den unternehmerischen Interessen des Arbeitgebers zukommen. Außerdienstliche Verhaltensweisen können nach ständiger Rechtsprechung nur dann zu einer Pflichtverletzung führen, wenn ein Bezug zur beruflichen Tätigkeit des Arbeitnehmers besteht.[984] Dieser Bezug kann sich unter anderem daraus ergeben, dass das Handeln des Mitarbeiters trotz seines privaten Charakters mit dem Unternehmen in Verbindung gebracht wird.[985]

In welchem Maße private Stellungnahmen des Arbeitnehmers loyalitätswidrig sind, muss sich daran bemessen, ob sie trotz Äußerung im privaten Kreis mit dem Unternehmen assoziiert werden. Dies hängt insbesondere davon ab, inwieweit der Mitarbeiter aufgrund seiner hierarchischen Stellung oder Funktion auch außerhalb der Arbeitszeit als Repräsentant des Unternehmens wahrgenommen wird.[986] Dies ist bei leitenden Angestellten und Mitarbeitern mit erheblichem Außenkontakt

---

981 *Rieble/Wiebauer*, ZfA 2010, 63 (88).

982 *Kock/Dittrich*, DB 2013, 934 (935).

983 So *Hitzler*, Loyalitätskonflikte, S. 276 für den Bereich rein privater Äußerungen. Noch weitaus strengere Maßstäbe können für Arbeitnehmer in Tendenzbetrieben und Religionsgemeinschaften gelten, die nicht Gegenstand der vorliegenden Untersuchung sein sollen.

984 BAG vom 27.11.2008, AP Nr. 90 zu § 1 KSchG 1969, unter B. II. 3.

985 BAG vom 28.10.2010, AP Nr. 62 zu § 1 KSchG 1969 Verhaltensbedingte Kündigung, unter I. 2. b).

986 *Hitzler*, Loyalitätskonflikte, S. 275.

deutlich eher der Fall als bei Arbeitnehmern, die einer Tätigkeit in der Produktion oder im Backoffice nachgehen.

Zudem ist bedeutsam, in welcher Form der Mitarbeiter Stellung bezieht. Macht er unmissverständlich klar, dass es sich um seine persönliche Meinung handelt, kann dies gegen eine Verletzung der arbeitgeberseitigen Interessen sprechen. Gleichwohl darf der Arbeitnehmer auch in seiner Freizeit nicht gezielt gegen das Unternehmen Stellung beziehen.[987] In diesem Sinne sah das BAG die Loyalitätspflicht eines Bankangestellten als verletzt an, der ein parteipolitisches Extrablatt verteilt hatte, das sich für die Abschaffung privater Kreditinstitute aussprach, zu denen auch die Arbeitgeberin zählte.[988]

Besonderheiten gelten, wenn der Mitarbeiter sich in Internet und Social Media äußert. Soziale Netzwerke wie Facebook, XING, LinkedIn, Twitter oder WhatsApp und die Photosharing-Netzwerke Instagram und Pinterest stellen ebenso wie Internetforen, Blogs und das Videoportal Youtube leicht zu handhabende Kommunikationsplattformen zur Verfügung. Unangemessene, mit der Unternehmenspolitik kollidierende Stellungnahmen sind schnell ins Netz gestellt und oftmals schwer wieder vollständig zu entfernen. Imageschädliche Inhalte sind nicht nur in Textform möglich, sondern können auch in dem Posten von Bildern, dem Upload von Videos oder in dem so genannten Liken derselben (durch Betätigung des *„Gefällt mir"-Buttons*) liegen.[989] Das LAG Berlin-Brandenburg hatte beispielsweise über die Kündigung eines Krankenpflegers zu entscheiden, der auf Facebook massive Kritik an der neuen technischen Ausstattung auf der Intensivstation seines Arbeitgebers geübt hatte.[990]

Eine potentiell rufschädigende Assoziation zum Unternehmen kann sich in Social Media Fällen wie diesem insbesondere daraus ergeben, dass der Arbeitnehmer in seinem Profil angibt für welchen Arbeitgeber er tätig ist.[991] Durch diese Angabe sorgt er im Grunde selbst dafür, dass Internetnutzer eine Verbindung zwischen der Stellungnahme und dem Unternehmen herstellen können. Für den Fall des gekündigten Krankenpflegers, der auf seinem privaten Facebook Profil lediglich Wohnort, Beruf und *„Intensivstation"* als Arbeitsstelle angegeben hatte, hat das LAG Berlin-Brandenburg eine solche Assoziation abgelehnt.[992]

---

987 *Hitzler*, Loyalitätskonflikte, S. 275 f.

988 Vgl. BAG vom 28.09.1972, NJW 1973, 77 (78).

989 Eingehend dazu *Fuhlrott/Oltmanns*, NZA 2016, 785 (786 f.).

990 Vgl. LAG Berlin-Brandenburg vom 18.08.2008, 10 TaBV 885/08, juris.

991 ArbG Mannheim vom 19.02.2016, NZA-RR 2016, 254 (255 f.); ArbG Herne vom 22.03.2016, ZD 2017, 41 (42).

992 LAG Berlin-Brandenburg vom 18.08.2008, 10 TaBV 885/08, juris, Rn. 65.

Inwieweit die private Äußerung in Verbindung zu dem betroffenen Arbeitgeber gebracht werden kann und dadurch die Loyalitätspflicht verletzt, muss letztlich im Einzelfall davon abhängen, ob andere Internetnutzer aus den Angaben des Arbeitnehmers auf einen bestimmten Arbeitgeber schließen können. Das kann beispielsweise auch dann der Fall sein, wenn der Arbeitnehmer seinen Arbeitgeber zwar nicht ausdrücklich benennt, auf seinem Profil aber Bilder von sich in Dienstkleidung einstellt, die den Arbeitgeber preisgeben.[993] In all diesen Fällen verlangt die Loyalitätspflicht dem Arbeitnehmer Zurückhaltung in seinen Äußerungen ab.

2. *Ehrverletzende Äußerungen*

Eine andere Schranke der Meinungsfreiheit steht im Vordergrund, wenn Äußerungen des Arbeitnehmers ehrenrührigen Charakter haben. Die Grenze zur Loyalitätswidrigkeit ist in diesen Fällen überschritten, wenn die Meinungsäußerung des Mitarbeiters das allgemeine Persönlichkeitsrecht des Arbeitgebers beziehungsweise dessen Vertreter aus Art. 1 Abs. 1 i.V.m. Art. 2 Abs. 1 GG verletzt.[994]

Stellt der Arbeitnehmer bewusst unwahre Tatsachenbehauptungen über den Arbeitgeber auf,[995] sind diese als Lüge schon nicht vom Schutz der Meinungsfreiheit umfasst[996] und zudem durch § 187 StGB als Verleumdung unter Strafe gestellt. Die Verletzung der Loyalitätspflicht liegt auf der Hand.

Inwieweit Werturteile im Hinblick auf § 241 Abs. 2 BGB unzulässig sind, ist durch Abwägung der kollidierenden Grundrechtspositionen zu bestimmen. Entscheidend ist, ob die Stellungnahme des Arbeitnehmers einen mit der Loyalitätspflicht nicht mehr zu vereinbarenden Vertrauensbruch darstellt. Während nach ständiger Rechtsprechung auch polemische und überspitzte Bemerkungen des Arbeitnehmers über den Arbeitgeber grundsätzlich noch von Art. 5 Abs. 1 GG

---

993 *Dzida/Förster*, BB 2017, 757 (758).

994 Kein Anwendungsfall der spezifischen Loyalitätsproblematik sind dagegen ehrenrührige Äußerungen über andere Beschäftigte des Unternehmens, insbesondere auch über Vorgesetzte, die *nicht* Vertragspartner des Arbeitnehmers sind. Im Mittelpunkt stehen in diesen Fällen der Schutz des Betriebsfriedens und die Persönlichkeitsrechte des betroffenen Mitarbeiters.

995 So beispielsweise entschieden für die unwahre Behauptung eines Verhältnisses mit dem verheirateten Geschäftsführer der Arbeitgeberin (LAG Schleswig-Holstein vom 20.09.2007, LAGE § 626 BGB 2002 Nr. 13, unter I. 1.).

996 *Bethge*, in: Sachs, GG, Art. 5 Rn. 28.

gedeckt sind,[997] muss die Meinungsfreiheit zurücktreten, wenn die Äußerung des Arbeitnehmers die Menschenwürde angreift, eine Formalbeleidigung oder eine Schmähkritik darstellt, bei der ausschließlich die Diffamierung der angegriffenen Person im Vordergrund steht.[998] Die Rechtsprechung hat dies beispielsweise bei Bezeichnung der Gesellschafter gegenüber Dritten als *„assozial"*[999] oder Betitelung des Arbeitgebers als *„Menschenschinder"* und *„Ausbeuter"*[1000] bejaht. Derartige Äußerungen sind geeignet, die Ehre des Arbeitgebers beziehungsweise seiner Vertreter nachhaltig zu verletzen.

Besonderheiten gelten wiederum für Äußerungen in Internet und Social Media. Die Ehrverletzung kann in Text-, Bild- oder Videoform erfolgen, ebenso durch das Liken derartiger Inhalte.[1001] Das LAG Baden-Württemberg hat eine loyalitätswidrige grobe Beleidigung auch darin gesehen, dass der Arbeitnehmer bestimmte *Emoticons* verwendet, die eine Stimmungslage darstellen oder eine Aussage verbildlichen. Im entschiedenen Fall hatte der Arbeitnehmer das Wort *„fettes"* mit einem Schweinekopf-Emoticon verbunden und dadurch bildlich die Bezeichnung *„fettes Schwein"* ausgedrückt.[1002]

Parallel zu dem strafrechtlichen Prinzip einer beleidigungsfreien Sphäre ist auch arbeitsrechtlich ein Bereich der Vertraulichkeit anzuerkennen, wenn der Arbeitnehmer sich gegenüber nahen Familienangehörigen, engen Freunden oder nahestehenden Arbeitskollegen[1003] äußert. Unter diesen Voraussetzungen geht der Persönlichkeitsschutz des sich äußernden Mitarbeiters dem Ehrenschutz vor.[1004] Eine Verletzung der Loyalitätspflicht muss konsequenterweise ausscheiden.[1005] Die Grenzen geschützter Vertraulichkeit sind jedoch überschritten, wenn der Arbeitnehmer bewusst wahrheitswidrige Tatsachen behauptet. Eine

---

997 BVerfG vom 10.10.1995, BVerfGE 93, 266 (294); BAG vom 12.01.2006, AP Nr. 53 zu § 1 KSchG 1969, unter B. II. 1.

998 Statt aller: BAG vom 24.11.2005, AP Nr. 198 zu § 626 BGB, unter B. I. 2. m.w.N.

999 LAG Hessen vom 28.01.2013, 21 Sa 715/12, juris, Rn. 37.

1000 LAG Hamm vom 10.10.2012, LAGE § 22 BBiG 2005 Nr. 4, unter B. III. 3.

1001 Dazu bereits B. III. 1. b), S. 223-225.

1002 Vgl. LAG Baden-Württemberg vom 22.06.2016, MMR 2016, 702 (704).

1003 a. A. *Wisskirchen*, Außerdienstliches Verhalten, S. 51, der eine Vertrauenssphäre zwischen Arbeitskollegen prinzipiell ablehnt.

1004 BAG vom 10.12.2009, AP Nr. 226 zu § 626 BGB, unter I. 4. c); zum Umfang dieser durch das Persönlichkeitsrecht geschützten Sphäre BVerfG vom 27.07.2009, StV 2010, 142 m.w.N.

1005 So für eine vertrauliche SMS unter Arbeitskollegen LAG Rheinland-Pfalz vom 22.01.2015, RDV 2015, 208 (210).

verleumdungsfreie Sphäre erkennt das Arbeitsrecht ebenso wenig an wie das Strafrecht.[1006]

Problematisch ist, inwieweit diese Grundsätze einer geschützten Vertraulichkeitssphäre auf Äußerungen in Internet und Social Media zu übertragen sind. So unterschiedlich die Kommunikationsmöglichkeiten sind, so sehr muss es letztlich eine Frage der Einzelfallbetrachtung sein, unter welchen Umständen ein vertraulicher Gesprächsbereich anzunehmen ist. Auch bei Äußerungen in Internet und Social Media kommt dies nur dann in Betracht, wenn allenfalls wenige Personen in die Kommunikation einbezogen sind. Der Arbeitnehmer muss zudem davon ausgehen können, dass seine Äußerung über diesen engen Adressatenkreis nicht hinausgeht.

Bei dem sicherlich bekanntesten sozialen Netzwerk Facebook können diese Voraussetzungen allenfalls erfüllt sein, wenn der Mitarbeiter sich in einer zugangsbeschränkten, geschlossenen Gruppe mit wenigen Mitgliedern oder in einer Chat-Nachricht gegenüber einem einzelnen Empfänger äußert.[1007] Diese Grundsätze lassen sich auf die Kommunikationsmöglichkeiten des Messaging-Dienstes WhatsApp übertragen, der ebenfalls eine Kommunikation zwischen Einzelpersonen als auch in Gruppen ermöglicht. Da WhatsApp-Gruppen im Gegensatz zu Facebook-Gruppen grundsätzlich zugangsbeschränkt sind, entscheiden Anzahl und Nähebeziehung der Kommunikationsadressaten.

C. Loyalitätspflichten des Arbeitgebers

Während die für den Arbeitnehmer geltenden Loyalitätspflichten beträchtlichen Umfang einnehmen,[1008] überwiegen auf Arbeitgeberseite regelmäßig die Schutzpflichten gegenüber dem einzelnen Mitarbeiter. Gleichwohl hat auch der Arbeitgeber die für das Arbeitsverhältnis erforderliche Vertrauensbasis zu erhalten. Im Rahmen seiner Loyalitätsverpflichtung hat er Verschwiegenheit zu wahren (dazu im Folgenden unter I.) und darf die persönliche Ehre des Arbeitnehmers nicht durch rufschädigende Äußerungen verletzen (dazu im Folgenden unter II.).

1006 *Wisskirchen*, Außerdienstliches Verhalten, S. 52.

1007 *Bauer/Günther*, NZA 2013, 67 (70); *Kock/Dittrich*, DB 2013, 934 (937); ähnlich auch *Dzida/Förster*, BB 2017, 757 (761); a. A. ArbG Bochum vom 09.02.2012, DuD 2013, 258 (259).

1008 Dazu soeben unter B., S. 204-227.

I. Verschwiegenheitspflicht

Der Verschwiegenheitsverpflichtung des Arbeitnehmers entspricht eine Schweigepflicht des Arbeitgebers (dazu im Folgenden unter 1.),[1009] die ihre Grenzen insbesondere bei der Aufklärung von Straftaten erreicht (dazu im Folgenden unter 2.).

1. Schutz der Arbeitnehmerpersönlichkeit

Umstände, an deren Geheimhaltung der Arbeitnehmer ein *berechtigtes Interesse*[1010] hat, muss der Arbeitgeber zum Schutz des allgemeinen Persönlichkeitsrechts des Mitarbeiters vertraulich behandeln. Auch er schuldet dem Arbeitnehmer, Themen mit Geheimhaltungsbedürfnis nicht gegenüber Dritten preiszugeben. Hierzu können dienstbezogene Gegebenheiten wie Pflichtverletzungen des Arbeitnehmers und daraus resultierende Abmahnungen gehören. Ebenso sind Angaben über persönliche, insbesondere auch gesundheitliche Verhältnisse des Arbeitnehmers wie beispielsweise spezielle (Sucht-)Erkrankungen[1011] und deren Auswirkungen vertraulich zu behandeln. Gerade Umstände dieser Art können dem Ansehen und der beruflichen Entwicklung des Arbeitnehmers bei Kenntniserlangung durch Dritte massiv schaden.

In erheblichem Maße wird die Verschwiegenheitspflicht des Arbeitgebers durch das Datenschutzrecht konkretisiert. Das *Übermitteln*, das insbesondere die Weitergabe von Informationen aus zuvor gespeicherten oder durch Datenverarbeitung gewonnenen personenbezogenen Daten an Dritte umfasst, ist nach § 4 Abs. 1 i.V.m. § 3 Abs. 4 S. 2 Nr. 3 lit. a) BDSG als Datenverarbeitung rechtfertigungsbedürftig. Dies gilt unabhängig davon, in welcher Form die in den Daten enthaltene Information weitergegeben wird und damit auch dann, wenn der Arbeitgeber die Information nur mündlich einem Dritten mitteilt.[1012] Selbst, wenn die Daten rechtmäßig erhoben wurden, kann der Arbeitgeber ihre Weitergabe zumeist weder über § 32 BDSG noch über andere gesetzliche Erlaubnistatbestände rechtfertigen. Denn die Offenbarung personenbezogener Daten, deren Bekanntwerden für den Arbeitnehmer nachteilig wäre, ist für die Durchführung oder Beendigung des Arbeitsverhältnisses regelmäßig ebenso wenig erforderlich

---

1009 *Roth*, in: Baumbach/Hopt, HGB, § 59 Rn. 97.

1010 Vgl. zum Maßstab des berechtigten Interesses bereits B. II. 1. b), S. 209-210.

1011 Derartige Gesundheitsangaben stuft das BAG als besonders sensible Daten ein, die der Arbeitgeber grundsätzlich auch nicht offen in der Personalakte verwahren darf (BAG vom 12.09.2006, AP Nr. 1 zu § 611 BGB Personalakte, unter A. II. 2.).

1012 *Gola/Klug/Körffer*, in: Gola/Schomerus, BDSG, § 3 Rn. 32.

wie zu anderen legitimen Zwecken. Allgemeines Persönlichkeitsrecht und Berufsfreiheit des Arbeitnehmers lassen die Meinungs- und allgemeine Handlungsfreiheit des Arbeitgebers in den Hintergrund treten.

2. Grenzen der Verschwiegenheit

Bedeutsame Grenzen der Schweigeverpflichtung ergeben sich, wenn der Arbeitnehmer Straftaten zu Lasten des Unternehmens verübt oder der Arbeitgeber einen diesbezüglichen Verdacht hegt. Der Arbeitgeber kann in derartigen Fällen berechtigt sein, für den Arbeitnehmer nachteilige Informationen ohne Verletzung der Loyalitätspflicht offenzulegen. Das wird relevant, wenn der Arbeitgeber eine externe Detektei mit der Aufklärung des Verdachts betraut (dazu im Folgenden unter a)) oder die tatsächliche oder vermutete Straftat zur Anzeige bringt (dazu im Folgenden unter b)).

a) Aufdeckung von Straftaten durch Beauftragung einer Detektei

§ 32 Abs. 1 S. 2 BDSG formuliert einen speziellen Erlaubnistatbestand für den Fall, dass der Arbeitgeber personenbezogene Daten erhebt, verarbeitet oder nutzt, um Straftaten des Arbeitnehmers aufzudecken. Eine mit der Verschwiegenheitspflicht in Konflikt geratende Weitergabe von Beschäftigtendaten an Dritte liegt in diesem Kontext insbesondere vor, wenn der Arbeitgeber eine Detektei mit Ermittlungen beauftragt. Der eingesetzte Privatdetektiv kann den betreffenden Arbeitnehmer nur dann zielgerichtet observieren, wenn der Arbeitgeber ihm Informationen wie Namen, Anschrift, Aussehen, insbesondere aber auch Details zu dem bestehenden Tatverdacht zur Verfügung stellt.[1013]

Die Rechtfertigung zur Weitergabe dieser Beschäftigtendaten nach § 32 Abs. 1 S. 2 BDSG setzt durch den Arbeitgeber zu dokumentierende tatsächliche Anhaltspunkte voraus, die einen (Anfangs-)Verdacht für eine Straftat begründen.[1014] Erforderlich ist, dass sich der Verdacht auf eine im Zusammenhang mit dem Beschäftigungsverhältnis verübte Straftat bezieht.[1015] In Betracht kommt insoweit jede gegen das Unternehmen gerichtete Straftat vom Arbeitszeitbetrug durch vorgetäuschte Arbeitsunfähigkeit[1016] bis zur Veruntreuung von

---

1013 Im Vordergrund steht zumeist die anschließende, ebenfalls rechtfertigungsbedürftige Datenerhebung und -verarbeitung durch die beauftragte Detektei, die keinen Bezug zu der hier problematisierten Verschwiegenheitspflicht des Arbeitgebers hat.

1014 BAG vom 20.10.2016, NZA 2017, 443 (446).

1015 *Franzen*, in: ErfK, § 32 BDSG Rn. 30.

1016 Im Hinblick auf den hohen Beweiswert einer Arbeitsunfähigkeitsbescheinigung verlangt die Rechtsprechung hier allerdings begründete Zweifel des Arbeitgebers

Unternehmensgeldern.[1017] Die Weitergabe der Daten an die externe Detektei muss zudem erforderlich und im Hinblick auf die Persönlichkeitsbeeinträchtigung, die der Arbeitnehmer erleidet, verhältnismäßig sein. Im Rahmen der Abwägung sind die Schwere der Straftat und der Grad des Tatverdachts zu Art und Ausmaß des Persönlichkeitseingriffs in Relation zu setzen.[1018]

Sind die engen Tatbestandsvoraussetzungen erfüllt, ist die Weitergabe der Daten durch das Eingriffsrecht aus § 32 Abs. 1 S. 2 BDSG gedeckt und kann das allgemeine Persönlichkeitsrecht des Arbeitnehmers nicht verletzen. Konsequenterweise verstößt der Arbeitgeber ebenso wenig gegen die auf § 241 Abs. 2 BGB basierende Verschwiegenheitspflicht. Das berechtigte Interesse des Arbeitgebers am Schutz seines eingerichteten und ausgeübten Gewerbebetriebs überwiegt insoweit das Persönlichkeitsrecht des verdächtigten Arbeitnehmers.

b) Strafanzeige des Arbeitgebers gegen den Arbeitnehmer

Wenig Beachtung hat bisher die Frage gefunden, welche Anforderungen gelten, wenn der Arbeitgeber Strafanzeige gegen den eigenen Mitarbeiter erstattet. Die strengen Voraussetzungen für eine Strafanzeige des Arbeitnehmers gegen den Arbeitgeber wurden bereits dargelegt.[1019] Da der Arbeitgeber ebenfalls nach § 241 Abs. 2 BGB zu Loyalität verpflichtet ist, wäre es widersprüchlich, Strafanzeigen von Unternehmensseite uneingeschränkt als zulässig zu erachten. Konsequenterweise müssen die für das externe Whistleblowing durch Arbeitnehmer entwickelten Grundsätze in umgekehrter Weise zur Anwendung gelangen.

Zu Recht hat das Arbeitsgericht Köln festgehalten, dass auch eine Strafanzeige des Arbeitgebers sich nicht als unverhältnismäßige Reaktion darstellen darf und den Vorrang innerbetrieblicher Klärung betont.[1020] Der Arbeitgeber hat deutlich mehr Möglichkeiten als der Arbeitnehmer, um den fraglichen Sachverhalt intern aufzuklären. Dazu gehört insbesondere die Anhörung des verdächtigten Arbeitnehmers und gegebenenfalls die Befragung weiterer Mitarbeiter. Insofern ist auch ein Gleichlauf mit dem Institut der Verdachtskündigung herzustellen,

---

an der ärztlichen Bescheinigung, die geeignet sind deren Beweiswert zu erschüttern (BAG vom 19.02.2015, AP Nr. 44 zu § 611 BGB Persönlichkeitsrecht, unter B. II. 1.).

1017 *Gola/Klug/Körffer*, in: Gola/Schomerus, BDSG, § 3 Rn. 44; weitere Beispiele bei *Seifert*, in: Simitis, BDSG, § 32 Rn. 102.

1018 *Seifert*, in: Simitis, BDSG, § 32 Rn. 106.

1019 Vgl. B. II. 2. b) aa), S. 213-220.

1020 ArbG Köln vom 06.11.2014, CCZ 2015, 143 (144).

die stets eine vorherige Anhörung des betroffenen Arbeitnehmers erfordert.[1021] Geeignete Ermittlungsmaßnahmen können auch die Einsicht in bestimmte Unterlagen oder die Durchsuchung der persönlichen Gegenstände des Arbeitnehmers sein, soweit sie unter strikter Beachtung der datenschutzrechtlichen Vorgaben aus § 32 Abs. 1 S. 2 BDSG erfolgen.

Der Arbeitgeber hat ebenso wie ein Arbeitnehmer die inhaltliche Berechtigung seiner Strafanzeige sorgfältig zu prüfen. Nur, wenn der Arbeitgeber von einem dringenden Tatverdacht gegen den Arbeitnehmer ausgehen darf, ist er ohne Verstoß gegen § 241 Abs. 2 BGB berechtigt, eine Verdachtskündigung auszusprechen oder Strafanzeige gegen den Arbeitnehmer zu erstatten.[1022] Die durch den EGMR für Strafanzeigen von Arbeitnehmern herangezogenen Kriterien des öffentlichen Interesses an der Information und des möglichen Schadens für den Angezeigten[1023] sind als Maßstab für Strafanzeigen des Arbeitgebers gegen einen Mitarbeiter indes weniger geeignet und allenfalls von untergeordneter Bedeutung.

Stellt man Strafanzeigen des Arbeitgebers unter diese Anforderungen, ist sichergestellt, dass der Arbeitgeber im Hinblick auf seine Loyalitätspflicht auch die berechtigten Interessen des straffälligen Mitarbeiters berücksichtigen muss.

II. Achtung der persönlichen Ehre

Der Arbeitgeber ist in mehrerlei Hinsicht verpflichtet, die durch das allgemeine Persönlichkeitsrecht geschützte Ehre des Arbeitnehmers zu achten. Würdigen andere Mitarbeiter den Arbeitnehmer in seinem Geltungsanspruch herab, darf der Arbeitgeber diesem Geschehen nicht unbegrenzt zusehen. Gehen die Vorfälle über übliche Konfliktsituationen im Arbeitsalltag hinaus, ist er verpflichtet, zum Schutz der Arbeitnehmerpersönlichkeit einzuschreiten.[1024] § 241 Abs. 2 BGB verbietet überdies auch dem Arbeitgeber selbst jede das Persönlichkeitsrecht verletzende Herabwürdigung des Arbeitnehmers.[1025] Der Arbeitgeber darf den Arbeitnehmer im Hinblick auf seine Loyalitätspflicht nicht in unredlicher Weise diskreditieren.

1021 Vgl. nur BAG vom 24.05.2012, AP Nr. 50 zu § 626 BGB Verdacht strafbarer Handlung, unter II. 2. d) m.w.N.

1022 Zur inhaltlichen Berechtigung der Anzeige bereits B. II. 2. b) aa) (2), S. 216-217.

1023 Dazu B. II. 2. b) aa) (3) und (5), S. 217-218 und S. 219.

1024 Vgl. BAG vom 16.05.2007, AP Nr. 5 zu § 611 BGB Mobbing, unter B. II. 3.; BAG vom 25.10.2007, AP Nr. 6 zu § 611 BGB Mobbing, unter B. II. 2.

1025 LAG Rheinland-Pfalz vom 07.09.2012, 6 Sa 703/11, juris, Rn. 70.

Der Arbeitgeber hat regelmäßig auch kein Eigeninteresse daran, den bei ihm beschäftigten Arbeitnehmer zu diskreditieren, alleine schon, da er regelmäßig befürchten muss, dass eine Rufschädigung auf ihn beziehungsweise das Unternehmen zurückfällt. Diese Situation kann sich entscheidend ändern, wenn Pflichtverletzungen das Arbeitsverhältnis belasten oder eine der Vertragsparteien die Entscheidung trifft das Arbeitsverhältnis zu beenden. Unter diesen Umständen können unterschiedliche Gründe den Arbeitgeber dazu veranlassen sich loyalitätswidrig zu verhalten. Die Diskreditierung des Arbeitnehmers kann Reaktion auf ein Fehlverhalten oder eine Kündigungsentscheidung sein (dazu im Folgenden unter 1.) oder im Zusammenhang mit den Wettbewerbsinteressen des Arbeitgebers stehen (dazu im Folgenden unter 2.).

1. Reaktion auf Fehlverhalten oder Kündigung des Arbeitnehmers

Erhebliches oder mehrfaches Fehlverhalten des Mitarbeiters kann das Arbeitsverhältnis erheblich belasten; gegebenenfalls hat der Arbeitgeber sich sogar entschieden, das Arbeitsverhältnis aus diesem Grund zu beenden. Ebenso kann aber auch eine Eigenkündigung des Mitarbeiters zu massivem Unmut auf Unternehmensseite führen und den Arbeitgeber zu unangemessenen Aussagen über den Arbeitnehmer verleiten.

Diskreditiert der Arbeitgeber den betreffenden Arbeitnehmer, indem er unwahre Tatsachen über ihn behauptet, unterfällt dies schon nicht dem Schutzbereich seiner Meinungsfreiheit.[1026] Im Übrigen ist anhand einer Einzelfallabwägung der kollidierenden Grundrechte zu beurteilen, ob das Verhalten des Arbeitgebers gegen seine Loyalitätspflicht verstößt. Unternehmerische Interessen und Meinungsfreiheit des Arbeitgebers aus Art. 12 Abs. 1 GG, Art. 5 Abs. 1 GG finden ihre Grenzen in der Berufsfreiheit und dem allgemeinen Persönlichkeitsrecht des Arbeitnehmers nach Art. 12 Abs. 1 GG und Art. 2 Abs. 1 i.V.m. Art. 1 Abs. 1 GG. Entscheidend sind Schwere der Beeinträchtigung und die betrieblichen Belange, zu deren Schutz der Arbeitgeber handelt. Verletzt der Arbeitgeber die Ehre des Arbeitnehmers ohne Rechtfertigung durch eigene überwiegende Interessen, verstößt sein Verhalten gegen § 241 Abs. 2 BGB.[1027] Ehrverletzende Werturteile, die den Arbeitnehmer schlicht diffamieren sollen, lassen die Meinungsfreiheit des Arbeitgebers hinter dem allgemeinen Persönlichkeitsrecht des Arbeitnehmers zurücktreten. Für derartige Äußerungen des

1026 *Bethge*, in: Sachs, GG, Art. 5 Rn. 28.

1027 BAG vom 12.09.2006, AP Nr. 1 zu § 611 BGB Personalakte, unter A. II. 1.

Arbeitgebers dürfen keine anderen Maßstäbe gelten als für entsprechende Stellungnahmen des Arbeitnehmers.[1028]

Bekannt geworden sind in diesem Zusammenhang zum einen Fälle, in denen der Arbeitgeber in der Presse öffentlichkeitswirksam auf eine seiner Ansicht nach ungerechtfertigte Krankmeldung des Arbeitnehmers reagiert hatte. In einem Fall, der dem BAG zur Entscheidung vorlag, bezeichnete die Wochenzeitung, für deren Vertrieb die Arbeitgeberin verantwortlich war, eine wiederholt erkrankte und schwangere Arbeitnehmerin als *„faulste Mitarbeiterin Deutschlands"*.[1029] Bereits zwei Jahre zuvor hatte das LAG Berlin über einen Arbeitgeber zu urteilen, der in einem von ihm vertriebenen Anzeigenblatt darauf hingewiesen hatte, dass eine bei ihm beschäftigte Anzeigenvertreterin an einer eingebildeten Krankheit (*„astrale Hypertrophie"*) erkrankt sei und aus diesem Grund längerfristig ausfallen werde.[1030] In beiden Fällen fehlten überwiegende, schutzwürdige Interessen der Arbeitgeberseite, die eine derartige Herabwürdigung der betroffenen Arbeitnehmerinnen hätten rechtfertigen können.

In gleicher Weise verletzt der Arbeitgeber das allgemeine Persönlichkeitsrecht des Arbeitnehmers, wenn er einen ausscheidenden Mitarbeiter gegenüber anderen potentiellen Arbeitgebern diskreditiert. Das gilt insbesondere, wenn der Arbeitgeber sich mit seinen Behauptungen gezielt an ein Unternehmen wendet, mit dem der ausscheidende Mitarbeiter in Vertragsverhandlungen steht.[1031] Der Loyalitätsverstoß kann aber auch darin liegen, dass der Arbeitgeber andere Unternehmen der Branche pauschal vor dem betreffenden Arbeitnehmer *„warnt"*, so geschehen in einem durch das LAG Hamburg entschiedenen Fall.[1032] Der bloße Unmut über das Verhalten oder den Weggang des Arbeitnehmers berechtigt den Arbeitgeber nicht dazu, den Mitarbeiter mit derart erheblicher Außenwirkung herabzuwürdigen.

2. *Wahrnehmung unternehmerischer Wettbewerbsinteressen*

Motiv für diskreditierende Äußerungen können auch Wettbewerbsinteressen des Arbeitgebers sein. Fürchtet er, dass ein ausscheidender Arbeitnehmer

1028 Vgl. BAG vom 24.11.2005, AP Nr. 198 zu § 626 BGB, unter B. I. 2. m.w.N. sowie bereits unter B. III. 2., S. 225-227.

1029 Vgl. BAG vom 18.02.1999, AP Nr. 31 zu § 611 BGB Persönlichkeitsrecht.

1030 LAG Berlin vom 05.03.1997, NZA-RR 1998, 488.

1031 LAG Rheinland-Pfalz vom 17.06.2011, 7 Sa 2/11, juris, Rn. 24 für einen Fall, in dem das Arbeitsverhältnis sogar bereits beendet war.

1032 Vgl. LAG Hamburg vom 03.04.1991, NZA 1992, 509.

Kunden oder Geschäftspartner abwerben könnte, mag der Arbeitgeber geneigt sein, diesen gegenüber den betreffenden Ansprechpartnern in ein schlechtes Licht zu rücken, um eine geschäftliche Zusammenarbeit zu verhindern.

Diskreditiert der Arbeitgeber einen ausscheidenden Mitarbeiter gegenüber Kunden oder Geschäftspartnern, um seine Position im Wettbewerb zu sichern, ist dieses Vorgehen im Kontext der §§ 74 ff. HGB zu bewerten. Diese Vorschriften stellen dem Arbeitgeber ein wirksames Mittel zum Schutz seiner Wettbewerbsinteressen zur Verfügung. Um sich vor einer drohenden Konkurrenzbetätigung des Mitarbeiters nach Beendigung des Arbeitsverhältnisses zu schützen, hat er die Möglichkeit ein nachvertraglich wirkendes, zeitlich und örtlich zu beschränkendes Wettbewerbsverbot zu vereinbaren.

Sorgt der Arbeitgeber in ausreichendem Maße dafür, dass der Arbeitnehmer bei den betreffenden Geschäftskontakten in Missgunst gerät, wird ein nachvertragliches Wettbewerbsverbot entbehrlich. Dieses Vorgehen verstößt in erheblichem Maße gegen die Loyalitätspflicht des Arbeitgebers nach § 241 Abs. 2 BGB. Überwiegende, schutzwürdige Interessen des Arbeitgebers, die eine Umgehung der §§ 74 ff. HGB einschließlich der erforderlichen Karenzentschädigung (§ 74 Abs. 2 HGB) rechtfertigen könnten, fehlen. Die §§ 74 ff. HGB finden den angemessenen Ausgleich der kollidierenden Interessen in einem zeitlich und örtlich zu konkretisierenden, entschädigungspflichtigen Wettbewerbsverbot. Versucht der Arbeitgeber die gesetzlichen Vorgaben durch illoyale Diskreditierung des Arbeitnehmers zu umgehen, ist dieses Vorgehen nicht durch überwiegende berechtigte Interessen getragen.

D. Rechtsfolgen von Loyalitätsverstößen

Loyalitätspflichtverletzungen des Arbeitnehmers (dazu im Folgenden unter I.) wie auch des Arbeitgebers (dazu im Folgenden unter II.) berechtigen den Vertragspartner zu unterschiedlichen Reaktionen.

I. Verstöße des Arbeitnehmers

Verstöße des Arbeitnehmers gegen § 241 Abs. 2 BGB berechtigen den Arbeitgeber arbeitsrechtliche Konsequenzen zu ergreifen. Je nach Ausmaß und Schwere kann eine Abmahnung oder auch die Kündigung[1033] des Arbeitsverhältnisses gerechtfertigt sein. Erhebliche Verletzungen der Loyalitätspflicht wie

1033 Wirksame Kündigung: BAG vom 28.09.1972, NJW 1973, 77 (78); ArbG Herne vom 22.03.2016, ZD 2017, 41 (41 f.); unwirksame Kündigung: LAG Hessen vom 28.01.2013, 21 Sa 715/12, juris, Rn. 39 ff.; LAG Baden-Württemberg vom 22.06.2016, MMR 2016, 702 (704 f.); ArbG Mannheim vom 19.02.2016, NZA-RR 2016, 254 (256).

öffentlichkeitswirksame Beleidigungen des Arbeitgebers im Internet[1034] oder massive Wettbewerbsverstöße[1035] sind geeignet, einen wichtigen Grund für den Ausspruch einer außerordentlichen Kündigung darzustellen.

Verstöße gegen das Verbot loyalitätswidrigen Wettbewerbs begründen darüber hinaus Schadensersatzansprüche des Arbeitgebers, die neben §§ 280 Abs. 1, 241 Abs. 2, 611 BGB und deliktsrechtlichen Vorschriften (§ 823 BGB und gegebenenfalls § 826 BGB) insbesondere aus § 61 Abs. 1 HGB resultieren.[1036] Auch, wenn die neuere Rechtsprechung dazu tendiert, das Wettbewerbsverbot des nicht kaufmännisch tätigen Arbeitnehmers unmittelbar aus § 241 Abs. 2 BGB abzuleiten,[1037] ist nicht einzusehen warum dieser weit größeren Arbeitnehmergruppe der Schutz durch die kurze dreimonatige Verjährungsfrist des § 61 Abs. 2 HGB verwehrt werden sollte. Der Arbeitgeber hat ein Wahlrecht, sich alternativ zum Schadensersatzanspruch auf ein Eintrittsrecht zu berufen. § 61 Abs. 1 HGB gewährt kein Eintrittsrecht im eigentlichen Wortsinne, das den Arbeitgeber zum Vertragspartner loyalitätswidrig geschlossener Konkurrenzgeschäfte machen würde.[1038] Es ist darauf beschränkt, die Vermögensvorteile aus dem betreffenden Rechtsgeschäft abführen zu können.[1039] Bei andauernder Wettbewerbstätigkeit oder Wiederholungsgefahr bestehen Unterlassungsansprüche gegen den Arbeitnehmer.[1040] Stellt der loyalitätswidrige Wettbewerb eine unlautere geschäftliche Handlung im Sinne von § 3 UWG dar, kommen Unterlassungs- und Schadensersatzansprüche zudem aus §§ 8, 9 Abs. 1 UWG in Betracht.

Auch im Bereich der Verschwiegenheitspflicht kann das UWG Ansprüche des Arbeitgebers begründen. Gibt der Arbeitnehmer Betriebs- oder Geschäftsgeheimnisse gegenüber Dritten preis, macht er sich nicht nur nach § 17 UWG strafbar, sondern sieht sich gegebenenfalls auch mit Schadensersatzforderungen des Unternehmens aus § 823 Abs. 2 BGB i.V.m. § 17 UWG konfrontiert.

Gegen rufschädigende Äußerungen des Arbeitnehmers sind neben arbeitsrechtlichen Sanktionen vor allem Beseitigungs- und Unterlassungsansprüche

---

1034 Vgl. LAG Hamm vom 10.10.2012, LAGE § 22 BBiG 2005 Nr. 4, unter B. III. 3.

1035 So beispielsweise LAG Rheinland-Pfalz vom 12.01.2006, 11 Sa 476/05, juris, Rn. 67 ff.; LAG Baden-Württemberg vom 17.10.2012, MedR 2014, 35 (36).

1036 Vgl. *Boecken*, in: EBJS, HGB, § 61 Rn. 4.

1037 Dazu B. I., S. 205.

1038 *Kunz*, DB 1993, 2482 (2484).

1039 Im Detail *von Hoyningen-Huene*, in: MüKo HGB, § 61 Rn. 14 ff.

1040 Zur Durchsetzung der Unterlassungsansprüche steht dem Arbeitgeber insbesondere das einstweilige Verfügungsverfahren offen (*Diller*, in: HWK, ArbR, § 61 HGB Rn. 5).

von Bedeutung. Der Arbeitgeber kann nach §§ 241 Abs. 2, 823 Abs. 1 i.V.m. § 1004 BGB analog verlangen, dass der Mitarbeiter unwahre Tatsachenbehauptungen widerruft, die imageschädigend sind und seine schutzwürdigen Interessen aus Art. 2 Abs. 1 i.V.m. Art. 1 Abs. 1 GG und Art. 12 GG verletzen.[1041] Stellen die Äußerungen des Arbeitnehmers Werturteile dar, bestehen unter der Voraussetzung einer Widerholungsgefahr Unterlassungsansprüche des Arbeitgebers.[1042]

II. Verstöße des Arbeitgebers

Bei Loyalitätspflichtverletzungen des Arbeitgebers steht regelmäßig der finanzielle Ausgleich für den Pflichtenverstoß im Vordergrund.

Schadensersatzansprüche des Arbeitnehmers wegen Verstößen gegen die Verschwiegenheitspflicht oder Ehrverletzungen folgen in erster Linie aus §§ 280 Abs. 1, 241 Abs. 2, 611 BGB sowie § 823 Abs. 1 BGB, gegebenenfalls auch aus § 826 BGB. Stellt ein Verstoß gegen die Verschwiegenheitspflicht zugleich eine unzulässige Datenverarbeitung dar, treten § 7 BDSG[1043] und § 823 Abs. 2 BGB i.V.m. §§ 4 Abs. 1, 32 BDSG[1044] hinzu.

Hinsichtlich des aus einer Persönlichkeitsbeeinträchtigung folgenden immateriellen Schadens ist der Arbeitnehmer im Regelfall auf das Deliktsrecht verwiesen, da § 253 Abs. 2 BGB Verletzungen des allgemeinen Persönlichkeitsrechts nicht erfasst. § 823 Abs. 1 BGB i.V.m. Art. 2 Abs. 1, Art. 1 Abs. 1 GG gewähren einen Anspruch auf Geldentschädigung, wenn die Missachtung der Verschwiegenheitspflicht oder rufschädigende Äußerungen zu einer schweren Verletzung des allgemeinen Persönlichkeitsrechts geführt haben, die nicht auf andere Weise angemessen ausgeglichen werden kann.[1045] Alleine Mitarbeiter öffentlicher

1041 Einen solchen Widerrufsanspruch hat beispielsweise das LAG Hessen angenommen (Urteil vom 26.03.2014, 12 Sa 1728/12, juris, Rn. 21 ff.).

1042 Vgl. LAG Hessen vom 26.03.2014, 12 Sa 1728/12, juris, Rn. 28 ff.; ArbG Bochum vom 09.02.2012, DuD 2013, 258 (259).

1043 Eine Gefährdungshaftung aus § 8 BDSG ist daneben nur einschlägig, wenn die verschwiegenheitspflichtverletzende Weitergabe von Informationen durch einen öffentlichen Arbeitgeber des Bundes im Wege automatisierter Datenverarbeitung erfolgt (vgl. *Thüsing/Pötters*, in: Thüsing, Beschäftigtendatenschutz, § 21 Rn. 15).

1044 *Seifert*, in: Simitis, BDSG, § 32 Rn. 191.

1045 Vgl. nur BAG vom 19.02.2015, AP Nr. 44 zu § 611 BGB Persönlichkeitsrecht, unter B. II. 1. m.w.N.

Stellen des Bundes können bei datenschutzrechtlichen Verstößen zusätzlich über § 8 Abs. 2 BDSG Entschädigung in Geld beanspruchen.[1046]

Unterlassungsansprüche des Arbeitnehmers gegen Verschwiegenheitsverstöße oder rufschädigendes Verhalten aus §§ 241 Abs. 2, 823 Abs. 1 i.V.m. § 1004 BGB analog sind ebenfalls möglich. Diskreditiert der Arbeitgeber den Arbeitnehmer durch unwahre Tatsachenbehauptungen und dauert der Eingriff in die geschützte Persönlichkeitssphäre an, kann der Arbeitnehmer überdies den Widerruf der betreffenden Aussagen verlangen.[1047]

E. Zusammenfassung zu Teil 4

Rechtliche Solidaritätsverpflichtungen zwischen Arbeitgeber und Arbeitnehmer als Arbeitsvertragsparteien beschränken sich auf Loyalitätspflichten, die aber gerade auf Arbeitnehmerseite erheblichen Umfang einnehmen. Als Bestandteil der arbeitsvertraglichen Nebenpflichten aus § 241 Abs. 2 BGB untersagen sie bewusste Schädigungen des Vertragspartners im Außenverhältnis und verpflichten dadurch zu Parteilichkeit. Beide Vertragsparteien können mit unterschiedlichen Sanktionsmitteln auf Verstöße des jeweils anderen Teils reagieren.

1046 § 8 Abs. 2 BDSG normiert eine Gefährdungshaftung öffentlicher Stellen (*Simitis*, in: Ders., BDSG, § 8 Rn. 16 ff.).

1047 Vgl. LAG Rheinland-Pfalz vom 17.06.2011, 7 Sa 2/11, juris, Rn. 19.

Teil 5 Solidarität zwischen Arbeitgeber und Betriebsrat

Teil 5 der Untersuchung ist der Frage gewidmet, ob das Verhältnis zwischen Arbeitgeber und Betriebsrat in ihrer durch das Betriebsverfassungsrecht zugewiesenen Rolle als Betriebspartner von solidarischen Verpflichtungen geprägt ist.

A. Der Grundsatz vertrauensvoller Zusammenarbeit nach § 2 Abs. 1 BetrVG

§ 2 Abs. 1 BetrVG bestimmt, dass Arbeitgeber und Betriebsrat unter Beachtung der geltenden Tarifverträge und im Zusammenwirken mit den im Betrieb vertretenen Gewerkschaften und Arbeitgebervereinigungen *zum Wohl der Arbeitnehmer und des Betriebs vertrauensvoll zusammenarbeiten.*

Das Gebot vertrauensvoller Zusammenarbeit ist Magna Charta[1048] der Betriebsverfassung (dazu im Folgenden unter I.). Es gibt die maßgeblichen Maximen für die Kooperation zwischen Arbeitgeber und Betriebsrat vor (dazu im Folgenden unter II.) und ist Grundlage reziprok-solidarischer und loyaler Verpflichtungen der Betriebspartner (dazu im Folgenden unter III.).

I. Magna Charta der Betriebsverfassung

Der Grundsatz vertrauensvoller Zusammenarbeit spiegelt den wesentlichen Unterschied zwischen Tarifvertrags- und Betriebsverfassungsrecht wieder. Im Gegensatz zu Ersterem beruht die Betriebsverfassung nicht auf einer Konfrontation der Sozialpartner, sondern auf dem Gedanken des gemeinsamen Zusammenwirkens von Arbeitgeber und Betriebsrat als Betriebspartner.[1049] Dieses Kooperationsgebot ist Leitprinzip („*Magna Charta*“) der Betriebsverfassung.[1050]

Adressat des Gebots sind der Arbeitgeber und dessen Vertreter im Rahmen der Betriebsverfassung,[1051] auf Arbeitnehmerseite sowohl der Betriebsrat als Kollegialorgan, die einzelnen Betriebsratsmitglieder sowie auch die übrigen betriebsverfassungsrechtlichen Gremien wie Gesamt- und Konzernbetriebsrat,

---

1048 *Franzen*, in: GK-BetrVG, § 2 Rn. 3.

1049 *Richardi*, in: Ders., BetrVG, § 2 Rn. 5.

1050 *Franzen*, in: GK-BetrVG, § 2 Rn. 3; *Hoffmann*, in: JArbR Bd. 15 (1977), S. 37 (45).

1051 *Weber*, ZfA 1991, 187 (206).

Jugend- und Auszubildendenvertretung oder Schwerbehindertenvertretung.[1052] Zur besseren Verständlichkeit sollen sich die folgenden Ausführungen stets auf das Verhältnis zwischen Arbeitgeber und Betriebsrat als maßgebliche Partner auf Betriebsebene beziehen.

§ 2 Abs. 1 BetrVG ist nicht nur unverbindlicher Programmsatz, sondern wirkt für die Betriebspartner unmittelbar verpflichtend.[1053] Als Verhaltensanordnung wirkt das Prinzip vertrauensvoller Zusammenarbeit auf das gesamte Tätigwerden der Betriebspartner ein.[1054] Arbeitgeber und Betriebsrat haben insgesamt so zu handeln, dass es dem Kooperationsgedanken entspricht.[1055] Ihre Rechte aus der Betriebsverfassung müssen sie so ausüben, dass vertrauensvolle Zusammenarbeit stets möglich bleibt.[1056] Bedeutsam ist das Kooperationsgebot daher insbesondere als Auslegungsmaßstab für den Inhalt der Rechte und Pflichten, die den Betriebsparteien aus der Betriebsverfassung zukommen.[1057]

II. Maximen der Kooperation zwischen Arbeitgeber und Betriebsrat

§ 2 Abs. 1 BetrVG legt den Kooperationsgedanken nicht nur als Leitprinzip der Betriebsverfassung fest, sondern gibt zugleich die wesentlichen Maximen für die Kooperation vor. Das Zusammenwirken der Betriebspartner untersteht dem Auftrag, für das Wohl der Arbeitnehmer und des Betriebs zu sorgen (dazu im Folgenden unter 1.). Im Hinwirken auf dieses Ziel haben Arbeitgeber und Betriebsrat vertrauensvoll miteinander zu agieren (dazu im Folgenden unter 2.).

1. Zusammenarbeit mit gemeinschaftlichem Gestaltungsziel

§ 2 Abs. 1 BetrVG verpflichtet Arbeitgeber und Betriebsrat zu einer Zusammenarbeit, die auf das *Wohl der Arbeitnehmer und des Betriebs* ausgerichtet ist. Dieses gemeinsame Gestaltungsziel überlagert den Interessengegensatz zwischen

---

1052 *Franzen*, in: GK-BetrVG, § 2 Rn. 7.

1053 BAG vom 21.02.1978, AP Nr. 1 zu § 74 BetrVG 1972, unter II. 2. b); *Franzen*, in: GK-BetrVG, § 2 Rn. 4 f.; *Richardi*, in: Ders., BetrVG, § 2 Rn. 17; *Witt*, Kooperationsmaxime, S. 44; a. A. *Weber*, Vertrauensvolle Zusammenarbeit, S. 28, 41 (bloßer „*Appell*" und Zusammenarbeitsempfehlung im Sinne eines „*nobile officium*"); *Ders.*, ZfA 1991, 187 (223).

1054 *Franzen*, in: GK-BetrVG, § 2 Rn. 11.

1055 *Freckmann/Koller-van Delen*, BB 2006, 490 (491).

1056 BAG vom 25.04.2013, AP Nr. 1 zu § 343 InsO, unter C. V. 2. m.w.N.

1057 BAG vom 03.05.1994, AP Nr. 23 zu § 23 BetrVG 1972, unter B. III. 1.; vgl. auch (zu § 49 BetrVG 1952) *Bulla*, RdA 1965, 121 (131).

Arbeitgeber- und Arbeitnehmerseite, ohne ihn zu negieren.[1058] Es schließt eine wirkungsvolle Interessenvertretung durch den Betriebsrat nicht aus, sondern ebnet den Weg, um trotz Divergenzen gemeinsame Lösungen zu finden.[1059] Denn das Wohl der Arbeitnehmer und des Betriebs können die Betriebspartner nur gemeinsam sicherstellen.[1060] Mit der Verpflichtung zur Zusammenarbeit verlangt § 2 Abs. 1 BetrVG, dass Arbeitgeber und Betriebsrat stets ein kooperatives Vorgehen wählen und sich in ihrem Einsatz für den gemeinsamen Zweck gegenseitig unterstützen.[1061] Damit einher geht ein Störungsverbot, die Bemühungen des jeweils anderen Betriebspartners nicht zu behindern und die Zielerreichung dadurch zu gefährden.[1062]

Wie das Wohl der Arbeitnehmer und des Betriebs inhaltlich zu konkretisieren ist, lässt § 2 Abs. 1 BetrVG offen und wird auch in Rechtsprechung und Literatur kaum thematisiert. Am detailliertesten geht wohl *Weber* auf diese Fragestellung ein, der den Begriff *Betriebswohl* (dazu im Folgenden unter a)) als gerechten Ausgleich aus der Summe aller im Betrieb vereinigten Einzelinteressen versteht.[1063] Unter den Terminus *Arbeitnehmerwohl* (dazu im Folgenden unter b)) fasst er die Individualinteressen der von einer betriebsverfassungsrechtlichen Maßnahme betroffenen Arbeitnehmer.[1064]

a) Wohl des Betriebs

Der Begriff Betriebswohl ist nicht schlicht mit Arbeitgeberwohl gleichzusetzen,[1065] sondern erfordert ein umfassenderes Verständnis. § 2 Abs. 1 BetrVG verwendet statt des Begriffs Arbeitgeber ausdrücklich den Terminus Betrieb. Maßgeblich ist damit nicht das Wohl des Arbeitgebers alleine, sondern das Wohl der *organisatorischen Einheit*, innerhalb derer der Arbeitgeber mit den von ihm

1058 Der Betriebsrat muss die Arbeitnehmerinteressen „*in Unterordnung unter das Gebot der vertrauensvollen Zusammenarbeit*“ wahrnehmen (*Richardi*, in: Ders., BetrVG, § 2 Rn. 6).

1059 *Weber*, Vertrauensvolle Zusammenarbeit, S. 35; in diese Richtung auch *Witt*, Kooperationsmaxime, S. 41.

1060 Vgl. noch zu § 49 BetrVG 1952 *Galperin*, RdA 1962, 366 (368).

1061 Vgl. *Weber*, Vertrauensvolle Zusammenarbeit, S. 17.

1062 Vgl. *Weber*, Vertrauensvolle Zusammenarbeit, S. 17.

1063 *Weber*, Vertrauensvolle Zusammenarbeit, S. 53.

1064 *Weber*, Vertrauensvolle Zusammenarbeit, S. 66.

1065 So auch *Zitscher*, DB 1984, 1395.

beschäftigten Arbeitnehmern bestimmte arbeitstechnische Zwecke fortgesetzt verfolgt.[1066]

Dem Wohl des so definierten Betriebs dient ein Handeln, das Bestand, Funktions- und Leistungsfähigkeit der organisatorischen Einheit sichert und fördert. Dies setzt voraus, dass die Betriebspartner die Interessen des Arbeitgebers *und* auch die kollektiven Interessen der Belegschaft berücksichtigen. Die ökonomische Leistungsfähigkeit des Betriebs im Interesse des Arbeitgebers ist wesentlicher, aber gleichwohl nicht ausschließlicher Maßstab für das Betriebswohl. Der Betrieb als organisatorische Zusammenfassung des Arbeitgebers und der bei ihm beschäftigten Arbeitnehmer ist notwendig kollektiv ausgerichtet. Arbeitnehmerinteressen sind von Bedeutung, wenn es sich um gemeinsame Interessen der Belegschaft im betriebsverfassungsrechtlichen Sinne[1067] handelt. Für diesen Personenkreis, den § 5 Abs. 1 BetrVG definiert, ist der Betriebsrat zur Interessenvertretung berufen. Keine Frage des Betriebswohls ist dagegen die Verwirklichung von Individualinteressen einzelner Arbeitnehmer.

b) Wohl der Arbeitnehmer

§ 2 Abs. 1 BetrVG stellt mit der Verpflichtung auf das Arbeitnehmerwohl gleichwohl sicher, dass die Betriebspartner Individualinteressen nicht übergehen dürfen. Sie sind dazu berufen, auch individuellen Belangen der einzelnen Arbeitnehmer Geltung zu verschaffen, die von einer gemeinsamen Maßnahme oder Vereinbarung der Betriebspartner betroffen sind.

Eine Konkretisierung erfährt das zu realisierende Arbeitnehmerwohl durch § 75 Abs. 2 BetrVG.

Die Vorschrift erteilt den Betriebspartnern einen gemeinsamen *Schutz- und Förderauftrag* für die freie Persönlichkeitsentfaltung der Arbeitnehmer im Betrieb. Die Schutzpflicht bedeutet eine Beschränkung der den Betriebspartnern zustehenden Regelungsautonomie.[1068] Selbst, wenn der Betriebsrat einer Maßnahme des Arbeitgebers zustimmt, darf sie Persönlichkeitsrechte der

---

1066 BAG vom 13.02.2013, AP Nr. 34 zu § 1 BetrVG 1972 Gemeinsamer Betrieb, unter B. IV. 2. m.w.N.

1067 Zum Begriff der betriebsverfassungsrechtlichen Belegschaft und Abgrenzung Teil 2 C. II. 1., S. 146-150.

1068 BAG vom 19.01.1999, AP Nr. 28 zu § 87 BetrVG 1972 Ordnung des Betriebes, unter A. II. 3.; BAG vom 29.06.2004, AP Nr. 41 zu § 87 BetrVG 1972 Überwachung, unter B. I. 2.

Belegschaftsmitglieder nicht verletzen.[1069] Vereinbarungen zwischen Arbeitgeber und Betriebsrat, die das missachten, sind nach § 134 BGB nichtig.[1070] Im Rahmen der Förderpflicht versteht § 75 Abs. 2 BetrVG die Persönlichkeitsentfaltung der Arbeitnehmer einschließlich ihrer Ausprägungen Selbstständigkeit und Eigeninitiative dagegen als noch zu erreichendes Ziel.[1071] In diesem Sinne sind die Persönlichkeitsrechte der Arbeitnehmer Bestandteil des Arbeitnehmerwohls, dem die Zusammenarbeit von Arbeitgeber und Betriebsrat verpflichtet ist.[1072] Hierzu zählen insbesondere das allgemeine Persönlichkeitsrecht aus Art. 2 Abs. 1 i.V.m. Art. 1 Abs. 1 GG[1073] und die allgemeine Handlungsfreiheit[1074].

2. Betriebsverfassungsrechtliche Ausprägung von Treu und Glauben

§ 2 Abs. 1 BetrVG fordert, dass die Betriebspartner zum Wohl der Arbeitnehmer und des Betriebs *vertrauensvoll* zusammenarbeiten.

Damit ist der grundlegende Maßstab für die Art und Weise der Zusammenarbeit zwischen Arbeitgeber und Betriebsrat formuliert. Die Betriebspartner haben sich so zu verhalten, dass sie gegenseitiges Vertrauen fördern[1075] und die Grundlagen bestehenden Vertrauens nicht zerstören[1076]. Wiederholt hat das BAG in diesem Kontext *Ehrlichkeit und Offenheit* als unabdingbare Voraussetzungen einer vertrauensvollen Zusammenarbeit von Arbeitgeber und Betriebsrat betont.[1077] Tatsächliches Vertrauen als allenfalls ethisches (moralphilosophisches) Ziel kann § 2 Abs. 1 BetrVG hingegen nicht normieren.[1078]

1069 BAG vom 21.06.2012, AP Nr. 66 zu § 1 KSchG 1969 Verhaltensbedingte Kündigung, unter III. 2. b).

1070 *Fitting*, BetrVG, § 75 Rn. 177.

1071 *Hallenberger*, Persönlichkeitsentfaltung, S. 83.

1072 Vgl. auch *Kreutz*, in: GK-BetrVG, § 75 Rn. 130.

1073 BAG vom 29.06.2004, AP Nr. 41 zu § 87 BetrVG 1972 Überwachung, unter B. I. 2.

1074 Zur Einführung eines betrieblichen Rauchverbots BAG vom 19.01.1999, AP Nr. 28 zu § 87 BetrVG 1972 Ordnung des Betriebes, unter A. II. 3.

1075 *Witt*, Kooperationsmaxime, S. 42.

1076 Zu Verstößen durch das einzelne Betriebsratsmitglied BAG vom 21.02.1978, AP Nr. 1 zu § 74 BetrVG 1972, unter II. 2. b); *Freckmann/Koller-van Delen*, BB 2006, 490 (491).

1077 BAG vom 22.05.1959, AP Nr. 3 zu § 23 BetrVG, unter II.; BAG vom 22.09.1994, AP Nr. 68 zu § 102 BetrVG 1972, unter II. 3. b); BAG vom 25.04.2013, AP Nr. 1 zu § 343 InsO, unter C. V. 2.

1078 Zum Verhältnis von Moral und Recht Teil 1 B. III., S. 63-65.

Das so verstandene Gebot vertrauensvoller Zusammenarbeit ist spezifische Ausprägung des Grundsatzes von Treu und Glauben für das Betriebsverfassungsrecht.[1079] § 2 Abs. 1 BetrVG ist gegenüber § 242 BGB als speziellere Regelung vorrangig.[1080] Vertrauensvolle Kooperation in diesem Sinne zwingt gleichwohl nicht dazu, Verantwortung dafür zu übernehmen, dass Belange der Gegenseite verwirklicht werden. Die Betriebspartner bleiben berechtigt, ausschließlich ihre Interessen wahrzunehmen. Die Vertraulichkeit der Zusammenarbeit betrifft alleine das *Wie* der Interessenvertretung;[1081] lediglich einer egoistischen Durchsetzung der eigenen Interessen unter Missachtung des Gegenübers steht § 2 Abs. 1 BetrVG entgegen. Die Betriebspartner sind verpflichtet, im Rahmen der gemeinsamen Gestaltungsaufgabe auf die Interessen der jeweils anderen Seite Rücksicht zu nehmen und sich loyal zu verhalten.[1082]

III. § 2 Abs. 1 BetrVG als Grundlage solidarischer Verpflichtungen der Betriebspartner

§ 2 Abs. 1 BetrVG charakterisiert das Verhältnis zwischen Arbeitgeber und Betriebsrat als Akteure in der Betriebsverfassung. Der dem Arbeitsverhältnis inhärente Interessengegensatz liegt auch dem Verhältnis von Arbeitgeber und Betriebsrat zugrunde. Für beide Betriebspartner von Belang ist gleichwohl das grundsätzliche Wohlergehen der Arbeitnehmer und des Betriebs. Der Arbeitgeber ist darauf angewiesen, Arbeitnehmer für die arbeitstechnischen Zwecke des Betriebs einsetzen zu können. Die Repräsentation der Arbeitnehmerinteressen und mit ihr der Betriebsrat als Organ werden wiederum hinfällig, wenn der Betrieb als organisatorische Einheit wegfällt. Im Unterschied zur koalitionsspezifischen Betätigung in Gewerkschaften und Arbeitgeberverbänden handelt es sich bei diesem gemeinsamen Interesse um eines, das auf den betrieblichen Organisationsbereich bezogen ist; es weist keinen nach außen gerichteten Gegnerbezug auf.

Bei der Verwirklichung dieses Gemeinschaftsinteresses stehen Arbeitgeber und Betriebsrat in wechselseitiger Beziehung und Abhängigkeit voneinander. Das Wohlergehen von Betrieb und Arbeitnehmern kann nur im Zusammenwirken

1079 BAG vom 21.04.1983, AP Nr. 20 zu § 40 BetrVG 1972, unter III. 3. c).

1080 BAG vom 21.04.1983, AP Nr. 20 zu § 40 BetrVG 1972, unter III. 3. c); zum Vorrang von § 2 Abs. 1 BetrVG als lex specialis *Witt*, Kooperationsmaxime, S. 74, 76.

1081 *Weber*, Vertrauensvolle Zusammenarbeit, S. 36.

1082 BAG vom 03.05.1994, AP Nr. 23 zu § 23 BetrVG 1972, unter B. III. 1.; *Witt*, Kooperationsmaxime, S. 63.

sichergestellt werden; gegenläufiges defektives Verhalten eines Betriebspartners konterkariert jeden Fortschritt und Erfolg. Die Situation entspricht der Struktur eines klassischen Gefangenendilemmas.[1083] Durch beiderseitigen Einsatz können die Betriebspartner das beste Gesamtergebnis für Arbeitnehmer und Betrieb erreichen.[1084] Den größten individuellen Nutzen zieht in der Theorie gleichwohl jede Seite, wenn sie die Kooperationsbereitschaft des jeweils anderen Betriebspartners zu seinem Vorteil ausnutzt.

§ 2 Abs. 1 BetrVG dient dem Zweck diese Dilemma-Struktur aufzulösen. Um kooperatives Verhalten von Arbeitgeber und Betriebsrat sicherzustellen, verpflichtet die Norm beide Betriebspartner zu Solidarität im Sinne *erweiterter Reziprozität.*[1085] Das Wohl der Arbeitnehmer und des Betriebs formuliert § 2 Abs. 1 BetrVG als obligatorisches Gemeinschaftsziel für die Zusammenarbeit.[1086] Es beschränkt die Möglichkeit der Betriebspartner, ausschließlich egoistisch zu handeln. Beide Parteien müssen ihre Interessen stets in Unterordnung unter das gemeinsame Anliegen verfolgen.[1087]

Da die gemeinsame Zielsetzung den grundlegenden Interessengegensatz zwischen Arbeitgeber- und Arbeitnehmerseite nicht aufhebt, sichert § 2 Abs. 1 BetrVG das kooperative Zusammenwirken der Betriebspartner durch eine *Loyalitätsverpflichtung* ab. Die Pflicht zu vertrauensvoller Zusammenarbeit fordert, dass Arbeitgeber und Betriebsrat einander respektvoll gegenübertreten und Stellung sowie Ansehen des jeweils anderen Betriebspartners nicht beschädigen.

B. Reziproke Solidaritätspflichten der Betriebspartner

§ 2 Abs. 1 BetrVG wird durch eine Reihe von Vorschriften ergänzt, die den Grundsatz vertrauensvoller Zusammenarbeit konkretisieren und die Betriebspartner im Sinne erweiterter Reziprozität zu solidarischem Verhalten verpflichten. Hierzu zählen die Informationspflichten des Arbeitgebers aus § 80 Abs. 2 und 3 BetrVG (dazu im Folgenden unter I.), die durch § 74 Abs. 1 S. 2 BetrVG statuierte

---

1083 So auch *Reichold*, in: NZA-Beil. 2012, 146 (147). Zum spieltheoretischen Modell des Gefangenendilemmas Teil 1 B. II. 1. a), S. 58-59.

1084 Zu Recht weist allerdings *Reichold*, in: NZA-Beil. 2012, 146 (147) darauf hin, dass die § 2 Abs. 1 BetrVG zugrundeliegende Dilemma-Situation sich mit zunehmend heterogenen Belegschaften und Belegschaftsinteressen noch verschärft.

1085 Zur Solidaritätsform der erweiterten Reziprozität Teil 1 A. IV. 1. b), S. 49-50.

1086 So bereits *Küchenhoff*, DB 1963, 799.

1087 Vgl. zu § 49 BetrVG 1952 *Bulla*, in: RdA 1965, 121 (124).

beiderseitige Verhandlungspflicht (dazu im Folgenden unter II.) sowie die in § 74 Abs. 2 BetrVG und § 78 BetrVG geregelten Störungsverbote (dazu im Folgenden unter III.).

I. Informationspflichten des Arbeitgebers

Verhaltensanforderungen, die das Gebot vertrauensvoller Zusammenarbeit speziell an den Arbeitgeber stellt, formuliert § 80 Abs. 2 und 3 BetrVG.

Der Betriebsrat ist für die sachgerechte Wahrnehmung seiner allgemeinen Aufgaben aus § 80 Abs. 1 BetrVG und seiner besonderen Beteiligungsrechte regelmäßig auf Informationen der Arbeitgeberseite angewiesen. Ohne Kenntnis der Tatsachengrundlage kann der Betriebsrat weder prüfen, ob sich Aufgaben für ihn ergeben noch diese anschließend sachgerecht erfüllen. Um ein Mitbestimmungsrecht nach § 87 Abs. 1 Nr. 6 BetrVG geltend zu machen, muss der Betriebsrat beispielsweise wissen, dass und auf welche Weise der Arbeitgeber plant die im Betrieb beschäftigten Arbeitnehmer zu überwachen.

Die übliche Konzentration von Informationen auf Arbeitgeberseite eröffnet das Risiko unkooperativen Verhaltens. Dem individuellen Interesse des Arbeitgebers entspräche es, dem Betriebsrat nur das Nötigste mitzuteilen und ihn dadurch informationstechnisch am ausgestreckten Arm verhungern zu lassen, um seine Beteiligung möglichst auf ein Minimum zu reduzieren. Mit dem Gebot vertrauensvoller Zusammenarbeit wäre das nicht in Einklang zu bringen. Der Arbeitgeber muss nach § 2 Abs. 1 BetrVG die gleichberechtigte solidarische Mitverantwortung des Betriebsrats für das Wohl des Betriebs und der Arbeitnehmer anerkennen und ihn in seinem Einsatz für die gemeinschaftliche Aufgabe unterstützen. § 80 Abs. 2 BetrVG versucht betrieblichen Informationsasymmetrien zum Nachteil des Betriebsrats daher entgegenzuwirken und defektives Verhalten der Arbeitgeberseite zu unterbinden.

Der Arbeitgeber unterliegt gegenüber dem Betriebsrat nicht nur einer allgemeinen Auskunftspflicht (dazu im Folgenden unter 1.). Er hat dem Betriebsrat auch für dessen Aufgabenerfüllung erforderliche Unterlagen (dazu im Folgenden unter 2.) ebenso wie interne Auskunftspersonen oder externe Sachverständige (dazu im Folgenden unter 3.) zur Verfügung zu stellen.

1. Erteilung von Auskünften

§ 80 Abs. 2 S. 1 BetrVG formuliert eine umfassende Auskunftspflicht des Arbeitgebers. Er hat den Betriebsrat im Hinblick auf dessen Aufgaben rechtzeitig und umfassend zu unterrichten. Damit korrespondiert ein Auskunftsanspruch des Betriebsrats, der voraussetzt, dass zumindest mit gewisser Wahrscheinlichkeit eine Aufgabe des Betriebsrats besteht, zu deren Erfüllung die betreffende Information erforderlich ist.[1088] Als Konkretisierung des Gebots vertrauensvoller Zusammenarbeit[1089] gilt der Anspruch für sämtliche Aufgaben des Betriebsrats und ist nicht auf § 80 Abs. 1 BetrVG beschränkt.[1090] Spezielle Informationsrechte des Betriebsrats innerhalb[1091] und außerhalb[1092] des BetrVG ergänzen den allgemeinen Informationsanspruch. Inwieweit sie ihn verdrängen, ist nicht abschließend geklärt.[1093] § 2 Abs. 1 BetrVG fordert umfassende Ehrlichkeit und Offenheit der Betriebspartner im Verhältnis zueinander. Dies spricht eher dafür, den allgemeinen Informationsanspruch auch ergänzend neben speziellen Informationspflichten zur Anwendung zu bringen.[1094]

§ 80 Abs. 2 S. 1 BetrVG statuiert nicht nur eine Auskunftspflicht als solche, sondern regelt insbesondere, auf welche Art und Weise die Unterrichtung erfolgen muss, um den Anforderungen an eine vertrauensvolle Zusammenarbeit gerecht zu werden. Der Betriebsrat kann nur effektiv auf das gemeinsame Gestaltungsziel hinarbeiten, wenn der Arbeitgeber ihn in angemessener Form so rechtzeitig und umfassend informiert, dass er seine Aufgaben sachgerecht wahrnehmen kann. Das partnerschaftliche Zusammenwirken erfordert für die Durchführung der Aufgaben des Betriebsrats einen *„Informationsgleichstand"* der Betriebspartner.[1095]

Der Arbeitgeber ist grundsätzlich frei darin, in welcher Form er die Auskunft erteilt. Sie muss hinsichtlich Sprache und Inhalt verständlich sein[1096] und

---

1088 BAG vom 27.10.2010, AP Nr. 133 zu § 99 BetrVG 1972, unter B. II. 2.; *Weber*, in: GK-BetrVG, § 80 Rn. 59.

1089 *Thüsing*, in: Richardi, BetrVG, § 80 Rn. 49.

1090 *Gamillscheg*, Koll. ArbR II, S. 840.

1091 Vgl. nur § 90 Abs. 1, § 92 Abs. 1 S. 1, § 99 Abs. 1, § 102 Abs. 1 S. 2, § 106 Abs. 2 oder § 111 BetrVG.

1092 So beispielsweise § 17 Abs. 2 KSchG oder die Zuleitungspflichten nach dem UmwG (§ 5 Abs. 3 UmwG, § 126 Abs. 3 UmwG, § 194 Abs. 2 UmwG).

1093 Von einem Spezialitätsverhältnis ausgehend *Kania*, in: ErfK, § 80 BetrVG Rn. 17; *Weber*, in: GK-BetrVG, § 80 Rn. 54; ablehnend demgegenüber *Fitting*, BetrVG, § 80 Rn. 48; *Thüsing*, in: Richardi, BetrVG, § 80 Rn. 52.

1094 Ablehnend im Hinblick auf § 102 BetrVG BAG vom 26.01.1995, AP Nr. 69 zu § 102 BetrVG 1972, unter II. 2. c); anders dagegen zu § 99 BetrVG BAG vom 27.10.2010, AP Nr. 133 zu § 99 BetrVG 1972, unter B. II. 2. (*„nicht gesperrt"*).

1095 BAG vom 06.05.2003, AP Nr. 61 zu § 80 BetrVG, unter B. II. 2.

1096 BAG vom 17.03.1987, AP Nr. 29 zu § 80 BetrVG 1972, unter B. IV.; zum Erfordernis der Auskunftserteilung in deutscher Sprache LAG Hessen vom 19.08.1993, NZA 1995, 285 (286).

den Betriebsrat in die Lage versetzen, den Sachverhalt autonom auswerten zu können. Je komplexer das zugrundeliegende betriebliche Geschehen, desto eher ist die Arbeitgeberseite gefordert, zu einer schriftlichen Mitteilung überzugehen.[1097] Maßgeblich ist, ab welchem Punkt eine mündliche Information als Defektion zu werten ist, die vertrauensvoller Zusammenarbeit nicht mehr entspricht. Das muss jedenfalls dann gelten, wenn betriebliche Geschehnisse derart kompliziert oder umfangreich sind, dass mündliche Erläuterungen aus der Sicht eines objektiven Empfängers nicht mehr ausreichend sind, um die Situation inhaltlich nachvollziehbar darzustellen.

Das Erfordernis rechtzeitiger Information soll ausschließen, dass die Arbeitgeberseite den Betriebsrat schlicht vor vollendete Tatsachen stellt. Der Betriebsrat muss Gelegenheit haben, sich mit der jeweiligen Angelegenheit befassen und reagieren zu können.[1098] Über Maßnahmen, die ein Beteiligungsrecht des Betriebsrats auslösen, muss der Arbeitgeber daher informieren, bevor er mit deren Umsetzung beginnt.[1099] Umfassend ist die Information, wenn sie vollständig in dem Sinne ist, dass der Betriebsrat alle Informationen erhält, die für die Beurteilung der Angelegenheit und seine Aufgabenwahrnehmung erforderlich sind.[1100] Keinesfalls darf der Arbeitgeber den Betriebsrat mit einer Mitteilung zurücklassen, die lückenhaft ist und gegebenenfalls mehr Fragen aufwirft als klärt.

Der Maßstab vertrauensvoller Zusammenarbeit verlangt auch, dass der Betriebsrat erforderliche Informationen weder erbetteln noch erkämpfen muss. Der Arbeitgeber hat den Betriebsrat von sich aus zu unterrichten, wenn eine Aufgabe des Betriebsrats mit gewisser Wahrscheinlichkeit besteht und die Information erforderlich ist, um diese Aufgabe wahrnehmen zu können. Die Initiative zur Aufklärung liegt damit auf Arbeitgeberseite.[1101]

2. *Zurverfügungstellung von Unterlagen*

Der Arbeitgeber ist nach § 80 Abs. 2 S. 2 BetrVG verpflichtet, dem Betriebsrat zur sachgerechten Erfüllung einer konkreten Aufgabe erforderliche Unterlagen zur Verfügung zu stellen.[1102] Im Unterschied zum Auskunftsrecht nach

---

1097 BAG vom 30.09.2008, AP Nr. 71 zu § 80 BetrVG 1972, unter B. II. 2.; BAG vom 07.02.2012, AP Nr. 4 zu § 84 SGB IX, unter B. III. 3.

1098 *Thüsing*, in: Richardi, BetrVG, § 80 Rn. 61.

1099 *Fitting*, BetrVG, § 80 Rn. 55a.

1100 *Thüsing*, in: Richardi, BetrVG, § 80 Rn. 62.

1101 BAG vom 17.03.1987, AP Nr. 29 zu § 80 BetrVG 1972, unter B. II. 1.

1102 *Fitting*, BetrVG, § 80 Rn. 62.

§ 80 Abs. 2 S. 1 BetrVG liegt die Initiative beim Betriebsrat. Ob der Arbeitgeber die erforderlichen Unterlagen als Schriftstücke oder in Form elektronischer Dateien besitzt, ist irrelevant.[1103]

Unterlagen, über die der Arbeitgeber selbst nicht verfügt, muss er allerdings nicht erst für den Betriebsrat erstellen oder extern beschaffen.[1104] Auch § 80 Abs. 2 S. 2 BetrVG soll verhindern, dass der Arbeitgeber defektiert, indem er dem Betriebsrat für dessen Aufgabenerfüllung notwendige Kenntnisse vorenthält. Vorenthalten in einer dem *Informationsgleichstand*[1105] zwischen Arbeitgeber und Betriebsrat widersprechenden Weise kann der Arbeitgeber nur solche Unterlagen, die er tatsächlich auch besitzt.

Der Arbeitgeber hat dem Betriebsrat die betreffenden Unterlagen *zur Verfügung zu stellen*. Schriftstücke muss er für einen angemessenen Zeitraum in Original oder Kopie überlassen;[1106] für elektronische Dateien kann es genügen dem Betriebsrat eine Leseberechtigung einzuräumen.[1107] Soweit für die sachgerechte Auswertung notwendig, ist der Arbeitgeber im Einzelfall auch gehalten, zu fremdsprachigen Unterlagen entsprechende Übersetzungen zu übergeben.[1108] In sämtlichen Fällen hat der Arbeitgeber allerdings ein Recht zur Vorprüfung der geforderten Unterlagen; für die Aufgabenerfüllung des Betriebsrats irrelevante Teile darf er aussortieren oder schwärzen.[1109]

Besonderheiten gelten, wenn der Betriebsrat zur Aufgabenerfüllung Kenntnisse aus den Lohn- und Gehaltslisten des Arbeitgebers benötigt. § 80 Abs. 2 S. 2 BetrVG modifiziert und beschränkt den Informationsanspruch insoweit auf ein bloßes Einsichtsrecht.[1110]

1103 *Weber*, in: GK-BetrVG, § 80 Rn. 88.

1104 BAG vom 06.05.2003, AP Nr. 61 zu § 80 BetrVG, unter B. II. 2.; BAG vom 10.10.2006, AP Nr. 68 zu § 80 BetrVG 1972, unter B. II. 1.

1105 BAG vom 06.05.2003, AP Nr. 61 zu § 80 BetrVG, unter B. II. 2.; BAG vom 30.09.2008, AP Nr. 71 zu § 80 BetrVG 1972, unter B. II. 1.

1106 *Thüsing*, in: Richardi, BetrVG, § 80 Rn. 78.

1107 BAG vom 16.08.2011, AP Nr. 75 zu § 80 BetrVG 1972, unter B. II. 1.

1108 Vgl. LAG Hessen vom 19.08.1993, NZA 1995, 285 (286).

1109 BAG vom 16.08.2011, AP Nr. 75 zu § 80 BetrVG 1972, unter B. II. 1.

1110 *Gamillscheg*, Koll. ArbR II, S. 846. Das Einsichtsrecht in Lohn- und Gehaltslisten nach § 80 Abs. 2 S. 2 HS. 2 BetrVG steht zudem nicht dem gesamten Betriebsrat als Kollegialorgan zu, sondern ausschließlich dem Betriebsausschuss, einem nach § 28 BetrVG gebildeten Ausschuss bzw. in Kleinbetrieben lediglich dem Betriebsratsvorsitzenden, dessen Stellvertreter oder einem anderen beauftragten Betriebsratsmitglied (vgl. BAG vom 23.02.1973, AP Nr. 2 zu § 80 BetrVG 1972, unter II. 5.; BAG vom 14.01.2014, AP Nr. 77 zu § 80 BetrVG 1972, unter B. IV. 1.).

3. *Hinzuziehung von Auskunftspersonen und Sachverständigen*

Im Rahmen einer vertrauensvollen Zusammenarbeit darf der Arbeitgeber fehlende fachliche Expertise des Betriebsrats nicht defektiv zu seinem Vorteil ausnutzen. Er muss dem Betriebsrat die Möglichkeit geben, sich den für eine konkrete Aufgabe erforderlichen Sachverstand anzueignen. Zu diesem Zweck hat der Arbeitgeber nach § 80 Abs. 2 S. 3, Abs. 3 BetrVG erforderlichenfalls sachkundige Arbeitnehmer oder externe Sachverständige zur Verfügung zu stellen.

§ 80 Abs. 2 S. 3 BetrVG normiert den vorrangigen Rückgriff auf interne Wissensressourcen. Die Regelung konkretisiert den Auskunftsanspruch für Situationen, in denen die eigene Sachkunde des Betriebsrats trotz zur Verfügung gestellter Informationen und Unterlagen nicht ausreichend und aus diesem Grund die Hinzuziehung einer internen Auskunftsperson für die sachgerechte Aufgabenwahrnehmung erforderlich ist.[1111]

Der Anspruch erstreckt sich auf die Zurverfügungstellung sachkundiger Arbeitnehmer des Betriebs oder des Unternehmens, die dem Betriebsrat das zur Erfüllung der jeweiligen Aufgabe fehlende Wissen vermitteln können.[1112] Der konkrete Informationsbedarf des Betriebsrats entscheidet, wer im Einzelfall als Auskunftsperson in Betracht kommt. Bei Fragen technischer Art mag dies der betriebliche Datenschutzbeauftragte oder ein Mitarbeiter aus dem IT-Bereich sein. Gilt es gesundheitliche Risiken einer Maßnahme für die Arbeitnehmer zu bewerten, wird vor allem der Betriebsarzt als Auskunftsperson in Betracht kommen. Der Betriebsrat ist berechtigt, Vorschläge für die Auswahl der Auskunftsperson zu machen, die der Arbeitgeber nach § 80 Abs. 2 S. 3 BetrVG auch zu berücksichtigen hat, soweit betriebliche Gründe nicht entgegenstehen. Lediglich die Hinzuziehung leitender Angestellter, die nach § 5 Abs. 3 BetrVG nicht dem BetrVG unterliegen, kann der Betriebsrat nicht beanspruchen.[1113]

Die Hinzuziehung betriebsexterner Sachverständiger nach § 80 Abs. 3 BetrVG kommt demgegenüber nur subsidiär und auf Grundlage einer näheren

---

1111 *Weber*, in: GK-BetrVG, § 80 Rn. 116. Zutreffend zum Stufenverhältnis der Informationsansprüche des Betriebsrats aus § 80 Abs. 2 BetrVG *Oetker*, NZA 2003, 1233 (1239).

1112 *Kania*, in: ErfK, § 80 Rn. 30a; *Thüsing*, in: Richardi, BetrVG, § 80 Rn. 99. Die Gegenauffasung beschränkt den Kreis möglicher Auskunftspersonen auf betriebsangehörige Arbeitnehmer (*Fitting*, BetrVG, § 80 Rn. 85; *Oetker*, NZA 2003, 1233 (1234); *Weber*, in: GK-BetrVG, § 80 Rn. 118).

1113 *Fitting*, BetrVG, § 80 Rn. 85; *Oetker*, NZA 2003, 1233 (1235); *Sittard*, in: HWK, § 80 BetrVG Rn. 39; *Weber*, in: GK-BetrVG, § 80 Rn. 119; a. A. *Thüsing*, in: Richardi, BetrVG, § 80 Rn. 99.

Vereinbarung zwischen den Betriebspartnern in Betracht. Der Betriebsrat ist gehalten, die Arbeitgeberseite nicht mit Kosten für externe Sachverständige zu überziehen, solange er nicht alle internen Informationsmöglichkeiten ausgeschöpft hat.[1114] Dieses Stufenverhältnis sichert ebenfalls das für eine vertrauensvolle Zusammenarbeit erforderliche Gleichgewicht zwischen den Betriebspartnern. Der Arbeitgeber darf mangelnde Expertise des Betriebsrats nicht zu seinem Vorteil ausnutzen und muss diesem die Möglichkeit geben, fehlende Sachkenntnisse zu erlangen. Diese Kooperation darf wiederum der Betriebsrat nicht defektiv zu Lasten des Arbeitgebers missbrauchen, indem er unmittelbar auf kostenintensive Sachverständigenexpertise zurückgreift.

II. Verhandlungspflicht der Betriebspartner

§ 74 Abs. 1 S. 2 BetrVG sichert die solidarische Zusammenarbeit von Arbeitgeber und Betriebsrat durch eine beiderseitige Verhandlungspflicht ab. Der Interessengegensatz zwischen Arbeitgeber und Belegschaft lässt Meinungsverschiedenheiten zwischen den Betriebspartnern nahezu zwangsläufig entstehen. § 74 Abs. 1 S. 2 BetrVG erkennt dieses Konfliktpotential an und gibt den Maßstab zum Umgang mit Streitfragen vor.

Die Norm verpflichtet beide Betriebspartner gleichermaßen dazu, über strittige Fragen, auch unabhängig von einem konkreten Mitbestimmungsrecht des Betriebsrats,[1115] mit dem ernsten Willen zur Einigung zu verhandeln und Vorschläge für die Beilegung von Meinungsverschiedenheiten zu machen. Keiner der Betriebspartner soll sich der Auseinandersetzung verweigern können. § 74 Abs. 1 S. 2 BetrVG verlangt von Arbeitgeber und Betriebsrat miteinander in Beziehung zu treten, sich auf Gespräche einzulassen und Streitfragen gemeinsam zu erörtern.[1116] Jeder Betriebspartner muss die Argumente der Gegenseite zumindest hören, sich mit ihnen auseinandersetzen und Kompromissmöglichkeiten aufzeigen.[1117]

Die Verhandlungsmaxime schreibt gleichwohl keine Kompromissbereitschaft oder Einigungspflicht vor.[1118] Solange sie sich der Kooperation nicht grundsätzlich verschließen, dürfen Arbeitgeber und Betriebsrat ihre Interessen mit

---

1114 BAG vom 16.11.2005, AP Nr. 64 zu § 80 BetrVG 1972, unter B. II. 2.

1115 *Fitting*, BetrVG, § 74 Rn. 9a.

1116 *„Einlassungs- und Erörterungspflicht"* (*Richardi/Maschmann*, in: Richardi, BetrVG, § 74 Rn. 12).

1117 *Kreutz*, in: GK-BetrVG, § 74 Rn. 26.

1118 *Fitting*, BetrVG, § 74 Rn. 10.

Nachdruck vertreten und müssen von ihrem Standpunkt auch nicht abweichen.[1119] Diese Ergebnisoffenheit ist folgerichtig, wahrt sie doch die Balance zwischen gegenläufiger Interessenvertretung und solidarischer Bindung an den gemeinsamen Gestaltungsauftrag durch § 2 Abs. 1 BetrVG. Jede Seite soll ihre eigennützigen Interessen verfolgen, aber gleichzeitig nicht defektieren können, indem sie eine Blockadehaltung einnimmt und die gemeinsame Zielverfolgung dadurch lähmt.

Die Verhandlungspflicht statuiert einen grundsätzlichen Vorrang interner Streitbeilegung.[1120] Kooperatives Zusammenwirken fordert, dass Arbeitgeber und Betriebsrat Konflikte primär selbst zu lösen versuchen. Nur, wenn die Betriebspartner alleine nicht zu einem gemeinsamen Ergebnis oder Kompromiss finden können, sollen Einigungsstellen und Arbeitsgerichte über den Konflikt entscheiden.[1121] Die Betriebspartner müssen eine Verständigung versuchen, haben aber auch selbst in der Hand, wann sie die Einsetzung einer Einigungsstelle beantragen. Hält eine Seite die Verhandlungen über eine streitige Frage für gescheitert, ist die Einigungsstelle auch dann zuständig, wenn der andere Betriebspartner noch Gesprächsmöglichkeiten sieht.[1122] Dies verhindert, dass eine Seite auf Grundlage der Verhandlungspflicht in umgekehrter Weise defektiert und eine Konfliktlösung mit Hilfe externer Dritter unter Verweis auf weitere interne Klärungsmöglichkeiten blockiert.[1123]

Die Pflicht zur vorrangigen Ausschöpfung interner Einigungsmöglichkeiten gilt nicht nur für die Einschaltung von Einigungsstelle und Arbeitsgericht. Die Betriebspartner haben dieses abgestufte Verfahren auch zu beachten, bevor sie Streitigkeiten an die Öffentlichkeit tragen.[1124] Nach einer gescheiterten internen Einigung ziehen die allgemeine Friedenspflicht aus § 74 Abs. 2 S. 2 BetrVG[1125] und die Geheimhaltungspflicht des Betriebsrats nach § 79 BetrVG[1126] Grenzen für den Gang an die Öffentlichkeit.

1119 *Hoffmann*, in: JArbR Bd. 15 (1977), S. 37 (46).

1120 *Ottmann*, Rechtsverhältnis, S. 88.

1121 Zum Vorrang interner Einigung gegenüber einem Einigungsstellenverfahren LAG Hamm vom 09.08.2004, AP Nr. 14 zu § 98 ArbGG 1979, unter B. II. 2.

1122 LAG Niedersachsen vom 25.10.2005, NZA-RR 2006, 142 (143); LAG Rheinland-Pfalz vom 29.08.2006, 4 TaBV 33/06, juris, Rn. 38.

1123 Zum Einigungsstellenverfahren LAG Hamm vom 09.08.2004, AP Nr. 14 zu § 98 ArbGG 1979, unter B. II. 2.; LAG Rheinland-Pfalz vom 29.08.2006, 4 TaBV 33/06, juris, Rn. 40.

1124 *Schwipper*, Meinungsäußerungen, S. 167; *Wiese*, in: 50 Jahre BAG, S. 1125 (1132).

1125 Dazu noch im Folgenden unter III. 1. c), S. 260-264.

1126 Dazu noch im Folgenden unter C. I., S. 269-276.

III. Störungsverbote

Der gemeinsamen Verpflichtung zur Zusammenarbeit zum Wohl der Arbeitnehmer und des Betriebs entspricht ein beiderseitiges Störungsverbot, das § 74 Abs. 2 BetrVG (dazu im Folgenden unter 1.) und § 78 BetrVG (dazu im Folgenden unter 2.) näher ausgestalten. Die Normen verbieten Handlungsweisen, die das BetrVG als defektiv und mit dem Gebot vertrauensvoller Zusammenarbeit nicht vereinbar wertet.

1. *Die betriebsverfassungsrechtliche Friedensordnung nach § 74 Abs. 2 BetrVG*

§ 74 Abs. 2 BetrVG formuliert eine betriebsverfassungsrechtliche Friedensordnung.[1127] Die Vorschriften stellen den abstrakten und konkreten Schutz von Arbeitsablauf und Betriebsfrieden sicher. Unter *Arbeitsablauf* versteht das BetrVG die tatsächliche Verrichtung der Arbeit im Rahmen der Betriebsorganisation zur Verwirklichung des Betriebszwecks.[1128] Im Vordergrund steht regelmäßig die Gewährleistung des *Betriebsfriedens*. Gemeint ist das störungsfreie Zusammenleben und Zusammenwirken aller Betriebsangehörigen, sprich Arbeitgeber, Betriebsrat und Arbeitnehmern.[1129] Die so verstandenen Faktoren eines ungestörten Arbeitsablaufs und Betriebsfriedens sind Voraussetzungen für das Wohl der Arbeitnehmer und des Betriebs. Beeinträchtigt ein Betriebspartner diese Konstanten, verlässt er den Rahmen vertrauensvoller Zusammenarbeit.

§ 74 Abs. 2 BetrVG beschränkt die Handlungsmöglichkeiten der Betriebspartner und insbesondere die Zulässigkeit von Meinungsäußerungen. Es ist daher zunächst zu klären, ob die Regelungen an einem Grundrechtsschutz des Betriebsratsgremiums und seiner Mitglieder zu messen sind (dazu im Folgenden unter a)). Mit den absoluten Verboten für Arbeitskampfmaßnahmen und parteipolitische Betätigung untersagt § 74 Abs. 2 S. 1 und 3 BetrVG Handlungen, die nach Auffassung des Gesetzgebers per se den Arbeitsablauf und das friedliche innerbetriebliche Zusammenleben stören (dazu im Folgenden unter b)).[1130] Darüber hinaus enthält § 74 Abs. 2 S. 2 BetrVG eine allgemeine Friedenspflicht, die als Auffangtatbestand zu § 74 Abs. 2 S. 1 und 3 BetrVG fungiert und konkrete

---

1127 *Kreutz*, in: GK-BetrVG, § 74 Rn. 30.

1128 *Richardi/Maschmann*, in: Richardi, BetrVG, § 74 Rn. 47.

1129 *Kania*, in: ErfK, § 74 BetrVG Rn. 20.

1130 *Kreutz*, in: GK-BetrVG, § 74 Rn. 32 f.

Beeinträchtigungen von Arbeitsablauf und Betriebsfrieden verbietet (dazu im Folgenden unter c)).[1131]

a) Grundrechtsschutz im Verhältnis der Betriebspartner

Als Organ der Betriebsverfassung ist der Betriebsrat partiell rechtsfähig, soweit das BetrVG ihm Rechte und Pflichten verleiht; er ist *„Rechtssubjekt in seinem Wirkungskreis"*.[1132] Die überwiegende Meinung im Schrifttum spricht ihm auf dieser Basis zu Recht begrenzte Grundrechtsfähigkeit zu, soweit die Grundrechte ihrem Wesen nach auf den Betriebsrat als Repräsentant der Belegschaft anwendbar sind.[1133] BVerfG und BAG haben die Frage bisher nicht entschieden.[1134] Die Grundrechtsfähigkeit des Betriebsratsgremiums besteht wie seine partielle Rechtsfähigkeit gleichwohl nur, soweit der Betriebsrat durch das BetrVG formulierte Rechte und Pflichten wahrnimmt.[1135]

Innerhalb seines Aufgabenbereichs kann sich der Betriebsrat für Äußerungen und Stellungnahmen auf das Grundrecht der Meinungsfreiheit aus Art. 5 Abs. 1 GG berufen.[1136] Die freie Äußerung von Meinungen ist geradezu integraler Bestandteil vertrauensvoller Zusammenarbeit. § 2 Abs. 1 BetrVG

1131 *Rieble/Wiebauer*, ZfA 2010, 63 (114).

1132 BAG vom 24.04.1986, AP Nr. 7 zu § 87 BetrVG 1972 Sozialeinrichtung, unter II. 2. a); BAG vom 29.09.2004, AP Nr. 81 zu § 40 BetrVG 1972, unter B. I. 1.; *Fitting*, BetrVG, § 1 Rn. 195; *Gamillscheg*, Koll. ArbR II, S. 107; *Koch*, in: ErfK, § 1 BetrVG Rn. 18; *Richardi*, BetrVG, Einl. Rn. 108.

1133 *Dreier*, in: Ders., GG, Art. 19 III Rn. 51; *Ellenbeck*, Grundrechtsfähigkeit, S. 99; *Gamillscheg*, Koll. ArbR II, S. 106; *Richardi*, BetrVG, Einl. Rn. 116 f.; *Schwipper*, Meinungsäußerungen, S. 51; *Wiese*, in: 50 Jahre BAG, S. 1125 (1127 f.); *Ders.*, NZA 2012, 1 (5); a. A. hingegen *Bauer/Willemsen*, NZA 2010, 1089 (1091); *Rieble/Wiebauer*, ZfA 2010, 63 (105); tendenziell auch *Wiebauer*, BB 2010, 3091 (3093).

1134 Ausdrücklich offengelassen in BAG vom 17.03.2010, AP Nr. 12 zu § 74 BetrVG 1972, unter B. III. 2.

1135 *Wiese*, in: GK-BetrVG, Einl. Rn. 70; *Ders.*, in: 50 Jahre BAG, S. 1125 (1127); a. A. wohl LAG Baden-Württemberg vom 10.11.1977, DB 1978, 799, das die Zulässigkeit eines in der Süddeutschen Zeitung veröffentlichten Leserbriefs des Betriebsrats unter Hinweis auf die Ausübung der Meinungsfreiheit für zulässig befunden hat.

1136 *Ellenbeck*, Grundrechtsfähigkeit, S. 110; *Schwipper*, Meinungsäußerungen, S. 59; *Wiese*, in: GK-BetrVG, Einl. Rn. 70; *Ders.*, NZA 2012, 1 (5); a. A. *Bauer/Willemsen*, NZA 2010, 1089 (1091); *Rieble/Wiebauer*, ZfA 2010, 63 (105). Missverständlich insoweit LAG Schleswig-Holstein vom 01.04.2009, 3 TaBVGa 2/09, juris, Rn. 41, das auf die Meinungsfreiheit des Betriebsrats abstellt, nachdem es dessen prinzipielle Grundrechtsfähigkeit wenige Sätze zuvor abgelehnt hatte.

verpflichtet die Betriebspartner zu einer Kooperation, die durch einen offenen und ehrlichen Umgang miteinander geprägt sein soll.[1137] Wie aber soll ein offener Austausch stattfinden, wenn man dem Betriebsrat kein Recht zur Meinungsäußerung zubilligt? Eine fruchtbare Zusammenarbeit von Arbeitgeber und Betriebsrat lebt gerade davon, dass beide Seiten ihre Ansichten darlegen können, auf deren Grundlage die Betriebspartner gemeinsame Lösungen und Kompromisse zu finden haben.[1138] Das Betriebsratsgremium ist über Beschlüsse zu einer einheitlichen Meinungsbildung fähig. Bei der Äußerung einer Meinung vertritt nach § 26 Abs. 2 BetrVG der Vorsitzende das Gremium im Rahmen der gefassten Beschlüsse.

Das einzelne Betriebsratsmitglied kann sich als natürliche Person unzweifelhaft dann auf Grundrechtsschutz, für Äußerungen und Stellungnahmen auf Art. 5 Abs. 1 GG berufen, wenn es jenseits amtlicher Aufgaben erkennbar seine private Meinung vertritt. Die Grenzen der Meinungsfreiheit ergeben sich in diesem Fall aus der Loyalitätspflicht nach § 241 Abs. 2 BGB.[1139] Gleichwohl kann sich das Betriebsratsmitglied auch in Wahrnehmung seiner amtlichen Funktion auf Art. 5 Abs. 1 GG stützen.[1140] Äußert sich das Mitglied in seiner Eigenschaft als Amtsträger, besteht Meinungsfreiheit nur im Umfang des betriebsverfassungsrechtlichen Mandats. Der Schutz des Mitglieds in seiner amtlichen Tätigkeit kann nicht über den des Gremiums hinausgehen; es muss ein *Gleichlauf* der grundrechtlichen Kompetenzen von Betriebsrat und einzelnem Betriebsratsmitglied bestehen.[1141]

Oftmals kann die Grundrechtsberechtigung des Betriebsratsgremiums demnach dahinstehen, da jedenfalls das handelnde Betriebsratsmitglied die Möglichkeit hat, sich in Vertretung des Betriebsrats auf Grundrechtsschutz zu berufen.

b) Abstrakter Schutz für Arbeitsablauf und Betriebsfrieden

§ 74 Abs. 2 S. 1 und S. 3 BetrVG untersagen Arbeitskampfmaßnahmen und parteipolitische Betätigungen der Betriebspartner als Handlungsweisen, die

1137 Vgl. nur BAG vom 26.03.2015, AP Nr. 208 zu § 1 KSchG 1969 Betriebsbedingte Kündigung, unter III. 2. a).

1138 So auch *Ellenbeck*, Grundrechtsfähigkeit, S. 110.

1139 Dazu unter Teil 4 B. III., S. 221-227.

1140 So zu Recht LAG Hessen vom 17.02.1997, NZA-RR 1998, 17 (19); *Schwipper*, Meinungsäußerungen, S. 62; *Wiese*, in: 50 Jahre BAG, S. 1125 (1128); a. A. *Rieble/Wiebauer*, ZfA 2010, 63 (107); *Wiebauer*, BB 2010, 3091 (3093).

1141 *Schwipper*, Meinungsäußerungen, S. 62 f.

grundsätzlich Arbeitsablauf sowie Betriebsfrieden stören und dadurch dem Gebot vertrauensvoller Zusammenarbeit zuwiderlaufen.

aa) Beiderseitiges Arbeitskampfverbot

Nach § 74 Abs. 2 S. 1 BetrVG gilt ein absolutes Arbeitskampfverbot zwischen den Betriebspartnern. Sie dürfen betriebsverfassungsrechtliche Interessen unter keinen Umständen mit arbeitskampfrechtlichen Maßnahmen durchsetzen.[1142]

Im Hinblick auf das Gebot vertrauensvoller Zusammenarbeit wirkt jede Arbeitskampfmaßnahme, die als kollektive Störung der Arbeitsbeziehungen Druck ausüben soll, defektiv.[1143] Die Betriebspartner sollen im Wege der Kooperation gemeinsame Regelungen und Lösungen finden, die dem Wohl von Arbeitnehmern und Betrieb dienen. Durch § 74 Abs. 1 S. 2 BetrVG sind sie verpflichtet, die Möglichkeiten interner Streitbeilegung auszuschöpfen und Konflikte primär selbst zu lösen. Ist eine Einigung nicht möglich, entscheidet die Art des Beteiligungsrechts darüber, ob der Arbeitgeber sich gegen den Willen des Betriebsrats durchsetzen kann, eine Zwangsschlichtung im Einigungsstellenverfahren erforderlich wird oder, wie beispielsweise in den Fällen der Zustimmungsersetzung, der Weg zu den Arbeitsgerichten offensteht. Intern nicht lösbare Streitfragen sind ausschließlich in diesen gesetzlich vorgesehenen Verfahren durch Einigungsstelle oder Arbeitsgericht zu entscheiden.[1144] Eine offene Konfrontation zwischen den Betriebspartnern, wie sie charakteristisch ist für Arbeitskämpfe, ist damit nicht vereinbar. Der Arbeitskampf scheidet in der Betriebsverfassung als Rechtsinstitut aus.[1145]

Arbeitskämpfe tariffähiger Parteien hindert § 74 Abs. 2 S. 1 BetrVG nicht, verpflichtet die Betriebspartner aber zu diesbezüglicher Neutralität.[1146] Die einzelnen Betriebsratsmitglieder sind zu einer neutralen Verhaltensweise verpflichtet, soweit sie in amtlicher Funktion tätig werden.[1147] In ihrer Rolle als Arbeitnehmer dürfen sie sich wie jedes andere Mitglied der Belegschaft an gewerkschaftlich geführten Streiks beteiligen. Auch der Arbeitgeber darf in seiner Rolle als Verbandsmitglied und potentielle Tarifvertragspartei Arbeitskampfmaßnahmen gegen die Belegschaft ergreifen. Diese Zwiespältigkeit erfordert eine

1142 *Fitting*, BetrVG, § 74 Rn. 12.
1143 *Richardi/Maschmann*, in: Richardi, BetrVG, § 74 Rn. 18.
1144 BAG vom 17.12.1976, AP Nr. 52 zu Art. 9 GG Arbeitskampf, unter II. 2.
1145 BAG vom 17.12.1976, AP Nr. 52 zu Art. 9 GG Arbeitskampf, unter II. 2.
1146 BAG vom 10.12.2002, AP Nr. 59 zu § 80 BetrVG 1972, unter B. III. 4.
1147 *Kania*, in: ErfK, § 74 BetrVG Rn. 12.

strikte Trennung zwischen den unterschiedlichen Rollen, die Arbeitgeber und Betriebsratsmitglieder einnehmen. Die Pflicht zu vertrauensvollem Zusammenwirken trifft beide Seiten nur in ihrer betriebsverfassungsrechtlichen Stellung.

Die Zulässigkeit konkreter Verhaltensweisen ist davon abhängig, ob ihr Bezug zu einer arbeitskampfrechtlichen Auseinandersetzung tariffähiger Parteien die Grundlagen kooperativer Zusammenarbeit gefährdet. Das ist immer dann der Fall, wenn der Betriebsrat oder seine Mitglieder in amtlicher Funktion einen Arbeitskampf durch Handlungen oder Äußerungen unterstützen und sich dadurch offen gegen den Arbeitgeber als Betriebspartner stellen. Unzulässig ist daher sowohl die innerbetriebliche Verbreitung gewerkschaftlicher Streikaufrufe, die Aufforderung der Arbeitnehmer zur Unterstützung von Arbeitskampfmaßnahmen der Gewerkschaft als auch die Verhinderung von Streikbruch.[1148]

Das einzelne Betriebsratsmitglied darf keinesfalls den Eindruck erwecken, es beteilige sich in amtlicher Funktion für den Betriebsrat am Arbeitskampf. Weder darf es die dem Betriebsrat nach § 40 Abs. 2 BetrVG zur Verfügung gestellten Mittel zu Streikzwecken verwenden noch unter ausdrücklichem Hinweis auf seine Amtsstellung handeln.[1149] Das vertrauensvolle Zusammenwirken der Betriebspartner wird dagegen nicht beeinträchtigt, wenn sich der Betriebsrat darauf beschränkt, die Belegschaft schlicht über einen Arbeitskampf oder den Stand von Tarifverhandlungen zu informieren, die den Betrieb betreffen.[1150] Entscheidend ist aber, dass der Betriebsrat sich jeder inhaltlichen Positionierung zu dem betreffenden Tarifstreit enthält.

Mit der Kooperationsmaxime nicht zu vereinbarendes, defektives Handeln kann auch darin liegen, dass der Betriebsrat einen Arbeitskampf tariffähiger Parteien über seine Mitbestimmungsrechte zu Gunsten der Arbeitnehmerseite zu beeinflussen versucht. Die Neutralitätspflicht im Arbeitskampf erfordert daher eine teilweise Beschränkung der Beteiligungsrechte des Betriebsrats.[1151] Beteiligungsrechte müssen dann entfallen, wenn sie die Freiheit des Arbeitgebers, Arbeitskampfmaßnahmen zu ergreifen oder den Folgen des Arbeitskampfes durch bestimmte Abwehrmaßnahmen zu begegnen, ernsthaft beeinträchtigen

1148 Vgl. BAG vom 15.10.2013, AP Nr. 181 zu Art. 9 GG Arbeitskampf, unter B. IV. 3.; LAG München vom 06.05.2010, 3 TaBVGa 10/10, juris, Rn. 49.

1149 BAG vom 15.10.2013, AP Nr. 181 zu Art. 9 GG Arbeitskampf, unter B. IV. 3.; *Rieble/Wiebauer*, ZfA 2010, 63 (109).

1150 LAG Hamm vom 20.03.2009, 10 TaBV 149/08, juris, Rn. 82 m.w.N.; LAG Düsseldorf vom 14.12.2010, NZA-RR 2011, 137 (142).

1151 *Fitting*, BetrVG, § 74 Rn. 19 ff.; *Kreutz*, in: GK-BetrVG, § 74 Rn. 72 ff. m.w.N.

würden.[1152] Diese Einschränkung der Mitbestimmungsrechte entspricht auch dem Grundsatz der Tarifautonomie, der Kampfparität zwischen den Parteien erfordert.[1153] Entscheidend ist, ob der Betriebsrat Maßnahmen zur Durchführung oder Abwehr des Arbeitskampfes verhindern oder zumindest vorübergehend verzögern und dadurch zusätzlichen Druck auf den Arbeitgeber ausüben kann.[1154] Das ist immer dann der Fall, wenn der Arbeitgeber ohne Einverständnis des Betriebsrats nicht beziehungsweise erst nach Ersetzung der Zustimmung durch Einigungsstelle oder Arbeitsgericht handeln kann oder das Gesetz dem Betriebsrat eine zu beachtende Reaktionsfrist gewährt.[1155] Der Betriebsrat darf nicht die Möglichkeit haben, den Arbeitgeber als Betriebspartner zu blockieren und dadurch in defektiver Weise die arbeitnehmerseitigen Arbeitskampfziele zu unterstützen.

bb) Parteipolitische Neutralitätspflicht

§ 74 Abs. 2 S. 3 BetrVG formuliert eine politische Neutralitätspflicht für Arbeitgeber und Betriebsrat.

Ein Großteil der Arbeitnehmer vertritt politische Ansichten und sympathisiert mit entsprechenden politischen Gruppierungen; im Regelfall sind nur wenige Arbeitnehmer gänzlich unpolitisch eingestellt. Die Belegschaft spiegelt einen Querschnitt der politischen Landschaft wieder und je nach Größe gegebenenfalls auch der gebildete Betriebsrat. Dieser ist Repräsentant der *gesamten* Belegschaft im betriebsverfassungsrechtlichen Sinne[1156] und muss als solcher agieren. Tritt der Betriebsrat für eine bestimmte politische Richtung ein, besteht das Risiko, dass nicht alle Arbeitnehmer sich durch ihn repräsentiert fühlen und der Betriebsrat in der Belegschaft an Rückhalt verliert. Leben die Betriebsratsmitglieder unterschiedliche politische Ansichten offen aus, drohen Konflikte auch innerhalb des Betriebsratsgremiums. Nicht minder wahrscheinlich sind

---

1152 BAG vom 19.02.1991, AP Nr. 26 zu § 95 BetrVG 1972, unter B. II. 1.; BAG vom 10.12.2002, AP Nr. 59 zu § 80 BetrVG 1972, unter B. III. 3.

1153 „*Arbeitskampfkonforme Auslegung der Beteiligungsrechte*" (Ständige Rspr. des BAG, vgl. nur BAG vom 30.08.1994, AP Nr. 132 zu Art. 9 GG Arbeitskampf, unter B. II. 1.; BAG vom 13.12.2011, AP Nr. 176 zu Art. 9 GG Arbeitskampf, unter B. III. 2.; *Richardi/Maschmann*, in: BetrVG, § 74 Rn. 33); eingehend zum Meinungsstand hinsichtlich der dogmatischen Grundlage für die Beschränkung von Beteiligungsrechten im Arbeitskampf *Kreutz*, in: GK-BetrVG, § 74 Rn. 70 ff.

1154 BAG vom 10.12.2002, AP Nr. 59 zu § 80 BetrVG 1972, unter B. III. 4.

1155 BAG vom 13.12.2011, AP Nr. 176 zu Art. 9 GG Arbeitskampf, unter B. III. 2.

1156 Zur Belegschaft im betriebsverfassungsrechtlichen Sinne Teil 2 C. II. 1. a), S. 146-147.

politische Auseinandersetzungen zwischen Arbeitgeber und Betriebsrat, wenn die Betriebspartner sich für unterschiedliche politische Interessen stark machen.

Dies birgt die Gefahr, dass in der Betriebsverfassung, die betriebliche Themen zum Gegenstand haben soll, politische Konflikte in den Vordergrund rücken. Im Hinblick auf das Gebot vertrauensvoller Zusammenarbeit ist das nicht hinnehmbar. Parteipolitisches Tätigwerden ist als defektiv zu werten, da es geeignet ist, sowohl die vertrauliche Basis zwischen den Betriebspartnern zu stören als auch den Betriebsfrieden als Voraussetzung für das Wohl von Arbeitnehmern und Betrieb zu beeinträchtigen. Das Betriebsverfassungsrecht erkennt das daraus folgende Erfordernis einer Neutralität der betriebsverfassungsrechtlichen Amtsträger. Es untersagt parteipolitische Betätigungen von Arbeitgeber und Betriebsrat daher unabhängig davon, ob im Einzelfall eine nachteilige Auswirkung auf den Betriebsfrieden tatsächlich droht.[1157]

§ 74 Abs. 2 S. 3 BetrVG verbietet jede Betätigung für oder gegen eine politische Partei.[1158] Der Parteibegriff ist weit zu verstehen und umfasst alle Gruppierungen, die auf die politische Willensbildung der Bevölkerung Einfluss nehmen wollen.[1159] Das Risiko politischer Auseinandersetzungen zwischen den Betriebspartnern wie auch den Arbeitnehmern des Betriebs besteht unabhängig davon, ob es sich um eine im Bundestag vertretene Partei oder eine lediglich kommunal agierende politische Organisation handelt. Das Risikopotential resultiert weniger aus der Bedeutung der Vereinigung als aus der Diskrepanz inhaltlicher Auffassungen. Das Feld unzulässiger Betätigungen reicht von Werbemaßnahmen und Flyer-Aktionen bis zu Geld- oder Unterschriftensammlungen zur Unterstützung einer bestimmten Gruppierung.[1160] Verboten sind parteipolitische Betätigungen auf dem Betriebsgelände, aber auch in dessen unmittelbarer Nähe, wenn sie das Ziel haben *„in den Betrieb hineinzuwirken"*.[1161] Es kann keinen Unterschied machen, ob ein Betriebsratsmitglied Flugblätter auf dem Betriebsgelände oder direkt vor den Werkstoren an die Belegschaft verteilt.[1162]

Zu Recht ist das BAG von seiner früheren extensiven Auslegung abgewichen und nimmt allgemeinpolitische Aktivitäten nunmehr von dem Verbotstatbestand aus. § 74 Abs. 2 S. 3 BetrVG verbietet nach seinem Wortlaut lediglich

---

1157 BAG vom 21.02.1978, AP Nr. 1 zu § 74 BetrVG 1972, unter II. 2. a).

1158 *Richardi/Maschmann*, in: Richardi, BetrVG, § 74 Rn. 61.

1159 *Fitting*, BetrVG, § 74 Rn. 46 f.; *Kreutz*, in: GK-BetrVG, § 74 Rn. 109.

1160 Zu diesen und weiteren Beispielen *Kreutz*, in: GK-BetrVG, § 74 Rn. 113 f.

1161 *„Im Betrieb"* ist insoweit räumlich-funktional zu verstehen: BAG vom 21.02.1978, AP Nr. 1 zu § 74 BetrVG 1972, unter II. 2. a); *Wiese*, in: 50 Jahre BAG, S. 1125 (1140).

1162 BAG vom 21.02.1978, AP Nr. 1 zu § 74 BetrVG 1972, unter II. 2. a).

parteipolitische Betätigungen. Als die Meinungsfreiheit beschränkendes Gesetz bedarf die Norm einer der Wechselwirkungslehre entsprechenden engen Auslegung.[1163] Allgemeinpolitischem Tätigwerden wohnt nicht dasselbe Gefährdungspotential für den Betriebsfrieden inne wie dies bei parteipolitischen Betätigungen der Fall ist.[1164] Die beispielsweise allgemeine Aufforderung, sich an bevorstehenden Wahlen zu beteiligen, bringt keine konkrete politische Ausrichtung zum Ausdruck. Die politischen Inhalte sind es jedoch, die polarisieren und das störungsfreie Zusammenwirken im Betrieb in besonderer Weise gefährden. Das Recht freier Meinungsäußerung steht neben dem Arbeitgeber im Umfang des gesetzlichen Aufgabenbereichs auch dem Betriebsrat und dessen Mitgliedern zu.[1165] Zwar ist es zutreffend, dass der Betriebsrat kein allgemeinpolitisches Mandat innehat.[1166] Nur, soweit ein unmittelbarer Bezug zu betrieblichen Angelegenheiten besteht, handeln der Betriebsrat wie auch seine Mitglieder innerhalb ihres Aufgabenbereichs[1167] und können sich auf den Schutz der Meinungsfreiheit berufen. Soweit allgemeinpolitische Betätigungen den Arbeitsablauf oder Betriebsfrieden im Einzelfall konkret beeinträchtigen, sind sie zudem nach § 74 Abs. 2 S. 2 BetrVG unzulässig.[1168]

c) Verbot der konkreten Beeinträchtigung von Arbeitsablauf und Betriebsfrieden

Der Auffangtatbestand des § 74 Abs. 2 S. 2 BetrVG untersagt Betätigungen, die Arbeitsablauf oder Betriebsfrieden konkret beeinträchtigen,[1169] ohne Arbeitskampfmaßnahme oder parteipolitische Betätigung zu sein. Das Verbot setzt ein aktives Verhalten voraus, das zumindest mit hoher Wahrscheinlichkeit eine Störung des Arbeitsablaufs oder des Betriebsfriedens zur Folge hat.[1170]

Die allgemeine Friedenspflicht hat im Wesentlichen Bedeutung für die Art und Weise, in der Konflikte auszutragen sind. Streitfragen sind nach Scheitern

---

1163 BAG vom 17.03.2010, AP Nr. 12 zu § 74 BetrVG 1972, unter B. III. 2.

1164 BAG vom 17.03.2010, AP Nr. 12 zu § 74 BetrVG 1972, unter B. III. 2.; zustimmend *Fitting*, BetrVG, § 74 Rn. 50 f.; *Kreutz*, in: GK-BetrVG, § 74 Rn. 111 f.; *Schwipper*, Meinungsäußerungen, S. 149; ablehnend dagegen *Bauer/Willemsen*, NZA 2010, 1089 (1091); *Richardi/Maschmann*, in: Richardi, BetrVG, § 74 Rn. 62.

1165 Zur Meinungsfreiheit des Betriebsratsgremiums und seiner Mitglieder B. III. 1. a), S. 254-255.

1166 *Bauer/Willemsen*, NZA 2010, 1089 (1091); *Rieble/Wiebauer*, ZfA 2010, 63 (113).

1167 *Wiebauer*, BB 2010, 3091 (3092).

1168 *Schwipper*, Meinungsäußerungen, S. 149 sowie im Folgenden B. III. 1. c), S. 260-264.

1169 BAG vom 13.09.1977, AP Nr. 1 zu § 42 BetrVG 1972, unter II. B. 2.

1170 *Fitting*, BetrVG, § 74 Rn. 29.

einer internen Einigung ausschließlich in den gesetzlich vorgesehenen Verfahren durch Einigungsstellen und Arbeitsgerichte zu lösen.[1171] Den Entscheidungsweg für die Klärung von Konflikten gibt das BetrVG damit klar vor, nicht dagegen die Grenzen für den Diskussionsprozess zwischen Arbeitgeber und Betriebsrat. Denn nicht selten bleiben Streitigkeiten, gerade um personelle Themen oder wirtschaftliche Angelegenheiten wie Betriebsänderungen, kein Geheimnis. Die Betriebsverfassung verpflichtet auch nicht zu einem heimlichen Vorgehen.

Der Betriebsfrieden ist jedoch dann verletzt, wenn die Betriebspartner den Konflikt auf eine Ebene verlagern, die das BetrVG für die Klärung von Meinungsverschiedenheiten nicht vorsieht.[1172] Dazu kann es kommen, wenn Arbeitgeber oder Betriebsrat Dritte in den Diskussionsprozess einbeziehen. Zu differenzieren ist, ob der Betriebspartner den Konflikt unter Einbeziehung der Belegschaft führt (dazu im Folgenden unter aa)) oder sich sogar an die außerbetriebliche Öffentlichkeit wendet (dazu im Folgenden unter bb)).

aa) Einbeziehung der Belegschaft in Auseinandersetzungen der Betriebspartner

Zum Aufgabenbereich des Betriebsrats zählt nicht nur die Repräsentation der Arbeitnehmer im Rahmen des betriebsverfassungsrechtlichen Mandats gegenüber dem Arbeitgeber, sondern auch die Information der Belegschaft über die konkrete Betriebsratstätigkeit.[1173] Der Betriebsrat muss seine Auffassung zu einem Thema daher auch an die Arbeitnehmer kommunizieren dürfen. Dies ist über ein vorhandenes Intranet[1174] ebenso möglich wie durch Aushänge oder Flugblätter. Dazu kann auch die Mitteilung über innerbetriebliche Konflikte mit der Arbeitgeberseite gehören. Wie das LAG Düsseldorf zu Recht festgestellt hat, hat die Belegschaft ein Interesse daran, durch den Betriebsrat als sein Repräsentationsorgan informiert zu werden, ob und welche Auseinandersetzungen mit dem Arbeitgeber bestehen.[1175] Auch dies ist Teil der betriebsverfassungsrechtlichen

---

1171 Dazu bereits soeben B. III. 1. b) aa), S. 256-258.

1172 Vgl. LAG Düsseldorf vom 25.05.1976, DB 1977, 453; *Richardi/Maschmann*, in: Richardi, BetrVG, § 74 Rn. 48.

1173 BAG vom 03.09.2003, AP Nr. 78 zu § 40 BetrVG 1972, unter B. I. 2. m.w.N. Die Kommunikation zwischen Betriebsrat und Belegschaft ist nicht auf die im BetrVG ausdrücklich genannten Formen wie Betriebsversammlungen etc. beschränkt (LAG Baden-Württemberg vom 10.11.1977, DB 1978, 799).

1174 Vgl. BAG vom 03.09.2003, AP Nr. 78 zu § 40 BetrVG 1972, unter B. I. 2.

1175 LAG Düsseldorf vom 14.12.2010, NZA-RR 2011, 137 (143).

Interessenvertretung. Stellungnahmen des Betriebsrats zur Aufklärung der Belegschaft über Konflikte fallen daher in seinen Aufgabenbereich und sind als solche von Art. 5 Abs. 1 GG gedeckt.

Eine Beeinträchtigung des Betriebsfriedens im Hinblick auf das Verhältnis zwischen Arbeitgeber und Betriebsrat kann gleichwohl in der Art der Informationsweitergabe liegen. Den Betriebsfrieden beeinträchtigenden, defektiven Charakter haben Mitteilungen an die Belegschaft, die nicht mehr dem Maßstab offenen und ehrlichen Zusammenwirkens gerecht werden. Jeder Betriebspartner darf die Arbeitnehmer sachlich über eine Auseinandersetzung informieren und auch seine eigene Rechtsauffassung zu der Streitfrage darlegen.[1176] Streiten Arbeitgeber und Betriebsrat über die Zustimmung zur Kündigung eines Betriebsratsmitglieds, darf das Betriebsratsgremium auch zum Ausdruck bringen, dass ein Kündigungsgrund seiner Ansicht nach nicht vorliegt.[1177]

Informiert der Arbeitgeber oder der Betriebsrat die Belegschaft dagegen sachlich unzutreffend, bewusst unvollständig oder in anderer Weise manipulativ, beeinträchtigt diese Vorgehensweise den Betriebsfrieden. Gegen § 74 Abs. 2 S. 2 BetrVG verstößt, wer versucht, die Arbeitnehmer des Betriebs dadurch auf seine Seite zu ziehen, dass er den Betriebspartner gegenüber der Belegschaft diffamiert oder in Missgunst bringt.[1178] Dienen Mitteilungen an die Arbeitnehmer nicht primär Informationszwecken, sondern zielen sie darauf ab, den Betriebspartner unter Einigungsdruck zu setzen, stehen sie mit einem friedvollen Zusammenwirken in nicht zu vereinbarendem Widerspruch.

Die Rechtsprechung hat dies zu Recht angenommen, wenn der Betriebsrat den Schriftverkehr mit dem Arbeitgeber hinsichtlich des betreffenden Konflikts am schwarzen Brett im Betrieb aushängt.[1179] Nichts anderes gilt umgekehrt, wenn der Arbeitgeber den Betriebsrat versucht in Missgunst zu bringen, indem er dessen Verhalten in der Auseinandersetzung oder die Art seiner Amtsführung betriebsöffentlich an den Pranger stellt. Ein solches Vorgehen verlagert die Auseinandersetzung zu stark auf eine gesamtbetriebliche Ebene, die das BetrVG für die Konfliktlösung nicht vorsieht.

1176 LAG Baden-Württemberg vom 10.11.1977, DB 1978, 799; LAG Düsseldorf vom 14.12.2010, NZA-RR 2011, 137 (143).

1177 LAG Schleswig-Holstein vom 01.04.2009, 3 TaBVGa 2/09, juris, Rn. 40.

1178 LAG Düsseldorf vom 25.05.1976, DB 1977, 453.

1179 LAG Düsseldorf vom 25.05.1976, DB 1977, 453.

bb) Austragung von Konflikten in der außerbetrieblichen Öffentlichkeit

Noch weitaus brisanter ist die Frage, inwieweit die Betriebspartner Meinungsverschiedenheiten in die Öffentlichkeit verlagern dürfen. Liefern Betriebsrat und Arbeitgeber sich eine öffentliche *Schlammschlacht*, kann das sowohl die Verhandlungsatmosphäre als auch die Vertrauensbasis für die weitere Zusammenarbeit komplett zum Kippen bringen.

Für den Betriebsrat sind die Grenzen bereits deshalb eng zu ziehen, da es nicht zu seinen originären Aufgaben zählt, die Öffentlichkeit über betriebsinterne Konflikte zu informieren.[1180] Er hat seine Aufgaben im Betrieb und nicht in der Öffentlichkeit wahrzunehmen; die Auseinandersetzung zwischen Arbeitgeber und Betriebsrat hat grundsätzlich innerbetrieblich stattzufinden.[1181] Soweit die sachgerechte Erfüllung der Aufgaben einen Öffentlichkeitskontakt erfordert, formuliert das Betriebsverfassungsrecht dafür wie in § 89 Abs. 1 und 2 BetrVG ausdrückliche Kompetenzen. Konsequent haben das BAG und im Anschluss auch das LAG Hessen ein Initiativrecht des Betriebsrats zur Information der Öffentlichkeit daher abgelehnt.[1182] Der Betriebsrat handelt insoweit außerhalb seines Aufgabenbereichs und kann sich nicht auf den Schutz der Meinungsfreiheit berufen.[1183]

Das hiergegen gerichtete Argument von *Simitis* und *Kreuder*, die jedenfalls für den Bereich echter Mitbestimmung ein Informationsgleichgewicht der Betriebspartner auch hinsichtlich der Möglichkeiten zur Öffentlichkeitsarbeit fordern,[1184] ist abzulehnen. Das BetrVG sieht ein innerbetrieblich ausgerichtetes Mandat des Betriebsrats vor, um diesem gerade nicht die Rolle eines öffentlichen Diskussionspartners zu verschaffen. Die innerbetriebliche Ausrichtung der Betriebsratsaufgaben ist zugleich Schutzmechanismus, damit Konflikte nicht auf öffentliche Ebene verlagert werden, wo das Betriebsverfassungsrecht ihre Klärung nicht vorsieht.

Bezieht der Arbeitgeber gegenüber der Öffentlichkeit zu einer Auseinandersetzung mit dem Betriebsrat Stellung, entscheidet der Inhalt der Äußerung über

---

1180 BAG vom 18.09.1991, AP Nr. 40 zu § 40 BetrVG 1972, unter B. IV. 2.; LAG Hessen vom 15.07.2004, RDV 2005, 170; bestätigend auch *Rieble/Wiebauer*, ZfA 2010, 63 (116).

1181 LAG Hessen vom 15.07.2004, RDV 2005, 170.

1182 BAG vom 18.09.1991, AP Nr. 40 zu § 40 BetrVG 1972, unter B. IV. 2.; LAG Hessen vom 15.07.2004, RDV 2005, 170; *Wiese*, NZA 2012, 1 (7 f.); a. A. *Schwipper*, Meinungsäußerungen, S. 96.

1183 a. A. *Müller-Boruttau*, NZA 1996, 1071 (1075), der Pressemitteilungen des Betriebsrats unter den Schutz der Meinungsfreiheit stellt.

1184 *Simitis/Kreuder*, NZA 1992, 1009 (1013).

ihre Zulässigkeit im Hinblick auf § 74 Abs. 2 S. 2 BetrVG. Informationen, die der Arbeitgeber im Einverständnis beider Betriebspartner abgibt, wahren ebenso den Betriebsfrieden wie zutreffende Auskünfte zum Gegenstand des betrieblichen Konflikts oder dem Stand der Verhandlungen. Der Meinungsfreiheit des Arbeitgebers gebührt insoweit der Vorrang. Bewusst unsachliche, inhaltlich falsche oder den Betriebsrat diffamierende Stellungnahmen der Arbeitgeberseite sind dagegen mit Blick auf den Schutz des Betriebsfriedens stets unzulässig. Öffentliche Druckausübung auf den Betriebspartner ist mit vertrauensvoller Zusammenarbeit nicht vereinbar.[1185] Kooperation setzt voraus, dass jede Seite ihre Forderungen direkt an den Betriebspartner richtet und nicht die Öffentlichkeit als Unterstützer der eigenen Interessen instrumentalisiert. Auch der Arbeitgeber darf die Auseinandersetzung nicht auf eine öffentliche Ebene verlagern. Ein entsprechendes Vorgehen verletzt das Gebot vertrauensvoller Zusammenarbeit ebenso wie den Betriebsfrieden in erheblichem Maße.

Eine Berechtigung des Betriebsrats, auf öffentliche Äußerungen des Arbeitgebers zu reagieren, kann aus § 2 Abs. 1 BetrVG folgen.[1186] Verletzt der Arbeitgeber durch seine Öffentlichkeitsarbeit den über § 74 Abs. 2 S. 2 BetrVG geschützten Betriebsfrieden, darf dem Betriebsrat eine Reaktion nicht verwehrt werden. Hat der Arbeitgeber den Bereich vertrauensvoller Zusammenarbeit verlassen, muss der Betriebsrat zumindest die Möglichkeit haben, seine Interessen gegenüber der Öffentlichkeit zu verteidigen. Nichts anderes gilt, wenn die öffentliche Stellungnahme des Arbeitgebers inhaltlich eine Antwort des Betriebsrats erfordert.[1187] Alleine diese Umstände erfordern es, dem Betriebsrat Zugang zur Öffentlichkeit einzuräumen.

2. Schutz der Funktionsfähigkeit des Betriebsratsamtes durch § 78 BetrVG

§ 78 BetrVG schützt die Funktionsfähigkeit der Betriebsräte und übrigen Institutionen der Betriebsverfassung.[1188] Die Norm ist im Hinblick auf § 2 Abs. 1 BetrVG insoweit Störverbot, als das solidarische Zusammenwirken

---

1185 LAG Baden-Württemberg vom 10.11.1977, DB 1978, 799; bestätigend *Rieble/Wiebauer*, ZfA 2010, 63 (116); *Wiese*, in: 50 Jahre BAG, S. 1125 (1145).

1186 Das BAG stellt in seiner Entscheidung vom 18.09.1991, AP Nr. 40 zu § 40 BetrVG 1972, unter B. IV. 2. ebenfalls darauf ab, dass das fehlende Initiativrecht des Betriebsrats eine Berechtigung zur Stellungnahme auf Grundlage des Gebots vertrauensvoller Zusammenarbeit oder zur Abwehr dagegen gerichteter Störversuche keineswegs ausschließt.

1187 BAG vom 18.09.1991, AP Nr. 40 zu § 40 BetrVG 1972, unter B. IV. 2.

1188 *Kreutz*, in: GK-BetrVG, § 78 Rn. 20.

zum Wohl der Arbeitnehmer und des Betriebs eine funktionsfähige Interessenvertretung auf Arbeitnehmerseite voraussetzt. Im Unterschied zu § 74 BetrVG konkretisieren die Verbotstatbestände nicht ausschließlich das Verhältnis der Betriebspartner, sondern entfalten gegenüber jedermann zwingende Wirkung.[1189] § 78 S. 1 BetrVG untersagt dem Arbeitgeber die Betriebsratsarbeit zu beeinträchtigen (dazu im Folgenden unter a)) oder Betriebsratsmitglieder wegen ihrer Tätigkeit zu benachteiligen oder zu begünstigen (dazu im Folgenden unter b)). Der Betriebsrat unterliegt ebenfalls einem Beeinträchtigungsverbot, das seine Grundlage in § 2 Abs. 1 BetrVG findet (dazu im Folgenden unter c)).

a) Behinderungsverbot

Die Mitglieder des Betriebsrats und darüber auch das Betriebsratsgremium insgesamt dürfen nach § 78 S. 1 BetrVG in der Ausübung ihrer Tätigkeit nicht gestört oder behindert werden.[1190] Die Vorschrift schützt die Betriebsratsmitglieder als Funktionsträger des Betriebsratsamtes umfassend gegen Beeinträchtigungen in ihrer Amtsausübung. § 78 S. 1 BetrVG ist für das Zusammenwirken der Betriebspartner von Bedeutung, soweit die Vorschrift Handlungsweisen des Arbeitgebers untersagt. § 2 Abs. 1 BetrVG verpflichtet Arbeitgeber und Betriebsrat zu kooperativer Zusammenarbeit, die es beiden Seiten abverlangt, sich im Einsatz für das Wohl von Arbeitnehmern und Betrieb gegenseitig zu unterstützen.[1191] Gemeinsames Zusammenwirken in diesem Sinne missbilligt jedes Handeln, dass die Arbeit des Betriebspartners behindert. Diese bereits aus dem Gebot vertrauensvoller Zusammenarbeit folgende Verpflichtung ergänzt und konkretisiert § 78 S. 1 BetrVG.

Den Verbotstatbestand erfüllt jede objektive Beeinträchtigung der Amtsausübung.[1192] Ein Verschulden auf Arbeitgeberseite ist nicht erforderlich.[1193] Der Arbeitgeber darf weder Betriebsratssitzungen verhindern noch Zugang zu den Betriebsratsräumlichkeiten verweigern oder Arbeitnehmern verbieten die Sprechstunde des Betriebsrats aufzusuchen.[1194] Die Liste unzulässiger Verhaltensweisen ließe sich beliebig fortsetzen.

1189 *Kreutz*, in: GK-BetrVG, § 78 Rn. 19 f.

1190 Vgl. BAG vom 04.12.2013, AP Nr. 13 zu § 78 BetrVG 1972, unter B. I. 3.

1191 Zum Inhalt der Kooperationsmaxime bereits A. II., S. 240-244.

1192 „*Behinderung*" im Sinne der Norm ist jede unzulässige Erschwerung, Störung oder gar Verhinderung der Betriebsratstätigkeit (vgl. BAG vom 19.07.1995, AP Nr. 25 zu § 23 BetrVG 1972, unter B. II. 5.; BAG vom 04.12.2013, AP Nr. 13 zu § 78 BetrVG 1972, unter B. I. 3.).

1193 BAG vom 12.11.1997, AP Nr. 27 zu § 23 BetrVG 1972, unter B. 1.

1194 Zu diesen und weiteren Beispielen *Kreutz*, in: GK-BetrVG, § 78 Rn. 27.

Auch bloße Äußerungen des Arbeitgebers können den Verbotstatbestand erfüllen. Das gilt im Wesentlichen dann, wenn sie das Betriebsratsgremium gegenüber der Belegschaft in Missgunst bringen. Als Repräsentant der Belegschaftsinteressen ist der Betriebsrat von den Arbeitnehmern als seiner Wählerschaft abhängig. Ein ausreichender Rückhalt in der Belegschaft ist für seine Aufgabenerfüllung von entscheidender Bedeutung. Diese Grundlage der Betriebsratsarbeit darf der Arbeitgeber dem Gremium nicht zu entziehen versuchen. Die Betriebsratstätigkeit beeinträchtigende Wirkung hat daher beispielsweise ein Aushang, der dem Betriebsrat vorwirft geschäftsschädigend und nicht im Interesse der Belegschaft zu handeln.[1195] Auch die Offenlegung von Kosten der Betriebsratsarbeit durch den Arbeitgeber kann diese Wirkung haben.[1196]

Soweit den Arbeitgeber Mitwirkungspflichten treffen, kann die Beeinträchtigung der Betriebsratstätigkeit auch in einem Unterlassen liegen. Den Verbotstatbestand erfüllt der Arbeitgeber daher auch, wenn er dem Betriebsrat erforderliche Sachmittel im Sinne von § 40 Abs. 2 BetrVG nicht zur Verfügung stellt oder die Freistellung von Betriebsratsmitgliedern nach §§ 37 Abs. 2, 38 Abs. 1 BetrVG verweigert.[1197]

Geschützt ist gleichwohl nur die ordnungsgemäße Betriebsratstätigkeit im Rahmen der gesetzlichen Zuständigkeit.[1198] Keinen Schutz vor Beeinträchtigung verdienen rechtswidrige Handlungen, die den Aufgabenbereich überschreiten; solche Betätigungen darf der Arbeitgeber konsequent verhindern oder sich dagegen zur Wehr setzen. Der Arbeitgeber ist ebenso berechtigt, den Betriebsfrieden schädigende Aushänge vom schwarzen Brett zu entfernen als auch einer parteipolitischen Unterschriftenaktion im Betrieb Einhalt zu gebieten, ohne gegen § 78 S. 1 BetrVG zu verstoßen.

b) Benachteiligungs- und Begünstigungsverbot

§ 78 S. 2 BetrVG sichert die unabhängige und unparteiische Amtsausübung der Betriebsratsmitglieder.[1199] Wie § 78 S. 1 BetrVG wirkt auch das Verbot unzulässiger Benachteiligung oder Begünstigung der Funktionsträger gegenüber jedermann.[1200] Der Betriebsrat ist Repräsentant der Arbeitnehmerinteressen.

1195 LAG Niedersachsen vom 06.04.2004, NZA-RR 2005, 78.

1196 Vgl. BAG vom 12.11.1997, AP Nr. 27 zu § 23 BetrVG 1972, unter B. 1.

1197 Zu diesen und weiteren Beispielen *Fitting*, BetrVG, § 78 Rn. 9.

1198 *Thüsing*, in: Richardi, BetrVG, § 78 Rn. 14.

1199 *Fitting*, BetrVG, § 78 Rn. 14.

1200 *Purschwitz*, Benachteiligungs- und Begünstigungsverbot, S. 61.

Die Gremiumsmitglieder haben – in den Grenzen des Gebots vertrauensvoller Zusammenarbeit – die Belange der Belegschaft zu vertreten. Dies setzt voraus, dass die Betriebsratsmitglieder in ihrer Amtsführung gegenüber der Arbeitgeberseite persönlich unabhängig sind. Der Arbeitgeber hat den Betriebsrat als Interessenvertretung der Belegschaft zu akzeptieren und die Amtsträger nicht maßregelnd unter Druck zu setzen oder durch Vorteilsgewährung zu beeinflussen. Weder die Amtsführung insgesamt noch konkrete Tätigkeiten der Funktionsträger dürfen Anlass für eine Benachteiligung oder Begünstigung sein.[1201]

Benachteiligung im Sinne der Norm meint jede Schlechterstellung des Betriebsratsmitglieds im Verhältnis zu anderen vergleichbaren Arbeitnehmern, die nicht aus sachlichen Gründen, sondern wegen der Amtsführung erfolgt.[1202] Die Betriebsratsmitglieder sollen die Belange der Belegschaft effektiv wahrnehmen können, ohne dadurch persönliche Nachteile befürchten zu müssen. Unzulässige Benachteiligung kann beispielsweise eine verschlechternde Versetzung, die Nichtberücksichtigung für eine Beförderungsstelle oder die Ablehnung der Übernahme in ein unbefristetes Arbeitsverhältnis sein.[1203]

Das Verbot unzulässiger *Begünstigung* stellt sicher, dass der Arbeitgeber die Gremiumsmitglieder nicht durch zusätzliche Leistungen für das Betriebsratsamt oder bestimmte Amtstätigkeiten in seinem Sinne beeinflusst. Das Betriebsratsamt ist nach § 37 Abs. 2 BetrVG zwingend ein Ehrenamt. Denn Unabhängigkeit der Amtsführung bedeutet auch, dass sich die Betriebsratsmitglieder der Interessenwahrnehmung der Arbeitnehmer verschreiben und sich nicht durch die Gewährung von Vorteilen für die Belange des Arbeitgebers instrumentalisieren lassen.[1204] Unzulässig ist daher beispielsweise eine sachlich nicht gerechtfertigte tarifliche Höhergruppierung oder eine umfangreichere Erstattung von Reisekosten für Betriebsratsmitglieder;[1205] ebenso andere finanzielle oder sonstige Vorteile, wenn sie wegen der Amtsführung erfolgen.

Auch mittelbare Benachteiligungen oder Begünstigungen können die Amtsführung des Betriebsratsmitglieds beeinflussen und sind daher unzulässig.[1206] Es

---

1201 *Kreutz*, in: GK-BetrVG, § 78 Rn. 42.

1202 *Kania*, in: ErfK, § 78 BetrVG Rn. 7.

1203 Vgl. BAG vom 25.06.2014, AP Nr. 14 zu § 78 BetrVG 1972, unter II. 2. b); LAG Köln vom 09.09.2011, 10 TaBV 104/10, juris, Rn. 38 ff.; LAG Hamburg vom 19.09.2012, H 6 TaBV 2/12, juris, Rn. 76 ff.

1204 In diese Richtung auch *Gamillscheg*, Koll. ArbR II, S. 713.

1205 BAG vom 23.06.1975, AP Nr. 10 zu § 40 BetrVG 1972, unter II.; LAG Rheinland-Pfalz vom 19.08.2013, 5 Sa 167/13, juris, Rn. 83 f.

1206 *Purschwitz*, Benachteiligungs- und Begünstigungsverbot, S. 76 f.

macht insoweit keinen Unterschied, ob der Arbeitgeber beispielsweise finanzielle Vorteile dem Betriebsratsmitglied selbst oder seinen Angehörigen gewährt. In beiden Fällen ist die unparteiische Amtsausübung des Mitglieds gefährdet.

c) Behinderungsverbot des Betriebsrats gegenüber dem Arbeitgeber?

Der Betriebsrat ist ebenfalls verpflichtet, die betriebsverfassungsrechtliche Tätigkeit des Arbeitgebers zur Verwirklichung der gemeinsamen solidarischen Zielsetzung nicht zu beeinträchtigen.

Auch, wenn eine § 78 BetrVG vergleichbare Regelung fehlt, folgt dies jedenfalls aus § 2 Abs. 1 BetrVG.[1207] Betriebsrat und Arbeitgeber sind im selben Umfang zu vertrauensvoller Zusammenarbeit verpflichtet, um das Wohl von Arbeitnehmern und Betrieb zu verwirklichen. Zutreffend hat das LAG Schleswig-Holstein daher in einer Entscheidung aus dem Jahr 2000 betont, dass aus § 2 Abs. 1 BetrVG die selbstverständliche Pflicht des Betriebsrats folge, über Eilanträge des Arbeitgebers schnellstmöglich zu entscheiden. Dieser hatte die Zustimmung des Betriebsrats zur kurzfristigen Anordnung von Überstunden beantragt, nachdem durch einen Schwelbrand im Betrieb erhebliche Produktionszeit ausgefallen war. Das Verhalten des Betriebsrats, über den Eilantrag der Arbeitgeberseite vor dem betreffenden Termin schlicht nicht zu entscheiden, wertete das Landesarbeitsgericht zu Recht als Verstoß gegen das Gebot vertrauensvoller Zusammenarbeit.[1208]

In den meisten Fällen ist ein Rückgriff auf § 2 Abs. 1 BetrVG gleichwohl nicht erforderlich. Überwiegend liegen Störversuche des Betriebsrats in aktiven Eingriffshandlungen, die, wenn sie nicht arbeitskampfrechtlicher oder parteipolitischer Natur sind, jedenfalls Arbeitsablauf und Betriebsfrieden konkret beeinträchtigen. Derartige Störungen von Betriebsratsseite fallen bereits unter die speziellen Verbotstatbestände in § 74 Abs. 2 BetrVG, die vorrangig gegenüber dem Gebot vertrauensvoller Zusammenarbeit zur Anwendung gelangen.

C. Loyalitätspflichten der Betriebspartner

Die durch § 2 Abs. 1 BetrVG im Rahmen vertrauensvoller Zusammenarbeit geforderte Loyalität der Betriebspartner findet ebenfalls normative Konkretisierungen im BetrVG. Diese betreffen die Behandlung vertraulicher Angelegenheiten

1207 *Ottmann*, Rechtsverhältnis, S. 78.

1208 Zum Ganzen: LAG Schleswig-Holstein vom 20.11.2000, LAGE § 23 BetrVG 1972 Nr. 40, unter II. 6.

(dazu im Folgenden unter I.) sowie den Ehrschutz im Verhältnis der Betriebspartner (dazu im Folgenden unter II.).

I. Geheimnisschutz durch den Betriebsrat

Im Rahmen ihres betriebsverfassungsrechtlichen Mandats erhalten die Betriebsratsmitglieder teils umfangreiche Kenntnis zu Themen, an deren Geheimhaltung der Arbeitgeber ein erhebliches Interesse hat. Das Betriebsverfassungsrecht verpflichtet aus diesem Grund sowohl den Betriebsrat als Gremium wie auch seine Mitglieder zu Verschwiegenheit über bestimmte Angelegenheiten.

1. Umfang der Verschwiegenheitspflicht

Die Verschwiegenheitspflicht des Betriebsrats über Betriebs- und Geschäftsgeheimnisse regelt § 79 Abs. 1 BetrVG (dazu im Folgenden unter a)). Der Weitergabe sonstiger vertraulicher Umstände, die nicht als Betriebs- oder Geschäftsgeheimnisse zu qualifizieren sind, kann § 2 Abs. 1 BetrVG im Einzelfall entgegenstehen (dazu im Folgenden unter b)).

a) Geheimhaltung über Betriebs- und Geschäftsgeheimnisse

Das Betriebsratsgremium ist zur Wahrnehmung seiner Aufgaben in erheblichem Maße davon abhängig, dass die Arbeitgeberseite ihm die erforderliche Kenntnis über betriebliche Umstände und Entwicklungen verschafft. § 80 BetrVG sichert dem Betriebsrat aus diesem Grund weitreichende Informationsrechte zu,[1209] die der Arbeitgeber auch nicht unter Hinweis auf Betriebs- oder Geschäftsgeheimnisse zurückweisen kann.[1210] Das ist nur dann zu rechtfertigen, wenn der Betriebsrat und seine Mitglieder im Hinblick hierauf strenger Geheimhaltung unterliegen. Die Wettbewerbsfähigkeit des Unternehmens am Markt ist unter anderem davon abhängig, dass Betriebs- und Geschäftsgeheimnisse nicht nach außen dringen. Als Voraussetzung für die Existenz von Betrieb und Unternehmen schadet eine Beeinträchtigung der Wettbewerbsposition nicht nur den wirtschaftlichen Interessen des Arbeitgebers, sondern auch dem Wohl der Arbeitnehmer und des Betriebs als gemeinsamer Zielsetzung der Betriebspartner.

1209 Zu den Informationsrechten des Betriebsrats nach § 80 Abs. 2 und 3 BetrVG B. I., S. 246-251.

1210 BAG vom 05.02.1991, AP Nr. 10 zu § 106 BetrVG 1972, unter B. II. 2.; *Fitting*, BetrVG, § 80 Rn. 64.

§ 79 Abs. 1 BetrVG verpflichtet daher sowohl die einzelnen Betriebsratsmitglieder als auch den Betriebsrat als Organ, Betriebs- und Geschäftsgeheimnisse weder zu offenbaren noch zu verwerten.[1211] Die Geheimhaltungspflicht gilt für alle Betriebs- oder Geschäftsgeheimnisse, von denen der Betriebsrat und seine Mitglieder in amtlicher Funktion erfahren, beispielsweise in Besprechungen mit dem Arbeitgeber oder Verhandlungen vor der Einigungsstelle.[1212]

Im Unterschied zur Verschwiegenheitspflicht des Arbeitnehmers aus § 241 Abs. 2 BGB setzt § 79 Abs. 1 BetrVG eine ausdrückliche Geheimhaltungserklärung voraus. Der Arbeitgeber muss darauf hinweisen, dass die betreffende Angelegenheit ein Betriebs- oder Geschäftsgeheimnis darstellt, über das Stillschweigen zu wahren ist.[1213] Eine Geheimhaltungserklärung greift aber umgekehrt nur dann, wenn tatsächlich ein Betriebs- oder Geschäftsgeheimnis vorliegt. Erklärt der Arbeitgeber Umstände, die materiell keinen Geheimnischarakter haben, für geheimhaltungsbedürftig, folgt daraus keine Schweigepflicht nach § 79 Abs. 1 BetrVG.[1214]

Im Vordergrund steht das Verbot der Offenbarung von Betriebs- und Geschäftsgeheimnissen. Es richtet sich gegen jede Weitergabe des Geheimnisses an unbefugte Dritte.[1215] Ausnahmen sehen § 79 Abs. 1 S. 3 und S. 4 BetrVG lediglich für die Weitergabe von Geheimnissen innerhalb des Betriebsrats sowie an bestimmte andere betriebsverfassungsrechtliche Organe, Einrichtungen und Funktionsträger vor.

Weitere Schweigepflichten der Betriebsratsmitglieder regelt das Betriebsverfassungsrecht in § 99 Abs. 1 S. 3 BetrVG, § 102 Abs. 2 S. 5 BetrVG, § 82 Abs. 2 S. 3 BetrVG und § 83 Abs. 1 S. 3 BetrVG. Sie betreffen allerdings nicht das Verhältnis zwischen Betriebsratsmitgliedern und Arbeitgeber, sondern deren Verhältnis zu den Arbeitnehmern. Die Weitergabe personenbezogener Informationen durch den Betriebsrat und seine Mitglieder fällt zudem unter das Datengeheimnis nach § 5 BDSG.[1216]

1211 BAG vom 26.02.1987, AP Nr. 2 zu § 79 BetrVG 1972, unter II. 2. b) und c); *Schwipper*, Meinungsäußerungen, S. 110. Zum Begriff der Betriebs- und Geschäftsgeheimnisse bereits Teil 4 B. II. 1. a), S. 209.

1212 *Thüsing*, in: Richardi, BetrVG, § 79 Rn. 9.

1213 *Oetker*, in: GK-BetrVG, § 79 Rn. 21.

1214 LAG Schleswig-Holstein vom 20.05.2015, LAGE § 79 BetrVG 2001 Nr. 2, unter B. II. 1; *Oetker*, in: GK-BetrVG, § 79 Rn. 23.

1215 Zum Offenbarungsbegriff *Fitting*, BetrVG, § 79 Rn. 16.

1216 Vgl. BAG vom 03.06.2003, AP Nr. 1 zu § 89 BetrVG 1972, unter B. II. 2.

b) Weitergehende Verschwiegenheitspflichten aus § 2 Abs. 1 BetrVG?

Offenbaren der Betriebsrat oder dessen Mitglieder Betriebsinterna, die nicht die Qualität eines Betriebs- oder Geschäftsgeheimnisses haben, ist im Verhältnis der Betriebspartner nach dem bisher Festgestellten allenfalls ein Verstoß gegen den Grundsatz vertrauensvoller Zusammenarbeit denkbar.

§ 2 Abs. 1 BetrVG begründet keine allgemeine Verschwiegenheitspflicht.[1217] Dies würde missachten, dass mit § 79 Abs. 1 BetrVG bereits eine gesetzliche Konkretisierung der Kooperationsmaxime vorhanden ist. Sie legt den Umfang der Schweigepflicht als besondere Amtspflicht des Betriebsrats und der Betriebsratsmitglieder auf Betriebs- und Geschäftsgeheimnisse fest und enthält dadurch eine inhaltlich abschließende Regelung.[1218]

Gleichwohl steht § 2 Abs. 1 BetrVG der Weitergabe von Informationen dann entgegen, wenn diese als rechtsmissbräuchlich nicht mit dem Gebot vertrauensvoller Zusammenarbeit vereinbar ist. Das nach außen Tragen von Kenntnissen kann sich auch jenseits der betriebsverfassungsrechtlichen Verschwiegenheitspflicht aus § 79 Abs. 1 BetrVG als illoyal darstellen, wenn das Diskretionsinteresse des Arbeitgebers das Offenbarungsinteresse des Betriebsrats oder Betriebsratsmitglieds so erheblich überwiegt, dass die Weitergabe der betreffenden Information den Arbeitgeber unbillig benachteiligen würde.[1219]

Die Kooperationsmaxime verpflichtet Arbeitgeber und Betriebsrat, gegenseitiges Vertrauen als Basis der gemeinsamen Zusammenarbeit zu fördern und die Grundlagen bestehenden Vertrauens nicht zu zerstören.[1220] Die so formulierte Loyalitätspflicht verbietet es den Betriebspartnern insbesondere, die jeweils andere Seite bewusst zu schädigen. Grundrechtspositionen des Betriebsrats, insbesondere aus Art. 5 Abs. 1 GG, sind im Wege einer umfassenden Interessenabwägung[1221] dem über Art. 12 Abs. 1 GG geschützten wirtschaftlichen Geheimhaltungsinteresse des Arbeitgebers gegenüberzustellen. Überwiegt das

---

1217 *Schwipper*, Meinungsäußerungen, S. 127; a. A. wohl *Wiese*, in: 50 Jahre BAG, S. 1125 (1137).

1218 *Hitzfeld*, Geheimnisschutz, S. 75.

1219 *Hitzfeld*, Geheimnisschutz, S. 76; *Schwipper*, Meinungsäußerungen, S. 130 f.; a. A. *Simitis/Kreuder*, NZA 1992, 1009 (1012), die annehmen, dass sich der Betriebsrat außerhalb von § 79 BetrVG frei äußern kann.

1220 Zum Charakter von § 2 Abs. 1 BetrVG als Konkretisierung des Grundsatzes von Treu und Glauben A. II. 2., S. 243-244.

1221 Zum Erfordernis einer umfassenden Interessenabwägung vgl. *Hitzfeld*, Geheimnisschutz, S. 76.

Geheimhaltungsbedürfnis in erheblichem Maße, verstößt eine Weitergabe der Information als illoyal gegen § 2 Abs. 1 BetrVG.

Die Annahme einer rechtsmissbräuchlichen Informationsweitergabe in diesem Sinne muss auf Ausnahmefälle beschränkt sein. Einige Stimmen in der Literatur bejahen einen Loyalitätsverstoß insbesondere, wenn ein offensichtlich als solches erkennbares Betriebs- oder Geschäftsgeheimnis offengelegt wird, für das eine Geheimhaltungserklärung versehentlich oder unwissentlich fehlt.[1222] Ein weiterer Anwendungsbereich sind Fälle externen Whistleblowings durch den Betriebsrat oder dessen Mitglieder, auf die im Folgenden einzugehen ist.

2. *Externes Whistleblowing durch Betriebsratsgremium und Mitglieder des Betriebsrats*

Das Verbot des Whistleblowing gilt auch für den Betriebsrat und seine Mitglieder.[1223] Zwar entfaltet die betriebsverfassungsrechtliche Schweigepflicht aus § 79 Abs. 1 BetrVG nach überwiegender Auffassung für rechtswidrige Umstände keine Wirkung.[1224] Daraus folgt aber umgekehrt noch nicht das Recht, gesetzeswidrige Umstände auch anzeigen zu dürfen. Denn dem Arbeitgeber drohen durch eine Anzeige gegenüber den zuständigen Behörden oder gar der breiten Öffentlichkeit sowohl wirtschaftliche Nachteile als auch ein möglicherweise erheblicher Reputationsverlust. Besondere Vorgaben enthält § 89 Abs. 1 S. 2 BetrVG für das Arbeitsschutzrecht (dazu im Folgenden unter a)). Außerhalb dieses speziellen Regelungsbereichs ist die Frage eines grundsätzlichen Anzeigerechts von Betriebsrat und Gremiumsmitgliedern zu klären (dazu im Folgenden unter b).

a) *Zusammenarbeit mit den zuständigen Stellen in Angelegenheiten des Arbeitsschutzes*

Der Betriebsrat hat nach § 89 Abs. 1 S. 2 BetrVG bei der Bekämpfung von Unfall- und Gesundheitsgefahren die für den Arbeitsschutz zuständigen Behörden, die Träger der gesetzlichen Unfallversicherung und die sonstigen in Betracht kommenden Stellen durch Anregung, Beratung und Auskunft zu unterstützen. Im Rahmen dieser Unterstützungspflicht ist der Betriebsrat sowohl berechtigt als

1222 *Hitzfeld*, Geheimnisschutz, S. 77; *Schwipper*, Meinungsäußerungen, S.131.

1223 *Thüsing*, in: Richardi, BetrVG, § 79 Rn. 16.

1224 Rechtswidrige Umstände stellen keine Betriebs- oder Geschäftsgeheimnisse i.S.v. § 79 Abs. 1 BetrVG dar (*Fitting*, BetrVG, § 79 Rn. 3; *Hitzfeld*, Geheimnisschutz, S. 26; *Oetker*, in: GK-BetrVG, § 79 Rn. 13; *Rieble/Wiebauer*, ZfA 2010, 63 (128); *Schwipper*, Meinungsäußerungen, S. 134).

auch verpflichtet, betriebliche Missstände an die zuständigen Stellen zu berichten.[1225] Diese für den Arbeitsschutz spezielle Anzeigepflicht lässt eine etwaige Geheimhaltungsverpflichtung aus § 79 Abs. 1 BetrVG zurücktreten.[1226]

Gleichwohl ist das Betriebsratsgremium auch im Rahmen des Arbeitsschutzes an die Grundsätze aus § 2 Abs. 1 BetrVG und § 74 Abs. 1 S. 2 BetrVG gebunden. Er hat daher vor einer behördlichen Anzeige arbeitsschutzrechtlicher Missstände zunächst auf den Arbeitgeber einzuwirken.[1227] Erst, wenn der Versuch einer innerbetrieblichen Abhilfe gescheitert ist, darf der Betriebsrat sich an die in § 89 Abs. 1 S. 2 BetrVG genannten externen Stellen wenden.

b) Anzeige anderweitigen Fehlverhaltens des Arbeitgebers

Außerhalb des Anwendungsbereichs von § 89 Abs. 1 S. 2 BetrVG stellt sich die kritische Frage nach einer allgemeinen Berechtigung des Betriebsratsgremiums und der Betriebsratsmitglieder rechtswidrige Umstände zur Anzeige zu bringen.

Ein Anzeigerecht ist jedenfalls insoweit anzunehmen, als nach § 138 StGB anzeigepflichtige Katalogtaten im Raum stehen.[1228] Kein Betriebsratsmitglied muss riskieren, sich zu Gunsten des Arbeitgebers selbst der Strafverfolgung auszusetzen, indem er von einer Anzeige absieht.[1229] Im Übrigen ist zu differenzieren, ob der Betriebsrat als Gremium (dazu im Folgenden unter aa)) oder ein einzelnes Betriebsratsmitglied (dazu im Folgenden unter bb)) regelwidrige Verhaltensweisen zur Anzeige bringt.

aa) Externes Whistleblowing durch den Betriebsrat als Organ

Im Hinblick auf die Reichweite des betriebsverfassungsrechtlichen Mandats und das Gebot vertrauensvoller Zusammenarbeit erscheint ein generelles Anzeigerecht des Betriebsrats als Organ kritisch und ist im Ergebnis abzulehnen.

Die Information von Behörden, Presse oder sonstiger Öffentlichkeit gehört nicht zum Aufgabenbereich des Betriebsrats.[1230] Dieser Grundsatz gilt auch für die Frage externen Whistleblowings. Das Betriebsratsgremium hat keine

---

1225 *Kania*, in: ErfK, § 89 BetrVG Rn. 2; *Wiebauer*, NZA 2015, 22 (25).

1226 BAG vom 03.06.2003, AP Nr. 1 zu § 89 BetrVG 1972, unter B. II. 2.

1227 BAG vom 03.06.2003, AP Nr. 1 zu § 89 BetrVG 1972, unter B. II. 2.; *Wiebauer*, NZA 2015, 22 (25).

1228 *Thüsing*, in: Richardi, BetrVG, § 79 Rn. 16.

1229 Im Hinblick auf die arbeitsvertragliche Loyalitätspflicht Teil 4 B. II. 2. b) aa), S. 213-220.

1230 BAG vom 18.09.1991, AP Nr. 40 zu § 40 BetrVG 1972, unter B. IV. 2. sowie bereits B. III. 1. c) bb), S. 263-264.

öffentlich-keitsorientierte Funktion als eine Art „*Betriebspolizei*".[1231] Seine Aufgabenwahrnehmung ist auf die Repräsentation der Arbeitnehmer gegenüber der Arbeitgeberseite und als solche auf den innerbetrieblichen Bereich beschränkt.

In diesem Sinne hat der Betriebsrat die in der Betriebsverfassung vorgesehenen Eskalationsstufen einzuhalten. Vorrangig sind nach § 74 Abs. 1 S. 2 BetrVG Möglichkeiten zu interner Verhandlung und Einwirkung auf den Arbeitgeber zu nutzen. Der Betriebsrat kann und muss im Interesse einer effektiven Arbeitnehmervertretung gegebenenfalls sogar internen Druck auf die Arbeitgeberseite ausüben und die Einhaltung rechtlicher Standards einfordern. Umgeht der Arbeitgeber beispielsweise die Vorgaben des ArbZG, indem er Mitarbeiter verpflichtet, nach Erreichen der gesetzlich zulässigen Höchstarbeitszeit auszustechen und anschließend weiterzuarbeiten, hat der Betriebsrat die Schutzinteressen der Belegschaft betriebsintern wahrzunehmen.

Im Außenverhältnis darf der Betriebsrat als Organ dagegen lediglich in den durch § 89 Abs. 1 S. 2 BetrVG vorgesehenen Fällen Informationen zu rechtswidrigen Umständen an die zuständigen Behörden weitergeben. Jede darüber hinausgehende Anzeige durch das Betriebsratsgremium liegt außerhalb seiner betriebsverfassungsrechtlichen Aufgabenwahrnehmung. Der Betriebsrat kann sich insoweit weder auf den Schutz der Meinungsfreiheit noch auf das staatsbürgerliche Anzeigerecht aus Art. 2 Abs. 1 i.V.m. Art. 20 Abs. 3 GG oder das Petitionsrecht[1232] berufen. Seine Grundrechtsfähigkeit besteht selbst bei Anwendbarkeit dieser Grundrechte jedenfalls nur im Umfang seines betriebsverfassungsrechtlichen Mandats.[1233] Auf Interessen der Öffentlichkeit kann er sich ebenso wenig stützen, da er zu deren Repräsentation nicht berufen ist.[1234]

Alleine diese Bewertung entspricht dem Gebot vertrauensvoller Zusammenarbeit, das eine offene Konfrontation zwischen Arbeitgeber und Betriebsrat nicht zulässt. Mangels geschützter Rechtspositionen des Betriebsrats muss im Rahmen der Interessenabwägung das Geheimhaltungsinteresse des Arbeitgebers in erheblichem Maße überwiegen; eine dennoch erstattete Anzeige ist mit Blick auf § 2 Abs. 1 BetrVG illoyal.[1235] Der Betriebsrat kann außerhalb der durch

1231 Zutreffend *Rieble/Wiebauer*, ZfA 2010, 63 (128 f.).

1232 Zur prinzipiellen Grundrechtsfähigkeit des Betriebsrats im Hinblick auf Art. 17 GG vgl. *Ellenbeck*, Grundrechtsfähigkeit, S. 132.

1233 Vgl. B. III. 1. a), S. 254-255.

1234 a. A. wohl *Hitzfeld*, Geheimnisschutz, S. 79; *Schwipper*, Meinungsäußerungen, S. 137.

1235 a. A. *Schwipper*, Meinungsäußerungen, S. 137 sowie *Wiese*, in: 50 Jahre BAG, S. 1125 (1135 f.), die Anzeigen des Betriebsratsgremiums gegenüber den zuständigen

§ 138 StGB und § 89 Abs. 1 S. 2 BetrVG normierten Bereiche nicht in rechtlich zulässiger Weise zum externen Whistleblower werden.

bb) Externes Whistleblowing durch das einzelne Betriebsratsmitglied

Für die Zulässigkeit von Anzeigen durch einzelne Gremiumsmitglieder ist deren Doppelrolle als Arbeitnehmer und Amtsträger von entscheidender Bedeutung.

Als Arbeitnehmer unterliegt das einzelne Betriebsratsmitglied der Verschwiegenheitspflicht aus § 241 Abs. 2 BGB, die § 79 Abs. 1 BetrVG grundsätzlich unberührt lässt.[1236] Die Zulässigkeit externen Whistleblowings richtet sich im Hinblick auf die arbeitsvertragliche Schweigepflicht nach den durch das BVerfG, BAG und EGMR entwickelten Leitlinien. Die Anzeige darf sich im Rahmen einer umfassenden Interessenabwägung insgesamt nicht als unverhältnismäßige Reaktion des Arbeitnehmers darstellen. Als Kriterien der Einzelfallabwägung sind ein interner Abhilfeversuch, die inhaltliche Berechtigung der Anzeige, das öffentliche Interesse an der Information, die Motivation des Arbeitnehmers und ein gegebenenfalls besonderes Schädigungspotential zu berücksichtigen.[1237] Bewegt sich der Arbeitnehmer in den Grenzen dieses durch die Rechtsprechung abgesteckten Bereichs, kann er gesetzeswidrige betriebsinterne Umstände rechtmäßig zur Anzeige bringen. Für die Offenlegung derartiger Umstände in Medien wie Fernsehen, Presse oder Internet gelten noch engere Vorgaben. Der Schritt an die breite Öffentlichkeit ist nur in Ausnahmefällen zulässig.[1238]

In seiner Rolle als Amtsträger hat das Betriebsratsmitglied dagegen den Umfang des betriebsverfassungsrechtlichen Mandats sowie das Gebot vertrauensvoller Zusammenarbeit zu beachten. Insoweit fehlt ihm außerhalb von § 138 StGB und § 89 Abs. 1 S. 2 BetrVG eine Berechtigung zur Anzeige rechtswidriger Umstände in gleicher Weise wie sie dem Betriebsrat als Organ fehlt.[1239]

Dies hat zur Folge, dass das Betriebsratsmitglied zwar nicht als Amtsträger, wohl aber als Arbeitnehmer zu externem Whistleblowing berechtigt sein kann. Die Amtsträgereigenschaft vermag ein Anzeigerecht als Arbeitnehmer auch nicht auszuschließen. Denn die betriebsverfassungsrechtlichen Pflichten binden das Gremiumsmitglied nur, soweit es in amtlicher Funktion tätig wird.

Behörden oder der allgemeinen Öffentlichkeit nach einem gescheiterten bzw. unzumutbaren internen Abhilfeversuch für zulässig erachten.

1236 *Oetker*, in: GK-BetrVG, § 79 Rn. 20.

1237 Zur Zulässigkeit externen Whistleblowings im Hinblick auf § 241 Abs. 2 BGB Teil 4 B. II. 2. b) aa), S. 213-220.

1238 Vgl. Teil 4 B. II. 2. b) bb), S. 220-221.

1239 Dazu soeben C. I. 2. b) aa), S. 273-275.

Jenseits seiner Rolle als Amtsträger darf es nicht schlechter stehen als andere Belegschaftsmitglieder. Das Betriebsratsmitglied darf daher als Arbeitnehmer, nicht aber als Amtsträger gesetzeswidrige Umstände gegenüber den zuständigen Behörden oder im Ausnahmefall gegenüber der breiten Öffentlichkeit offenlegen. Soweit das Betriebsratsmitglied in seiner Eigenschaft als Arbeitnehmer in rechtlich zulässiger Weise zum Whistleblower wird, müssen Sanktionen wegen Verstoßes gegen § 2 Abs. 1 BetrVG ausscheiden.

II. Ehrschutz im Verhältnis der Betriebspartner

Das Prinzip einer durch Treu und Glauben geprägten *vertrauensvollen* Zusammenarbeit wird verletzt, wenn ein Betriebspartner die Ebene des respektvollen Umgangs verlässt. Die Meinungsfreiheit gilt auch im Verhältnis der Betriebspartner zueinander.[1240] Begrenzt wird sie über den allgemeinen Gesetzesvorbehalt in Art. 5 Abs. 2 GG durch die gesetzlichen Konkretisierungen der Kooperationsmaxime wie auch durch § 2 Abs. 1 BetrVG selbst.

In weiten Teilen fallen Beleidigungen und Herabsetzungen des Betriebspartners bereits unter die Störungsverbote aus §§ 74 Abs. 2, 78 S. 1 BetrVG. Sind Äußerungen des Arbeitgebers geeignet, den Betriebsrat in den Augen der Belegschaft herabzusetzen, liegt darin eine Behinderung der Betriebsratstätigkeit im Sinne von § 78 S. 1 BetrVG.[1241] Diffamierende Stellungnahmen über den jeweils anderen Betriebspartner beeinträchtigen zudem regelmäßig den Betriebsfrieden und sind nach § 74 Abs. 2 S. 2 BetrVG unzulässig.[1242]

Soweit herabsetzende Verhaltensweisen (noch) keine Störung der Betriebsratsarbeit oder des Betriebsfriedens zur Folge haben, finden sie ihre Grenze in § 2 Abs. 1 BetrVG. Arbeitgeber und Betriebsrat sind in gleicher Weise verpflichtet, sich redlich und loyal zu verhalten, um die gemeinsame Vertrauensbasis für die weitere Zusammenarbeit zu schützen. Im Hinblick auf das Gebot vertrauensvoller Zusammenarbeit muss sich keiner der Betriebspartner Diskreditierungen gefallen lassen.

Gerade für den Arbeitgeber bergen herabsetzende Stellungnahmen das erhebliche Risiko einer nachhaltigen Rufschädigung. Äußert sich der Betriebsrat herabwürdigend über den Arbeitgeber, zerstört dies mindestens vorübergehend, unter Umständen aber auch langfristig die Vertrauensbasis zwischen

---

1240 Zur Meinungsfreiheit des Betriebsrats B. III. 1. a), S. 254-255.

1241 LAG Niedersachsen vom 06.04.2004, NZA-RR 2005, 78 sowie B. III. 2. a), S. 265-266.

1242 *Fitting*, BetrVG, § 74 Rn. 31a; zu Diffamierungen des Arbeitgebers auch *Schwipper*, Meinungsäußerungen, S. 158 sowie bereits B. III. 1. c), S. 260-264.

den Betriebspartnern. Mit § 2 Abs. 1 BetrVG ist das nicht vereinbar.[1243] Gleiches gilt für gegen den Arbeitgeber gerichtete Stellungnahmen, die ein einzelnes Betriebsratsmitglied in amtlicher Funktion abgibt.[1244] Äußert das Mitglied sich im Zusammenhang mit Angelegenheiten der Betriebsratsarbeit, wird es im Zweifel nicht als Arbeitnehmer, sondern als Funktionsträger tätig.

Diskreditiert umgekehrt der Arbeitgeber den Betriebsrat oder einzelne seiner Mitglieder in ihrer amtlichen Funktion und Aufgabenwahrnehmung, kündigt auch er dadurch die Grundlage einer vertrauensvollen Zusammenarbeit auf. Zwar vermag sich der Betriebsrat als Organ nicht auf persönlichen Ehrschutz nach Art. 2 Abs. 1 i.V.m. Art. 1 Abs. 1 GG zu berufen.[1245] Dieser Umstand lässt gleichwohl den Schutz des allgemeinen Persönlichkeitsrechts der einzelnen Betriebsratsmitglieder unberührt. In Betracht kommen sowohl Beleidigungen des einzelnen Betriebsratsmitglieds als auch aller Mitglieder in ihrer Zugehörigkeit zum Gremium. Der Betriebsrat stellt einen klar umgrenzten, zahlenmäßig überschaubaren Personenkreis dar. Diffamierungen können sich daher als Beleidigung unter einer Kollektivbezeichnung[1246] darstellen, die sämtliche Mitglieder des Betriebsrats treffen.

Beleidigungen und Diffamierungen sind beiden Betriebspartnern damit jedenfalls auf Grundlage des Gebots zu vertrauensvoller Zusammenarbeit untersagt.

D. Rechtsfolgen von Solidaritätsverstößen

Arbeitgeber und Betriebsrat müssen Verstöße des jeweils anderen Betriebspartners gegen die auf Grundlage der Kooperationsmaxime geltenden Solidaritätspflichten nicht hinnehmen.

I. Verstöße von Betriebsratsseite

Der Arbeitgeber kann in erster Linie ein Amtsenthebungs- oder Auflösungsverfahren nach § 23 Abs. 1 BetrVG betreiben, um Solidaritätsverstöße zu unterbinden (dazu im Folgenden unter 1.). Daneben bestehen weitere

---

1243 Zu herabsetzenden Äußerungen des Betriebsrats gegenüber der Agentur für Arbeit ArbG Marburg vom 28.05.1999, NZA-RR 2001, 91 (92 f.); vgl. auch *Schwipper*, Meinungsäußerungen, S. 164 f.

1244 LAG Niedersachsen vom 25.10.2004, NZA-RR 2005, 530 (532).

1245 Zu Recht *Ellenbeck*, Grundrechtsfähigkeit, S. 134.

1246 Eingehend zu den Voraussetzungen der Beleidigung unter einer Kollektivbezeichnung *Regge/Pegel*, in: MüKo StGB, Vorb. §§ 185 ff. Rn. 57 ff.

Sanktionsmöglichkeiten von eher untergeordneter Relevanz (dazu im Folgenden unter 2.).

1. *Amtsenthebung von Betriebsratsmitgliedern und Auflösung des Betriebsrats*

Verletzt ein Gremiumsmitglied seine betriebsverfassungsrechtlichen Pflichten in grober Weise, kann der Arbeitgeber ein Verfahren auf Amtsenthebung gegen das betreffende Mitglied einleiten. Eine grobe Verletzung muss objektiv erheblich und offensichtlich schwerwiegend sein, so dass unter Berück-sichtigung aller Umstände die weitere Amtsausübung des Betriebsratsmitglieds untragbar erscheint.[1247] Bei Pflichtverletzungen, die in die Gesamtverantwortung des Betriebsrats fallen, kann der Arbeitgeber unter denselben Voraussetzungen die Auflösung des Gremiums beantragen.[1248]

Nicht abschließend geklärt ist die Frage, ob der Arbeitgeber als Minus zu einem Amtsenthebungs- oder Auflösungsantrag eine betriebsverfassungsrechtliche Abmahnung aussprechen kann.[1249] Den Befürwortern ist darin zuzustimmen, dass die betriebsverfassungsrechtliche Abmahnung im Einklang mit der Kooperationsmaxime steht.[1250] Die durch die Pflichtverletzung von Betriebsratsseite ohnehin schon belastete Vertrauensbasis der Betriebspartner wird durch sie weit weniger beeinträchtigt als durch ein unmittelbares Amtsenthebungs- oder Auflösungsverfahren. Selbst bei Anerkennung dieses Rechtsinstituts ist ihr rechtlicher Nutzen jedoch gering. Da eine betriebsverfassungsrechtliche Abmahnung lediglich zukünftige Sanktionen androht, kann sie zur Verhaltenssteuerung in der Praxis kaum Wirkung entfalten. Der dogmatische Streit ist letztlich größer als der Gewinn durch dieses Rechtsinstitut.

1247 BAG vom 21.02.1978, AP Nr. 1 zu § 74 BetrVG 1972, unter II. 2. d); BAG vom 27.07.2016, NZA 2017, 136 (137).

1248 BAG vom 22.06.1993, AP Nr. 22 zu § 23 BetrVG 1972, unter B. III. 3.

1249 Für die Anerkennung des Instituts einer betriebsverfassungsrechtlichen Abmahnung u. a. *Freckmann/Koller-van Delden*, BB 2006, 490 (494); *Koch*, in: ErfK, § 23 BetrVG Rn. 4 sowie *Schleusener*, NZA 2001, 640 (642); zu einer betriebsverfassungsrechtlichen Abmahnung ggü. dem Betriebsratsgremium ArbG Solingen vom 18.02.2016, 3 BV 15/15, juris, Rn. 40 ff.; *Trittin*, in: Däubler et. al., BetrVG, § 23 Rn. 149 geht gar von einer Abmahnungspflicht aus. Ablehnend dagegen LAG Berlin-Brandenburg vom 12.11.2012, NZA-RR 2013, 293 (295); *Fitting*, BetrVG, § 23 Rn. 17a; *Thüsing*, in: Richardi, BetrVG, § 23 Rn. 11.

1250 Vgl. *Freckmann/Koller-van Delden*, BB 2006, 490 (494 f.).

Arbeitsvertragliche Sanktionen gegen ein Betriebsratsmitglied, namentlich Abmahnung und außerordentliche Kündigung des Arbeitsverhältnisses nach § 15 KSchG i.V.m. § 626 BGB, kommen daneben nur in Betracht, wenn die Amtspflichtverletzung auch zugleich die arbeitsvertragliche Pflichtenstellung berührt.[1251] Beispielsweise verstößt die Preisgabe von Betriebs- und Geschäftsgeheimnissen unter Missachtung von § 79 Abs. 1 BetrVG regelmäßig auch gegen die arbeitsvertragliche Verschwiegenheitspflicht, den Arbeitgeber diffamierende Äußerungen in der Öffentlichkeit stellen zugleich einen Verstoß gegen die arbeitsvertragliche Loyalitätspflicht dar und das Fernbleiben vom Arbeitsplatz für eine nicht erforderliche Betriebsratstätigkeit verletzt die Pflicht zur Arbeitsleistung. Nach der Rechtsprechung des BAG ist an die Rechtfertigung einer außerordentlichen Kündigung allerdings ein besonders strenger Maßstab zu stellen.[1252] Dies trägt dem Umstand Rechnung, dass das Betriebsratsmitglied aufgrund seiner Amtsstellung Konfliktsituationen ausgesetzt ist, in die Arbeitnehmer ohne Betriebsratsamt typischerweise nicht geraten.[1253]

2. *Ergänzende Sanktionsmöglichkeiten*

Inwieweit Unterlassungsansprüche des Arbeitgebers gegen Betriebsrat und Gremiumsmitglieder bestehen können, ist aktuell mehr denn je problematisch. Hat das BAG sie bisher regelmäßig aus bestimmten Einzeltatbeständen des BetrVG abgeleitet, lehnt es Unterlassungsansprüche des Arbeitgebers aus § 74 Abs. 2 S. 1 und S. 3 BetrVG nunmehr gänzlich ab.[1254] Mit Beschluss vom 28.05.2014 hat der Siebte Senat festgehalten, dass diese Rechtsprechung auch für andere betriebsverfassungsrechtliche Vorschriften gelte.[1255] Mit Blick darauf scheint es

---

1251 So die herrschende „*Simultantheorie*" (vgl. BAG vom 15.07.1992, AP Nr. 9 zu § 611 BGB Abmahnung, unter 2. b); *Oetker*, in: GK-BetrVG, § 23 Rn. 28).

1252 BAG vom 22.08.1974, AP Nr. 1 zu § 103 BetrVG 1972, unter C. V. 1.

1253 Vgl. BAG vom 16.10.1986, AP Nr. 95 zu § 626 BGB, unter B. II. 4.; BAG vom 23.10.2008, AP Nr. 58 zu § 103 BetrVG 1972, unter B. II. 3.

1254 Zu § 74 Abs. 2 S. 1 BetrVG (Arbeitskampfverbot): BAG vom 15.10.2013, AP Nr. 181 zu Art. 9 GG Arbeitskampf, unter B. IV. 1.; a. A. insoweit noch LAG Berlin-Brandenburg vom 31.01.2012, BB 2013, 702 (703) sowie LAG München vom 06.05.2010, 3 TaBVGa 10/10, juris, Rn. 38 ff. Zu § 74 Abs. 2 S. 3 BetrVG (Verbot parteipolitischer Betätigung): BAG vom 17.03.2010, AP Nr. 12 zu § 74 BetrVG 1972, unter B. II. 5.; Im Anschluss daran hat das LAG Düsseldorf (Beschluss vom 14.12.2010, NZA-RR 2011, 137 (141)) zuletzt auch hinsichtlich § 74 Abs. 2 S. 2 BetrVG einen Unterlassungsanspruch verneint.

1255 BAG vom 28.05.2014, AP Nr. 66 zu § 76 BetrVG 1972, unter B. I.

naheliegend, dass das BAG zukünftig auch an einem Unterlassungsanspruch aus § 79 Abs. 1 BetrVG nicht mehr festhalten wird.[1256]

Die dogmatische Richtigkeit dieser Rechtsprechungsänderung mag vorliegend dahinstehen.[1257] Möglich bleiben nach der aktuellen Rechtsprechung des BAG allenfalls Unterlassungsansprüche aus § 1004 Abs. 1 S. 2 BGB, wenn der Betriebsrat oder seine Mitglieder betriebsverfassungsrechtliche Pflichten unter Nutzung der Sachmittel verletzen, die ihnen von Arbeitgeberseite zur Verfügung gestellt sind.[1258] Dem Arbeitgeber wird daher zur Geltendmachung der solidarischen Zusammenarbeitsverpflichtung vielfach nur ein gerichtlicher Feststellungsantrag bleiben.

Schadensersatzansprüche sind zwar nicht gegen den Betriebsrat als Organ,[1259] wohl aber gegen die einzelnen Gremiumsmitglieder möglich. Stellt die Pflichtverletzung eines Betriebsratsmitglieds eine unerlaubte Handlung dar, ist die Möglichkeit deliktischer Haftung grundsätzlich eröffnet.[1260] Gleichwohl ist die rechtliche Bedeutung gering. Verstöße gegen betriebsverfassungsrechtliche Amtspflichten verletzen nur in Ausnahmefällen das Eigentum oder andere durch § 823 Abs. 1 BGB geschützte Rechtsgüter des Arbeitgebers. Als Schutzgesetz im Sinne von § 823 Abs. 2 BGB ist im Wesentlichen § 79 Abs. 1 BetrVG anerkannt.[1261]

Verstöße gegen die Geheimhaltungspflicht aus § 79 Abs. 1 BetrVG eröffnen zudem die Möglichkeit strafrechtlicher Verfolgung nach § 120 BetrVG und den Vorschriften des UWG.

II. Verstöße des Arbeitgebers

Der Betriebsrat hat im Gegensatz zur Arbeitgeberseite eine ganze Bandbreite an Möglichkeiten, um Zuwiderhandlungen des Arbeitgebers gegen die solidarischen Verpflichtungen aus dem Gebot vertrauensvoller Zusammenarbeit zu begegnen.

1256 Bisher bejahend BAG vom 26.02.1987, AP Nr. 2 zu § 79 BetrVG, unter II. 2.

1257 In der Literatur ist die Rechtsprechungsänderung zum Teil auf erhebliche Kritik gestoßen (vgl. nur *Kreutz*, in: GK-BetrVG, § 74 Rn. 88, 127; *Pfrogner*, RdA 2016, 161 (166); *Wiebauer*, BB 2010, 3091 (3094).

1258 BAG vom 15.10.2013, AP Nr. 181 zu Art. 9 GG Arbeitskampf, unter B. IV. 2.

1259 Da Naturalrestitution im Regelfall ausscheidet, muss eine Haftung des Betriebsratsgremiums an dessen fehlender Vermögensfähigkeit scheitern (*Gamillscheg*, Koll. ArbR II, S. 576).

1260 *Thüsing*, in: Richardi, BetrVG, Vorb. Dritter Abschnitt Rn. 15.

1261 *Fitting*, BetrVG, § 79 Rn. 43.

Auf grobe Verstöße des Arbeitgebers gegen betriebsverfassungsrechtliche Pflichten kann der Betriebsrat mit einem Zwangsverfahren nach § 23 Abs. 3 BetrVG reagieren. Auch auf Arbeitgeberseite betrifft dies lediglich objektiv erhebliche und offensichtlich schwerwiegende Pflichtverletzungen.[1262] Der Betriebsrat kann nach § 23 Abs. 3 BetrVG beantragen dem Arbeitgeber aufzugeben ein pflichtwidriges Verhalten zu unterlassen, eine bestimmte Handlung zu dulden oder vorzunehmen. Widersetzt sich der Arbeitgeber gegen die gerichtliche Anordnung, sind Ordnungs- oder Zwangsgeld möglich.

Erreicht die Pflichtverletzung nicht die Schwelle eines groben Verstoßes, hat der Betriebsrat die Möglichkeit, im Wege eines *normalen* arbeitsgerichtlichen Beschlussverfahrens gegen den Arbeitgeber vorzugehen und daraus nach § 85 Abs. 1 ArbGG i.V.m. §§ 888, 890 ZPO die Zwangsvollstreckung zu betreiben.[1263]

Unterlassungsansprüche des Betriebsrats können sich unterhalb der Schwelle grober Pflichtverstöße aus konkreten Einzelbestimmungen, insbesondere aus Mitbestimmungstatbeständen[1264], aber auch aus § 78 S. 1 BetrVG ergeben.[1265]

Schadensersatzansprüche gegen den Arbeitgeber entstehen insbesondere im Zusammenhang mit Verstößen gegen § 78 S. 2 BetrVG. Das in § 78 S. 2 BetrVG enthaltene Benachteiligungsverbot ist Schutzgesetz im Sinne von § 823 Abs. 2 BGB.[1266] Nach aktueller Rechtsprechung begründet die Vorschrift zudem ein gesetzliches Schuldverhältnis und ermöglicht dadurch auch Schadensersatzansprüche aus § 280 Abs. 1 BGB.[1267]

Die vorsätzliche Beeinträchtigung der Betriebsratstätigkeit sowie die vorsätzliche Begünstigung oder Benachteiligung von Betriebsratsmitgliedern sind nach § 119 Abs. 1 Nr. 2 und Nr. 3 BetrVG zudem strafbewehrt.

1262 BAG vom 07.02.2012, AP Nr. 128 zu § 87 BetrVG 1972 Arbeitszeit, unter B. III. 1.; BAG vom 18.03.2014, AP Nr. 48 zu § 23 BetrVG 1972, unter B. II. 2.

1263 *Thüsing*, in: Richardi, BetrVG, § 23 Rn. 78.

1264 BAG vom 03.05.1994, AP Nr. 23 zu § 23 BetrVG 1972, unter B. II. (zu einem Unterlassungsanspruch auf § 87 Abs. 1 BetrVG).

1265 BAG vom 12.11.1997, AP Nr. 27 zu § 23 BetrVG 1972, unter B. 1.; BAG vom 15.10.2014, AP Nr. 79 zu § 80 BetrVG 1972, unter B. II. 2.; *Purschwitz*, Benachteiligungs- und Begünstigungsverbot, S. 101; *Thüsing*, in: Richardi, BetrVG, § 78 Rn. 39.

1266 *Kreutz*, in: GK-BetrVG, § 78 Rn. 23 f., 73; *Purschwitz*, Benachteiligungs- und Begünstigungsverbot, S. 101.

1267 BAG vom 25.06.2014, AP Nr. 14 zu § 78 BetrVG 1972, unter II. 2. b).

E. Zusammenfassung zu Teil 5

Der in § 2 Abs. 1 BetrVG verankerte Grundsatz vertrauensvoller Zusammenarbeit verpflichtet Arbeitgeber und Betriebsrat zu einem solidarisch geprägten Zusammenwirken im Sinne der Arbeitnehmer und des Betriebs. Reziproke Unterstützungspflichten und Störungsverbote gestalten dieses Solidaritätskonzept näher aus. Um schädigende Handlungsweisen auszuschließen, begründet § 2 Abs. 1 BetrVG zudem Loyalitätspflichten. Beide Betriebspartner können diese Verpflichtungen gerichtlich durchsetzen und Verstöße insbesondere mit Hilfe der in § 23 BetrVG vorgesehenen Mittel sanktionieren.

Ergebnisse der Untersuchung in Thesen

Die Untersuchung hat zu den nachfolgendend zusammengefassten wesentlichen Ergebnissen geführt.

Teil 1 Grundlagen der Solidarität in Soziologie, Ethik und Recht

I. Solidarität hat stets eine soziologische und eine ethische Dimension, die dem Begriff sein besonderes Gepräge geben. Immer geht es um eine Handlungsverpflichtung, die auf deskriptiv nachweisbarer Verbundenheit der beteiligten Individuen basiert. So verstandene Solidarität vermag sowohl in Personengruppen als auch zwischen einzelnen Individuen zu wirken, unabhängig von deren sozialer Gleichheit oder Verschiedenheit. Sie kann unterschiedliche Erscheinungsformen annehmen, die überwiegend eine wechselseitige Beziehung betreffen. Als kollektivitätsorientierte Solidarität verbindet sie Individuen zum Zwecke der Interessendurchsetzung gegenüber Dritten, in Form erweiterter Reziprozität ordnet sie Individualinteressen im Innenverhältnis auf ein Gemeinschaftsinteresse hin und als Loyalität bewahrt sie vor Schädigungen und Regelverstößen.

II. Die ethische Handlungsverpflichtung erhält durch die Sozialnormen der Moral und des Rechts konkrete Gestalt in Form von Ge- oder Verboten, um die regelmäßig zugrundeliegende soziale Dilemma-Struktur aufzulösen und solidarisches Verhalten dadurch sicherzustellen. Da Moral und Recht als Normensysteme unterschiedlich wirken, haben sie keine gegenseitige Rechtfertigungswirkung aufeinander. Rechtlich verbindliche solidarische Handlungsverpflichtungen können primär durch Rechtsnormen entstehen, schließen aber auch richterliche Rechtsfortbildung nicht aus.

Teil 2 Solidarität zwischen Arbeitnehmern

I. Es existiert keine rechtlich wirkende Solidarität aller Arbeitnehmer aufgrund ihrer Zugehörigkeit zur Arbeitnehmerschaft.

1. Das im Rahmen der Arbeitskampfrisikorechtsprechung des BAG entwickelte Rechtsprinzip der Solidarität ist als unzulässige Rechtsfortbildung extra legem abzulehnen. Sie basiert nicht auf gesetzlichen Grundwerten,

sondern gesellschaftspolitischen Wertvorstellungen, von denen der Erste Senat zu Recht wieder Abstand genommen hat.

2. Die in Art. 9 Abs. 3 GG geregelte Koalitionsfreiheit ist kein rechtlicher Ausdruck arbeitnehmerübergreifender Solidarität. Die Tarifautonomie steht nicht im Auftrag aller Arbeitnehmer, sondern legitimiert sich ausschließlich mitgliedschaftsbezogen. Soweit die Koalitionsfreiheit eine partielle Erstreckung von Tarifrecht und eine Einbeziehung von Außenseitern im Arbeitskampf ermöglicht, beruht dies nicht auf einer Arbeitnehmersolidarität, sondern dient dem institutionellen Schutz der Tarifautonomie. Die Idee einer arbeitnehmerübergreifenden Solidarität wäre als Zwangssolidarisierung auch mit der negativen Koalitionsfreiheit nicht in Einklang zu bringen.
3. Einfachgesetzliche Ausgestaltungen einer Arbeitnehmersolidarität bestehen ebenso wenig. Die das Arbeitskampfrecht flankierenden Vorschriften in § 36 Abs. 3 SGB III und § 11 Abs. 5 AÜG dienen ausschließlich der Wahrung staatlicher Neutralität und dem Schutz der Arbeitskampfparität. Soweit § 11 Abs. 5 AÜG in seiner seit 1. April 2017 geltenden Neufassung nunmehr Leiharbeitnehmer mit streikenden Arbeitnehmern des Entleiherbetriebs zwangssolidarisiert, ist diese Regelung mit Art. 9 Abs. 3 GG nicht vereinbar und verfassungswidrig.

II. Als Gewerkschaftsmitglieder unterliegen Arbeitnehmer sowohl gegenüber dem Verband als auch im Verhältnis zu den anderen Mitgliedern rechtlich wirkenden Solidaritätspflichten.

1. Gewerkschaften sind in erheblichem Maße auf innerverbandliche Geschlossenheit ihrer Mitglieder angewiesen, um den Koalitionszweck mit der erforderlichen Durchsetzungskraft gegenüber der Arbeitgeberseite verfolgen zu können. Den Umfang dazu erforderlicher Solidaritätspflichten beschreibt die auch auf Gewerkschaftsmitglieder anwendbare allgemeine vereinsrechtliche Förderpflicht.
2. Die mitgliedschaftliche Förderpflicht begründet kollektivitätsorientierte Solidaritätspflichten zur gemeinsamen Durchsetzung der gewerkschaftlichen Zielsetzung. Ihre wichtigste Ausprägung ist die Folgepflicht im Arbeitskampf. Besonderheiten gelten für den Solidaritätsstreik. Eine Folgepflicht besteht nur zur Unterstützung von Hauptarbeitskämpfen derselben Gewerkschaft, nicht aber zur Unterstützung anderer Gewerkschaften. Aus der Förderpflicht folgende Loyalitätspflichten verbieten dem Mitglied zudem verbandsschädliches Verhalten. Sie beschränken die Möglichkeiten des Mitglieds zu innerverbandlicher Opposition und

lassen die Unterstützung konkurrierender oder gewerkschaftsfeindlicher Organisationen regelmäßig als Pflichtverstoß erscheinen.

3. Verstöße gegen die mitgliedschaftliche Förderpflicht kann die Gewerkschaft im Wesentlichen mit den Mitteln des Vereinsstrafrechts sanktionieren. Missachtet das Mitglied die ihm obliegenden kollektivitätsorientierten Solidaritätspflichten oder Loyalitätspflichten, kann dies als ultima ratio insbesondere den Ausschluss aus dem Verband rechtfertigen.

III. Solidarische Handlungspflichten unter Arbeitnehmern aufgrund ihrer Beschäftigung im selben Betrieb sind nicht anzuerkennen.

1. Eine gegenseitige Solidaritätsverpflichtung von Arbeitnehmern, die in einem Arbeitsverhältnis mit demselben Betriebsinhaber stehen, kann nicht aus der Lehre der Betriebsgemeinschaft abgeleitet werden. Diese ist als Ergebnis unzulässiger Rechtsfortbildung abzulehnen und auch im Wesentlichen überholt.
2. Ebenso wenig finden innerbetrieblich wirkende solidarische Verpflichtungen im arbeitsrechtlichen Normsystem eine Grundlage. Weder muss ein nach § 1 Abs. 3 KSchG im Rahmen der Sozialauswahl von Kündigung betroffener Arbeitnehmer die Beendigung seines Arbeitsverhältnisses aus solidarischer Verpflichtung gegenüber sozial schwächeren Arbeitskollegen akzeptieren noch begründen betriebliche Normen im Sinne von § 3 Abs. 2 TVG ein betriebliches Rechtsverhältnis, das die Arbeitnehmer zu gegenseitiger Solidarität verpflichten würde. Die gesetzliche Haftungsbeschränkung in § 105 Abs. 1 SGB VII formuliert keinen solidarischen Verzicht auf eine Haftung des schädigenden Arbeitskollegen, sondern dient der Vermeidung einer finanziellen Doppelbelastung des Arbeitgebers.

Teil 3 Solidarität zwischen Arbeitgebern

I. Arbeitgeber unterliegen rechtlichen Solidaritätsverpflichtungen ebenfalls nur auf Verbandsebene im Umfang der allgemeinen vereinsrechtlichen Förderpflicht.

II. Arbeitgeberverbände können ihre Mitglieder durch kollektivitätsorientierte Solidaritätspflichten an die verbandliche Tarifpolitik binden. Nicht nur Regelungen zu Tarifdisziplin, sondern auch die satzungsmäßige Absicherung eines Tarifmonopols ist zulässig, um die tarifpolitische Solidarität der Mitglieder aufrechtzuerhalten. Die Folgepflicht der Mitglieder im Arbeitskampf ist (neben kartellrechtlichen Zulässigkeitsfragen) insbesondere für die rechtliche Beurteilung von Streikhilfeverpflichtungen relevant und rechtfertigt satzungsrechtliche Verbote eines Separatfriedens. Loyalitätspflichten bestehen im Rahmen der mitgliedschaftlichen Förderpflicht ebenfalls, sind aber insgesamt von weit geringerer Bedeutung als in Gewerkschaften.

III. Besonderheiten gelten für OT-Mitglieder, die im Stufenmodell eine verbandsrechtliche Sonderstellung einnehmen. Die fehlende Tarifbindung beschränkt nicht nur die Mitgliedsrechte, sondern auch die vereinsrechtliche Förderpflicht. Kollektivitätsorientierte Solidaritätspflichten, einschließlich einer Folgepflicht im Arbeitskampf, gelten für OT-Mitglieder nicht. Loyalitätspflichten haben sie hingegen wie jedes andere Mitglied zu beachten.

IV. Die Sanktionierung von Verstößen gegen die mitgliedschaftliche Förderpflicht richtet sich auch in Arbeitgeberkoalitionen primär nach Vereinsstrafrecht; im Mittelpunkt steht der Verbandsausschluss.

Teil 4 Solidarität im Arbeitsverhältnis

I. Im Arbeitsverhältnis wirkt Solidarität in Form rechtlicher Loyalitätspflichten, die ihre normative Grundlage in § 241 Abs. 2 BGB finden. Die Pflicht zu arbeitsvertraglicher Loyalität verbietet Arbeitnehmer und Arbeitgeber, sich offen gegen die jeweils andere Arbeitsvertragspartei zu stellen und dieser bewusst zu schaden.

II. Zu den Loyalitätspflichten des Arbeitnehmers zählt das Wettbewerbsverbot, das ihm Konkurrenztätigkeiten als Selbstständiger oder in einem weiteren Arbeitsverhältnis verbietet, die Schädigungspotential für die Wettbewerbsinteressen des Arbeitgebers haben. Die Verschwiegenheitspflicht als weitere Ausprägung von Loyalität umfasst sowohl Betriebs- und Geschäftsgeheimnisse als auch weitere Umstände, an deren Geheimhaltung der Arbeitgeber ein berechtigtes Interesse hat. Ausnahmen gelten, wenn der Arbeitnehmer als Zeuge im Strafverfahren auftritt oder nach den Kriterien der Rechtsprechung zulässiger Weise als externer Whistleblower auftritt. Zudem steht die arbeitsvertragliche Loyalitätsbindung rufschädigenden Verhaltensweisen des Arbeitnehmers entgegen. Sowohl Stellungnahmen, die der Unternehmenspolitik widersprechen, als auch ehrenrührige Äußerungen über den Arbeitgeber sind nur in engen Grenzen unter Abwägung der schutzwürdigen Interessen zulässig.

III. Die arbeitsvertragliche Loyalität verpflichtet den Arbeitgeber, konkretisiert durch die Vorschriften des Datenschutzrechts, zu Verschwiegenheit über

Umstände, an deren Geheimhaltung der Arbeitnehmer ein berechtigtes Interesse hat. Ausnahmen greifen, wenn der Arbeitgeber einen Straftatverdacht gegen den Arbeitnehmer hegt. Im Rahmen des Erlaubnistatbestands von § 32 Abs. 1 S. 2 BDSG kann er berechtigt sein, eine Detektei mit der Aufklärung des Verdachts zu beauftragen. Für eine gegen den Arbeitnehmer gerichtete Strafanzeige müssen die für externes Whistleblowing durch Arbeitnehmer entwickelten Rechtsprechungsgrundsätze in umgekehrter Weise gelten. Ehrenrührige Aussagen über den Arbeitnehmer sind auch dem Arbeitgeber nur im Ausnahmefall gestattet.

IV. Verstöße gegen die arbeitsvertraglichen Loyalitätspflichten sind beiderseitig sanktionsfähig. Während bei Pflichtverletzungen des Arbeitnehmers regelmäßig arbeitsvertragliche Konsequenzen bis hin zur Kündigung im Mittelpunkt stehen, sind bei Verstößen des Arbeitgebers insbesondere Schadensersatz- und Unterlassungsansprüche von Bedeutung.

Teil 5 Solidarität zwischen Arbeitgeber und Betriebsrat

I. Arbeitgeber und Betriebsrat unterliegen gegenseitigen Solidaritätspflichten im Sinne erweiterter Reziprozität und Loyalität, die ihre Basis im Gebot vertrauensvoller Zusammenarbeit finden. Als zu verwirklichendes Gemeinschaftsinteresse ist ihre Zusammenarbeit auf das Wohl von Arbeitnehmern und Betrieb ausgerichtet. Die Förderung und Wahrung der erforderlichen Vertrauensbasis verbietet bewusste Schädigungen des Betriebspartners.

II. Die reziprok-solidarische Verpflichtung der Betriebspartner findet zahlreiche Konkretisierungen im BetrVG. Dazu gehören zum einen positive Handlungspflichten. Der Arbeitgeber hat den Betriebsrat als Mitverantwortlichen zu akzeptieren und über umfangreiche Auskunftspflichten einen Informationsgleichstand für die Erfüllung betriebsverfassungsrechtlicher Aufgabenstellungen zu schaffen. Arbeitgeber und Betriebsrat gleichermaßen trifft eine Verhandlungspflicht, die im Sinne eines grundsätzlichen Vorrangs interner Streitbeilegung zu verstehen ist. Zum anderen gilt ein an beide Betriebspartner gerichtetes Störungsverbot. Arbeitskampfmaßnahmen und parteipolitische Betätigungen sind ebenso unzulässig wie konkrete Beeinträchtigungen von Arbeitsablauf oder Betriebsfrieden. Über Konflikte dürfen Arbeitgeber und Betriebsrat die Belegschaft daher nur unter strikter Beachtung inhaltlicher Richtigkeit und Sachlichkeit benachrichtigen. Für Informationen gegenüber der Öffentlichkeit gelten noch deutlich engere Grenzen. Der Arbeitgeber darf zudem weder die konkrete Betriebsratstätigkeit behindern noch die unparteiische Amtsausübung als Grundlage einer funktionsfähigen Betriebsratsarbeit durch Begünstigung oder Benachteiligung von Betriebsratsmitgliedern gefährden. Dem Betriebsrat ist es durch das Gebot vertrauensvoller Zusammenarbeit ebenfalls verwehrt, den Arbeitgeber bei der Wahrnehmung betriebsverfassungsrechtlicher Themen zu behindern.

III. Loyalität erfordert als Pendant zu den umfangreichen Auskunftspflichten des Arbeitgebers insbesondere Verschwiegenheit des Betriebsratsgremiums und seiner Mitglieder über Betriebs- und Geschäftsgeheimnisse. Die Weitergabe anderer Informationen ist im Ausnahmefall unzulässig, wenn sie rechtsmissbräuchlich ist. In diesem Sinne dürfen Betriebsrat und einzelnes Betriebsratsmitglied in amtlicher Funktion außerhalb von § 89 BetrVG kein externes Whistleblowing betreiben. In seiner Rolle als Arbeitnehmer kann das Betriebsratsmitglied dagegen nach den Kriterien der Rechtsprechung zu externem Whistleblowing berechtigt sein. Beide Seiten müssen zudem die persönliche Ehre von Arbeitgeber und Betriebsratsmitgliedern achten.

IV. Grobe Verstöße gegen die jeweiligen Solidaritätspflichten sind primär mit den in § 23 BetrVG geregelten Mitteln sanktionierbar; für den Arbeitgeber im Wege des Amtsenthebungs- oder Auflösungsverfahrens, für den Betriebsrat durch ein mögliches Zwangsverfahren gegen die Arbeitgeberseite. Während sich der Betriebsrat regelmäßig auch unterhalb der Schwelle grober Pflichtverletzungen auf Unterlassungsansprüche stützen kann, spricht die aktuelle Rechtsprechung dem Arbeitgeber Unterlassungsansprüche grundsätzlich ab. Schadensersatzansprüche der Arbeitgeberseite kommen nur gegen die einzelnen Betriebsratsmitglieder in Betracht und sind allenfalls von untergeordneter Bedeutung.

Literaturverzeichnis

Adomeit, Klaus: Rechtsfortbildung und Billigkeitskontrolle im Arbeitsrecht, in: Schlachter, Monika/ Ascheid, Reiner/ Friedrich, Hans-Wolf (Hrsg.), Tarifautonomie für ein neues Jahrhundert, Festschrift für Günter Schaub zum 65. Geburtstag, München 1998, S. 1–5.

Amann, Erwin: Tarifkonflikte aus spieltheoretischer Perspektive, in: Wirtschaftsdienst 2015, S. 298–299.

Anderson, Nils: Die verbandsrechtliche Stellung des Gewerkschaftsmitglieds im Streik, zugleich Diss. jur. (Mannheim 1988), Frankfurt am Main u. a. 1989 (zit.: *Anderson*, Gewerkschaftsmitglied).

Annuß, Georg: Der Arbeitsvertrag als Grundlage des Arbeitsverhältnisses, in: ZfA 2004, S. 283–310.

Anzenbacher, Arno: Christliche Sozialethik, Einführung und Prinzipien, Paderborn u. a. 1998 (zit.: *Anzenbacher*, Christliche Sozialethik).

Arnold, Christian: Betriebliche Tarifnormen und Außenseiter, Zur Legitimation der tarifvertraglichen Regelungsbefugnis, zugleich Diss. jur. (Tübingen 2005), Berlin 2007 (zit.: *Arnold*, Tarifnormen).

Ascheid, Reiner/ Preis, Ulrich/ Schmidt, Ingrid: Kündigungsrecht, Großkommentar zum gesamten Recht der Beendigung von Arbeitsverhältnissen, 5. Aufl., München 2017 (zit.: *Bearbeiter*, in: APS, KündR).

Bauer, Jobst-Hubertus/ Günther, Jens: Kündigung wegen beleidigender Äußerungen auf Facebook, Vertrauliche Kommunikation unter Freunden?, in: NZA 2013, S. 67–73.

Bauer, Jobst-Hubertus/ Haußmann, Katrin:

- Der Notdienst im Arbeitskampf, in: DB 1996, S. 881–886.
- Arbeiten verboten! – Das neue Streikbrecherverbot für Leiharbeitnehmer, in: NZA 2016, S. 803–808.

Bauer, Jobst-Hubertus/ Willemsen, Eva Maria: Der (partei)politische Betriebsrat, in: NZA 2010, S. 1089–1095.

Baumann, Thomas/ Sikora, Markus (Hrsg.): Hand- und Formularbuch des Vereinsrechts, München 2015 (zit.: *Bearbeiter*, in: Baumann/Sikora, Vereinsrecht).

Baumbach, Adolf (Begr.): Handelsgesetzbuch, mit GmbH & Co., Handelsklauseln, Bank- und Börsenrecht, Transportrecht (ohne Seerecht), 37. Aufl., München 2016 (zit.: *Bearbeiter*, in: Baumbach/Hopt, HGB).

Bayertz, Kurt (Hrsg.): Solidarität, Begriff und Problem, Frankfurt am Main 1998 (zit.: *Bearbeiter*, in: Bayertz, Solidarität).

Bayreuther, Frank:
- Tarifautonomie als kollektiv ausgeübte Privatautonomie, Tarifrecht im Spannungsfeld von Arbeits-, Privat- und Wirtschaftsrecht, zugleich Habil. (Erlangen-Nürnberg 2003/2004), München 2005 (zit.: *Bayreuther*, Tarifautonomie).
- OT-Mitgliedschaft, Tarifzuständigkeit und Tarifbindung, in: BB 2007, S. 325–329.

Beck, Alexander: Der Sanierungstarifvertrag, zugleich Diss. jur. (Freiburg 2015), Baden-Baden 2016 (zit.: *Beck*, Sanierungstarifvertrag).

Becker, Cornelius: Whistleblowing, Anzeigerecht und Anzeigepflicht des Arbeitnehmers in der Privatwirtschaft, zugleich Diss. jur. (Osnabrück 2012), Frankfurt am Main u. a. 2012 (zit.: *Becker*, Whistleblowing).

Bepler, Klaus: Probleme um den Sanierungstarifvertrag, in: AuR 2010, S. 234–242.

Bergwitz, Christoph: Die Rechtsstellung des Betriebsrats, zugleich Diss. jur. (Passau 2003), Berlin 2003 (zit.: *Bergwitz*, Betriebsrat).

Bertschi, Stefan: Im Dazwischen von Individuum und Gesellschaft, Topologie eines blinden Flecks der Soziologie, zugleich Diss. (Zürich 2008), Bielefeld 2010 (zit.: *Bertschi*, Individuum).

Besgen, Nicolai: Mitgliedschaft im Arbeitgeberverband ohne Tarifbindung, Tarifflucht statt Verbandsflucht, zugleich Diss. jur. (Bonn 1997), Baden-Baden 1998 (zit.: *Besgen*, Mitgliedschaft).

Biedenkopf, Kurt H.: Die Betriebsrisikolehre als Beispiel richterlicher Rechtsfortbildung, Karlsruhe 1970 (zit.: *Biedenkopf*, Betriebsrisikolehre).

Birnbacher, Dieter: Analytische Einführung in die Ethik, 3. Aufl., Berlin u. a. 2013 (zit.: *Birnbacher*, Ethik).

Boemke, Burkhard: Widerruf von Versorgungszusagen wegen wirtschaftlicher Notlage, in: RdA 2010, S. 10–24.

Boemke, Burkhard/ Lembke, Mark (Hrsg.): Arbeitnehmerüberlassungsgesetz, Kommentar, 3. Aufl., Frankfurt am Main 2013 (zit.: *Bearbeiter*, in: Boemke/ Lembke, AÜG).

Boldt, Gerhard: Zur Zulässigkeit von Firmentarifverträgen mit verbandsangehörigen Unternehmen, in: RdA 1971, S. 257–268.

Bork, Reinhard: Allgemeiner Teil des Bürgerlichen Gesetzbuchs, 4. Aufl., Tübingen 2016 (zit.: *Bork*, AT).

Brahmstaedt, Johanna: Die Mitgliedschaft im Arbeitgeberverband ohne Tarifbindung im Stufenmodell, zugleich Diss. jur. (Hamburg 2013), Frankfurt am Main 2013 (zit.: *Brahmstaedt*, Stufenmodell).

Brandenburg, Hans-Friedrich: Die teleologische Reduktion, Grundlagen und Erscheinungsformen der auslegungsunterschreitenden Gesetzeseinschränkung im Privatrecht, zugleich Diss. jur. (Göttingen 1982), Göttingen 1983 (zit.: *Brandenburg*, Teleologische Reduktion).

Braun, Johann: Recht und Moral im pluralistischen Staat, in: JuS 1994, S. 727–732.

Bröckner, Sebastian: Nebenpflichten und Haftung von Arbeitnehmern in Führungspositionen, zugleich Diss. jur. (Freiburg i. Br. 2012), Baden-Baden 2012 (zit.: *Bröckner*, Nebenpflichten).

Brugger, Walter/ Schöndorf, Harald: Philosophisches Wörterbuch, Freiburg i. Br./ München 2010.

Buchner, Herbert:

- Mitgliedschaft in Arbeitgeberverbänden ohne Tarifbindung, in: NZA 1994, S. 2–12.
- Mitgliedschaft ohne Tarifbindung in Arbeitgeberverbänden – Gelöste und ungelöste Fragen, insbesondere die Probleme bei Tarifabschluß durch Spitzenorganisationen, in: Schmidt, Klaus (Hrsg.), Arbeitsrecht und Arbeitsgerichtsbarkeit, Bilanz und Perspektiven an der Schwelle zum Jahr 2000, Festschrift zum 50-jährigen Bestehen der Arbeitsgerichtsbarkeit in Rheinland-Pfalz, Neuwied u. a. 1999, S. 331–344.
- Unternehmensbezogene Tarifverträge – tarif-, verbands- und arbeitskampfrechtlicher Spielraum, in: DB 2001, Beil. 9, S. 1–15.

Bulla, G.-A.: „Vertrauensvolle Zusammenarbeit" von Arbeitgeber und Betriebsrat als Generalklausel des Betriebsverfassungsrechts, in: RdA 1965, S. 121–132.

Bürge, Alfons: Römisches Privatrecht, Rechtsdenken und gesellschaftliche Verankerung, Darmstadt 1999 (zit.: *Bürge*, Römisches Privatrecht).

Bürger, Felix: Das Kollisionsverhältnis von Fachtarifvertrag und Branchentarifvertrag, zugleich Diss. jur. (Bielefeld 2005), Berlin 2005 (zit.: *Bürger*, Fachtarifvertrag).

von Busekist, Konstantin/ Fahrig, Stephan: Whistleblowing und der Schutz von Hinweisgebern, in: BB 2013, S. 119–124.

Bütefisch, Wylka: Die Sozialauswahl, Praxisorientierte Darstellung der §§ 1 Abs. 3, 4 KSchG und 125 Abs. 1 S. 1 Nr. 2 InsO, zugleich Diss. jur. (Fernuniv. Hagen 1999), Köln 2000 (zit.: *Bütefisch*, Sozialauswahl).

Däubler, Wolfgang:
- Das Grundrecht auf Mitbestimmung und seine Realisierung durch tarifvertragliche Begründung von Beteiligungsrechten, 3. Aufl., Frankfurt am Main 1975 (zit.: *Däubler*, Mitbestimmung).
- (Hrsg.): Arbeitskampfrecht, Handbuch für die Rechtspraxis, 3. Aufl., Baden-Baden 2011 (zit.: *Bearbeiter*, in: Däubler, Arbeitskampfrecht).
- (Hrsg.): Tarifvertragsgesetz, mit Arbeitnehmer-Entsendegesetz, 4. Aufl., Baden-Baden 2016 (zit.: *Bearbeiter*, in: Däubler, TVG).

Däubler, Wolfgang/ Kittner, Michael/ Klebe, Thomas/ Wedde, Peter: BetrVG, Betriebsverfassungsgesetz, Kommentar für die Praxis mit Wahlordnung und EBR-Gesetz, 15. Aufl., Frankfurt am Main 2016 (zit.: *Bearbeiter*, in: Däubler et. al., BetrVG).

Davis, Morton D.: Spieltheorie für Nichtmathematiker, 4. Aufl., München 2005 (zit.: *Davis*, Spieltheorie).

Delitz, Heike: Émile Durkheim zur Einführung, Hamburg 2013 (zit.: *Delitz*, Durkheim).

Diekmann, Andreas/ Voss, Thomas: Soziale Normen und Reziprozität, Die Bedeutung „sozialer" Motive für die Rational-Choice-Erklärung sozialer Normen, in: Diekmann, Andreas/ Eichner, Klaus/ Schmidt, Peter/ Voss, Thomas (Hrsg.), Rational Choice: Theoretische Analysen und empirische Resultate, Festschrift für Karl-Dieter Opp zum 70. Geburtstag, Wiesbaden 2008, S. 83–100.

Dieterich, Thomas: Zur Verfassungsmäßigkeit tariflicher Betriebsnormen, in: Klebe, Thomas/ Wedde, Peter/ Wolmerath, Martin (Hrsg.), Recht und soziale Arbeitswelt, Festschrift für Wolfgang Däubler zum 60. Geburtstag, Frankfurt am Main 1999, S. 451–464.

Dietz, Rolf: Tarifliche Gestaltung des Mitbestimmungsrechtes, in: DB 1952, S. 969–972.

Dreier, Horst (Hrsg.): Grundgesetz, Kommentar, Band 1: Präambel, Artikel 1–19, 3. Aufl., Tübingen 2013 (zit.: *Bearbeiter*, in: Dreier, GG).

Dreier, Ralf:
- Recht – Moral – Ideologie, Studien zur Rechtstheorie, Frankfurt am Main 1981 (zit.: *Dreier*, Recht).
- Der Begriff des Rechts, in: NJW 1986, 890–896.

Dunker, Daniela: Unternehmensbezogene Tarifverträge, Rechtsfragen einer unternehmensnahen Tarifpolitik, zugleich Diss. jur. (Hamburg 2006), Herbolzheim 2007.

Durkheim, Émile: Über soziale Arbeitsteilung, Studie über die Organisation höherer Gesellschaften, Mit einer Einleitung von Niklas Luhmann, Mit einem Nachwort von Hans-Peter Müller und Michael Schmid, 2. Aufl., Frankfurt am Main 1988 (zit.: *Durkheim*, Soziale Arbeitsteilung).

Dütz, Wilhelm: Verbandsbezogene Verhaltenspflichten von Koalitionsmitgliedern, Zur Erzwingung von vereinsförderlichem Verhalten, in: Dieterich, Thomas/ Gamillscheg, Franz/ Wiedemann, Herbert (Hrsg.), Festschrift für Marie Luise Hilger und Hermann Stumpf, München 1983, S. 99–124.

Düwell, Marcus/ Hübenthal, Christoph/ Werner, Micha H. (Hrsg.): Handbuch Ethik, 3. Aufl., Stuttgart/ Weimar 2011 (zit.: *Bearbeiter*, in: Düwell/ Hübenthal/Werner, Ethik).

Dzida, Boris/ Förster, Julia: Kündigung des Arbeitsverhältnisses aufgrund „politischer" Äußerungen in sozialen Netzwerken, in: BB 2017, S. 757–761.

Ebenroth, Carsten Thomas/ Boujong, Karlheinz/ Joost, Detlev/ Strohn, Lutz (Hrsg.): Handelsgesetzbuch, Kommentar, Band 1: §§ 1–342e, 3. Aufl., München 2014 (zit.: *Bearbeiter*, in: EBJS, HGB).

Ellenbeck, Frank: Die Grundrechtsfähigkeit des Betriebsrats, zugleich Diss. jur. (Berlin 1995), Berlin 1996 (zit.: *Ellenbeck*, Grundrechtsfähigkeit).

Engels, Andreas: Verfassung und Arbeitskampfrecht, Verfassungsrechtliche Grenzen arbeitsgerichtlicher Arbeitskampfliteratur, zugleich Diss. jur. (Köln 2006/2007), Berlin 2008 (zit.: *Engels*, Arbeitskampfrecht).

Esser, Hartmut: Soziologie, Allgemeine Grundlagen, 3. Aufl., Frankfurt am Main/ New York 1999.

Etzel, Gerhard/ Bader, Peter/ Fischermeyer, Ernst (Hrsg.): KR, Gemeinschaftskommentar zum Kündigungsschutzgesetz und zu sonstigen kündigungsschutzrechtlichen Vorschriften, 11. Aufl., Köln 2016 (zit.: *Bearbeiter*, in: KR).

Fabricius, Fritz/ Kraft, Alfons/ Thiele, Wolfgang (Begr.): Betriebsverfassungsgesetz, Gemeinschaftskommentar, 10. Aufl., Neuwied u. a. 2014 (zit.: *Bearbeiter*, in: GK-BetrVG).

Finkenauer, Thomas: Duo rei – Neues von der Gesamtobligation?, in: ZRG RA 130 (2013), S. 164–202.

Fischer, Helmut: Das Problem der Arbeitnehmersolidarität im Arbeitsrecht, zugleich Diss. jur. Hamburg 1963 (zit.: *Fischer*, Arbeitnehmersolidarität).

Fitting, Karl (Begr.): Betriebsverfassungsgesetz, Handkommentar, 28. Aufl., München 2016 (zit.: *Fitting*, BetrVG).

Fletcher, George P.: Loyalität, Über die Moral von Beziehungen, Frankfurt am Main 1994.

Forst, Gerrit:
- Strafanzeige gegen den Arbeitgeber – Grund zur Kündigung des Arbeitsvertrags?, in: NJW 2011, S. 3477–3482.
- Die Allgemeinverbindlicherklärung von Tarifverträgen nach dem sogenannten Tarifautonomiestärkungsgesetz, in: RdA 2015, S. 25–36.

Freckmann, Anke/ Koller-van Delden, Martin: Vertrauensvolle Zusammenarbeit zwischen Arbeitgeber und Betriebsrat – hehres Ziel oder zu praktizierende Wirklichkeit?, in: BB 2006, S. 490–496.

Fuchs, Andreas: Kartellrechtliche Immanenztheorie und Wettbewerbsbeschränkungen in Genossenschaftssatzungen, in: BB 1993, S. 1893–1898.

Fuchs-Heinritz, Werner/ Klimke, Daniela/ Lautmann, Rüdiger/ Rammstedt, Otthein/ Stäheli, Urs/ Weischer, Christoph/ Wienold, Hanns (Hrsg.): Lexikon zur Soziologie, 5. Aufl., Wiesbaden 2011 (zit.: *Fuchs-Heinritz et. al.*, Lexikon Soziologie).

Fuhlrott, Michael/ Oltmanns, Sönke: Social Media im Arbeitsverhältnis – Der schmale Grat zwischen Meinungsfreiheit und Pflichtverletzung, in: NZA 2016, S. 785–791.

Fürstenberg, Friedrich: Soziologie, Hauptfragen und Grundbegriffe, 3. Aufl., Berlin/ New York 1978.

Gagel, Alexander (Begr.): SGB II / SGB III, Grundsicherung und Arbeitsförderung, Kommentar (Loseblattsammlung), München, Stand: 65. Ergänzungslieferung März 2017 (zit.: *Bearbeiter*, in: Gagel, SGB II/ SGB III).

Galperin, Hans: Betriebsverfassungsgesetz und betriebliche Partnerschaft, in: RdA 1962, S. 366–370.

Gamillscheg, Franz:
- Die Solidarität als Rechtsbegriff, in: Wannagat, Georg/ Gitter, Wolfgang (Hrsg.), Festschrift für Erich Fechner zum 70. Geburtstag, Tübingen 1973, S. 135–153.
- Kollektives Arbeitsrecht, Band I: Grundlagen/ Koalitionsfreiheit/ Tarifvertrag/ Arbeitskampf und Schlichtung, München 1997 (zit.: *Gamillscheg*, Koll. ArbR I).
- Kollektives Arbeitsrecht, Band II: Betriebsverfassung, München 2008 (zit.: *Gamillscheg*, Koll. ArbR II).

Gaumann, Ralf: Gewerkschaftsausschluss wegen Betriebsratskandidatur auf konkurrierender Liste, in: NJW 2002, S. 2155–2157.

Geddert, Heinrich: Recht und Moral, Zum Sinn eines alten Problems, zugleich Diss. jur. (Frankfurt am Main 1981), Berlin 1984.

Giesen, Richard: Tarifvertragliche Rechtsgestaltung für den Betrieb, Gegenstand und Reichweite betrieblicher und betriebsverfassungsrechtlicher Tarifnormen, zugleich Habil. (Bonn 2001), Tübingen 2002 (zit.: *Giesen*, Tarifvertragliche Rechtsgestaltung).

Gitter, Wolfgang: Schadensausgleich im Arbeitsunfallrecht, Die soziale Unfallversicherung als Teil des allgemeinen Schadensrechts, zugleich Habil. (Tübingen 1968), Tübingen 1969 (zit.: *Gitter*, Schadensausgleich).

Gola, Peter (Hrsg.): BDSG, Bundesdatenschutzgesetz, Kommentar, 12. Aufl., München 2015 (zit.: *Bearbeiter*, in: Gola/Schomerus, BDSG).

Grabitz, Eberhard (Begr.): Das Recht der Europäischen Union, Band I EUV/ AEUV, Stand 60. Ergänzungslieferung Okt. 2016 (zit.: *Bearbeiter*, in: Grabitz, Recht der EU).

Große Kracht, Hermann-Josef/ Karcher SJ, Tobias/ Spieß, Christian (Hrsg.): Das System des Solidarismus, Zur Auseinandersetzung mit dem Werk von Heinrich Pesch SJ, Berlin 2007 (zit.: *Bearbeiter*, in: Große Kracht/Karcher/ Spieß, Solidarismus).

Grunsky, Wolfgang: Wettbewerbsverbote für Arbeitnehmer, 2. Aufl., Köln 1987 (zit.: *Grunsky*, Wettbewerbsverbote).

Gumpert, Jobst: Rechtsfragen des Firmentarifvertrages, in: BB 1958, S. 1316–1319.

Hallenberger, Achim: Die Pflicht des Arbeitgebers zur Förderung der freien Persönlichkeitsentfaltung nach § 75 Abs. 2 Betriebsverfassungsgesetz, zugleich Diss. jur. (Mannheim 1988), Frankfurt am Main u. a. 1988 (zit.: *Hallenberger*, Persönlichkeitsentfaltung).

Hanau, Hans: Zur Verfassungsmäßigkeit von tarifvertraglichen Betriebsnormen am Beispiel der qualitativen Besetzungsregeln, in: RdA 1996, S. 158–181.

Hanau, Peter/ Kania, Thomas: Zur personellen Beschränkung der Tarifzuständigkeit, in: Klebe, Thomas/ Wedde, Peter/ Wolmerath, Martin (Hrsg.), Recht und soziale Arbeitswelt, Festschrift für Wolfgang Däubler zum 60. Geburtstag, Frankfurt am Main 1999, S. 437–450.

Harte-Bavendamm, Henning/ Henning-Bodewig, Frauke (Hrsg.): Gesetz gegen den unlauteren Wettbewerb (UWG), Kommentar, 4. Aufl., München 2016 (zit.: *Bearbeiter*, in: Harte/Henning, UWG).

Hartmann, Felix: Negative Tarifvertragsfreiheit im deutschen und europäischen Arbeitsrecht, zugleich Habil. (Heidelberg 2012), Tübingen 2014 (zit.: *Hartmann*, Negative Tarifvertragsfreiheit).

Hausmaninger, Herbert/ Selb, Walter: Römisches Privatrecht, 9. Aufl., Wien u. a. 2001.

Heermann, Peter W. (Hrsg.): Münchener Kommentar zum Lauterkeitsrecht, Band 2: §§ 5–22 UWG, 2. Aufl., München 2014 (zit.: *Bearbeiter*, in: MüKo LauterkeitsR).

Hendriks, Birger: Die kartellrechtliche Zulässigkeit von Streikhilfeabkommen, in: ZHR 141 (1977), S. 1–17.

Hensche, Detlef: Zur Zulässigkeit von Firmentarifverträgen mit verbandsangehörigen Unternehmen, in: RdA 1971, S. 9–17.

Henssler, Martin/ Moll, Wilhelm/ Bepler, Klaus (Hrsg.): Der Tarifvertrag, Handbuch für das gesamte Tarifrecht, 2. Aufl., Köln 2016 (zit.: *Bearbeiter*, in: Henssler/Moll/Bepler, Tarifvertrag).

Henssler, Martin/ Willemsen, Heinz Josef/ Kalb, Heinz-Jürgen (Hrsg.): Arbeitsrecht Kommentar, 7. Aufl., Köln 2016 (zit.: *Bearbeiter*, in: HWK, ArbR).

Herschel, Wilhelm: Zur Rechtsnatur der Allgemeinverbindlicherklärung von Tarifverträgen, in: Jantz, Kurt/ Neumann-Duesberg, Horst/ Schewe, Dieter (Hrsg.), Sozialreform und Sozialrecht, Beiträge zum Arbeits- und Sozialversicherungsrecht und zur Sozialpolitik, Festschrift für Walter Bogs, Berlin 1959, S. 125–137.

Hessel: Zwei Grundsatzfragen aus dem Tarif- und Arbeitskampfrecht, in: BB 1955, S. 1028–1030.

Hillmann, Karl-Heinz (Hrsg.): Wörterbuch der Soziologie, 5. Aufl., Stuttgart 2007 (zit.: *Hillmann*, Wörterbuch Soziologie).

Hitzfeld, Ulrike: Geheimnisschutz im Betriebsverfassungsrecht, zugleich Diss. jur. (Mannheim 1989), Frankfurt am Main u. a. 1990 (zit.: *Hitzfeld*, Geheimnisschutz).

Hitzler, Burkard: Loyalitätskonflikte bei Arbeitnehmern und GmbH-Fremdgeschäftsführern, zugleich Diss. jur. (Würzburg 2005), Baden-Baden 2006 (zit.: *Hitzler*, Loyalitätskonflikte).

Hoffmann, Rudolf: Das Unternehmenswohl bei den mitbestimmten Unternehmen und die angemessene Berücksichtigung der Belange des Betriebs und der Arbeitnehmer im Betriebsverfassungsgesetz, in: Müller, Gerhard (Hrsg.), Das Arbeitsrecht der Gegenwart, Jahrbuch für das gesamte Arbeitsrecht und die Arbeitsgerichtsbarkeit, Nachschlagewerk für Wissenschaft und Praxis, Band 15: Dokumentation für das Jahr 1977, Berlin 1978, S. 37–50 (zit.: *Hoffmann*, in: Müller, JArbR).

Höffner, Joseph, Kardinal: Christliche Gesellschaftslehre, 3. Aufl. der Neuausgabe, Erkelenz 2011.

Homann, Karl: Sollen und Können, Grenzen und Bedingungen der Individualmoral, Wien 2014.

Höpfner, Clemens: Die Tarifgeltung im Arbeitsverhältnis, Historische, ökonomische und legitimatorische Grundlagen des deutschen Koalitions- und Tarifvertragsrechts, zugleich Habil. (Köln 2014), Baden-Baden 2015 (zit.: *Höpfner*, Tarifgeltung).

von Hoyningen-Huene, Gerrick: Rechtsfortbildung im Arbeitsrecht als Vorreiter und Vorbild?, in: BB 1986, S. 2133–2141.

von Hoyningen-Huene, Gerrick/ Linck, Rüdiger/ Krause, Rüdiger: Kündigungsschutzgesetz, Kommentar, 15. Aufl., München 2013 (zit.: *Bearbeiter*, in: von Hoyningen-Huene/ Linck, KSchG).

Hueck, Alfred:
- Der Treuegedanke im modernen Privatrecht, München 1947 (zit.: *Hueck*, Treuegedanke).
- Normen des Tarifvertrags über betriebliche und betriebsverfassungsrechtliche Fragen, in: BB 1949, S. 530–532.

Hueck, Alfred/ Nipperdey, Hans Carl: Lehrbuch des Arbeitsrechts; Erster Band, 7. Aufl., Berlin/ Frankfurt am Main 1963, Zweiter Band, 7. Aufl., Berlin/ Frankfurt am Main 1967 und 1970 (zit.: *Hueck/Nipperdey*, Arbeitsrecht).

Immenga, Ulrich/ Mestmäcker, Ernst-Joachim (Hrsg.): Wettbewerbsrecht, Band 2 GWB, Kommentar zum Deutschen Kartellrecht, 5. Aufl., München 2014 (zit.: *Bearbeiter*, in: Immenga/Mestmäcker, GWB).

Ingelfinger, Helmar: Arbeitsplatzgestaltung durch Betriebsnormen, zugleich Diss. jur. (Würzburg 1995), Berlin 1996 (zit.: *Ingelfinger*, Betriebsnormen).

Jacobs, Matthias: Die Erkämpfbarkeit von firmenbezogenen Tarifverträgen mit verbandsangehörigen Arbeitgebern, in: ZTR 2001, S. 249–257.

Jacobs, Matthias/ Krause, Rüdiger/ Oetker, Hartmut/ Schubert, Claudia: Tarifvertragsrecht, 2. Aufl., München 2013 (zit.: *Bearbeiter*, in: JKOS, Tarifvertragsrecht).

Joecks, Wolfgang/ Miebach, Klaus (Hrsg.): Münchener Kommentar zum Strafgesetzbuch (zit.: *Bearbeiter*, in: MüKo StGB).
- Band 1 (§§ 1–37 StGB), 3. Aufl., München 2017.
- Band 4 (§§ 185–262 StGB), 2. Aufl., München 2012.

Johannes Paul II, Papst: Enzyklika Sollicitudo rei socialis, an die Bischöfe und Priester, an die Ordensgemeinschaften, an alle Söhne und Töchter der Kirche, an alle Menschen guten Willens, 20 Jahre nach der Enzyklika Populorum progressio, 30. Dezember 1987, Bonn 1988.

Joussen, Jacob: „Ut unum sint" – Betriebsgemeinschaft und Dienstgemeinschaft im Arbeitsrecht, in: RdA 2007, S. 328–335.

Kalb, Heinz-Jürgen:
- Rechtsgrundlage und Reichweite der Betriebsrisikolehre, zugleich Diss. jur. (Köln 1976/1977), Berlin 1977 (zit.: *Kalb*, Betriebsrisikolehre).
- Tarifpluralität und Arbeitskampfeinheit im Betrieb, in: RdA 2015, S. 226–228.

Kaser, Max (Begr.): Römisches Privatrecht, 21. Aufl., München 2017.

Kauffmann, Hermann: Die Solidarität und ihre Wirkung auf das Arbeitsverhältnis im Lichte der Rechtsprechung des Bundesarbeitsgerichts, in: DB 1966, S. 33–35.

Kaufmann, Franz-Xaver: Sozialpolitik zwischen Gemeinwohl und Solidarität, in: Münkler, Herfried/ Fischer, Karsten (Hrsg.), Gemeinwohl und Gemeinsinn, Band II: Rhetoriken und Perspektiven sozial-moralischer Orientierung, Berlin 2002, S. 19–54 (zit.: *Kaufmann*, in: Münkler/Fischer, Gemeinwohl).

Kelsen, Hans: Allgemeine Theorie der Normen, Wien 1979 (zit.: *Kelsen*, Normen).

Kempen, Otto Ernst/ Zachert, Ulrich (Begr.): TVG, Tarifvertragsgesetz, 5. Aufl., Frankfurt am Main 2014 (zit.: *Bearbeiter*, in: Kempen/Zachert, TVG).

Kentner, Kathrin: Arbeitskampfmittel der Arbeitgeber, zugleich Diss. jur. (München 2009), Frankfurt am Main u. a. 2010 (zit.: *Kentner*, Arbeitskampfmittel).

Kirchhof, Paul: Der Auftrag des Grundgesetzes an die rechtsprechende Gewalt, in: Reinhart, Gert/ Universität Heidelberg, Juristische Fakultät, Richterliche Rechtsfortbildung – Erscheinungsformen, Auftrag und Grenzen, Festschrift der Juristischen Fakultät zur 600-Jahr-Feier der Ruprechts-Karls-Universität Heidelberg, Heidelberg 1986, S. 11–38.

Kissel, Otto Rudolf: Arbeitskampfrecht, Ein Leitfaden, München 2002.

Klasen, Evelyn/ Schaefer, Sandra: Whistleblower, Zeuge und „Beschuldigter" – Informationsweitergabe im Spannungsfeld grundrechtlicher Positionen, in: BB 2012, S. 641–647.

Kleinke, Giesela/ Kley, Wilfried/ Walter, Sylvia: Personalüberleitungstarifverträge von Mitgliedern kommunaler Arbeitgeberverbände, Zur Zulässigkeit von Haustarifverträgen und deren Erstreikbarkeit, in: ZTR 2000, S. 499–503.

Knickrehm, Sabine/ Kreikebohm, Ralf/ Waltermann, Raimund (Hrsg.): Kommentar zum Sozialrecht, 4. Aufl., München 2015 (zit.: *Bearbeiter*, in KKW, Sozialrecht).

Knoll, Michael: Die Sozialauswahl im Arbeitsrecht, zugleich Diss. jur. (Göttingen 2001), Frankfurt am Main u. a. 2001 (zit.: *Knoll*, Sozialauswahl).

Kock, Martin/ Dittrich, Alexander: Unmutsäußerungen und Beleidigungen auf Facebook & Co. als Kündigungsgrund, in: DB 2013, S. 934–938.

Köhler, Helmut/ Bornkamm, Joachim/ Feddersen, Jörn (Hrsg.): Gesetz gegen den unlauteren Wettbewerb, 35. Aufl., München 2017 (zit.: *Bearbeiter*, in: Köhler/Bornkamm, UWG).

Koller, Peter: Formen sozialen Handelns und die Funktion sozialer Normen, in: Aarnio, Aulis/ Paulson, Stanley L./ Weinberger, Ota/ von Wright, Georg Henrik/ Wyduckel, Dieter (Hrsg.), Rechtsnorm und Rechtswirklichkeit, Festschrift für Werner Krawietz zum 60. Geburtstag, Berlin 1993, S. 265–293.

Kopp, Johannes/ Schäfers, Bernhard (Hrsg.): Grundbegriffe der Soziologie, 10. Aufl., Wiesbaden 2010 (zit.: *Kopp/Schäfers*, Grundbegriffe Soziologie).

Körner, Anne/ Leitherer, Stephan/ Mutschler, Bernd (Hrsg.): Kasseler Kommentar Sozialversicherungsrecht (Loseblattsammlung), München, Stand: 93. Ergänzungslieferung März 2017 (zit.: *Bearbeiter*, in: KassKomm).

Kort, Michael: Individualarbeitsrechtliche Fragen des Whistleblowing, in: Hönn, Günther/ Oetker, Hartmut/ Raab, Thomas (Hrsg.), Festschrift für Peter Kreutz zum 70. Geburtstag, Köln 2010, S. 247–262.

Krets, Jérôme: Die Allgemeinverbindlicherklärung nach § 5 Abs. 4 TVG als „gesetzliche Gleichstellungsregelung"?, in: RdA 2011, S. 294–299.

Krings, Hermann/ Baumgartner, Hans Michael/ Wild, Christoph (Begr.): Neues Handbuch philosophischer Grundbegriffe, Band 3 (Quantität–Zweifel), Freiburg i. Br. u. a. 2011 (zit.: *Krings/Baumgartner/Wild*, Philosophische Grundbegriffe).

Küchenhoff, Günther: Subsidiarität und Solidarität im Betriebsverfassungsrecht, DB 1963, S. 765–769, S. 799–801.

Kuhn, Axel: Die deutsche Arbeiterbewegung, Stuttgart 2004 (zit.: *Kuhn*, Arbeiterbewegung).

Kunz, Jürgen: Betriebs- und Geschäftsgeheimnisse und Wettbewerbsverbot während der Dauer und nach Beendigung des Anstellungsverhältnisses, in: DB 1993, S. 2482–2487.

Langner, Albrecht: Katholische und evangelische Sozialethik im 19. und 20. Jahrhundert, Beiträge zu ideengeschichtlichen Entwicklungen im Spannungsfeld von Konfession, Politik und Ökumene, Paderborn u. a. 1998 (zit.: *Langner*, Sozialethik).

Larenz, Karl:

- Lehrbuch des Schuldrechts, Band I: Allgemeiner Teil, 14. Aufl., München 1987 (zit.: *Larenz*, Schuldrecht).
- Methodenlehre der Rechtswissenschaft, 6. Aufl., Berlin/ New York 1991 (zit.: *Larenz*, Methodenlehre).

– (Begr.): Allgemeiner Teil des Bürgerlichen Rechts, 11. Aufl., München 2016 (zit.: *Larenz*, AT).

Lembke, Mark:

– Die Arbeitskampfbeteiligung von Außenseitern, zugleich Diss. jur. (Heidelberg 1999), Berlin u. a. 2000 (zit.: *Lembke*, Arbeitskampfbeteiligung).
– AÜG-Reform 2017 – Eine Reformatio in Peius, in: NZA 2017, S. 1–12.

Lepa, Meike: Haftungsbeschränkungen bei Personenschäden nach dem Unfallversicherungsrecht, Eine kritische Analyse der Neuregelung in §§ 104 ff. SGB VII, zugleich Diss. jur. (Bonn 2003), Berlin 2004 (zit.: *Lepa*, Haftungsbeschränkungen).

Leydecker, Philipp: Der Tarifvertrag als exklusives Gut, Die rechtliche Zulässigkeit und Erstreikbarkeit von Differenzierungsklauseln, zugleich Diss. jur. (Hannover 2004/2005), Berlin 2005 (zit.: *Leydecker*, Tarifvertrag).

Lieb, Manfred: Erkämpfbarkeit von Firmentarifverträgen mit verbandsangehörigen Arbeitgebern, insbesondere zum Zweck der Regelung von Betriebsänderungen, in: DB 1999, S. 2058–2067.

Loewenheim, Ulrich/ Meessen, Karl Matthias/ Riesenkampff, Alexander/ Kersting, Christian/ Meyer-Lindemann, Hans Jürgen (Hrsg.): Kartellrecht, Kommentar, 3. Aufl., München 2016 (zit.: *Bearbeiter*, in: Loewenheim et. al., KartellR).

Looschelders, Dirk/ Roth, Wolfgang: Juristische Methodik im Prozeß der Rechtsanwendung, Zugleich ein Beitrag zu den verfassungsrechtlichen Grundlagen von Gesetzesauslegung und Rechtsfortbildung, Berlin 1996 (zit.: *Looschelders/Roth*, Methodik).

Löwisch, Manfred (Hrsg.): Arbeitskampf- und Schlichtungsrecht, Heidelberg 1997 (zit.: *Bearbeiter*, in: Löwisch, Arbeitskampf).

Löwisch, Manfred/ Kaiser, Dagmar: Betriebsverfassungsgesetz, Kommentar, 7. Aufl., Frankfurt am Main 2017 (zit.: *Löwisch/Kaiser*, BetrVG).

Löwisch, Manfred/ Rieble, Volker: Tarifvertragsgesetz, Kommentar, 4. Aufl., München 2017 (zit.: *Löwisch/Rieble*, TVG).

Luce, Robert Duncan/ Raiffa, Howard: Games and Decisions, introduction and critical survey, A study of the Behavioral Models Project, Bureau of Applied Social Research, Columbia University, New York 1957.

Lück, Peter: Probleme der Sozialauswahl nach § 1 III KSchG, Umfang der Sozialauswahl, Bestimmung und Gewichtung der bei der Sozialauswahl zu berücksichtigenden Sozialdaten und die Berücksichtigung betrieblicher Belange, zugleich Diss. jur. (Köln 1989), Frankfurt am Main u. a. 1993 (zit.: *Lück*, Sozialauswahl).

Luhmann, Niklas: Kontingenz und Recht, Rechtstheorie im interdisziplinären Zusammenhang, Berlin 2013 (zit.: *Luhmann*, Kontingenz).

Lutter, Marcus: Theorie der Mitgliedschaft, Prolegomena zu einem Allgemeinen Teil des Korporationsrechts, in: AcP 180 (1980), S. 84–159.

Mahlmann, Matthias: Rechtsphilosophie und Rechtstheorie, 4. Aufl., Baden-Baden 2017 (zit.: *Mahlmann*, Rechtsphilosophie).

Matthes, Hans-Christoph: Der Arbeitgeber als Tarifvertragspartei, in: Schlachter, Monika/ Ascheid, Reiner/ Friedrich, Hans-Wolf (Hrsg.), Tarifautonomie für ein neues Jahrhundert, Festschrift für Günter Schaub zum 65. Geburtstag, München 1998, S. 477–485.

Maunz, Theodor/ Dürig, Günter (Begr.): Grundgesetz, Kommentar (Loseblattsammlung), München, Stand: 79. Ergänzungslieferung Dez. 2016 (zit.: *Bearbeiter*, in: Maunz/ Dürig, GG).

Meier, Sonja: Gesamtschulden, Entstehung und Regress in historischer und vergleichender Perspektive, zugleich Habil. (Regensburg 2009), Tübingen 2010 (zit.: *Meier*, Gesamtschulden).

Melot de Beauregard, Paul R.: Mitgliedschaft in Arbeitgeberverbänden und Tarifbindung, zugleich Diss. jur. (Würzburg 2001), Frankfurt am Main u. a. 2002 (zit.: *Melot de Beauregard*, Mitgliedschaft).

Meyer, Cord: Reflexionen zum Unterstützungsstreik, in: NZA 2011, S. 1392–1396.

Meys, Tilman: Rechtsfortbildung extra legem im Arbeitsrecht, Dargestellt anhand zentraler Entscheidungen des Bundesarbeits- und Bundesverfassungsgerichts, zugleich Diss. jur. (Berlin 2009), Frankfurt am Main u. a. 2009 (zit.: *Meys*, Rechtsfortbildung).

Mittelstraß, Jürgen (Hrsg.): Enzyklopädie Philosophie und Wissenschaftstheorie, Band 2: C–F, 2. Aufl., Stuttgart/ Weimar 2005 (zit.: *Mittelstraß*, Enzyklopädie Philosophie).

Müller, Gerhard:

- Die dem Einzelarbeitsverhältnis vom Arbeitsverband her innewohnende Beeinflussung, Versuch einer Betrachtung zu Fragen der Verflechtung kollektiven und individuellen Arbeitsrechts, Teil I und Teil II, in: DB 1958, S. 712–714 und S. 740–742.
- Die Tarifautonomie in der Bundesrepublik Deutschland, Rechtliche und ethische Grundlagen, Berlin 1990 (zit.: *Müller*, Tarifautonomie).

Müller-Boruttau, Dietmar: Presseerklärungen des Betriebsrates, in: NZA 1996, S. 1071–1075.

Müller-Glöge, Rudi/ Preis, Ulrich/ Schmidt, Ingrid (Hrsg.): Erfurter Kommentar zum Arbeitsrecht, 17. Aufl., München 2017 (zit.: *Bearbeiter*, in: ErfK).

von Münch, Ingo (Begr.): Grundgesetz, Kommentar, Band 1: Präambel bis Art. 69, 6. Aufl., München 2012 (zit.: *Bearbeiter*, in: von Münch, GG).

Natzel, Ivo: Anmerkung zur Entscheidung des BAG vom 14.12.1999, 1 ABR 74/98, in: SAE 2001, S. 43–49.

von Nell-Breuning, Oswald: Baugesetze der Gesellschaft, Solidarität und Subsidiarität, Freiburg u. a. 1990 (zit.: *von Nell-Breuning*, Gesellschaft).

Nicolai, Andrea: Verweigerung von Streikarbeit, zugleich Diss. jur. (Köln 1992), Baden-Baden 1993 (zit.: *Nicolai*, Streikarbeit).

Nikisch, Arthur: Arbeitsrecht, I. Band: Allgemeine Lehren und Arbeitsvertragsrecht, 3. Aufl., Tübingen 1961 (zit.: *Nikisch*, Arbeitsrecht).

Oetker, Hartmut: Der sachkundige Arbeitnehmer als Auskunftsperson des Betriebsrats, in: NZA 2003, S. 1233–1239.

Ostrop, Markus H.: Mitgliedschaft ohne Tarifbindung, Besondere Gestaltungsformen einer tarifbindungsfreien Mitgliedschaft im Arbeitgeberverband, zugleich Diss. jur. (Freiburg i. Br. 1997), Frankfurt am Main u. a. 1997 (zit.: *Ostrop*, Tarifbindung).

Ottmann, Christian: Das betriebsverfassungsrechtliche Rechtsverhältnis zwischen Arbeitgeber und Betriebsrat, zugleich Diss. jur. Tübingen 1993 (zit.: *Ottmann*, Rechtsverhältnis).

Pacic, Jasmin: Methoden der Rechtsfindung im Arbeitsrecht, Wien 2012 (zit.: *Pacic*, Rechtsfindung).

Palandt, Otto (Begr.): Bürgerliches Gesetzbuch, 76. Aufl., München 2017 (zit.: *Bearbeiter*, in: Palandt, BGB).

Pfarr, Heide M./ Kittner, Michael: Solidarität im Arbeitsrecht, in: RdA 1974, S. 284–295.

von der Pfordten, Dietmar:

- Normative Ethik, Berlin/ New York 2010.
- Rechtsethik, 2. Aufl., München 2011.

Pfrogner, Julia: Unterlassungsanspruch des Arbeitgebers gegen den Betriebsrat, in: RdA 2016, S. 161–166.

Picker, Eduard: Die Tarifautonomie am Scheideweg von Selbstbestimmung und Fremdbestimmung im Arbeitsleben, Zur Legitimation der Regelungsmacht der Koalitionen, in: Oetker, Hartmut/ Preis, Ulrich/ Rieble, Volker (Hrsg.), 50 Jahre Bundesarbeitsgericht, München 2004, S. 795–829.

Poth, Holger: Die Grenzen des Arbeitsrechts aus kartellrechtlicher Sicht, Zugleich ein Beitrag zur Restriktion des Kartellverbots, zugleich Diss.

jur. (Frankfurt am Main 1989), Frankfurt am Main u. a. 1990 (zit.: *Poth*, Grenzen des Arbeitsrechts).

Purschwitz, Laura: Das betriebsverfassungsrechtliche Benachteiligungs- und Begünstigungsverbot nach § 78 Satz 2 BetrVG, zugleich Diss. jur. (Göttingen 2015), Baden-Baden 2015 (zit.: *Purschwitz*, Benachteiligungs- und Begünstigungsverbot).

Raab, Thomas: Streikaufruf und Streikteilnahme als Voraussetzungen für die Suspendierung der arbeitsvertraglichen Hauptleistungspflichten, in: Krause, Rüdiger/ Schwarze, Roland (Hrsg.), Festschrift für Hansjörg Otto zum 70. Geburtstag am 23. Mai 2008, Berlin 2008, S. 405–449.

Reichert, Bernhard (Begr.): Handbuch Vereins- und Verbandsrecht, 13. Aufl., Köln 2016 (zit.: *Reichert*, Verbandsrecht).

Reichold, Hermann:

- Entmachtung des Tarifkartells durch neues Kartellrecht?, in: Martinek, Michael/ Rawert, Peter/ Weitemeyer, Birgit (Hrsg.), Festschrift für Dieter Reuter zum 70. Geburtstag am 16. Oktober 2010, Berlin 2010, S. 759–777.
- Belegschaftsvertretungen im Spannungsfeld divergierender Arbeitnehmerinteressen, in: NZA-Beilage 2012, S. 146–151.

Reinalter, Helmut/ Brenner, Peter J. (Hrsg.): Lexikon der Geisteswissenschaften, Sachbegriffe – Disziplinen – Personen, Wien u. a. 2011 (zit.: *Bearbeiter*, in: Reinalter/ Brenner, Geisteswissenschaften).

Reuter, Dieter:

- Der Ausschluß aus dem Verein, in: NJW 1987, S. 2401–2406.
- Ausschluss von Gewerkschaftsmitgliedern, Anmerkung zu BVerfG vom 24.02.1999, 1 BvR 123/93, in: RdA 2000, S. 99–104.
- Können verbandsangehörige Arbeitgeber zum Abschluss von Haustarifverträgen gezwungen werden?, in: NZA 2001, S. 1097–1107.

Richardi, Reinhard:

- Kollektivgewalt und Individualwille bei der Gestaltung des Arbeitsverhältnisses, zugleich Habil. (München 1967), München 1968 (zit.: *Richardi*, Kollektivgewalt).
- (Hrsg.): Betriebsverfassungsgesetz mit Wahlordnung, Kommentar, 15. Aufl., München 2016 (zit.: *Bearbeiter*, in: Richardi, BetrVG).

Richardi, Reinhard/ Wißmann, Hellmut/ Wlotzke, Otfried/ Oetker, Hartmut (Hrsg.): Münchener Handbuch zum Arbeitsrecht, 3. Aufl., München 2009 (zit.: *Bearbeiter*, in: MüArbR).

Richter, Andreas: Stiftungsrechts-Handbuch, 4. Aufl., München 2014 (zit.: *Bearbeiter*, in: Richter, Stiftungsrecht).

Richter, Julian: Die Erstreikbarkeit von Firmentarifverträgen mit verbandsangehörigen Arbeitgebern, zugleich Diss. jur. (Kiel 2004), Berlin 2005 (zit.: *Richter*, Firmentarifverträge).

Rieble, Volker:

- Arbeitsmarkt und Wettbewerb, Der Schutz von Vertrags- und Wettbewerbsfreiheit im Arbeitsrecht, zugleich Habil. (Freiburg 1995/1996), Berlin u. a. 1996 (zit.: *Rieble*, Arbeitsmarkt).
- Das neue Arbeitskampfrecht des BAG, in: BB 2008, S. 1506–1515.

Rieble, Volker/ Junker, Abbo/ Giesen, Richard (Hrsg.): Kartellrecht und Arbeitsmarkt, 6. Ludwigsburger Rechtsgespräch, München 2010 (zit.: *Bearbeiter*, in: Rieble/Junker/ Giesen, Kartellrecht).

Rieble, Volker/ Wiebauer, Bernd: Meinungskampf im Betrieb, in: ZfA 2010, S. 63–159.

Röhl, Klaus Friedrich/ Röhl, Hans Christian: Allgemeine Rechtslehre, 3. Aufl., Köln/ München 2008.

Röhsler, Waldemar: Der Solidaritätsgedanke im Individualarbeitsrecht unter besonderer Berücksichtigung der Rechtsprechung des Bundesarbeitsgerichts, in: Müller, Gerhard, Das Arbeitsrecht der Gegenwart, Jahrbuch für das gesamte Arbeitsrecht und die Arbeitsgerichtsbarkeit, Band 12: Dokumentation für das Jahr 1974, Berlin 1975, S. 107–120 (zit.: *Röhsler*, in: Müller, JArbR).

Rudkowski, Lena/ Schreiber, Alexander: Aufklärung von Compliance-Verstößen, Whistleblowing, Arbeitnehmerüberwachung, Auskunftspflichten, Wiesbaden 2015 (zit.: *Rudkowski/Schreiber*, Compliance).

Rüthers, Bernd:

- Solidaritätsprinzip und Vertragstreue im Arbeitskampf, Zur Rechtmäßigkeit der Verweigerung von Streikbrecherarbeiten, in: ZfA 1972, S. 403–440.
- Arbeitskampf in einer veränderten Wirtschafts- und Arbeitswelt, in: NZA 2010, S. 6–13.

Sachs, Michael (Hrsg.): Grundgesetz, Kommentar, 7. Aufl., München 2014 (zit.: *Bearbeiter*, in: Sachs, GG).

Säcker, Franz Jürgen: Streikhilfeabkommen und Kartellrecht, in: ZHR 137 (1974), S. 455–481.

Säcker, Franz Jürgen/ Rixecker, Roland/ Oetker, Hartmut/ Limperg, Bettina (Hrsg.): Münchener Kommentar zum Bürgerlichen Gesetzbuch (zit.: *Bearbeiter*, in: MüKo BGB)

- Band 1 (Allgemeiner Teil, §§ 1–240, ProstG, AGG), 7. Aufl., München 2015.
- Band 2 (Schuldrecht – Allgemeiner Teil), 7. Aufl., München 2016.
- Band 4 (Schuldrecht – Besonderer Teil II), 7. Aufl., München 2016.

Sandkühler, Hans Jörg (Hrsg.): Enzyklopädie Philosophie, 2. Aufl., Hamburg 2010.

Sauter, Eugen/ Schweyer, Gerhard/ Waldner, Wolfram: Der eingetragene Verein, 20. Aufl., München 2016 (zit.: *Bearbeiter*, in: Sauter/Schweyer/Waldner, Verein).

Schaub, Günter (Begr.): Arbeitsrechts-Handbuch, 16. Aufl., München 2015 (zit.: *Bearbeiter*, in: Schaub, ArbR Hdb.).

Schilling, Theodor: Rang und Geltung von Normen in gestuften Rechtsordnungen, Berlin 1994 (zit.: *Schilling*, Normen).

Schleusener, Axel Aino: Die betriebsverfassungsrechtliche Abmahnung, in: NZA 2001, S. 640–644.

Schmidt, Karsten (Hrsg.): Münchener Kommentar zum Handelsgesetzbuch, Band I (Erstes Buch, Handelsstand §§ 1–104a), 4. Aufl., München 2016 (zit.: *Bearbeiter*, in: MüKo HGB).

Schmidt-Eriksen, Christoph: Tarifvertragliche Betriebsnormen, Zum Konflikt individueller und kollektiver Gestaltung des Arbeitsverhältnisses und zur Reichweite tarifvertraglicher Gestaltungsmacht gegenüber dem Arbeitgeber, zugleich Diss. jur. (Hannover 1990), Baden-Baden 1992 (zit.: *Schmidt-Eriksen*, Betriebsnormen).

Schmieder, Philipp: Duo rei, Gesamtobligationen im römischen Recht, zugleich Diss. jur. (Freiburg i. Br. 2006/2007), Berlin 2007 (zit.: *Schmieder*, Duo rei).

Schmiegel, Dorothee: Die Inhaltskontrolle von Koalitionssatzungen, zugleich Diss. jur. (Freiburg i. Br. 1994), Berlin 1995 (zit.: *Schmiegel*, Koalitionssatzungen).

Scholz, Rupert/ Konzen, Horst: Die Aussperrung im System von Arbeitsverfassung und kollektivem Arbeitsrecht, Berlin 1980 (zit.: *Scholz/ Konzen*, Aussperrung).

Schubert, Claudia: Ist der Außenseiter vor der Normsetzung durch die Tarifvertragsparteien geschützt? Ein Beitrag zum sachlichen Schutzbereich der negativen Koalitionsfreiheit, in: RdA 2001, S. 199–207.

Schüren, Peter:

- Die Legitimation der tariflichen Normsetzung, Untersuchung zur Teilhabe der tarifunterworfenen Gewerkschaftsmitglieder an der tarifpolitischen Willensbildung in Deutschland und den Vereinigten Staaten von Amerika, München 1990 (zit.: *Schüren*, Normsetzung).
- (Hrsg.): Arbeitnehmerüberlassungsgesetz, Kommentar, 4. Aufl., München 2010 (zit.: *Bearbeiter*, in: Schüren, AÜG).

Schwarze, Roland:
- Legitimation kraft virtueller Repräsentation – ein gemeinschaftsrechtliches Prinzip? Zur Legitimation der Koalitionen gegenüber Nichtmitgliedern, in: RdA 2001, S. 208–218.
- Kooperative Regulierung im Arbeitsrecht, in: ZfA 2011, S. 867–913.

Schwedhelm, Ulrike: Das Gesamtschuldverhältnis, Entstehung – Wirkung – Ausgleich, Berlin 2003 (zit.: *Schwedhelm*, Gesamtschuldverhältnis).

Schweiger, Gottfried: Solidarität und die moderne Arbeitswelt, in: Sedmak, Clemens (Hrsg.), Solidarität, Vom Wert der Gemeinschaft, Grundwerte Europas Band 1, Darmstadt 2010, S. 239–256 (zit.: *Schweiger*, in: Sedmak, Solidarität).

Schwipper, Markus: Öffentliche Meinungsäußerungen des Betriebsrats und seiner Mitglieder - Zulässigkeit und Grenzen, zugleich Diss. jur. (Osnabrück 2011), Hamburg 2012 (zit.: *Schwipper*, Meinungsäußerungen).

Seiter, Hugo: Streikrecht und Aussperrungsrecht, Ein Arbeitskampfrechtssystem auf der Grundlage subjektiv-privater Kampfrechte, zugleich Habil. (Tübingen 1973/1974), Tübingen 1975 (zit.: *Seiter*, Streikrecht).

Simitis, Spiros (Hrsg.): Bundesdatenschutzgesetz, 8. Aufl., Baden-Baden 2014 (zit.: *Bearbeiter*, in: Simitis, BDSG).

Simitis, Spiros/ Kreuder, Thomas: Betriebsrat und Öffentlichkeit, in: NZA 1992, S. 1009–1015.

Simmel, Georg: Grundfragen der Soziologie (Individuum und Gesellschaft), 4. Aufl., Berlin/ New York 1984 (zit.: *Simmel*, Soziologie).

Simon, Oliver/ Schilling, Jan Moritz: Kündigung wegen Whistleblowing?, in: BB 2011, S. 2421–2428.

Sittard, Ulrich:
- Voraussetzungen und Wirkungen der Tarifnormerstreckung nach § 5 TVG und dem AEntG, Zugleich ein Beitrag zur Debatte um staatliche Mindestlöhne, zugleich Diss. jur. (Köln 2009), München 2010 (zit.: *Sittard*, Tarifnormerstreckung).
- Im Dschungel der Mindestlöhne – ein Versuch der Systematisierung, in: RdA 2013, S. 301–309.

Soergel, Hans-Theodor (Begr.): Bürgerliches Gesetzbuch, mit Einführungsgesetz und Nebengesetzen (zit.: *Bearbeiter*, in: Soergel BGB).
- Band 1/ Allgemeiner Teil 1 (§§ 1–103), 13. Aufl., Stuttgart 2000.
- Band 5/ 1a Schuldrecht (§§ 311, 311a–c, 313, 314), 13. Aufl., Stuttgart 2013.

Söllner, Alfred: Der Richter als Ersatzgesetzgeber, in: ZG 1995, S. 1–16.

von Staudinger, Julius (Begr.): J. von Staudingers Kommentar zum Bürgerlichen Gesetzbuch mit Einführungsgesetz und Nebengesetzen, Buch 2: Recht der Schuldverhältnisse – Einleitung zum Schuldrecht, §§ 241–243 (Treu und Glauben), Neubearbeitung 2015, Berlin 2015 (zit.: *Bearbeiter*, in: Staudinger, BGB).

Stegmann, Franz Josef/ Langhorst, Peter: Geschichte der sozialen Ideen im deutschen Katholizismus, in: Grebing, Helga (Hrsg.), Geschichte der sozialen Ideen in Deutschland, Sozialismus – Katholische Soziallehre – Protestantische Sozialethik, 2. Aufl., Wiesbaden 2005, S. 599–862 (zit.: *Stegmann/Langhorst*, in: Grebing, Soziale Ideen).

Stöber, Kurt (Begr.)/ *Otto, Dirk-Ulrich*: Handbuch zum Vereinsrecht, 11. Aufl., Köln 2016 (zit.: *Stöber/Otto*, Vereinsrecht).

Tamm, Martina: Die Entwicklung der Betriebsrisikolehre und ihre Rückführung auf das Gesetz, zugleich Diss. jur. (Rostock 2000/2001), Berlin 2001 (zit.: *Tamm*, Betriebsrisikolehre).

Terhorst, Janna: Ende der Tarifbindung, Verbandsaustritt und Wechsel in die OT-Mitgliedschaft unter besonderer Berücksichtigung interner Haftungsansprüche des Arbeitgebers gegen seinen Verband, zugleich Diss. jur. (Würzburg 2016), Baden-Baden 2016 (zit.: *Terhorst*, Tarifbindung).

Thüsing, Gregor:

- Der Außenseiter im Arbeitskampf, Zur Rechtsstellung des nicht und des anders organisierten Arbeitnehmers und Arbeitgebers bei Streik und Aussperrung, zugleich Diss. jur. (Köln 1995/1996), Berlin 1996 (zit.: *Thüsing*, Außenseiter).
- (Hrsg.): Arbeitnehmerüberlassungsgesetz, Kommentar, 3. Aufl., München 2012 (zit.: *Bearbeiter*, in: Thüsing, AÜG).
- Beschäftigtendatenschutz und Compliance, 2. Aufl., München 2014 (zit.: *Bearbeiter*, in: Thüsing, Beschäftigtendatenschutz).
- Von der Quadratur einer gesetzlichen Arbeitnehmerdefinition zur Zwangssolidarisierung der Leiharbeitnehmer, in: NZA 2015, S. 1478–1479.
- (Hrsg.): Mindestlohngesetz (MiLoG) und Arbeitnehmer-Entsendegesetz (AEntG), Kommentar, 2. Aufl., München 2016 (zit.: *Bearbeiter*, in: Thüsing, MiLoG/AEntG).

Thüsing, Gregor/ Braun, Axel: Tarifrecht Handbuch, 2. Aufl., München 2016 (zit.: *Bearbeiter*, in: Thüsing/Braun, Tarifrecht).

Thüsing, Gregor/ Laux, Helga/ Lembke, Mark (Hrsg.): Kündigungsschutzgesetz, Praxiskommentar zum KSchG und zu angrenzenden Vorschriften mit Gestaltungshinweisen und Beispielen, 3. Aufl., Freiburg i. Br. 2014 (zit.: *Bearbeiter*, in: Thüsing/Laux/Lembke, KSchG).

Tönnies, Ferdinand: Gemeinschaft und Gesellschaft, Abhandlung des Communismus und des Socialismus als empirischer Culturformen, Leipzip 1887 (zit.: *Tönnies*, Gemeinschaft).

Ubber, Thomas/ Löw, Meike: Der Einsatz von Leiharbeitnehmern als Streikbrecher, in: BB 2015, S. 3125–3128.

Ulber, Jürgen (Hrsg.): AÜG, Arbeitnehmerüberlassungsgesetz, 4. Aufl., Frankfurt am Main 2011 (zit.: *Bearbeiter*, in: Ulber, AÜG).

van Look, Frank: Vereinsstrafen als Vertragsstrafen, Ein Beitrag zum inneren Vereinsrecht, zugleich Diss. jur. (Mainz 1989), Berlin 1990 (zit.: *van Look*, Vereinsstrafen).

Völker, Christiane S.: Solidarität als Rechtspflicht im Arbeitsrecht, zugleich Diss. jur. Würzburg 1977 (zit.: *Völker*, Solidarität).

Waltermann, Raimund: Entwicklungslinien der Tarifautonomie, in: RdA 2014, S. 86–93.

Wank, Rolf: Auslegung und Rechtsfortbildung im Arbeitsrecht, Baden-Baden 2013 (zit.: *Wank*, Rechtsfortbildung).

Weber, Ralph Lothar:
- Die vertrauensvolle Zusammenarbeit zwischen Arbeitgeber und Betriebsrat gemäß § 2 Abs. 1 BetrVG, zugleich Diss. jur. (Heidelberg 1988), Heidelberg 1989 (zit.: *Weber*, Vertrauensvolle Zusammenarbeit).
- Der Anwendungsbereich des Grundsatzes der vertrauensvollen Zusammenarbeit gemäß § 2 Abs. 1 BetrVG, in: ZfA 1991, S. 187–223.

Wiebauer, Bernd:
- Unterlassungsanspruch gegen politische Betätigung des Betriebsrats, Zugleich Besprechung des Beschlusses des BAG vom 17.3.2010 – 7 ABR 95/08, in: BB 2010, S. 3091–3095.
- Whistleblowing im Arbeitsschutz, in: NZA 2015, S. 22–27.

Wiedemann, Gerhard (Hrsg.): Handbuch des Kartellrechts, 3. Aufl., München 2016 (zit.: *Bearbeiter*, in: Wiedemann, Hdb. KartellR).

Wiedemann, Herbert:
- Die deutschen Gewerkschaften – Mitgliederverband oder Berufsorgan, Gedanken zur Stellung der Gewerkschaften gegenüber der nichtorganisierten Arbeitnehmerschaft, in: RdA 1969, S. 321–336.
- (Hrsg.): Tarifvertragsgesetz, mit Durchführungs- und Nebenvorschriften, Kommentar, 7. Aufl., München 2007 (zit.: *Bearbeiter*, in: Wiedemann, TVG).
- Richterliche Rechtsfortbildung, in: NJW 2014, S. 2407–2413.

Wieland, Peter: Recht der Firmentarifverträge, Köln 1998 (zit.: *Wieland*, Firmentarifverträge).

Wiese, Günther: Zur Freiheit der Meinungsäußerung des Betriebsrats und seiner Mitglieder im Außenverhältnis, in: Oetker, Hartmut/ Preis, Ulrich/ Rieble, Volker (Hrsg.), 50 Jahre Bundesarbeitsgericht, München 2004, S. 1125–1147.

von Wiese, Leopold: Geschichte der Soziologie, 9. Aufl., Berlin 1971 (zit.: *von Wiese*, Soziologie).

Willemsen, Heinz Josef/ Mehrens, Christian: Beabsichtigte Neuregelung des Fremdpersonaleinsatzes – Mehr Bürokratie wagen?, in NZA 2015, S. 897–903.

Wisskirchen, Amrei: Außerdienstliches Verhalten von Arbeitnehmern, zugleich Diss. jur. (Bonn 1998), Berlin 1999 (zit.: *Wisskirchen*, Außerdienstliches Verhalten).

Witt, Alexander: Der Firmentarifvertrag, Verfassungs-, tarif- und arbeitskampfrechtliche Grundprobleme, zugleich Diss. jur. (Hamburg 2003), Berlin 2004 (zit.: *Witt*, Firmentarifvertrag).

Witt, Carsten: Die betriebsverfassungsrechtliche Kooperationsmaxime und der Grundsatz von Treu und Glauben, zugleich Diss. jur. (Mannheim 1986), Berlin 1987 (zit.: *Witt*, Kooperationsmaxime).

Zachert, Ulrich: Dezentralisierung des Tarifvertrags: der einzelne Arbeitgeber als Tarifpartei, in: Kohte, Wolfhard/ Dörner, Hans-Jürgen/ Anzinger, Rudolf (Hrsg.): Arbeitsrecht im sozialen Dialog, Festschrift für Hellmut Wissmann zum 65. Geburtstag, München 2005, S. 202–212.

Zichy, Michael/ Grimm, Herwig (Hrsg.), Praxis in der Ethik, Zur Methodenreflexion in der anwendungsorientierten Moralphilosophie, Berlin/ New York 2008 (zit.: *Bearbeiter*, in: Zichy/Grimm, Ethik).

Zitscher, Wolfram: Die „vertrauensvolle Zusammenarbeit" zwischen Betriebsrat und Arbeitgeber, in: DB 1984, S. 1395–1403.

Zoll, Rainer: Was ist Solidarität heute?, Frankfurt am Main 2000 (zit.: *Zoll*, Solidarität).

Zöllner, Wolfgang: Tarifmacht und Außenseiter, in: RdA 1962, S. 453–459.

BONNER SCHRIFTEN ZUM DEUTSCHEN UND EUROPÄISCHEN RECHT DER ARBEIT UND DER SOZIALEN SICHERHEIT

Herausgegeben von Gregor Thüsing und Raimund Waltermann

Band 1 Sven Kürvers: Betriebliche Altersversorgung in Deutschland und den USA im Rechtsvergleich. Unverfallbarkeit, Portabilität und Unisex-Tarife. 2008.

Band 2 Alexandra Geißler: Der Lohnanspruch des Arbeitnehmers bei Nichterbringung der Arbeit. Ein Vergleich des deutschen und polnischen Arbeitsrechts. 2008.

Band 3 Daniela Fink-Jamann: Das Antidiskriminierungsrecht und seine Folgen für die kirchliche Dienstgemeinschaft. Eine Bestandsaufnahme nach Erlass der Richtlinie 2000/78/EG und ihrer Umsetzung durch das deutsche Allgemeine Gleichbehandlungsgesetz (AGG) unter besonderer Berücksichtigung der Loyalitätsobliegenheiten im kirchlichen Dienst. 2009.

Band 4 Jens Sebastian Groh: Einstellungs- und Kündigungskriterien kirchlicher Arbeitgeber vor dem Hintergrund des § 9 AGG. 2009.

Band 5 Thomas Gerdom: Gemeinschaftsrechtliche Unterrichtungs- und Anhörungspflichten und ihre Auswirkungen auf das Betriebsverfassungs-, Personalvertretungs- und Mitarbeitervertretungsrecht. Zum Umsetzungsbedarf der Richtlinie 2002/14/EG. 2009.

Band 6 Daniel Stolz: Der beurlaubte Beamte im Angestelltenverhältnis. Eine Darstellung der Doppelrechtsstellung am Beispiel der Postnachfolgeunternehmen. 2010.

Band 7 Kristina Ruch: Dreiseitige Vereinbarungen. Vereinbarungen zwischen Arbeitgeber, Gewerkschaft und Betriebsrat. 2010.

Band 8 Manuel Schwering: Das Allgemeine Gleichbehandlungsgesetz als Aufgabe und Instrument des Betriebsrates. 2010.

Band 9 Julia Bietmann: Gesetzliche Wege zu einem systemkonformen Mindestlohn. 2010.

Band 10 Wolfgang Schorn: Die Unklarheitenregel des § 305c Abs. 2 BGB - insbesondere im Arbeitsrecht. 2011.

Band 11 Jan Kraus: Regulierung von Pensionsfonds. Eine rechtsvergleichende Untersuchung einer neuen Einrichtung der betrieblichen Altersversorgung in Deutschland. 2011.

Band 12 Gregor Thüsing: Scheinselbständigkeit im internationalen Vergleich. 2011.

Band 13 Marc Tobias Rosenau: Die Koalitionsbetätigungsfreiheit im gewandelten Kontext. 2013.

Band 14 Martin Kalf: Die Änderungskündigung im Lichte des Verhältnismäßigkeitsprinzips. Tatsächliches Potential und rechtliche Grenzen. 2013.

Band 15 Franz Josef Düwell / Manfred Löwisch / Raimund Waltermann / Rolf Wank (Hrsg.): Das Verhältnis von Arbeitsrecht und Zivilrecht in Japan und Deutschland. 2013.

Ab Band 16 läuft die Reihe unter einem neuen Reihentitel

SCHRIFTEN ZUM DEUTSCHEN UND EUROPÄISCHEN RECHT DER ARBEIT UND DER SOZIALEN SICHERHEIT

Herausgegeben von Stefan Greiner, Gregor Thüsing und Raimund Waltermann

Band 16 Luca Rawe: Auslegung von Zusagen der betrieblichen Altersversorgung. Zugleich ein Beitrag zu den Entwicklungen im Betriebsrentenrecht anhand einer Rechtsprechungsanalyse. 2017.

Band 17 Florian Göhner: Die betriebsverfassungsrechtliche Stellung der Leiharbeitnehmer im Entleiherbetrieb. 2017.

Band 18 Mathias Benedix: Die besonderen Therapierichtungen und der Neutralitäts- und Objektivitätsanspruch des Staates. 2017.

Band 19 Stephan Picht: Haftung des Betriebsrats und seiner Mitglieder bei rechtsgeschäftlichen Verbindlichkeiten. 2018.

Band 20 Christoph Corzelius: Grundlagen, Wirkungen und Grenzen des tarifdispositiven Rechts in der Arbeitnehmerüberlassung. 2018.

Band 21 Hajime Wada / Raimund Waltermann (Hrsg.): Nachhaltiges Arbeits- und Sozialrecht in der alternden Gesellschaft in Japan und Deutschland. Symposion am 17. und 18. Februar 2017 an der Rheinischen Friedrich-Wilhelms-Universität Bonn. 2018.

Band 22 Henrike Seifert: Solidarität im Arbeitsrecht. Inhalt und Bedeutung von Solidarität als rechtlich wirkende Verpflichtung. 2018.

www.peterlang.de

www.ingramcontent.com/pod-product-compliance
Ingram Content Group UK Ltd.
Pitfield, Milton Keynes, MK11 3LW, UK
UKHW021837290926
8980IPUK00004B/510

9 783631 764473